妻ナタリーと、
二〇年の歳月、六つの都市、そして三人の子どもたちへ

WEIRD《ウィアード》
「現代人」の奇妙な心理
経済的繁栄、民主制、個人主義の起源

上

The WEIRDest People in the World

How the West Became Psychologically Peculiar and Particularly Prosperous

ジョセフ・ヘンリック
今西康子 訳

白揚社

WEIRD「現代人」の奇妙な心理【上巻】目次

【下巻目次】

◉〔　〕で括った箇所は訳者による補足です。

はじめに

二〇〇六年に、エモリー大学人類学部からバンクーバーのブリティッシュコロンビア大学（ＵＢＣ）に異動し、そこで心理学部および経済学部の教授に就任したとき、私は知らず知らずのうちに、本書の執筆へと通じる道を歩み始めていたのだった。実のところ、この教授職は思いも寄らないものだった。というのは、私はいずれの分野の授業も受けたことがなかったからである。

ＵＢＣにやって来てほどなく、一見何の関係もなさそうな二つの事柄が本書執筆の基礎を築いてくれた。まず一つ目は、経済学部長のアンジ・レディシュから、この学部での教育義務を果たすべく、「国家の富と貧困」と題する講座を担当してはどうかと持ちかけられたことだ。私がＵＣＬＡ（カリフォルニア大学ロサンゼルス校）の大学院生だったときに、ジャレド・ダイアモンドの著書、『銃・病原菌・鉄』（草思社文庫）に基づくセミナーの講師をしていたことに目を留めてくれたのだ。この講座を担当したのをきっかけに、なぜ、国によって繁栄の度合いが異なるのか、なぜ、産業革命はヨーロッパで起きて他地域では起きなかったのか、といった事柄に関する経済学の文献を深く読み込むようになっていった。こうしたテーマの文献調査は、人類社会の進化について私がずっと以前から抱いてきた人類学的な関心にぴたりとはまるものだった。そもそも、人類学者というものは、古代国家の成立以降に起きた事柄については説明を試みたりしないのが普通だったし、その一方で、経済学者は(当時)、現時点からおよそ五〇〇年以上前にまでさかのぼって議論することは稀だった。

講座を担当するたびに、異なる角度から文献を読み込むことによって、この分野の研究を深く掘り下げつつ、同時に、批評眼も養われていった。これは何とも楽しい体験だったが、ヒトの心理的多様性を理解するという現在私が取り組んでいる課題にとって、この時に得た知識がどれほど重要になるかということには、当時はまだ気づいていなかった。

その後、UBCの二人の社会心理学者、アラ・ノレンザヤン、およびスティーヴン・ハイネと懇意になったことが、もう一つの重要な転機となった。アラは、一八歳のときに、戦争で荒廃したレバノンからカリフォルニア州フレズノに移住してきたアメリカ人で、科学者としてのキャリアの初期を、知覚、思考様式、推論における文化間の差異の研究に費やしていた。スティーヴは、(私が見たところ)日本人の妻とのやりとりが研究のヒントになっていることが多く、他者との関係の中での自分の捉え方を、カナダ人と日本人とで比較し、その違いがそれぞれの国民の動機づけ、意思決定、自己意識にどう影響するかを探る研究を行なっていた。

私たち三人は全員、それぞれ独立に——別々の専門分野で——あることに気づいていた。それは、二つ以上の集団と比較した場合に、西洋人だけが異質のケースが多い、ということだった。そこで、私たち三人は、大学の地下にあるフードコート——うわさによると、高名な心理学者、ダニエル・カーネマンとエイモス・トヴェルスキーが合理的意思決定について検討する計画を練ったという場所——で中華料理のテイクアウトを食べながら、ヒトの心理の重要な諸側面に関する通文化的研究を、見つかる限りすべて集めてみようと決めた。そして、見つけることができた研究を、一つ残らず慎重に検討した結果、次の三点が明らかになった。

①**これまでに下された結論は、極めて偏ったサンプルに基づくものだった。**ヒトの心理や行動について、実験結果として知られている事柄のほとんどは、西洋社会の大学生を対象に行なわれた研究に基づくものだった。当時、実験参加者の九六%が北ヨーロッパ、北アメリカ、またはオーストラリアの出身であり、そのうちのおよそ七〇%がアメリカ人の大学生だった。

②**人々の心理は、広く一般に理解されている以上に、多様性に富んでいた。**多くの重要な分野で、集団間の心理的差異が明らかになっており、人々の心理は、心理学や行動経済学の教科書や主要な学術誌の内容から予想されるよりも、はるかに多様性に富んでいるらしいということがわかってきた。

③**西洋人は心理学的に独特である。**複数の集団から得られた通文化的データを分析すると、西洋人のサンプルはほとんど必ず、分布の最端部に位置していた。つまり、心理学的な観点から見て、西洋人は変わり者だった。

以上の三点を総合すると、私たち科学者がヒトの心理について理解していた事柄のほとんどは、心理面・行動面の重要な特質について、かなり異常と思われる集団から導き出されたものだということがわかった。問題なのは、西洋の大学生で認められた心理パターンが、文化が異なっても当てはまるのかどうかを知る手立てがないことだった。半世紀以上前からの研究ですでに、集団によって、錯視の起こしやすさ、空間的推論、記憶力、注意力、忍耐力、リスクを冒す傾向、公明正大さ、帰納的推論、実行機能、そしてパターン認識に違いがあることが明らかにされていたにもかかわらずである。

　四年間にわたって地下のフードコートでランチミーティングを重ねたアラとスティーヴと私はついに、ビヘイビアル・アンド・ブレイン・サイエンシズ誌（二〇一〇年）に、「世界で最も奇妙な人々（*The weirdest people in the world*）」と題する論文を発表するとともに、ネイチャー誌にも論評を投稿した。これらの学術誌の中で私たちは、心理実験や行動実験にいつも決まって使われてきた人々の集団を「ＷＥＩＲＤ《ウィアード》」と呼んだ。なぜかというと、西洋の（Western）、教育水準の高い（Educated）、工業化された（Industrialized）、裕福な（Rich）、民主主義の（Democratic）社会の出身だからである。もちろん、私たちは、西洋の集団同士や、西洋諸国間にも重要な心理的差異があるに違いないと考えていたが、既存の研究論文や教科書では、こうした違いさえあまり明らかにされていなかった。

　ビヘイビアル・アンド・ブレイン・サイエンシズ誌に発表した論文では確かに、心理学や行動科学の研究に使われるサンプルの範囲の狭さに焦点を当てることに成功したが、私はずっと満足できずにいた。なぜなら、それでは何も説明したことにならないからである。どうすれば、このような心理的多様性の原因を説明できるのだろう？　なぜ、ＷＥＩＲＤな人々はこれほど変わっているのだろう？

　実を言うと私たちは、指針となる理論も解釈も得られぬまま、ＷＥＩＲＤな人々は本当に変わり者だ、という確信をもつことさえできずにいた。しかし、関連する科学の諸分野をすっかり牛耳っているＷＥＩＲＤな研究者たちが、知らず知らずのうちに、自分たち——自集団——が際立つような心理や行動の諸側面に引き寄せられていったのではないのだろうか。スティーヴはランチを食べながらこんなことを漏らした。もし日本人の研究者たちが、西洋人がどんな考えをもち、何に関心を向け、何を重んじるかを知らずに独自の心理学を発展させていたら、日本の心理学はどのようなものになっていただろうか、と。

論文を発表したのをきっかけに私は、アラとスティーヴと私が発見した、明らかな心理的差異の原因をどう説明するか、という問題に本腰を入れて取り組むようになった。その現在までの歩みを記録したのが本書である。

しかし、本書を執筆する過程で、『文化がヒトを進化させた（*The Secret of Our Success*）』（二〇一六年）（邦訳二〇一九年、白揚社）と題する別の本を先に出版することになった。前書で展開した考えは、もともと本書の第一部になるはずだった。ところが、ひとたび知性の堰《せき》が切られるや、ゆうに本一冊分の内容が溢れ出して、どうにも止めることができなくなってしまったのである。しかし、まず先に『文化がヒトを進化させた』を執筆する中で、本書にとって不可欠な要素を自信をもってまとめ上げることができた。出版社のＦＳＧ（ファーラー・シュトラウス・アンド・ジルー）社には、大仕事に取りかかる前にはしかるべき道具をこしらえる必要があることを理解していただけて、とても感謝している。

本書執筆のためには、社会科学や生物科学のさまざまな研究成果を活用し統合する必要があり、それゆえ私は、知識や知恵やヒントを与えてくれる、友人や同僚や研究者仲間の広範なネットワークに、一〇年以上にわたってお世話になってきた。数えきれないほどの対話やｅメールで力を貸して下さった皆様には、どんなに感謝してもしきれない。

ブリティッシュコロンビア大学の心理学部と経済学部の岸辺に打ち上げられた臍《へそ》曲がりの文化人類学者である私を受け入れて下さった、本当に素晴らしい学者や友人の皆様に心より感謝を申し上げたい。当然ながら、スティーヴとアラの尽力は、本書執筆の土台をなすものである。また、エドワード・スリンガーランド、パトリック・フランソワ、シワン・アンダーソン、マウリシオ・ドレリッチマン、アショク・コトワル、カイリー・ハムリン、マーク・シャラー、ムケシュ・エスワラン、ジェシカ・トレーシー、ダーリン・リーマン、ナンシー・ガルリーニ、アンディ・バロン、スー・バーチ、ジャネット・ワーカーの皆様からも非常に多くのことを学んだ。特に、草稿段階で意見や感想を寄せてくれたシワンとパトリックにお礼を申し上げたい。

本書の執筆に向けて、本格的に知的探究の旅に出ようとしたまさにそのとき、カナダ先端研究機構（ＣＩＦＡＲ）の特別会員として、制度・組織・成長に関する研究分科会（ＩＯＧ）に参加させていただいた。この思いも寄らぬ幸運のおかげで、関連する諸問題に取り組んでいる一流の経済学者や政治学者の方々と、随時連絡を取り合う関係を築くことができた。ＣＩＦＡＲとＩＯＧの全員に感謝したい。すべての皆様からさまざまなことを学んだからだ。早い段階から、経済史学者のアヴナー・グライフやジョエル・モキイアと交わした対話が、本書の根幹をなすことになった。章ごとに読んでは、意見や感想を寄せてくれた上、経済史に関する初歩的な質問をするたびに答えてくれたジョエルには、心から感謝している。グイド・タベリーニ、マット・ジャクソン、トルシュテン・パーション、ロラン・ベナブー、ティム・ビーズリー、ジェームズ・フィアロン、サラ・ロウズ、スレシュ・ナイドゥ、トマス・フジワラ、ラウル・サンチェス・デ・ラ・シエラ、ナタリー・

バウの皆様との交流からも、たくさんのことを学ばせていただいた。もちろん、ダロン・アセモグルやジェームズ・ロビンソンと絶えず交わした議論も欠くことのできないものだった。そのおかげで、論点が明確になり、証拠の不完全さに気づかされたからだ。ハーバード大学でジェームズと共同で講座を担当したとき、彼は学生たちが私の主張をきちんと精査するよう、目を光らせてくれていた。

二〇一三年から二〇一四年にかけて、ビジネス&ソサエティ・プログラムの一環として、ニューヨーク大学の経営大学院（スターン・ビジネススクール）で一年間を過ごす機会に恵まれた。スターンでは、信じられないほど実り多い時間を過ごした。心理学者のジョナサン・ハイトと毎週のように語り合い、共に教壇に立つ機会も得て、とてつもなく大きな恩恵にあずかった。この期間中、経済学者のポール・ローマーやロバート・フランクからも有益な助言をいただいた。

ハーバード大学に来てからは、若手経済学者のグループの意見や助言を得て、本書の各節が劇的に改善されていった。二〇一六年、毎週恒例のパブでの集いのときに、ビールを飲みながら、私は初めて、執筆中の本のことをベンジャミン・エンケに話した。彼はそのアイデアに興奮し、一年かけてそれを見事な論文にまとめた。本書の第6章では、その論文をかなりたくさん引用している。

ほぼ同じ頃、私はジョナサン・シュルツを招いて、うちの研究室で講演してもらった。というのは、うちのポスドク（博士研究員）の一人から、彼がエール大学で「イトコ婚と民主主義」に関する研究をしていると聞いたからだった。ほとんどの人は、特にほとんどの経済学者は、「イトコ婚と民主主義」なんて、おかしな組み合わせだと思うに違いない。けれども私にはピンと来た。彼と私はたぶん、一つに収斂《しゅうれん》する科学の道筋にたどり着いたのだろうと。講演のあと、私はさっそく彼に、うちの研究室のポスドクになってくれるように、そして、もう一人の経済学者、ジョナタン・ブションン（国際通貨基金の仕事をやめて学究生活に戻ることになっていた）と始めた共同研究に参加してくれるように要請した。それから間もなく、イラン生まれの経済学者、デュマン・バーラミ＝ラッドが、私たち三人に加わった。このチームの知的成果物は、サイエンス誌に発表されるとともに、本書の第6章と第7章の中核をも成している。本書の草稿を読んで有益なコメントを寄せてくれた、このチームの面々に深く感謝している。

同じ頃、経済学者のネイサン・ナンやリアンダー・ヘルドリングとの、毎週恒例の交流会からも、とてつもなく大きな恩恵を受けた。相互交流の中で、私がアイデアを提示すると、その都度、リアンダーとネイサンはフィードバックを返してくれた。

うちの研究室のメンバーは、私が本書のテーマに取り憑かれたような状態になってもこらえていてくれた。長年にわたり示唆に富む論評を寄せてくれたマイケル・ムスクリシュナ、ラウール・ブイ、アイヤナ・ウィラード、リタ・マクナマラ、クリスティーナ・モヤ、ジェニファー・ジャケ、マチェイ・チュデク、ヘレン・デーヴィス、アンケ・ベッカー、トミー・フリント、マーティン・ラング、ベン・プルジキ、マックス・ウィンクラー、マンヴィル・シン、モシェ・ホフマン、アンドレス・ゴメス、ケヴィン・ホン、およびグレアム・ノブリットの皆様にお礼を申し上げたい。うちの研究室のラボマネージャーを務めていた時期に、さまざまな面で本書に貢献してくれた、カミー・カーティンとティファニー・ウォンには心より感謝している。

ここに至るまでの間に私は、ダニエル・スメイル、ロバート・ボイド、キム・ヒル、サラ・マシュー、サーシャ・ベッカー、ジャレド・ルービン、ハンス＝ヨアヒム・フォーツ、キャスリーン・

ヴォース、エルンスト・フェール、マット・サイド、マーク・コヤマ、ノエル・ジョンソン、スコット・アトラン、ピーター・ターチン、エリック・キンブロー、サーシャ・ヴォストロクヌトフ、アルベルト・アレシナ、スティーヴン・スティッチ、タイラー・コーエン、ファイアリー・クッシュマン、ジョシュ・グリーン、アラン・フィスク、リカード・ハウスマン、クラーク・バレット、パオラ・ジュリアーノ、アレッサンドラ・カッサー、デヴェシュ・ルスタギ、トマス・タルヘルム、エドワード・グレイザー、フェリペ・ヴァレンシア・カイセド、ダニエル・フルシュカ、ロバート・バロー、レイチェル・マックリアリー、センディル・ムッライナタン、レラ・ボロディツキー、ミカル・バウワー、ジュリー・チティロヴァ、マイケル・ガーヴェン、その他大勢の研究者や著者の方々と交わした対話から、さまざまな恩恵を受けてきた。何人かの方々にはデータを提供してもらったので、巻末の註で感謝の意を示した。ペンシルベニア大学を二回ほど訪ねた際に、同行した仲間の一人である、コーレン・アピセラとの踏み込んだ議論からは、たいへん大きな刺激を受けた。ハッザ族の狩猟採集民を対象とした彼の研究は、第11章で大きく取り上げている。

最終稿の直前の原稿に有益な論評を下さった、ＦＳＧ社の担当編集者のエリック・キンスキ、そして、この企画の最初から一貫して励まし続けて下さった著作権エージェントのブロックマン社にもお礼を申し上げたい。

最後に、一〇年間にわたって、この骨の折れる企画への取り組みを愛情を込めて支えてくれた妻と子どもたち、ナタリー、ゾーイ、ジェシカ、ジョシュに、最大の感謝を捧げたい。

マサチューセッツ州ケンブリッジにて
二〇一九年八月一日

ジョー・ヘンリック

序章　あなたの脳は改変されている

あなたの脳は、社会が非常に重視するあるスキルを獲得したために、神経学的に配線し直されて、変化している。最近まで、このスキルはほとんど、あるいは全く役に立たず、大半の社会の大多数の人々はそれを身につけていなかった。この能力を発達させたことで、あなたには次のような変化が生じている[1]。

①左大脳半球の側頭葉・後頭葉の一部（言語、物体、顔認識を担当する中枢に挟まれた脳部位）に、ある機能に特化した部位が作られた。
②左右の大脳半球をつなぐ情報ハイウェイである、脳梁が太くなった。
③言語の産出に関わる前頭前皮質（ブローカ野）をはじめ、音声言語を処理したり、他者の心を読んだりといった、さまざまな神経系の活動に関わるその他の脳領域も変化した。
④言語記憶力が向上し、言語処理時に脳が活性化される範囲が広がった。
⑤顔認識担当の領域が右大脳半球に移った。（あなたではなく）通常のヒトの場合には、顔認識を、脳の左側と右側でほぼ等しく処理しているが、特異なスキルをもつヒトは、この機能

が右大脳半球に偏っている。[2]

⑥顔認識能力が低下した。それはたぶん、左大脳半球の側頭葉・後頭葉の一部を急ごしらえする際に、通常は顔認識に特化されている領域に悪影響が及んだからだろう。

⑦全体的な視覚情報処理、という元々の傾向が弱まって、分析的な視覚情報処理へと傾いていった。目に入った光景や物体を、その構成要素に分けて捉えようとするようになり、もはや、全体性を持つまとまりのある構造としては認識しなくなっている。

この能力とは何だろう？　いったいどんな能力がヒトの脳を変化させて、専門分化した新たなスキルを授ける一方で、独特の認知障害をもたらしたのだろうか？

この類い稀な知的能力とは、文字を読む能力、である。あなたはたぶん高度な読み書き能力を身につけているに違いない。

この知的能力を獲得するためには、脳のさまざまな部位を専用の神経回路でつなぐ必要がある。文字や単語を処理するために、左大脳半球の側頭葉・後頭葉に**レターボックス**が形成され、それが、物体認識や言語や話し言葉を司る隣接領域とつながるのである。脳損傷でレターボックスが壊れて読み書きができなくなっても、数字認識や数値計算の能力は保たれることから、この領域が文字の読み取り専用に発達していることがわかる。[3]

ちなみに、レターボックスの神経回路は、特定の表記体系用に調整されている。たとえば、ヘブライ語の文字は、ヘブライ語を読み慣れている人のレターボックスを活性化させるが、英語しか読めない人の場合は、ヘブライ語の文字を――英語のアルファベットのようにではなく――他の視対象と同じように扱うのだ。また、レターボックスは、視覚的パターンには現れないものまでコード化している。たとえば、「READ」と「read」の字面はまったく異なるにもかかわらず、レターボックスには、これらが類似性のあるものとして登録されている。(4)

実際に示してみせよう。次の段落に、大きな記号が書かれている。それを読むことはせず、その形状をじっくり眺めるだけにとどめてほしい。私が読んで下さい、と言うまで読まないこと。

White Horse　白馬

われわれ英語話者は、たぶん、上段の「White Horse」をどうしても読んでしまったことだろう。ヒトの脳内の読み取り回路は、超迅速かつ反射的であって、今まさに示したとおり、意識的制御下には置かれていない。目にしたものを読まずにはいられないのだ。その一方で、あなたが中国語も使いこなす人でない限り、下段の漢字を形作っている面白い模様のほうは、ただ単に眺めていることができたはずだ。ちなみに、この文字の意味は「White Horse」と同じである。

読み書き能力が高い人々を対象に、心理学者たちが好んで行なう実験がある。実験参加者たちに、意識上では見たと知覚されないほど素早く文字を呈示するのだ。しかし、参加者たちは、一瞬呈示された文字を見るだけでなく、それを読んでいることがわかっている。なぜなら、その文字の意味が脳活動や行動に微妙に影響を与えるからである。このようなサブリミナル・プライミング効果は、私たちが読み取り回路のスイッチをオフにできないこと、そして、実際に何かを読み取ったり、読んだものを処理したりしても、それに気づいていないことを示している。この認知能力は文化的に形成されたものだが、それでもやはり、反射的かつ無意識に働いてしまい、抗うことはできない。それは文化の他の多くの側面と同じだ。[5]

文字を読む学習をすることによって、専用の脳内ネットワークが構築され、それが、記憶、視覚情報処理、顔認識といったいくつかの領域にまたがるヒトの心理に影響を及ぼす。読み書き能力は、基本的な遺伝情報を書き換えることなしに、人々の生理や心理を変化させるのである。成人の九五%が高度な読み書き能力を身につけている社会の人々は、高度な読み書き能力をもつ人が五%しかしない社会の人々に比べて、たいてい脳梁が太く、顔認識が苦手だ。このような集団間の生物学的差異は、その二つの集団間に遺伝的な違いが全く見られなくても現れてくる。そのようなわけで、読み書き能力は、文化が遺伝的差異とは全く関係なしに、ヒトを生物学的に変化させうることを示す例の一つとなっている。文化には、知覚、動機、性格、感情、その他さまざまなヒトの心の諸側面のみならず、脳やホルモン状態や体の構造までをも変える力があり、実際にさまざまな変化を引き起こしている。[6]

読み書き能力に伴う神経学的・心理的変化は、アルファベットや音節文字系や印刷機のようなテクノロジーだけでなく、習慣、信念、価値観、制度（「正規教育」の重視や「学校」といった制度など）も含めた、文化パッケージの一環として考える必要がある。どんな社会でも、習慣、規範、テクノロジーの組み合わせによって、遺伝的に進化したヒトの神経系の諸側面に応急処置が施され、新たな知的能力が生み出されてきた。言語記憶力から脳梁の太さまで、世界中に見られる心理学的・神経学的多様性を正しく認識するためには、それに関連する価値観、信念、制度、習慣がどこに端を発し、どのように発展してきたかを深く探る必要がある。

読み書き能力のケースを見ていくと、なぜ、これほど多くの心理学者や神経学者が自らの実験結果を完全に読み違えて、ヒトの脳や心理について誤った推論を繰り返してきたのかがよくわかる。神経学者たちは、自国の大学に通う学生たちを調査するうちに、顔情報処理では右大脳半球が圧倒的に優位であることを発見した。すると、別の研究者たちが、十全な科学的方法に従い、別の西洋の大学生の集団を対象にして、これらの実験結果を再現した。そして、再現に成功したことを根拠に、顔情報処理における左右の脳の非対称性は――読み書き能力の発達による文化的副産物ではなく――ヒトの神経認知機能の基本的特徴である、との推論がなされたのである。彼らがもし、文化的差異を見つけ出す心理学の常套手段を用いて、つまりアメリカの大学に通う東アジア人学生を対象にして、実験を行なったならば、ますます、先行研究の結果が裏づけられたと思い込み、右大脳半球の優位性を確信したことだろう。洋の東西を問わず、大学生はみな、高度な読み書き能力を身につけているからである。当然ながら、今日でも世界中には、読み書きのできない非識字者が大勢いて、その数は七億七〇〇〇万人を上回ると推定されている。アメリカ合衆国の人口の二倍以上にあたる。しかし、そのような人々が大学の研究室を訪れることはあまりない。

実は、識字率の高い社会というのは、比較的最近になって生まれたものであって、これまでに存在したほとんどの社会とは全くの別物だ。ということはつまり、現代人は、歴史上存在した社会や、人類進化の途上で存在した社会の人々とは、神経学的にも心理学的にも全く異なっているということだ。読み書き能力に関連するテクノロジーや信念や社会規範が、ヒトの脳や情報処理に及ぼす影響力の強さをよく理解せずに、うっかり、このような特異な現代人の集団を研究すると、誤った答えを導き出してしまうおそれがある。このような間違いは、記憶、視覚情報処理、顔認識といった、心理学や神経科学の基本と思われるような事柄を研究する際にも起きてくる可能性がある。

もし、現代社会に見られる、こうした脳や心理の諸側面を説明しようとするならば、高い識字率のそもそもの発端と広がりについて――つまり、どんな時期に、どんな理由で多くの人々が文字を読むようになったのかを――理解する必要がある。どんな地域に、どういう理由で現れた信念、価値観、習慣、技術、制度が、この新たな能力を生み出し、維持していったのか？　そのように問い直すと、神経科学やグローバルな心理的多様性に関する問いだったものが、文化進化や歴史に関する問いに変わってくる。

神が望まれること

表記体系は確かに識字を推進するが、表記体系が出現したからといって、必ずしも読み書き能力が社会に普及するわけではない。強大な勢力を誇る社会では、何千年も前からすでに表記体系が存在しており、その起源は五〇〇〇年ほど前にまでさかのぼる。にもかかわらず、比較的最近まで、どこの社会でも識字者が人口の一〇％を超えることは決してなく、識字率はそれよりはるかに低いのが普通だった。

ところが、一六世紀に突如、まるで流行病のごとく、読み書き能力が西ヨーロッパ中に広がり始めたのだ。一七五〇年頃にはすでに、オランダ、イギリス、スウェーデン、そしてドイツが、イタリアやフランスの国際色豊かな地域を追い越して、世界で最も識字率の高い社会を発展させていた。これらの国々では、人口のおよそ半分以上が文字を読むことができたので、出版社が矢継ぎ早に書

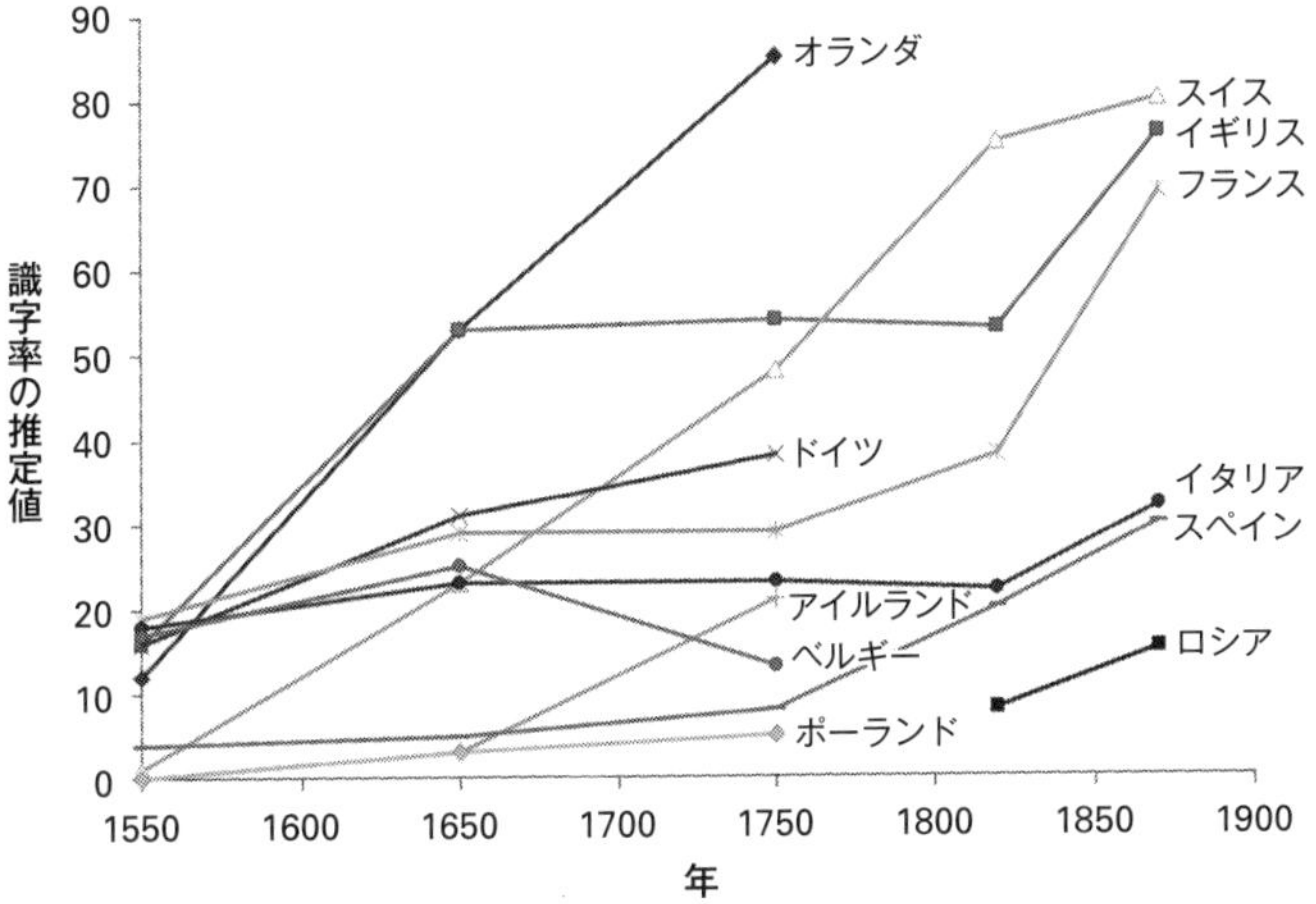

図P.1　1550年から1890年までのヨーロッパ各国の識字率の推移。これらの推定値は書籍の出版に関するデータに基づくが、識字能力の直接的尺度を用いて補正してある[7]。

籍や小冊子を出版していた。図P・1に、一五五〇年から一九〇〇年までの識字率の推移を示してあるが、これを見るときは、識字能力の普及の陰で、人々の脳に心理学的・神経学的変化が起きていたことを思い出してほしい。つまり、何百年ものうちに――集団全体として――言語記憶が強化され、顔情報処理が右脳に移行し、脳梁が太くなっていったのである[8]。

なぜ、人類史上のこの時期に、これらの地域でこうしたスタートが切られたのか、にわかには納得しがたい。産業革命として知られる爆発的な技術革新と経済成長がイングランドで始まったのは、（早くても）一八世紀後半になってからであり、ヨーロッパの他の地域はさらにそれより遅いので、工業化によって生まれたインセンティブや機会に呼応する形で読み書き能力が普及していったわけではない。また、立憲政治が国家レベルで現れ始めたのは、イギリスで名誉革命が起きた一七世紀後半になってからなので、政治参加や政治的多元主義の結果として読み書き能力がもたらされたわけでもない。実際、ヨーロッパやアメリカの多くの地域では、国費による義務教育が開始されるずっと前から、人々は高度な読み書き能力を身につけ始めていた。

もちろん、こう述べたからといって、経済的豊かさや、民主主義や、国費による教育が、のちに国民の識字能力の向上に拍車をかけた事実を否定するわけではない。しかし、一般庶民の識字率向上の火付け役になったと考えるには、時期が遅すぎるのである。では、いったい何がその役割を果たしたのだろう？

それは、一五一七年も終わりに近いハロウィーンの直後に、ドイツの小さな憲章都市、ヴィッテンベルクで始まった。修道士であり、大学の教授でもあったマルティン・ルターが、有名な「九五ヶ条の論題」という意見書を発表して、カトリック教会の贖宥状《しょくゆうじょう》販売について学問的な討論を呼びかけたのである。カトリック教徒は当時、「贖宥状」という証明書を購入すれば、亡くなった親族が煉獄《れんごく》で過ごす罪の浄めの期間を短縮したり、自分自身の罪の償いの苦行を軽減したりすることができたのだった(9)。

ルターの「九五ヶ条の論題」が発端となって、宗教改革が始まった。ルターが異端として告発され、教会から破門されながらも批判を貫いたことで注目が集まり、ルターがその後に著した、神学や社会政策やキリスト者の生活に関する書物は、ヴィッテンベルクの域を超えて大反響を巻き起こし、まずヨーロッパの人々に、その後、世界中の大勢の人々に影響を及ぼした。ドイツから始まったこの新たな思想潮流、プロテスタンティズムは、ほどなくオランダやイギリスに強く根を張り、その後、イギリスからの開拓移民の流れに乗って、北アメリカ、ニュージーランド、オーストラリアへと広がっていくことになる。現在もなお、プロテスタント諸教派は、南アメリカ、中国、オセアニア、アフリカで拡大を続けている[10]。

プロテスタンティズムの根底にあるのは、一人一人が神やイエス・キリストと個人的関係を結ぶべきだという考え方である。それを成し遂げるためには、男性も女性も、独力で、神聖なる書物——聖書——を読んで、その内容を理解する必要があり、専門家とされる人や聖職者の権威、あるいは、教会のような制度的権威に頼りきるわけにはいかなくなった。この**聖書のみ**という教理は、誰もがみな、聖書を読む力を身につけなくてはならないことを意味していた。といっても、誰もがみなラテン語に堪能になれるわけはないので、聖書をそれぞれの言語に翻訳する必要があった[11]。

ルターによるドイツ語訳聖書は、たちまちのうちに広く普及するが、彼は聖書を翻訳しただけでなく、識字能力や学校教育の重要性についても説くようになる。その前途には大変な仕事が待ち受けていた。というのも、推定によると、当時、読み書きができたのは、ドイツ語使用人口のおよそ一％にすぎなかったからだ。ルターは、自らが身を置くザクセン選帝侯国を皮切りに、統治者たちに対して、読み書きの指導と学校管理の責任を負うように圧力をかけていった。一五二四年、彼は「ドイツ全市の市参事会に宛てて、キリスト教学校を設立・維持する必要性について」と題する冊子を執筆した。このような勧告書やその他の著作の中で彼は、両親と世俗当局の両方に対し、学校を創設して子どもたちに聖書を読むことを教える必要があることを、熱心に説いていったのである。

神聖ローマ帝国内のさまざまな王族や諸侯がプロテスタンティズムを支持するようになるが、そのときに決まって手本にするのがザクセンだった。その結果、プロテスタンティズムが広まるのと同時にたいてい、識字能力や学校教育も普及していった。識字能力は、イギリスやオランダのような他の地域にも広がり始めたが、正規教育が初めて、世俗的支配者や政府の聖なる責務とされたのはドイツであった[12]。

プロテスタンティズムと識字能力の歴史的関連性は十分に証明されている。それを例証するように、図P・1は、プロテスタンティズムが深く根づいた国ほど、識字率の向上が急速であることを示している。一九〇〇年になってもなお、プロテスタントの割合が高い国ほど、識字率が高い。イギリス、スウェーデン、オランダでは、成人の識字率がほぼ一〇〇％になっていたのに対し、スペインやイタリアのようなカトリックの国々では、識字率が五〇％程度にとどまっていた。概して言えば、二〇世紀初頭における、識字率の国による違いのおよそ半分が、国ごとのプロテスタントの割合で説明できる[13]。

プロテスタンティズムを識字能力や正規教育と関連づける、同じような分析結果は他にも多数あるが、このような相関関係の問題点は、プロテスタンティズムが識字能力と教育の向上をもたらしたのか、それとも、識字能力や教育の向上がプロテスタンティズムの信仰を促したのかが判然としないことだ。あるいはひょっとすると、プロテスタンティズムと識字能力の両方が、経済成長や代議政治、または印刷機などの技術発展の後を追って出現する傾向があったのかもしれない。しかし幸いなことに、プロイセン王国では、歴史による一種の自然実験がなされており、経済学者のサーシャ・ベッカーとルドガー・ヴェスマンがこれについて詳しい調査を行なってきた。

プロイセン王国が事例研究の対象として優れているのには、二つの理由がある。まず第一に、プロイセン王国は、宗教的自由の初期概念を早くに発展させていた。一七四〇年にはすでに、プロイセン国王、フリードリヒ二世（フリードリヒ大王）が、すべての者は自分なりに救いを見つけるべきであると明言している。事実上、宗教の自由を宣言したことになる。ということはつまり、プロイセン人は、政治的指導者のトップダウンの命令に縛られずに、自らの宗教を選ぶことができたわけだ。第二に、プロイセン王国は、どの地域も法体系にあまり違いがなく、統治制度もよく似ていた。したがって、識字能力とプロテスタンティズムの間に認められる関連性が、宗教と政治の間にある何らかのつながりに起因しているのでは、と考える必要があまりない。

一八七一年のプロイセン王国の国勢調査の結果を見ると、プロテスタントの多い州ほど、識字率が高くて、学校の数が多く、したがって通学にかかる時間も短いことがわかる。この傾向は極めて強く、都市化や人口統計学的属性の影響を一定に保つと、その傾向がますます強くなる。プロテスタンティズムと学校との関連性は、ドイツが工業化時代を迎える前の一八一六年にすでに明らかだ。したがって、宗教と学校教育や識字能力との関連性は、工業化やそれに伴う経済成長に起因するものではないことがわかる。[14]

とはいっても、プロテスタンティズムと識字能力や学校教育との関係は、単なる関連性に過ぎない。[15] 私たちの多くは、単なる相関関係から因果関係を推論することはできない、と習ったし、因果関係を特定するには実験しかない、とも教えられた。しかし、これはもはや完全に正しいとは言えない。なぜなら、実社会から擬似実験データを抽出する巧妙な方法が編み出されているからである。

プロイセン王国では、プロテスタンティズムがヴィッテンベルクから四方八方に、まるで池に投げ入れた小石が起こす波紋のように（ルター自身の比喩）広がっていった。それゆえ、一八七一年には、ヴィッテンベルクから遠い州ほどプロテスタントの割合が低く、ヴィッテンベルクから一〇キロメートル離れるごとに、プロテスタントの割合が一〇％ずつ低下していった（図P・2）。

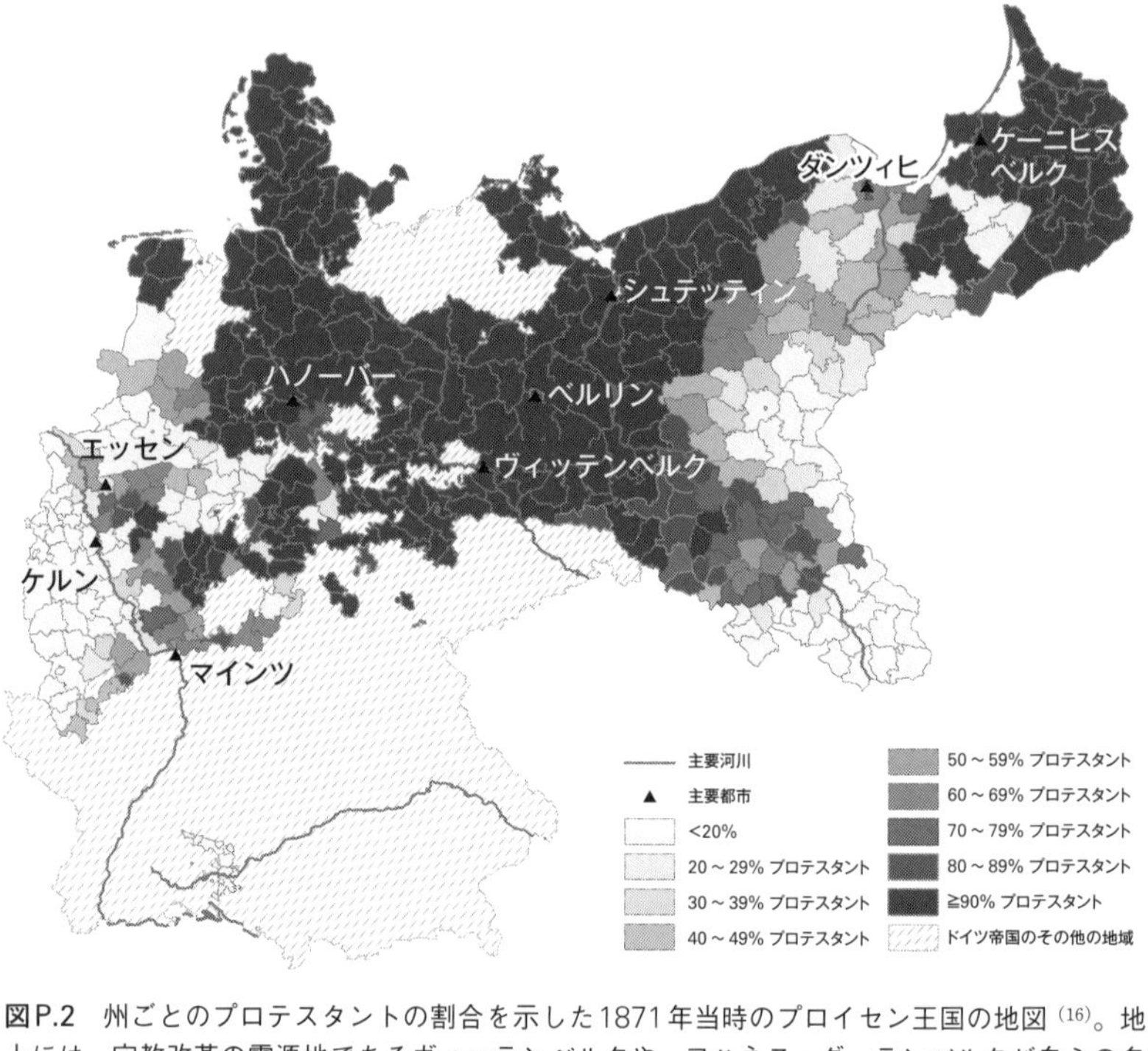

図P.2　州ごとのプロテスタントの割合を示した1871年当時のプロイセン王国の地図(16)。地図上には、宗教改革の震源地であるヴィッテンベルクや、ヨハネス・グーテンベルクが自らの名前を冠した印刷機を発明した憲章都市マインツなど、ドイツの都市をいくつかプロットしてある。

あらゆる経済的、人口学的、地理的な要因の影響を統計学的手法で排除した場合でも、この関係は保たれる。したがって、宗教改革の震源地、ヴィッテンベルクとの近接度を、プロイセン王国におけるプロテスタンティズムの「原因」と考えることが可能だ。都市化など、他にも重要な要因が多数存在するのはもちろんだが、プロイセン王国の内部では、一五一七年以降の新たな動きの中心地であるヴィッテンベルクに近いことが、プロテスタンティズムに独自の効果をもたらしたと言える。

プロテスタンティズムは放射状に広がっていったので、州ごとのヴィッテンベルクとの近接度を利用して、人口に占めるプロテスタントの割合の差のうち、識字能力その他の要因によるものではなく、ヴィッテンベルクとの近接度に起因する差だけを、統計的に分離することができる。ある意味でこれは、それぞれ異なる州に異なる用量のプロテスタンティズムを割り当てて、その効果を調べる実験と考えることができる。ヴィッテンベルクからの距離を調べれば、実験的に投与された用量がどれほどだったかがわかる。したがって、この「割り当てられた」プロテスタンティズム用量がやはり、識字率の高さや学校の数と関連しているかどうかを調べればいい。もし関連しているならば、この自然実験から、プロテスタンティズムは確かに高識字率をもたらした、と推論することができる。[17]

この工夫を凝らした統計分析の結果は目を見張るものだった。ヴィッテンベルクに近いプロイセンの州ほど、プロテスタントの割合が高かっただけでなく、その州は識字率も高く、学校の数も多かった。これは、宗教改革によって生まれたプロテスタンティズムのうねりが、結果として、識字能力を高め、学校教育を普及させたことを物語っている。プロイセン王国は、一八七一年時点で平均的な識字率が高かったにもかかわらず、住民全員がプロテスタントの州は、全員がカトリックの州よりもさらに、識字率が二〇ポイント近く高かったのである。[18]

これと同様のパターンが、一九世紀ヨーロッパのその他の地域でも見つかるし、さらに今日、世界各地の布教が行なわれた地域でも見つかる。一九世紀のスイスでは、スイス軍新兵に対して行なわれた認知機能検査において、宗教改革がもたらした別の余波が確認された。住民全員がプロテスタントの地区の青年は、全員がカトリックの地区の青年に比べて、読解力テストで「成績優秀者」となる確率が一一ポイント高かっただけでなく、数学や歴史や記述力テストの得点でもやはり、こうした優位性が認められたのである。地区の人口密度、土地生産性、経済複雑性を一定にした場合でも、このような関連性は保たれる。プロイセンの場合と同様に、スイスでも、スイスの宗教改革の二つの震源地、チューリッヒとジュネーブのいずれかに近い共同体ほど、一九世紀にプロテスタントの割合が高かった。注目すべきことに、ベルンやバーゼルといった、その他のスイスの都市に近くても、このような関連性は見られない。以上の状況から、プロイセンの場合と同様に、スイスでも、プロテスタンティズムが識字能力の普及を促すとともに、記述力や数学的能力をも若干高めたことがうかがわれる。[19]

識字能力や学校教育の早期普及を促したのは、宗教的信念であって、物質的な自己利益や経済機会がその要になっていたわけではないようだ。ルターをはじめとする宗教改革の指導者たちは、識字能力や学校教育自体にも、また、その結果として数百年後にもたらされる経済的・政治的利益にも、特に関心があったわけではない。「聖書のみ」という教理こそが義とされた。それこそが永遠の救いへの道を拓くからである。それ以上に重要なものなどあろうはずがない。

また、人口の大半を占めている農民も、経済的可能性や就業機会を広げるために読み書きを学ぼうとしたわけではない。プロテスタントの信者たちは、そんなことよりも、聖書を独力で読んで品性を高め、神とのより強い関係を築くために、読み書きを学ばねばならないと考えていたのだ。とはいえ、それから数百年後に、産業革命が轟音をたててドイツや周辺地域に迫ってきたとき、そこには、プロテスタンティズムが生んだ読み書きのできる農民たちが大勢おり、また地域の学校も整備されていたので、即戦力となる教育水準の高い労働力を賄うことができ、それが急速な経済発展を促すとともに、第二次産業革命の推進を後押ししたのだった。[20]

識字能力や教育に対するプロテスタントの貢献度の高さは、世界中で行なわれたプロテスタントとカトリックの布教活動の影響の違いの中に、今日でも見てとれる。アフリカでは、一九〇〇年にキリスト教の布教が活発に行なわれていた地域ほど、その一〇〇年後の識字率が高かった。しかし、初期のプロテスタントの布教活動は、カトリックの活動をはるかに上回るものだった。両者を比較すると、初期にプロテスタントの布教が行なわれた地域は、カトリックの布教が行なわれた地域よりも、識字率が平均で一六ポイントほど高い。また、過去にプロテスタントの布教が行なわれた共同体の人々は、カトリックの布教が行なわれた共同体の人々よりも、正規の教育を受けた期間が一・六年ほど長くなっている。この差は大きい。なぜなら、二〇世紀後半にアフリカ人が学校教育を受けた期間は、平均およそ三年で、読み書きができるのは、成人の半数程度にすぎなかったからである。学校教育の普及率や識字率の差は、さまざまな地理的、経済的、政治的要因とも、また、現在その国が教育にかけている費用とも関係がない。教育費では、このような違いはほとんど説明がつかないのだ。[21]

また、布教団同士の競争が、大きな影響を及ぼしている。カトリック宣教師もプロテスタント宣教師も、信者を獲得しようと競い合っているときのほうが、識字能力の浸透により大きな成果を挙げた。実際、読み書き指導に熱心なプロテスタントとの競争なくして、カトリック宣教師たちが識字の普及に成果を挙げたかどうかは疑わしい。さらに、アフリカのデータを詳しく分析すると、プロテスタント布教団は、正規の学校を建てただけでなく、教育の重要性についての文化的価値観を植え付けたことがわかる。こうしたことは、一六、一七世紀のヨーロッパの状況とも一致する。当時、識字能力や学校教育に対するカトリックの関心を煽ったのは、一つには、教育に対するプロテスタントの強い関心だった(22)。

ルターのプロテスタンティズムは、競争を通してカトリック教会の方針を決定づけたのに加え、民衆の教育は政府の責務であるという理念を広めることによって、図らずも、公費負担による万民のための学校教育の礎《いしずえ》を築いた。ルターは当初から、その著作物の中で、両親が子どもたちに読み書きを教える必要性を強調するだけでなく、地方の王族や君主には学校を創設する義務があると唱えていた。この宗教に触発された公立学校設置への意欲が力となって、プロイセン王国は公費負担による教育のモデルとなり、のちに、イギリスやアメリカのような国々がこれを模倣することになる。

注目すべきこととして、「聖書のみ」という教理は、まずヨーロッパにおいて、その後、世界各地で女性の識字率の向上を促した。一例を挙げると、ブランデンブルクでは一六世紀に、男子校の数が二倍近くに増えて、五五校から一〇〇校になったのに対し、女子校の数は一〇倍以上に増えて、四校から四五校になった。その後、一八一六年には、プロテスタントの割合が高い州や町ほど、学校に在籍している女子の割合が男子に比べて高かった。実際、宗教改革の初期の波によって生まれた宗派（カトリックまたはプロテスタント）の割合の違いを、その州のヴィッテンベルクからの距離を用いて擬似的に導き出して分析しても、この関係は保たれる。これは、プロテスタンティズムが女子の識字率の向上をもたらした可能性が高いことを示すものだ。

ヨーロッパ以外の地域でも、キリスト教が世界中に広まるにつれて、プロテスタンティズムの女子教育への影響が現れてきている。たとえば、アフリカでもインドでも、初期のプロテスタント布教団のほうがカトリックよりも明らかに、女子の識字能力や学校教育に大きな影響を及ぼした。プロテスタンティズムが女子の識字能力に与えた影響は極めて重要である。なぜなら、読み書きができる母親のほうが、そうでない母親よりも、出産する子どもの数が少なく、生まれてきた子どもが、より健康で、賢く、裕福な成人に育つ傾向があるからだ。[23]

一五六〇年に、宗教改革の波がスコットランドにまで及んだとき、その基礎をなしていたのは、貧民のための公教育の無償化という中心原理だった。一六三三年に世界で初めてこの地で、教区民と地主による教区学校の財税負担が規定され、一六四六年にはさらにそれが強化された。このような早い時期からの普通教育への取り組みが、やがて、デイヴィッド・ヒュームからアダム・スミスまで、綺羅星の如く並ぶ知的指導者たちを生み出し、スコットランド啓蒙思想の誕生に一役買ったものと思われる。ヴォルテールは、一八世紀のこの小地域の知的優位性に刺激を受け、「私たちは文明に関する思想のすべてをスコットランドに期待している」と記している。[24]

ここまでつなぎ合わせてきた因果の連鎖を追ってみよう。一人一人が独力で聖書を読むべきであるという宗教的信念が広まったことによって、まず初めにヨーロッパにおいて、その後世界各地で、男性と女性の両方に識字能力が広く普及していった。識字層の拡大とともに、人々の脳に変化が生じ、記憶、視覚情報処理、顔認識、数概念、問題解決といった諸領域の認知能力に変化がもたらされた。おそらく、母親たちがしだいに識字能力を身につけ、正規教育を受けるようになるにつれて、間接的に、家族の人数や子どもの健康状態、そして認知発達も変化していったと思われる。このような心理的・社会的変化が、技術革新のスピードを速め、新たな制度の普及を促し——そして長期的には——経済的繁栄をもたらしたのかもしれない。[25]

当然ながら、偉大なドイツの社会学者、マックス・ヴェーバーが提起したように、プロテスタンティズムの物語には、識字能力だけにとどまらない、もっとさまざまな要素がある。のちほど第12章で述べるが、プロテスタンティズムは人々の自制心、忍耐力、社会性、そして自殺傾向にも影響を及ぼした可能性がある。[26]

宗教と生理と心理の歴史

プロテスタンティズムや識字能力が本書の主要テーマではない。しかし、中世末期のヨーロッパの人々が、なぜこれほどまでに、プロテスタント信仰の異常なまでの個人主義の影響を受けたのかについて、説明を試みるつもりだ。プロテスタンティズムの考え方——偉大な賢人に敬意を表してただ従うのではなく、男性はみな、それどころか女性もみな、独力で古代の聖典を読んで解釈すべきだという考え方は、近代以前のほとんどの社会では、非道とも、危険ともとれるものであったろう。[27] 聖界や俗界のエリートの多くから激しい妨害を受けたプロテスタンティズムは、もしこの地域やこの時代でなかったならば、そのまま何の成果も生み出せずに行き詰まっていたであろう。

西方教会や私たち西洋人の家族、婚姻、法体系、政治体制が、どうして特異な性質をもっているのかを説明するために、本書ではさらにずっと過去にまでさかのぼっていく。そして、奇妙な一連の宗教的禁止や指示命令が、ヨーロッパの血縁関係を再編することによって、人々の社会生活や心理を変化させ、その結果として、キリスト教世界の諸社会を、他所《よそ》では見られないような一種独特なものへと駆り立てていった歴史的経緯を詳しく探っていくつもりだ。いずれわかることだが、プロテスタンティズムとその重要な影響力は、この物語の冒頭ではなく、結末のほうにずっと密接に関わってくる。

とはいえ、識字能力とプロテスタンティズムのケースは、本書全体に通底する、四つの基本となる考え方の縮図を提供してくれている。一つずつ見ていこう。

①宗教的信念には、人々の意思決定や心理、そして社会のあり方を方向づけていく強い力がある。聖典を読むことは、もともと神とつながることを目的としていたのだが、意図せずして、大きな副次的効果がもたらされ、その結果、一部の宗教集団が他を圧して生き残り、方々に広がっていった。

②信念、習慣、テクノロジー、社会規範――すなわち文化――には、動機づけや知的能力や意思決定バイアスなど、ヒトの脳や生理や心理を形成していく力がある。「文化」と「心理」を切り離すことも、「心理」と「生理」を切り離すこともできない。なぜなら、文化は、ヒトの脳を物理的に配線し直し、それによって思考を形成するからである。(28)

③文化によって引き起こされた心理的変化は、人々が何に注意を向け、どのように意思決定を

し、どんな制度を好み、どれほど革新的になれるかに影響を及ぼすことによって、その後に起こるあらゆる事柄の方向性を決定づける力をもっている。この場合には、識字率の向上に伴って、分析的思考力や記憶力が強化されるとともに、正規教育、書籍出版、知識の普及が進んだ。ということは、「聖書のみ」という教理が、イノベーションを活性化するとともに、法の標準化、選挙権の拡大、立憲政治の確立の基礎を築いた可能性が高い[29]。

④西洋人が独特の心理特性をもつに至った経緯を示す一つ目の例として、識字能力を取り上げた。もちろん、キリスト教やヨーロッパ式の諸制度（小学校など）が世界中に普及したことによって、最近では、多くの人々が高度な識字能力を身につけるようになった[30]。しかし、一九〇〇年時点で世界を調査していたならば、脳梁が太く、顔認識が苦手な西ヨーロッパの人々は、かなり風変わりな人間に見えたであろう[31]。

これから見ていくように、識字能力は特殊なケースではない。むしろ、これまで多くの研究者たちが見逃してきた、巨大な心理学的・神経学的氷山の一角なのである。次章は、この氷塊の水面下の深さと形状を探るところから始めようと思う。そして、人間の本性や、文化の変化、社会の進化について考える基礎を固めたのち、西ヨーロッパではなぜ、どのようにして多岐にわたる心理的差異が生じたのか、そしてそれは、現代の経済的繁栄、イノベーション、法体系、民主主義、科学を理解する上でどんな意味をもつのかを検討していく。

第１部　社会と心理の進化

第1章　W《ウ》E《イ》I《ア》R《ー》D《ド》な心理

人間とは、他者とは隔てられた独自の存在であって、多少とも統合された動機づけと認知プロセスの世界に生きているという考え方、そして、この人間という、周囲の状況に柔軟に対応する意識、感情、判断、行動の源泉は、一つのまとまりをもった統一体であって、他の同様の統一体とも、また背景をなす社会や自然ともはっきり区別される、という考え方が西洋の人間観である。この人間観は、私たち西洋人にとってはどれほど覆し難いものに思われたとしても、グローバルな視点から見ると、かなり特異な考え方である。

——文化人類学者クリフォード・ギアツ（一九七四年）

あなたは誰だろう？

ひょっとしたら、西洋の（Western）、教育水準の高い（Educated）、工業化された（Industrialized）、裕福な（Rich）、民主主義の（Democratic）社会で生まれ育ったW《ウ》E《イ》I《ア》R《ー》D《ド》ではないだろうか。だとしたら、心理的にかなり風変わりである可能性が高い。われわれWEIRD人は、現代世界に生きている大勢の人々や、過去に生きていた大多数の人々とは違い、極めて個人主義的で、自己に注目するとともに、自制を重んじ、集団への同調傾向が低く、分析的思考に長《た》けている。人間関係や社会的役割よりも、自分自身を――つまり自分の本来の性質や、業績、目標を――重視する。周囲の状況にかかわらず「自分自身」であろうとし、他者に矛盾した言動が見られると、それを柔軟性とは捉えずに、偽善と見なす。誰しもそうであるように、仲間や権威者とうまくやっていきたいと思ってはいるが、それが自分自身の信念や意見や好みと食い違う場合には、敢えて他者に合わせようとはしない。自分を唯一無二の存在だと思っており、まさか、空間をまたぎ、過去にまでさかのぼる社会的ネットワークの単なる結節点だとは思っていない。行動する際には、コントロール感〔物事や自分自身をコントロールしているという感覚〕や、自分自身で選択したのだという思いを好む。

　推論するとき、ＷＥＩＲＤな人々は、世界を体系化する普遍的カテゴリーやルールを見つけようとし、また、パターンを読み取って傾向を予測するために、回帰直線を思い浮かべる傾向がある。複雑な現象を理解しようとするときには、それを別個の要素に分解した上で、それぞれの構成要素に特性や抽象的カテゴリー（粒子、病原体、パーソナリティなど）を割り当てることによって、複雑な現象を単純化する。それゆえ、部分同士の関連性や、カテゴリーにうまく収まらない現象同士の類似点を見逃してしまうことが少なくない。つまり、個々の樹についてはよく理解できても、しばしば森を見逃してしまうのだ。

　ＷＥＩＲＤな人々はまた、極めて忍耐強く、たいてい勤勉である。現在の不快感や不安感の見返りとして得られる満足――金銭的報酬、快楽、安心といった満足――を、強い自己制御力によってずっと将来まで先延ばしすることができる。それどころか、ＷＥＩＲＤな人々は、辛い労働に喜びを見出し、それによって身が浄められたとさえ感じることがある。

矛盾しているようではあるが、ＷＥＩＲＤな人々は個人主義的傾向が強く、自分に目が向いているにもかかわらず、公平なルールや原則を忠実に守る傾向があり、見ず知らずの相手や匿名の他者を心から信頼し、誠実かつ公正に扱って協力することができる。実際、われわれＷＥＩＲＤな人間は、大多数の人々に比べて、友人、家族、自民族、地元コミュニティを、他集団よりも偏重することが比較的少ない。身内びいきは悪しきことと考えており、背景事情、実際面、人間関係、便宜的措置よりも、抽象的な原則を盲目的に重んじる。

感情面について言えば、ＷＥＩＲＤな人々は、文化によって吹き込まれ、自分で自分に課している基準や理想に従った行動ができないと、罪の意識に苛まれることが多い。ほとんどの非ＷＥＩＲＤな社会では、罪感情ではなく、恥感情が人々の生活を支配している。自分自身や自分の身内、あるいは友人が、共同体から課されている基準に従った行動ができないと、恥ずかしいと感じるのだ。非ＷＥＩＲＤな人々の場合には、たとえば、自分の娘が社会的ネットワーク外の誰かと駆け落ちしたら、世間の批判的な目にさらされて「面目を失った」と感じるだろう。一方、ＷＥＩＲＤな人々は、ジムに行かずに昼寝をしてしまうと、それが義務ではなくても、また誰も見ていなくても、罪悪感に苛まれるかもしれない。罪の意識は、自分の基準や自己評価を拠り所にしているのに対し、恥の意識は、社会の基準や世間の判断を拠り所にしているのだ。

このような違いはほんの一例で、先ほど述べた心理の氷山の一角にすぎない。この氷山の本体には、知覚、記憶、注意、推論、動機、意思決定、道徳判断といったさまざまな側面が含まれている。それはともかく、私が本書で答えを見つけたいのは、次のような問いだ。ＷＥＩＲＤな人々は、どのような過程を経て、これほど特異な心理をもつようになったのか？　なぜ、他の人々とこれほど違っているのか？

この謎を追って古代末期までさかのぼると、見えてくるのは、キリスト教の一宗派が、ヨーロッパの一部地域で幾世紀にもわたって、ある特殊な社会規範と信念のパッケージの普及を促したという事実である。そのパッケージは、婚姻や家族の形態や、相続や所有のあり方を劇的に変えてしまうものだった。こうした民衆の生活に起きた変容をきっかけに、人々の心理に一連の変化が生じ、その変化が、新たな形の都市化を促進し、非人格的な商業の発達に拍車をかけた。と同時に、商人ギルド、憲章都市、大学、地域横断的修道会など、個人主義的色彩の強い新たな規範や法律によって統制される、自発的な団体の急増を促したのである。ＷＥＩＲＤな心理が形成されるに至った理由を説明する中で、なぜＷＥＩＲＤな宗教、婚姻、家族の風変わりな性質にも光を投じるのかが見えてくるだろう。もし、私たちの宗教、婚姻、家族が極めて奇妙であることに気づいていなかったとしたら、気を引き締めてかかろう。

ヨーロッパの一部の集団が、中世後期までに特異な心理をもつに至った経緯と理由を理解することで、もう一つの大きな謎も解き明かされる。それは「西洋の台頭」である。一五〇〇年頃以降、西ヨーロッパ社会が世界の広範囲を征服したのはなぜなのか？　一八世紀後半に、やはりこの地域から、技術革新や産業革命を動力源とする経済成長が始まり、今日もなお世界の市場を席捲《せっけん》しているグローバル化の波を生み出したのはなぜなのか？

もし、西暦一〇〇一年に、異星人の人類学者チームが地球周回軌道から人類を調査したとしたら、その千年紀の後半にヨーロッパの集団が地球を支配するようになるとは決して思わなかっただろう。

西暦一二〇〇年でもまだそうだったかもしれない。むしろ、中国かイスラム世界が支配するようになるに違いないと予測しただろう(1)。

高所から地球を観察するこれらの異星人たちが見逃していたのは、中世期にヨーロッパの一部地域で静かに醸成されていた、これまでにない新しい心理だった。このプロトWEIRD心理〔WEIRD心理の原型となる心理〕が、非人格的市場、都市化、立憲政治、民主政治、個人主義的宗教、各種学術団体、飽くなきイノベーションが出現するための基礎を少しずつ築いていった。つまり、このような心理的変化が、現代世界の種子を播《ま》くための土壌を準備したのである。したがって、現代社会のルーツを理解するためには、社会を構成する最も基本的な単位である家庭に、ヒトの心理がどのように文化的に適応し、これと共進化していくかを詳しく探る必要がある。

まず、氷山をさらに詳しく吟味することから始めよう。

本当のところ、あなたは誰なのか？

次の文を一〇通りに完成させてみてほしい。

私は（　　　）です。

もしあなたがWEIRDであれば、「好奇心旺盛」「情熱的」、あるいは「科学者」「外科医」「カヤック選手」といった言葉を入れたことだろう。「ジョシュの父親」「マヤの母親」のような言葉を

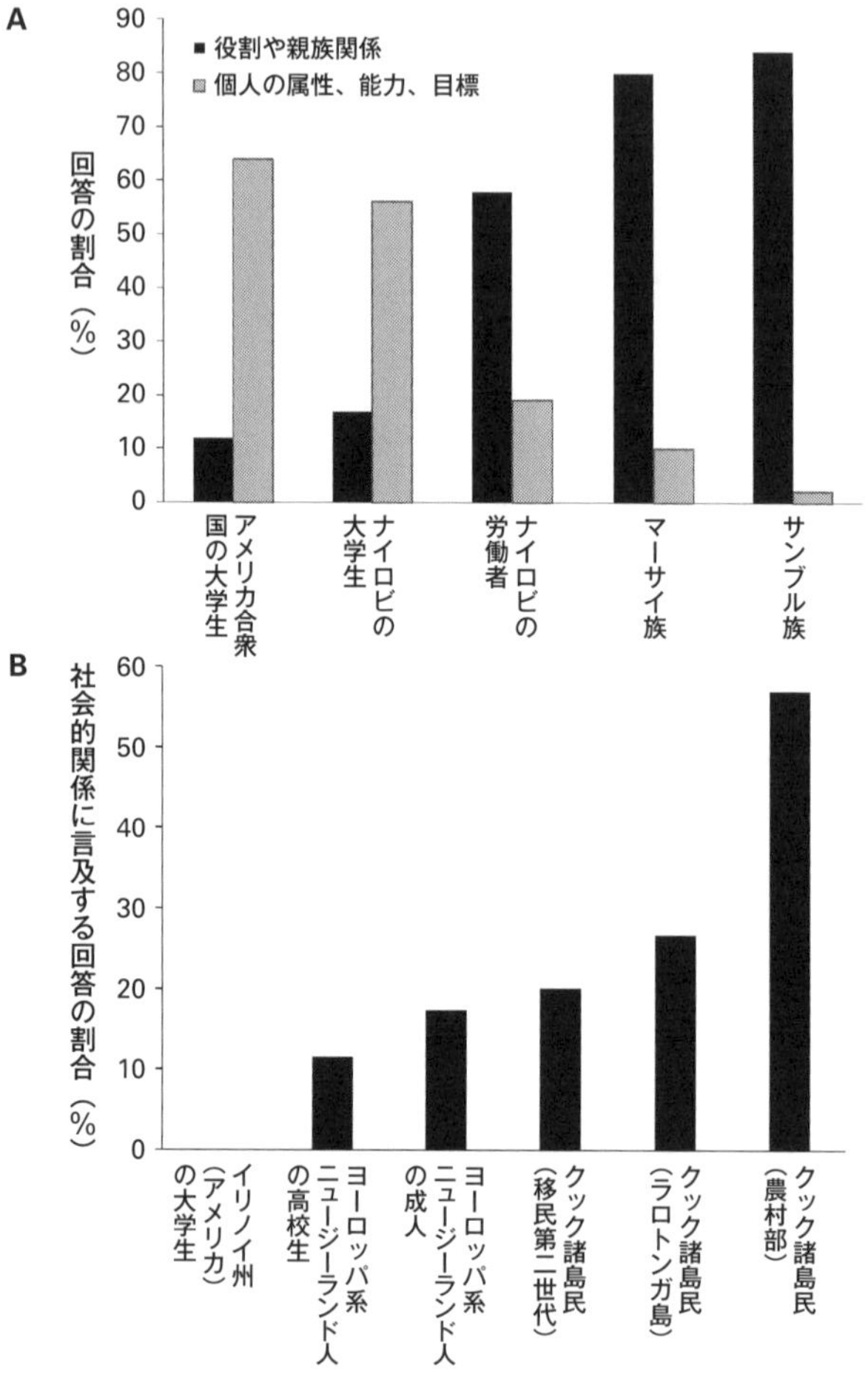

図1.1　集団による個人のアイデンティティの違い。Aは、「私は誰か？」という問いに対して、それぞれの集団の人々が、自分の役割や親族関係に焦点を当てるか、それとも個人の属性や業績に焦点を当てるかを示したもの。棒の高さは、各地域の人々の回答の平均割合を示している。Bは、「私は（　　　）だ」という文を完成させてもらったときの、社会的関係に言及した回答の平均割合を示している[(2)]。

入れようとは思わなかったのではないだろうか。それも真実であって、それが自分の生活の中心だったとしても、である。このように、親族関係や、先祖から受け継いだ社会的役割、自分の属する共同体よりも、個人の属性や業績、そして抽象的・理念的な社会集団の一員であることを重視するのが、WEIRD心理の確固たる特徴だ。そして、これこそがまさに、グローバルな視点から見た場合に私たちがかなり奇妙に見える原因なのである。

図1・1に、アフリカや南太平洋地域の人々が、「私は誰か?」「私は（　　）だ」という問いにどのように答えたかが示してある（前者は図1・1A、後者は図1・1B）。図1・1Aでは、得られたデータから、個人の属性、目標、業績に言及する個人主義的な回答の割合と、社会的役割や親族関係に言及する回答の割合を算出してある。分布の一方の端に位置するアメリカ人大学生は、もっぱら個人の属性、目標、業績に焦点を当てている。

分布の反対側の端に位置するのが、ケニアの先住民のマーサイ族とサンブル族である。ケニアの田舎では、これら二つの部族集団が父系氏族制〔第3章で詳述〕のもとで伝統的な遊牧生活を営んでいる。彼らの回答の少なくとも八〇％は、自分の役割や親族関係に関することであり、個人の属性や業績を取り上げた回答は稀だった（一〇％以下にとどまった）。

この分布の真ん中に、活気溢れるケニアの首都、ナイロビの二つの集団が位置する。さまざまな部族集団の出身者からなるナイロビの労働者の集団では、自分の役割や親族関係に関する回答が高い割合を占めたが、それでもマーサイ族やサンブル族に比べるとその割合は低かった。一方、すっかり都会風になっているナイロビ大学（ヨーロッパスタイルの大学）の学生は、アメリカの大学生とよく似ており、その回答のほとんどが個人の属性や業績に関することだった。(3)

図1・1Bを見ると、地球の反対側でもやはり同じような状況であることがわかる。ニュージーランドとクック諸島の間には、政治的・社会的に緊密なつながりがあるので、WEIRDなニュージーランド人との接触度合いがそれぞれ異なる、クック諸島民の集団同士を比較することができる。ケニアの場合とは違って、ここで得られたデータでは、社会的役割や親族関係に関する回答と、その他の回答とを分けることしかできなかった。

まず、今もなお伝統的な世襲制の生活を営んでいる、離島の一つの農村では、社会的関係に関する回答の平均割合が六〇％近くに及んだ。首都がある島で、人気の観光地でもあるラロトンガ島になると、社会的関係に関する回答の割合は二七％にまで落ちる。ニュージーランドにやってきた移民第二世代の間では、そのような回答の割合はさらに二〇％にまで落ちる。これは、ヨーロッパ系ニュージーランド人の平均値である一七％に近い。ニュージーランド人の高校生はもっと低くて、一二％だ。それに対して、アメリカの大学生は、これと同程度か、それを下回るのが普通で、社会的関係にかかわる回答が皆無だった大学生もいる。

この研究を補完してくれる、多数の類似する心理学的研究を用いて、アメリカ人、カナダ人、イギリス人、オーストラリア人、スウェーデン人と、日本人、マレーシア人、中国人、韓国人など、さまざまなアジア人とを比較することができる。結論として言えるのは、WEIRDな人々は概して、分布の端のほうに位置しており、自分の役割、責任、親族関係よりも、個人としての属性、業績、目標、性格に強い関心を向けるということだ。アメリカの大学生は、他のWEIRDな集団と比べても特に、自分に強い関心を向けているようだ(4)。

自分の役割や親族関係よりも、個人的な属性や業績に関心を向けることこそが、ある心理特性パッケージの主要素なのだが、この諸々の心理特性をひとまとめにして、**個人主義観念複合体**《コンプレックス》、または単に**個人主義**と呼ぶことにする。個人主義とは、知覚、注意、判断、感情を修正することによって、WEIRDな社会的世界をうまく渡っていかれるようにする、一群の心理特性と考えるのが一番よい。どんな集団も、その社会の制度、技術、環境、言語に「ぴったり合う」心理特性パッケージを示して当然だが、これから見ていくように、WEIRDパッケージはとりわけ奇妙である。

個人主義コンプレックスの地図

個人主義とは何かを理解するために、分布のもう一方の端から考えてみよう。(5) 人類史を通してほぼずっと、人々は、遠縁の親族や姻族をもつなぐ、緊密な一族のネットワークの中で育ってきた。このような親族関係に統制された世界においては、人々の生存も、アイデンティティも、安全も、結婚も、成功も、親族ベースのネットワークの安定と繁栄にかかっており、それらはたいてい、氏族〔共通祖先をもつ血縁集団。氏族については第3章で詳述〕、リネージ〔成員が互いの系譜関係や祖先との系譜関係を把握している血縁集団〕、家、部族といった別個の単位を形成していた。これが、マーサイ族、サンブル族、クック諸島民の世界である。

このような永続的なネットワーク内では、一人一人が、密に張り巡らされた社会の網の目の中で、他者との関係において、実にさまざまな義務、責任、特権を先祖代々受け継いで与えられている。たとえば、男性には、またいとこ（父方の曾祖父の子孫）が殺害されたら仇討ちをする義務があり、母親の兄弟の娘と結婚する特権が与えられているが、よそ者と結婚するのはタブーであり、また、祖先を崇める豪勢な儀式を執り行なう責任を負っており、それを怠れば自分の血筋全体に災厄が降りかかる。行動は、状況により、また関与する人間関係のタイプにより、ひどく制約されている。

このような親族関係の秩序を維持する社会規範の集合体を、私は**親族ベース制度**と呼んでいるが、こうした諸々の規範があるゆえに、人々は広い範囲から友人やビジネスパートナーや配偶者を探すことができない。人々はむしろ、外部世界とは一線を画する世襲的な内集団に投資するようになる。多くの親族ベース制度は、相続慣行や新婚夫婦の居住地に影響を及ぼすだけでない。財産を共同で所有する（たとえば土地を氏族で共有する）こともあれば、犯罪行為が成員の連帯責任とされる（たとえば息子が犯した罪のために父親が投獄される）こともある。

このような社会的な相互依存によって、情緒的な相互依存が引き起こされ、その結果として、内集団との強い一体感が生まれ、社会的つながりに基づいて内集団と外集団をはっきり区別するようになる。実際には、はるか遠縁のイトコや部族メンバーの中には、面識のない人々もいるかもしれないが、それでもこの世界では、一族の絆を通して自分とつながっている限り、内集団成員であることに変わりはない。その一方で、顔見知りであっても、緊密で永続性のある社会的つながりがなければ、結局は、よそ者でしかない[6]。

この世界で成功を摑み、人々の尊敬を勝ち得るかどうかは、こうした親族ベース制度の世界を巧みに渡っていかれるかどうかで決まる。となると当然、次のようになる。①内集団の仲間に合わせる、②年長者や賢人などの権威に従う、③（よそ者よりもむしろ）自分に近しい人々の行動を監視する、④内集団をそれ以外からはっきりと区別する、⑤機会があれば必ず、身内ネットワーク全体としての成功を後押しする。また、しきたりによって非常に多くの義務、責任、制約を課せられているので、人々の動機が、新たな人間関係を求め、よそ者と知り合いになろうとする「接近志向」

型ではなくなってくる。人々はむしろ「回避志向」型になり、規範から逸脱していると思われたり、全体の調和を乱したり、自分や他者の体面を損なったりする可能性を最小にとどめようとする。[7]

これが一方の極である。では、それとは正反対の極にある個人主義について考えてみよう。代々受け継がれてきた絆がほとんどなく、成功を摑んで尊敬を勝ち得るには、次のような方法に頼るしかない世界を渡っていくのに必要とされる心理を想像してほしい。①自分独自の特殊な属性を磨く、②独自の属性をもつ友人、仲間、ビジネスパートナーを惹きつける、③相互に利益をもたらす限り、その人間関係を維持する。この世界では、誰もがよりよい人間関係を探して回るが、その関係が続くこともあれば、続かないこともある。人々を結びつける永続的な絆はほとんどないかわりに、一時的な関係の友人、同僚、知人を多数持っている。

この世界に心理的に適応していくうちに、人々は、自分のことも他者のことも、独特または特殊な一連の才能（たとえば文才）、興味（キルティング）、目標（弁護士になる）、美徳（公正）、方針（「何人も法に従う」）によって輪郭が定まる、独立した主体と見るようになる。同じような人々の集団に加わると、その特徴がますます顕著になったり、強調されたりすることもある。他人の評判や自己評価を決めるのは、もっぱら自分自身の個人的な属性や業績であって、親族関係に則った複雑な社会規範に支配される先祖譲りの永続的なネットワークを大切にしたからといって、評判や評価が高まるわけではない。[8]

グローバルな心理的多様性を垣間見るために、まずは、個人主義コンプレックスを一次元に平坦化してみよう。図1・2に、よく知られた多項目評定尺度に基づいて調査した、個人主義の世界地図を示してある。この多項目評定尺度はもともと、オランダの心理学者、ヘールト・ホフステード

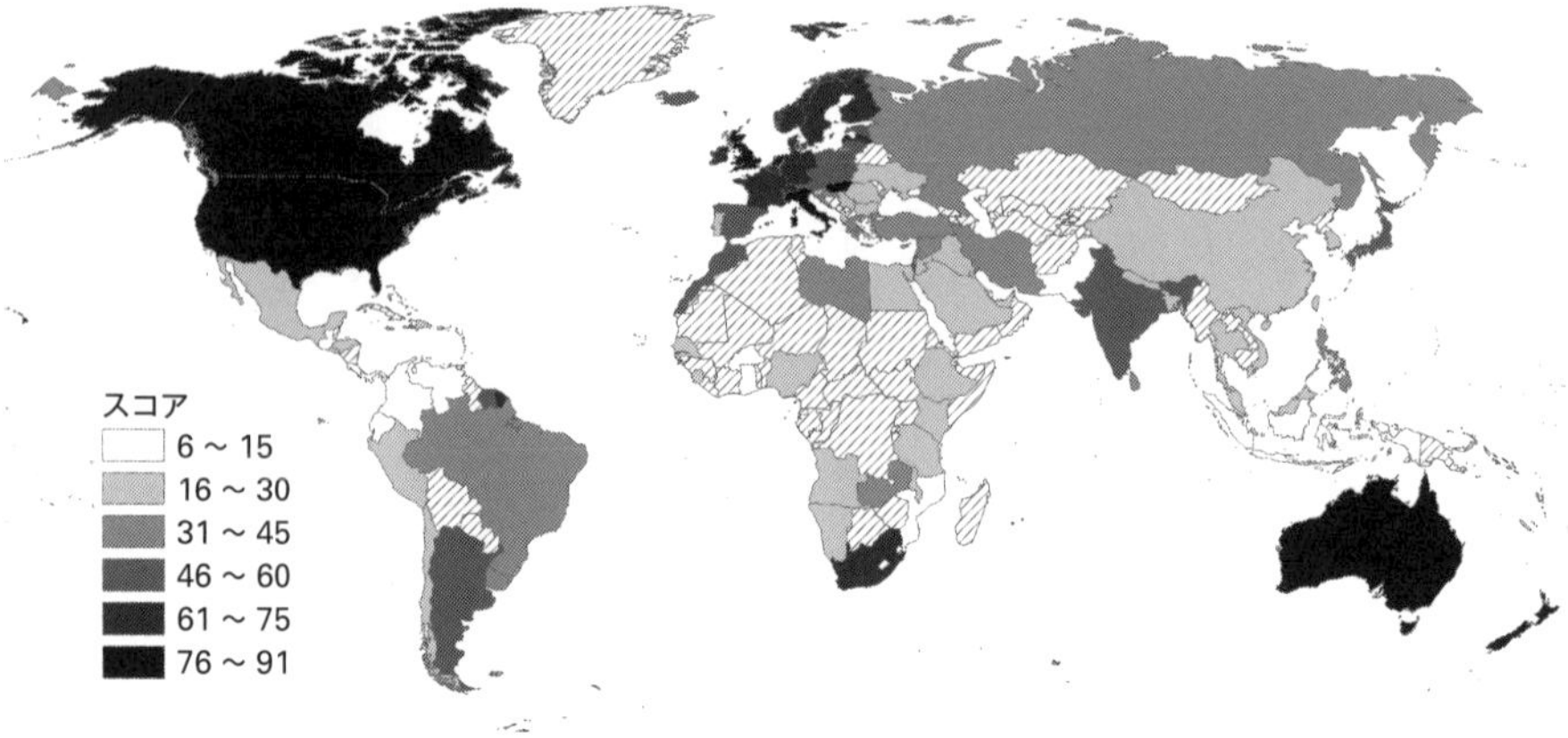

図 1.2　ホフステードの多項目評定尺度に基づいて、93 か国について調査した、個人主義の世界地図。色が濃いほど個人主義的傾向が強いことを示している。斜線部はデータがない地域 (9)。

が、世界各国のＩＢＭ社員を対象に行なった調査に基づいて開発したものだ。質問を通して、自分自身、自分の家族、個人の業績、個人の目標への関心の度合いが測定される。たとえば、「自分のスキルや能力を十分に活かして仕事することは、あなたにとってどれくらい重要ですか？」という質問もあれば、「やりがいのある仕事──個人的な達成感が得られる仕事──に就くことは、あなたにとってどれくらい重要ですか？」という質問もある。個人主義的傾向の強い人ほど、自分のスキルを十分に活かしたいと望んでおり、そのような仕事から大きな達成感を得る。この尺度の強みは、心理の一断面に照準を合わせるのではなく、むしろ個人主義パッケージに含まれるいくつかの要素をまとめて測定できる点にある。

この尺度で最も高いスコアを得たのは、予想に違わず、アメリカ人（九一点）、オーストラリア人（九〇点）、そしてイギリス人（八九点）──明らかに世界で最もＷＥＩＲＤな人々──である。

その次にくる、世界でもとりわけ個人主義的傾向が強いのはほぼすべて、ヨーロッパの国々（特に北欧や西欧）か、カナダ（八〇点）やニュージーランド（七九点）のようなイギリスからの移民の社会である。注目すべき点として、図１・２は私たちの無知を露呈している。心理学的に言えば、アフリカや中央アジア一帯は、ほとんど未知なる大地《テラ・インコグニータ》のままなのだ。(10)

この個人主義の多項目評定尺度は、他の大規模な世界的調査から得られた証拠とも驚くほど一致する。たとえば、個人主義的傾向の強い国の人々ほど、一族の絆が弱く、身内びいきをしない。つまり、会社社長や経営者や政治家が、親類縁者を採用したり、昇進させたりということが少ないのだ。さらに、個人主義的傾向の強い国ほど、内集団と外集団をあまり区別せず、移民の支援をいとわず、伝統やしきたりにも固執しない。

個人主義的傾向が強い国ほど、裕福で、イノベーションが生まれやすく、経済的な生産活動も盛んだ。より効果的な統治機構を備えており、道路、学校、電気、水道のような、公共サービスやインフラを整備する能力に長《た》けている。(11)

さて、心理面の個人主義的傾向と、国富の量や統治機構の有効性との間に見られる強い正の相関関係は、経済的繁栄やリベラルな政治制度が個人主義的傾向を強めるという、一方向の因果プロセスを反映していると一般には考えられている。確かに、人々の心理のいくつかの側面については、実際、この方向に因果関係が働いており、今日、世界の多くの地域の経済発展や都市化の過程で生じていることの大半は、おそらくこの方向のプロセスなのだろう。たとえば、すでに見てきたように、都市部に移住したことが、クック諸島民やナイロビの労働者の自己概念に影響を及ぼした可能性が高い(12)（図１・１）。

しかし、因果関係が逆の方向にも働いている可能性はないのだろうか？　もし、まだ経済も成長しておらず、効果的な統治機構もないときに、何か別の要因によって、個人主義的傾向の強い心理が生まれたとしたら、こうした心理的変化が刺激となって、都市化が進み、商業市場が拡大して、経済が繁栄し、イノベーションが起こって、新たな統治形態が誕生する、という可能性はないだろうか？　私の答えは、一も二もなくイエスだ。

どうしてこうしたことが起こり得るのかを理解するために、まず、歴史の過程で個人主義コンプレックスと撚《よ》り合わさった、もっと大きな心理特性パッケージについて検討しよう。その主要な構成要素がわかれば、それらの変化がどうして、人類の経済、宗教、政治の歴史にこれほど大きな効果を及ぼし得たのかがもっと明らかになるはずだ。

心理的多様性をさぐって世界を巡る旅を続ける前に、注意すべき点を四つ挙げておきたい[13]。

①心理的多様性も含め、人間の多様性は讃えられてしかるべきである。ＷＥＩＲＤな人々の特異性を取り上げて、こうした人々やその他の人々をけなすつもりはない。私の目的はあくまでも、心理的多様性の起源と現代世界のルーツを探ることにある。

②頭の中にＷＥＩＲＤ対非ＷＥＩＲＤという対立の構図を作り上げないでほしい。これから多くの地図や図表で見ていくように、グローバルな心理的差異は、連続的かつ多次元的なのだ。

③心理的差異は、国家間で見られるだけでなく、あらゆるレベルで現れる。国ごとの平均の比較ばかりすることもあるが、それは入手できるデータがそれしかないからにすぎない。本書全体を通して、国家内の心理的差異――つまり、地域間、州間、村間の差異や、異なる背景

をもつ移民第二世代間での差異——についてもたびたび検討する。WEIRDな集団は概して、地球規模で見た分布の一方の端にかたまっているが、本書ではさらに踏み込んで、ヨーロッパ内、「西側」内、工業化社会内で見られる興味深い重要な差異にも説明を加える。④集団レベルで差異が認められたとしても、それを、国民や部族や民族の、固定された、本質的な、不変の特徴だと考えるべきではない。むしろ、どんな経緯と理由によって、ヒトの心理は変化してきたのか、そして今後も進化し続けるのかをさぐるのが本書の目的である。

WEIRDな自己の育成

個人主義的な社会環境に適応するということは、すなわち、場の状況や人間関係によって変わることのない個人的属性を磨き上げることを意味する。それに対し、親族関係に統制された世界でうまく生きるということは、すなわち、全く異なるアプローチや行動が求められる多様な人間関係に対応しながら世を渡っていくことを意味する。アメリカ合衆国、オーストラリア、メキシコ、マレーシア、韓国、日本をはじめ、さまざまな社会から得られた心理学的証拠から、このような傾向が照らし出される。

世界の多くの人々に比べると、WEIRDな人々は、相手がどんな人物であるか（後輩、友人、親、教授、見ず知らずの他人等々）に関係なく、自分は「誠実さ」や「よそよそしさ」などの面で一貫した態度をとると報告する。それに対して、韓国人や日本人は、相手との関係によって態度を変える——つまり、母親、友人、教授に対してとるべき態度が決まっている——と報告する。相手が誰であるかによって、態度ががらりと変わるのだ。教授には遠慮がちで控えめな態度をとる一方で、友人とは冗談を言い合ったりはしゃいだりするかもしれない。アメリカ人は、柔軟な行動をとる人々を「裏表がある」「偽善者」と見たりするが、他の多くの人々は、相手に応じて態度を変化させることを、知恵、成熟、世慣れていることの証だと捉える[14]。

各々の社会の規範に照らしたこうした態度が、人々のどんな心理的反応を喚起するかは、社会によって全く異なる。たとえば、研究参加者が報告した自らの態度について、親と友人の両方に判断を下してもらい、それを韓国人とアメリカ人とで比較した研究がある。アメリカ人の間では、立場や状況が変わっても一貫した態度をとると報告した参加者は、態度を変化させると報告した者よりも、親と友人の両方から「社会的スキルが高い」「好ましい」と評価された。つまり、WEIRDな人々の間では、相手が誰であろうと一貫した態度をとるべきなのであって、そうしていれば高い社会的評価を得られるのである。一方、韓国では、相手が誰であっても一貫した態度をとるという報告は、社会的スキルが高いとも、好ましいとも評価されなかった。つまり、一貫した態度をとっても、社会的に何の得にもならないのである。

また、アメリカ合衆国では、研究参加者の性格についての、親と友人の間での判断の一致度が、韓国の二倍だった。ということはつまり、アメリカの場合は韓国の場合よりも、友人から「見られている人物」と、親から「見られている人物」とが近いということだ。韓国では、友人と親とで、同じ人物についての捉え方の違いがもっと大きい。

最後に、相手によらない態度の一貫性と、人生の満足度や肯定的な感情との相関関係は、韓国人よりもアメリカ人のほうがはるかに強かった。総合すると、相手によらずに一貫した態度をとること――「自分らしくあること」――が、社会的にもそして感情的にも大きな利益をもたらすのはアメリカのほうだった[15]。

以上のような証拠からすると、心理学の世界で、自尊感情や肯定的自己像に極めて高い重要性が付与されているのは、どうやらＷＥＩＲＤな現象であるらしい。非ＷＥＩＲＤな社会で行なわれた、限られた数の研究例を見る限り、自尊感情や肯定的自己像と、人生満足度や主観的幸福感との間に強い関連性は認められない。多くの社会において重要なのは、**他尊感情**（「面目」）であって、「本来の自己」に根ざした独自の個人属性を伸ばせているという自尊感情ではない[16]。

ＷＥＩＲＤな社会では、立場や相手が違っても揺らがない特性を培うべきだという社会的圧力が、結果として、**傾向性主義**を生み出している。傾向性主義とは、人間の行動はそれぞれの個人特性に根ざしており、その特性がさまざまな状況下での一貫した行動をもたらす、と考える立場である。たとえば、彼が仕事を片付けられない理由は、「彼は怠け者だ」ということ（傾向性）で説明される。体調がすぐれないのかもしれないし、けがをしたのかもしれないのだが。

傾向性主義は、心理学的観点から見て、二つの重要な現れ方をする。まず第一に、自分自身の行動に一貫性がない場合には、不快な気分に襲われる。社会心理学の講義を受けたことのある方なら、これは**認知的不協和**だとおわかりだろう。得られた証拠を見る限り、ＷＥＩＲＤな人々は認知的不協和に苦しむことが多く、何とか楽になろうとして、いろいろと精神鍛錬に励むようだ。

第二に、人間の行動を傾向性によって説明しようとする考え方は、他者に対してどのような判断を下すかにも影響する。心理学者たちはこの現象を**根本的な帰属の誤り**と呼んでいるが、別に根本的というわけではない。ＷＥＩＲＤなのである。概して、ＷＥＩＲＤな人々は、他者がとった行動や態度の原因を、その人物の「内面に」あるものに帰する傾向が強い。その人の特性（「怠け者」

「信頼できない」など）、性格（「内気」「真面目」など）、内なる信念や意図（「何を知っていたか」「動機は何か」）を推し量って、それが原因だと考えるのである。一方、他の集団は、「内面」にあるものよりもむしろ、行動自体や結果に関心を向ける。[17]

罪の意識に苛まれるが、恥は感じない

三七か国、二九二一人の大学生のデータに基づいて分析すると、個人主義的傾向の強い社会の人々ほど、罪悪感のような感情を報告することが多く、羞恥心のような感情を報告することが少ない。実際、アメリカ合衆国、オーストラリア、オランダのような国々の学生は、恥感情を体験することがめったにない。その一方で、罪悪感のような感情を、他の社会の人々よりも頻繁に体験していた。さらに、こうした体験が道徳的観点から解釈されることが多く、自尊感情や人間関係に及ぼす影響も大きかった。総合すると、ＷＥＩＲＤな人々の生活の感情面には、特に罪の意識が強くのしかかっていると言える。[18]

これを理解するためにはまず、恥と罪について、もっと深く考えてみる必要がある。恥感情は、遺伝的に進化した心理特性パッケージに根ざすもので、他者の目から見た社会的地位の格下げと関連している。恥感情を体験するのは、社会規範を犯したとき（不倫など）や、その領域での達成基準に届かなかったとき（心理学課程で落第点をとるなど）、あるいは、集団内で自分が最も劣位にあることに気づいたときなどだ。

恥感情には、それとはっきりとわかる普遍的なディスプレイがある。目を伏せて、肩を落とし、（身を屈めて）全体的に「小さく見せ」ようとするのだ。このディスプレイは、生活共同体に対し

て、この出来の悪い人間は、自らの違反行為や欠点を認めて寛大な措置を求めています、ということを知らせるものだ。

感情的な面について言えば、恥を感じている者は、縮こまって公衆の面前から消えてしまいたいと思っている。恥じ入っている者は、他者との接触を避けようとし、場合によっては一時的に生活共同体から姿を消すこともある。

失敗が世間に知れ渡っているかどうかが極めて重要な意味をもつ。世間に知られていなければ、秘密がばれやしないかと不安になることはあっても、恥を感じることはない。

そして、他人の失敗を、自分のことのように恥ずかしく感じることもある。親族関係に統制された社会では、ある人間の犯罪や不倫が、その親、きょうだい、さらにはイトコやその他の遠縁の親族にまで、恥感情をもたらす可能性がある。このように、恥感情が親族ネットワークを通して伝わっていくことは理に適《かな》っている。なぜなら、人々は身内の行状によっても社会から評価され、場合によっては、処罰されることもあるからだ[19]。

罪悪感情は、こうした恥感情とは異なるものだ。それは内面から喚起される感情であり、悔恨のような生得的な心理要素がいくらか含まれるにせよ、少なくとも部分的には文化の産物である。罪悪感情が生じるのは、自分自身の行ないや感情を、あくまでも個人的な基準に照らして評価したときだ。私は、特大のピザを自宅で一人で食べたときや、日曜日の早朝に人気のないマンハッタンの通りで見かけたホームレスに、小銭を渡さなかったときなどに、罪悪感を感じる。そう感じるのは、自分の個人的基準を満たせなかったからであって、広く共有されている規範を犯したからでも、他者からの評価を落としたからでもない。

もちろん、人前で社会規範を犯したら、恥感情と罪感情の両方を体験するかもしれない――たとえば、行儀の悪い息子をひっぱたいてしまった時などだ。恥ずかしいと感じるのは、(子どもを殴るような人間だと)世間の評価が下がるに違いないと思うからであり、罪悪感を抱くのは、(怒りがこみ上げても子どもを殴るべからずといった)内面化された自分の基準に照らすからである。

恥感情とは違って、罪感情に普遍的なディスプレイはない。罪感情は何週間も、場合によっては何年間も続くことがあり、本人に内省を求めるようだ。恥感情が社会からの自発的な「引きこもり」や「行動回避」を促すのとは対照的に、罪感情は多くの場合、「行動喚起」をもたらし、罪悪感の根を断ちたいという欲求を引き起こす。たとえば、友人や配偶者を裏切ったという罪悪感は、相手に謝罪して関係を修復しようという気持ちを刺激する可能性がある。[20]

親族関係に統制された社会の多くで、恥感情が優位を占めている理由はわかりやすい。まず第一に、立場や相手によって異なる社会規範がいろいろあり、しっかりと監視されているので、いきおい、しくじって恥ずかしい間違いを犯してしまう機会が多く、しかもそれを緊密な社会的ネットワークのメンバーに指摘される可能性も高い。第二に、個人主義的な社会に比べて、親族関係に統制された社会の人々は、生活全般にわたって多様な役割を果たすことを期待されており、誰もが少なくとも最低限のスキルを幅広く身につけている。それゆえに、他者の目から見て、標準よりも劣っていると評価される機会が多くなる。第三に、他人の過ちを自分のことのように恥ずかしく感じる場合には、自分は恥ずべきことをしていなくても、恥感情を体験する可能性がある。もちろん、恥感情が支配している多くの社会にも、おそらく罪感情が存在するに違いない。しかし、そうした社会が機能する上で、罪感情はそれほど顕著な働きはしておらず、大きな影響を及ぼすこともない。[21]

それに対して、個人主義的な社会では、罪感情が重要な役割を果たすようになる。個々人が独自のユニークな属性や才能を養っていく上で、罪感情は、個人的基準を忠実に守るように促す情動的メカニズムの不可欠な要素となっている。たとえば、菜食主義者は、遠くの街を旅行していて周囲が非菜食主義者ばかりのときでも、ベーコンを食べることに罪悪感を感じるかもしれない。ベーコンを食べたからといって批判する者は誰もいないが、それでも食べると罪悪感を感じるのである。見方を変えると、個人主義的な社会で、罪の意識をあまり持たない者は、独自の属性を培ったり、個人的基準に従って暮らしたり、質の高い人間関係を維持したりすることがなかなかできない、ということでもある。個人主義的な社会では、罪感情に比べて、恥感情の影は薄い。なぜなら、多様な人間関係や状況を統制している社会規範は少なく、また、こうした緩やかな結びつきの集団では、厳しく監視されることがあまりないからである。[22]

私を見て！

心理学者たちは、半世紀以上前から、人々がいとうことなく仲間に同調し、権威者に従うという事実に興味をそそられてきた。[23] ソロモン・アッシュが行なった有名な実験がある。各参加者はそれぞれ、仲間とおぼしき数人とともに実験室に入った。しかし、これらの「参加者仲間」は実は、この実験に協力するサクラだった。ラウンドごとに、参加者グループに対して、1、2、3と表示された三本の線分とともに、判定対象となる線分が提示された（図1・3の挿入図を参照）。参加者は一人一人、声を出して、三本の線分のうちのどれが、判定対象の線分と同じ長さかを答える。あらかじめ仕組まれたラウンドでは、真の参加者が答える前に、サクラたち全員が一様に間違った回

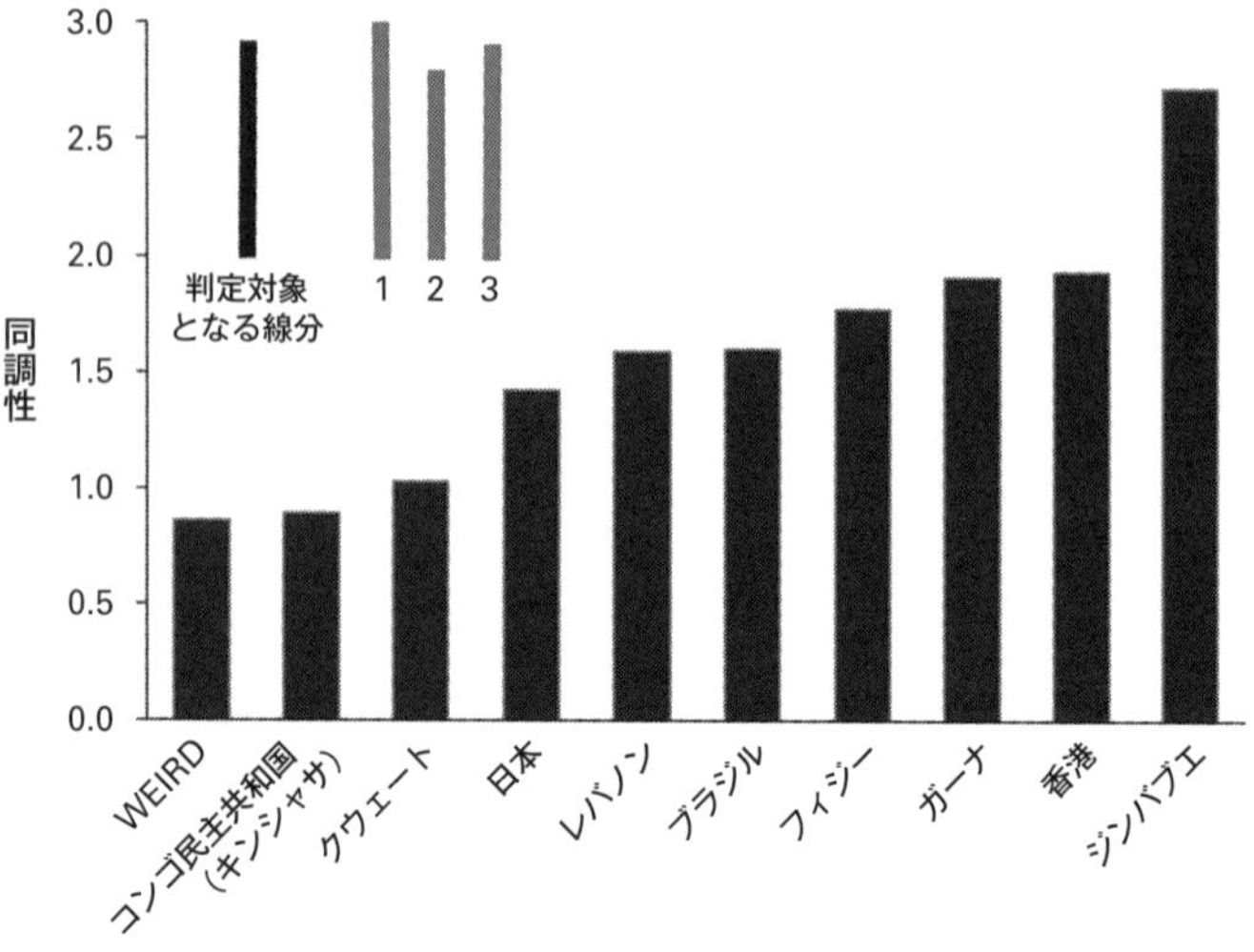

図1.3　10の異なる集団を対象にしたアッシュの同調実験における同調効果の大きさ。WEIRD社会、日本、およびブラジルの棒は、複数の研究の平均値[24]。

答をした。判定自体は簡単で、参加者一人のときに答えさせると、九八％の確率で正解した。ということは、問うべきは次の点だった。自分の知覚判断をくつがえして、他者の判断に合わせて答える傾向がどのくらいあるのか？

それは、どの地域で生まれ育ったかによって異なっていた。ＷＥＩＲＤな人々にも確かに他者への同調傾向が見られ、そのことがソロモンを驚かせた。仲間に全く影響されなかった者は、参加者のおよそ四分の一にとどまった。とはいえ、ＷＥＩＲＤな人々は、調査を行なったどの他集団よりも同調傾向が低い。図１・３の棒グラフは、一〇か国の大学生サンプルの同調効果の大きさを示している。一方の端のＷＥＩＲＤ社会から、他端のジンバブエに向かうにつれて、同調効果の大きさは三倍に上がる。[25]

これらの実験結果をさらに分析すると、

二つの興味深いパターンが浮かび上がる。第一に、個人主義的傾向が弱い社会ほど、集団に同調する傾向が強い（図1・2と図1・3のデータの相互関係より）。第二に、ソロモンが初めて実験を行なって以来、半世紀の間に、アメリカ人の同調動機は弱まってきている。つまり、アメリカ人は現在、一九五〇年代の初めよりもさらに同調傾向が低下しているのだ。こうした事実はいずれもそれほど驚くことではなく、むしろ、心理学的証拠が私たちの直感を裏付けている。[26]

ＷＥＩＲＤな人々が他者の意見、選好、見方、要求を躊躇なく無視する傾向は、仲間の範囲を優に超えて、年長者、祖先、伝統的権威にまで及んでいる。同調に関するこれらの対照研究を補うものとして、後の章では、世界的調査のデータを取り上げ、ＷＥＩＲＤな人々は他集団に比べて、同調に価値を置いていないことや、「服従」を子どもたちに教えるべき徳目とは考えていないことを明らかにしていく。彼らは、ほとんどの社会でやっているほど、伝統や古《いにしえ》の賢人を敬うこともなければ、他の多くの地域のように、長幼の序を重んじることもない。[27]

歴史の過程で何らかの出来事があって、それが、人々の同調傾向や服従傾向を低下させ、年長者、伝統的権威、古の賢人を尊重しようという気持ちを削いだのだと仮定してみよう。そのような変化が、組織、制度、イノベーションの文化的進化に影響を及ぼした可能性がありはしないだろうか？

マシュマロは待つ者のもとに来る

では今から、選択肢を次々と提示していくことにする。あなたはⒶ今日一〇〇ドルもらうのとⒷ一年後に一五四ドルもらうのではどちらがいいだろうか？　今日の一〇〇ドルを選んだ場合には、一年後のほうに色を付けて、Ⓐ今日の一〇〇ドルとⒷ一年後の一八五ドルではどちらがいいかと尋ねることにする。一方、最初の質問に、一年待って一五四ドルもらいたいと答えた場合には、待った場合のお得感を削いで、Ⓐ今日の一〇〇ドルとⒷ一年後の一二五ドルではどちらがいいかと尋ねることにする。それならばと、あなたがⒷ一年後の一二五ドルからⒶ今日の一〇〇ドルに切り換えたならば、後からもらうほうに色を付けて一三〇ドルにする。

このように二択の問いかけを続けることによって、人の忍耐の度合い、つまり「遅延価値割引」と呼ばれるものを測定することができる。忍耐度が低い人ほど、遅延報酬の主観的価値が「割り引かれる」（減少する）ので、遅延報酬よりもすぐに獲得できる報酬を好む。それに対して、忍耐度が高い人は、より多くの報酬を得るために、その分長く待つことをいとわない。

忍耐力の強さは、国によって全く異なるし、同じ国内でも地域によって、さらには個人によって大きく異なる。経済学者のトマス・ドーメンとベンヤミン・エンケおよび共同研究者たちは、今述べたような方法と質問紙調査を用いて、七六か国の八万人の忍耐力を測定した。図1・4は、国家レベルでの忍耐力の違いを示しており、色が濃いほど、その国民の——平均的な——忍耐力が強い。薄い色で示した国々の国民は、今日すぐに一〇〇ドル（購買力を考慮して現地の通貨に換算してある）を受け取ろうとする傾向があるのに対し、濃い色で示した国々の国民は、より多くの報酬を得るために翌年まで待とうとする傾向がある。たとえば、忍耐力が最も強い国、スウェーデンの人々の場合、一四四ドルを超える金額であれば、今すぐに一〇〇ドルもらうのを我慢して一年間待つことをいとわない。それに対し、アフリカのルワンダの人々は、一年待てば最低でも二一二ドルもらえるという条件にならないと、今日の一〇〇ドルを断ろうとしない。平均すると、世界全体では、

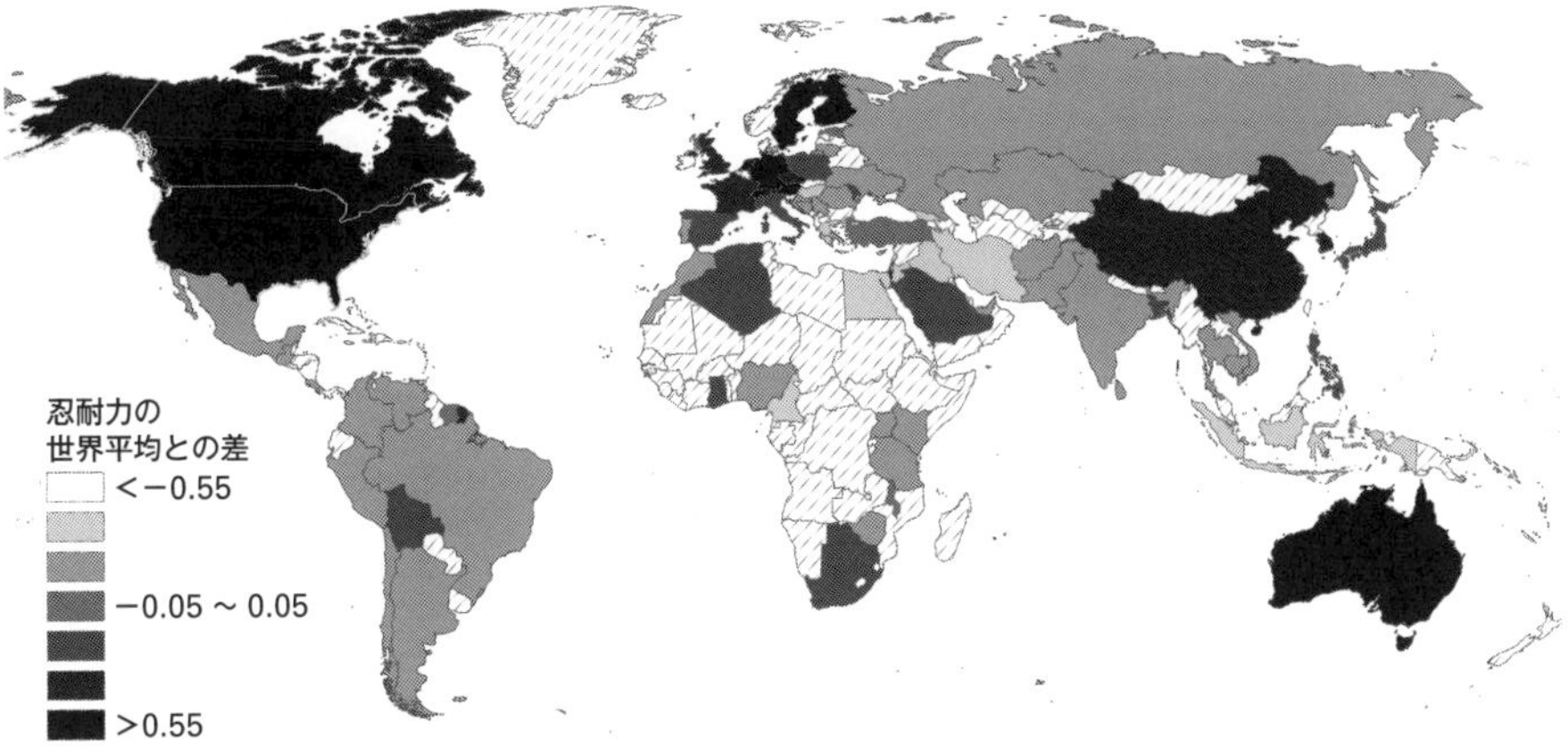

図1.4 地球規模で見た76か国の忍耐力。色が濃いほど忍耐力が強いことを示している。斜線部はデータがない地域[28]。

遅延報酬が一八九ドルを超えるまで、満足を一年先延ばしにしようとはしなかった。

この地図は、国家レベルでの忍耐力の違いが連続的に広がっている様子を、ヨーロッパ内でのいくらかの違いも含めて、見事に表している。最も忍耐強いのは、黒く塗られている国々、すなわち、スウェーデン、オランダ、アメリカ合衆国、カナダ、スイス、オーストラリア、ドイツ、オーストリア、そしてフィンランドである[29]。

これらの実験での忍耐力の強さは、国家同士、同一国家内の地域同士、さらには同一地域内の個人同士を比べた場合に認められる経済面、教育面、政治面での成果の違いと関連している。国家レベルで見ていくと、忍耐力の強い人々の国ほど、所得（一人当たりの国内総生産［GDP］）が高く、技術革新が進んでいる。このような人々は、貯蓄率が高くて、正規教育を受けた期間が長く、数学や科学の認知能力や読解力に長けている。制度面では、忍耐力の強い人々の国ほど、民主主義が安定し、財産権が明確に保障され、政府が効果的に機能している。
忍耐力とこうした成果との強い関連性は、世界の地域区分ごとに別々に比較した場合でも認められる。実際、データからは、サハラ以南のアフリカや、東南アジア、中東のような経済発展の水準の低い地域のほうが、忍耐力と経済的成果との間により強い関連性が見てとれる。ということはつまり、満足の先延ばしをいとわない傾向は、公式の政治経済制度があまり有効ではない地域においてこそ、経済的繁栄にとっていっそう重要な意味をもっている可能性がある(30)。

同一国家内の地域同士や、同一地域内の個人同士を比較した場合にも、これと同じ傾向が認められる。同一国家内であっても、忍耐力の平均値が高い地域の人々ほど、所得が高く、学校教育を受けた期間が長い。同様に、同一地域内の個人同士を比較した場合、忍耐力の強い人ほど、所得が高く、就学期間が長い。

遅延価値割引の程度は、心理学において**自己制御力**または**自制心**《セルフコントロール》と呼ばれるものと関連している。子どもの自制心を測定するには、次のような実験を行なう。まず、マシュマロが一個載っている皿が置かれた机の前に子どもを座らせて、「もし、私が部屋に戻ってくるまで食べるのを我慢できたら、一つだけでなく、マシュマロを二つあげるよ」と説明する。実験者は部屋を出たあと、子どもが我慢できずにマシュマロを食べてしまうまでに、どのくらいの時間がかかるかをこっそり観察する。すぐに一個のマシュマロを食べてしまう子もいる。実験者のほうが降参し、二個目のマシュマロを持って戻ってくるまで、一五分以上待つ子もいる。それ以外の子どもたちは、その間のどこかで降参する。子どもの自制心は、待つことができた時間の秒数で測定される(31)。

このような心理テストの結果から、将来の実生活での行動について多くのことが予測できる。未就学児のときのマシュマロ・テストで忍耐強かった者ほど、就学期間が長く、良い成績を取り、貯蓄が多くて、給与が高く、よく運動をし、喫煙率も低かった。また、ドラッグを使用したり、アルコールを乱用したり、違法行為を犯したりする確率も低かった。マシュマロ・テストでの忍耐力の強さが、将来の成功に及ぼす効果は、知能指数（ＩＱ）や家庭の社会経済的地位とは独立したもので、また、同じ家庭内のきょうだい同士を比較した場合でも認められた。つまり、忍耐強い子どものほうが、大人になったとき、そのきょうだいよりも成功するということだ[32]。

個人主義的傾向、罪感情、同調傾向と同じく、人々の忍耐力や自制心もやはり、その人々が直面する制度面や技術面の環境に合わせて修正が加えられていく。親族関係に統制された社会では、自制心を養ってもほとんど個人的利益にはならないので、忍耐力があってもなかなか将来の成功にはつながらない。しかし、地域の社会規範が自制心に報酬を与えたり、忍耐力の欠如を罰したりする場合には、人々の自制心を高めるような、ありとあらゆる心理トリックが生まれてくる。本書を読み進むにつれて、どうして、文化的学習、儀式、一夫一婦婚、商業市場、宗教的信念が、人々の忍耐力や自制心を高める要因になりうるのか、そしてそれによって新たな統治形態や急速な経済成長の基礎が築かれていったのかが見えてくるだろう。

違反駐車をする国連の外交官

ニューヨーク市にある国際連合本部ビルを訪れる外交官は、二〇〇二年まで、駐車違反ステッカーを貼られても反則金を払う必要がなかった。外交特権のある彼らは、どこにでも並列駐車することができる上、私道や、店の入口、狭いマンハッタンの通りをふさいでしまっても、罰金を払わなくてよかった。この特権の効果は大変なものだった。一九九七年十一月から二〇〇二年末までに、国連本部を訪れる外交使節団の、駐車違反の罰金未払い件数は累積一五万件を超え、罰金総額はおよそ一八〇〇万ドルに及んだ。

ニューヨーク市民からすれば迷惑千万な話だったが、二人の経済学者、エドワード(テッド)・ミゲルとレイモンド・フィスマンにとっては恰好の自然実験の場となった。各国の在外公館の九〇%近くが、国連本部から一・六キロメートル圏内のところにあるので、ほとんどの外交官が同じように交通渋滞や降雨、降雪に悩まされていた。この状況を利用して、テッドとレイは、外交官が駐車違反ステッカーを貼られた件数を、国ごとに比較したのだ。

国による違いは大きかった。二〇〇二年に特権が廃止されるまでの五年間に、イギリス、スウェーデン、カナダ、オーストラリア、その他数か国の外交官が駐車違反ステッカーを貼られた件数は合計ゼロだった。それに対し、エジプト、チャド、ブルガリアの外交官は特に駐車違反件数が多く、それぞれ国の外交使節団のメンバー一人につき一〇〇件を超えるほどだった。国別に比較すると、国際透明性機構が発表している腐敗認識指数の高い国からの使節団ほど、駐車違反件数が多かった。母国の汚職の深刻さとマンハッタンでの駐車違反行為との関連性は、その国の在外公館の規模、外交官の所得、違反の種類(並列駐車など)、違反の時間帯とは無関係に保たれる(33)。

二〇〇二年に、違反駐車に対する外交特権が廃止されると、ニューヨーク市警察は違反を厳しく取り締まるようになり、三回以上駐車違反した車両からは外交官ナンバーのプレートが剝がされることになった。外交官たちの違反率は急激に下がった。しかし、新たな法律が施行されて全体的な違反率が大幅に下がったにもかかわらず、汚職が最も多い国々の外交官は依然として、駐車違反件数が最も多かった。

実世界のデータに基づいたこの研究からするとどうやら、さまざまな国の使節団がその母国から持ち込んだ一定の心理傾向や動機が、外的制裁を受けるおそれがなくなったときに、その駐車行動に現れたようである。[34] とはいえ、これは厳密に制御された実験室内実験ではない。もしかしたら、駐車違反をした外交官は、同乗者にそそのかされたのかもしれないし、あるいは、外国人を嫌っていると感じた警察に嫌がらせをしたかったのかもしれない。カナダのような汚職の少ない国の外交官は、不特定多数のニューヨーク市民のことを考えて公明正大に行動しているように見えるが、本当のところはよくはわからない。

そこで、次のような実験「非人格的正直さゲーム」について考えてみたい。二三か国の大学生が、パソコン一台、サイコロ一個、カップ一個が置かれている個人用スペースに誘導された。そして、カップを用いてサイコロを二回振って、最初に出た目をパソコン画面に報告するように指示された。出た目の数によって現金が支払われる。一なら五ドル、二なら一〇ドル、三なら一五ドル、四なら二〇ドル、五なら二五ドル、六なら〇ドルだ。基本的に、出た目の数が大きいほど、もらえる金額も大きいが、六が出た場合には何ももらえない。

この実験の目的は、実験者も含めた他者の監視の目や批判をできる限り気にせずにすむ状況にして、参加者の非人格的正直さ〔私情とは無関係の正直さ〕の傾向を測定することだった。個人用スペースにいるのは参加者本人だけなので、こっそり監視されているのが不安ならば、手でサイコロを覆ってしまえばいい。ということはつまり、どの目が出たのか本当のことを知る者は、実験者も含め、誰一人いないということだ。しかし、たとえ一人一人が実際にどう行動したかを知る手立てはなくても、確率論に基づいて考えれば、一人一人がルールに従った場合、グループとしてどうなるはずか、ということはわかる。

そこで、サイコロを振って高報酬の目、つまり三か四か五が出たと報告した者がどれだけの割合いるかを、国別に見ていくことにする。サイコロには六つの面があるので、参加者が正直に報告していれば、振って出る目の半分がこれら「高報酬」の目になるはずである。したがって、五〇％を**公明正大基準点**とする。

それに対し、私利を画する者は、実際には何が出ようとも、五の目が出たと報告するはずだ。もし、ある国の全員が利己的であったならば、報告される目は一〇〇％高報酬の目になると思われる。これを**自己本位基準点**とする。

当然ながら、どの国もみな、この二つの基準点の中間に位置していた。スウェーデン、ドイツ、イギリスのようなＷＥＩＲＤな国々では、高報酬の目を報告する割合が、五〇％の公明正大基準点を一〇～一五ポイントほど上回っていた。しかし、国によっては、高報酬の目を報告する割合がそれよりもさらに高くなり、タンザニアでは八五％近くにまで及んだ。予想されるとおり、どの国の人々も公平ルールを破りはするが、ルールを破る割合は国によって異なることがわかる。[35]

図１・５は、この単純な実験で高報酬の目が報告された割合と、それぞれの国の腐敗認識指数との間に強い関連性があることを示している。国連本部での駐車違反の場合と同様に、汚職の多い国の人々ほど、公平ルールを破る確率が高かった。しかもこれは、外交官の駐車違反の場合とは違って、実験者でさえ誰が何をしたのかわからない、実験的に制御された状況のもとでの結果である。

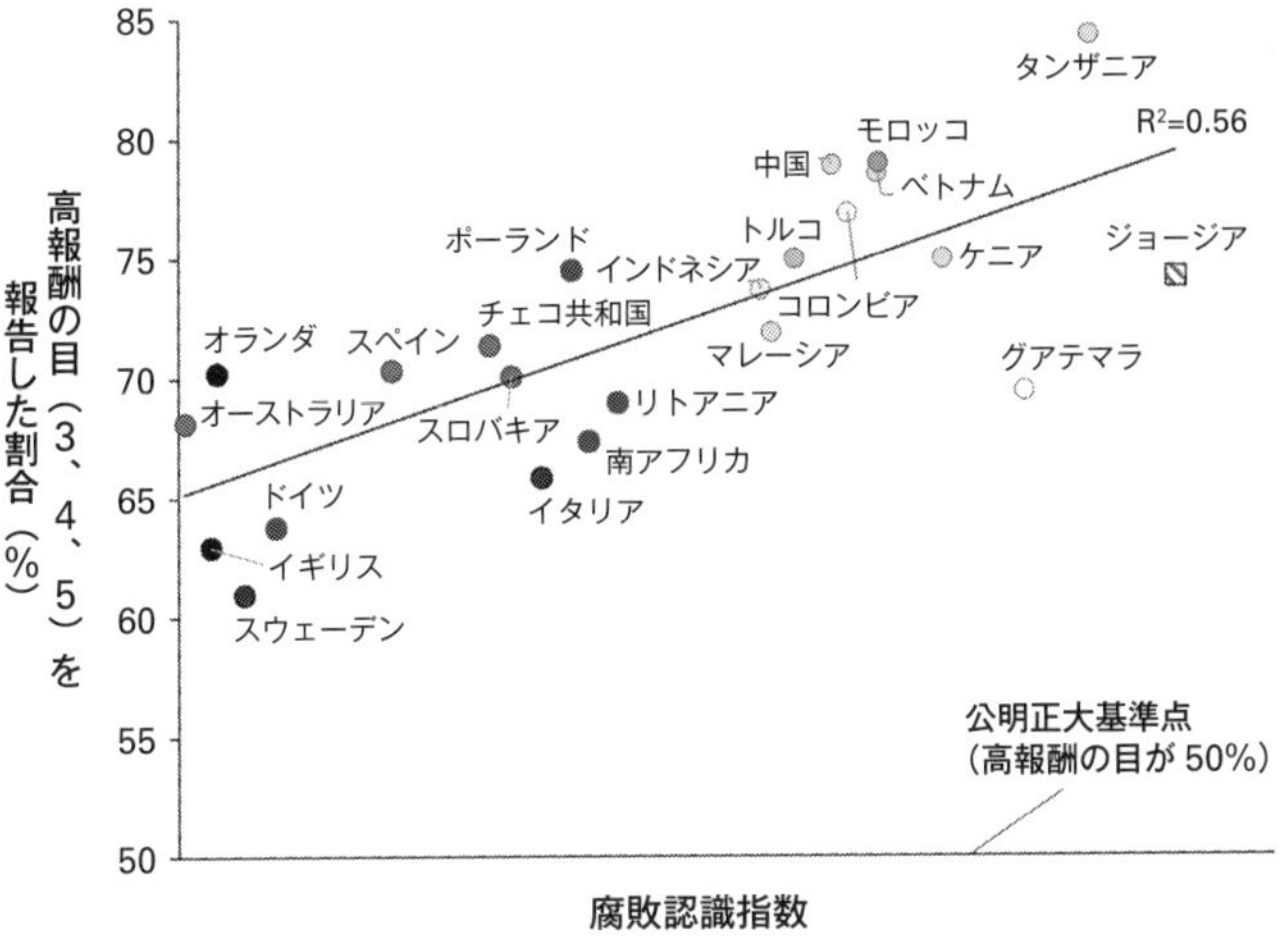

図1.5　サイコロを振って出た目の数を3か4か5と報告した人の国ごとの割合と腐敗認識指数との関係。丸の色が濃いほど、図1.2に示した国ごとの個人主義的傾向のスコアが高い。ジョージア共和国の斜線を施した四角は、個人主義に関するデータがないことを示している(36)。

ということは、この違いの原因は、人々が実験室の個人用スペースに持ち込んだものであるに違いない。

これこそまさに、WEIRDな心理を捉えている実験であることに気づいていただきたい。この実験は、利己心を抑えて、公平だが理不尽な配分ルール（そもそもなぜ、六の目が出たら一銭ももらえないのか根拠薄弱）に従おうとする動機づけ傾向を測定している。出た目の数を偽って報告することで得られる余分な金銭は、別の人間からあからさまに奪うわけではなく、非人格的な相手（研究チームや研究資金提供者）から漠然と奪うにすぎない。六の目が出たのに五と報告しても、直接誰かが痛手を受けるわけではないし、事実上匿名性が保証されている。また、サイコロの目の数を偽って、単にパソコンに五と入力するだけで手元に入ってくる余分な金銭は、自分の子どもや、親、友人、貧しいイトコと分け合うこともできる。となると、虚偽の報告は、何らかの非人格的組織を食い物にして、家族や親しい友人を助けるチャンスだと考えることもできなくはない。地域によっては、そんなばかげたルールなど破って一家を助けようとしないのは無責任だ、とみなされる場合もあるだろう。

なぜ、かくも多くのWEIRDな人々が、身内の利益を損なってまでこの理不尽な公平ルールに従い、さらに、他者に対してもそれを期待するのだろうか？　このような心理特性が、公的な統治機関の形態や機能に影響を及ぼした可能性はないだろうか？

WEIRDな人は、ひどい友人

あなたが親友の運転しているクルマに乗っているときに、彼が歩行者をはねてしまう。制限速度が時速三〇キロの市街地で、彼が五五キロ以上出していたことをあなたは知っている。あなた以外に目撃者はいない。彼は時速三〇キロしか出していなかった、とあなたが宣誓証言をすれば、彼は重大な法的責任を問われずにすむかもしれない、と彼の弁護士は言う。

あなたは次のいずれだと考えるだろうか。

Ⓐ友人にはあなたの偽証を期待する権利が確かにある（親友なのだから）ので、時速三〇キロで走行していたと証言しよう。

Ⓑ友人にはあなたの偽証を期待する権利などほとんど、あるいは全くないので、時速三〇キロしか出していなかったという虚偽の証言はしない。

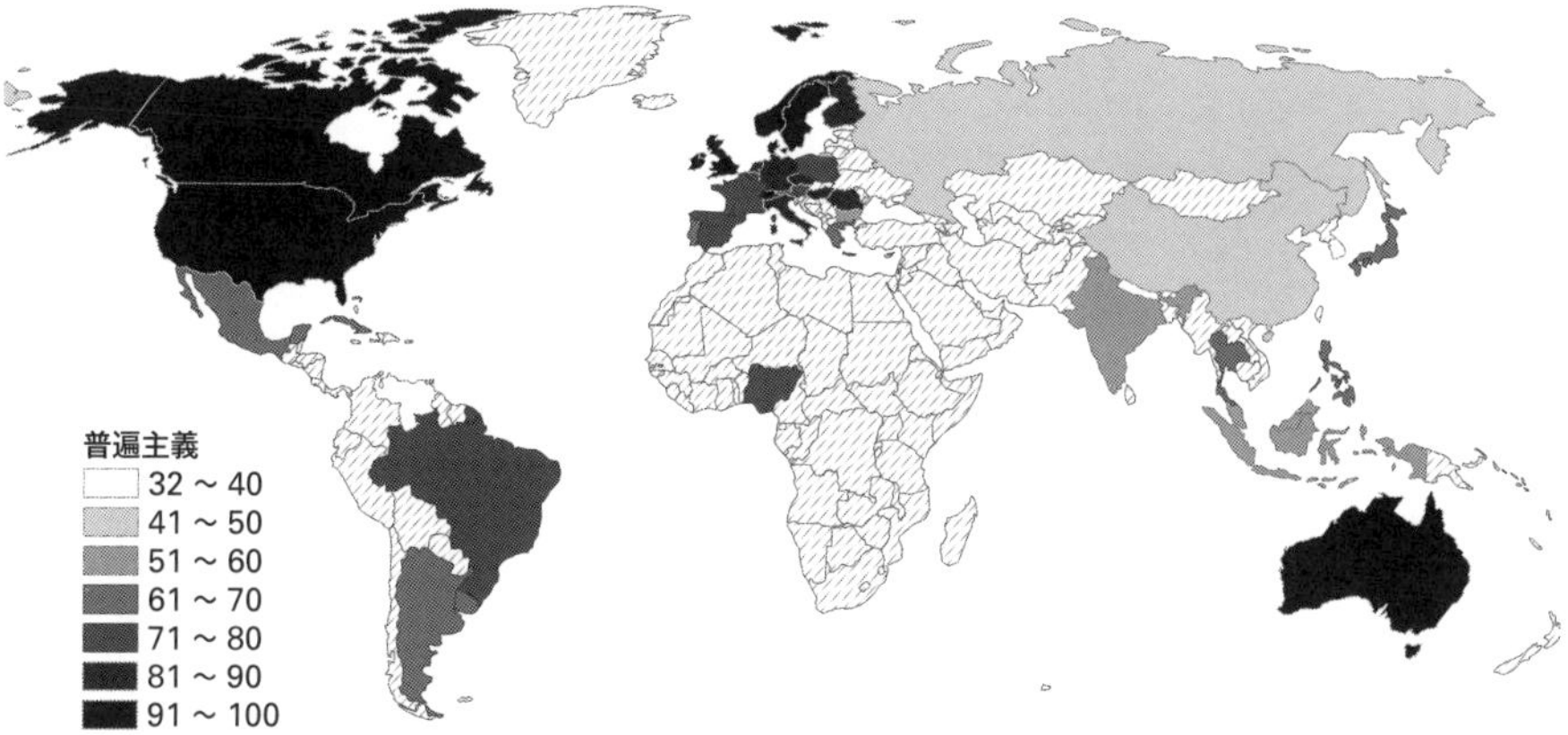

図1.6 「同乗者のジレンマ」に対する世界43か国の経営者の、普遍主義または排他主義の回答。色が濃いほど、普遍性を重視し、友人のための偽証をよしとしなかった人々の割合が高いことを示している。斜線部はデータがない地域[37]。

これは「同乗者のジレンマ」と呼ばれるもので、世界中の経営者や実業家にこうした問いを投げかけた研究がある。もしⒷを選んだとしたら、あなたは、カナダ、スイス、アメリカ合衆国の国民のように、かなりＷＥＩＲＤな人間に違いない。こうした国々で調査すると、九割以上の参加者が偽証しないほうを選び、友人には偽証を期待する権利は全くないと答える。これは、**普遍主義**、すなわち親族非重視の回答である。それに対して、ネパール、ベネズエラ、韓国ではほとんどの人々が、親友を助けるためならば、宣誓してもいとわずに虚偽の証言をすると答えた。これは**排他主義**、すなわち**親族重視**の回答で、家族や友人に対する忠誠心が見てとれる。図１・６は、四三の国別に、普遍性を重視する回答をした人々の割合を示している。色が濃いほど、普遍主義の回答が多く、排他主義の回答が少ない[38]。

「同乗者のジレンマ」には、あらゆる事柄に通じるものがある。偽証によって友人を助けようとする地域の人々は、次のようなこともいとわずにすると答える。①会社の内部情報を友人に漏らす、②保険料を下げるために友人の健康診断結果を偽る、③公開レビューで友人のレストランの料理を過大に評価する。これらの地域では、友人を助けることこそが「正しい」答えなのだ。したがって、公平の原則に則ってあくまでも公正な姿勢を貫こうとはしない。むしろ、友人に忠義を尽くし、たとえ違法行為を犯すことになろうとも、永続的な人間関係を固めることを望む。これらの地域では、身内びいきこそが道徳に適った正しい行ないなのである。それに対して、WEIRDな社会では、公平の原則や、能力・功績・努力のような普遍的基準を蔑《ないがし》ろにして身内や友人を重んじる人物は、否定的な評価を受けることが多い。

見ず知らずの相手を信頼する

次のようなよく知られた「一般的信頼の質問(GTQ)」にあなたはどう答えるだろうか。「たいていの人は信頼できると思いますか、それとも用心したほうがいいと思いますか?」

たいていの人は信頼できると答えた人の割合から、非人格的信頼の度合いを評価し、それを世界地図上に表示してみよう。GTQは極めて広く利用されているので、国家間の違いだけでなく、地域・地方ごとの違いや米国の州ごとの違いまでわかる。図1・7で、濃い色で表示してある地域ほど、たいていの人は信頼できると答える人々の割合が高い。

WEIRDな人々は全般に、非人格的信頼の水準が最も高い部類に入るが、米国内にも、ヨーロッパ内にも、それぞれ興味をそそる違いがある。国別に見ていくと、たいていの人は信頼できると考えている人々の割合は、ノルウェーの七〇%から、トリニダード・トバゴの四~五%までかなり

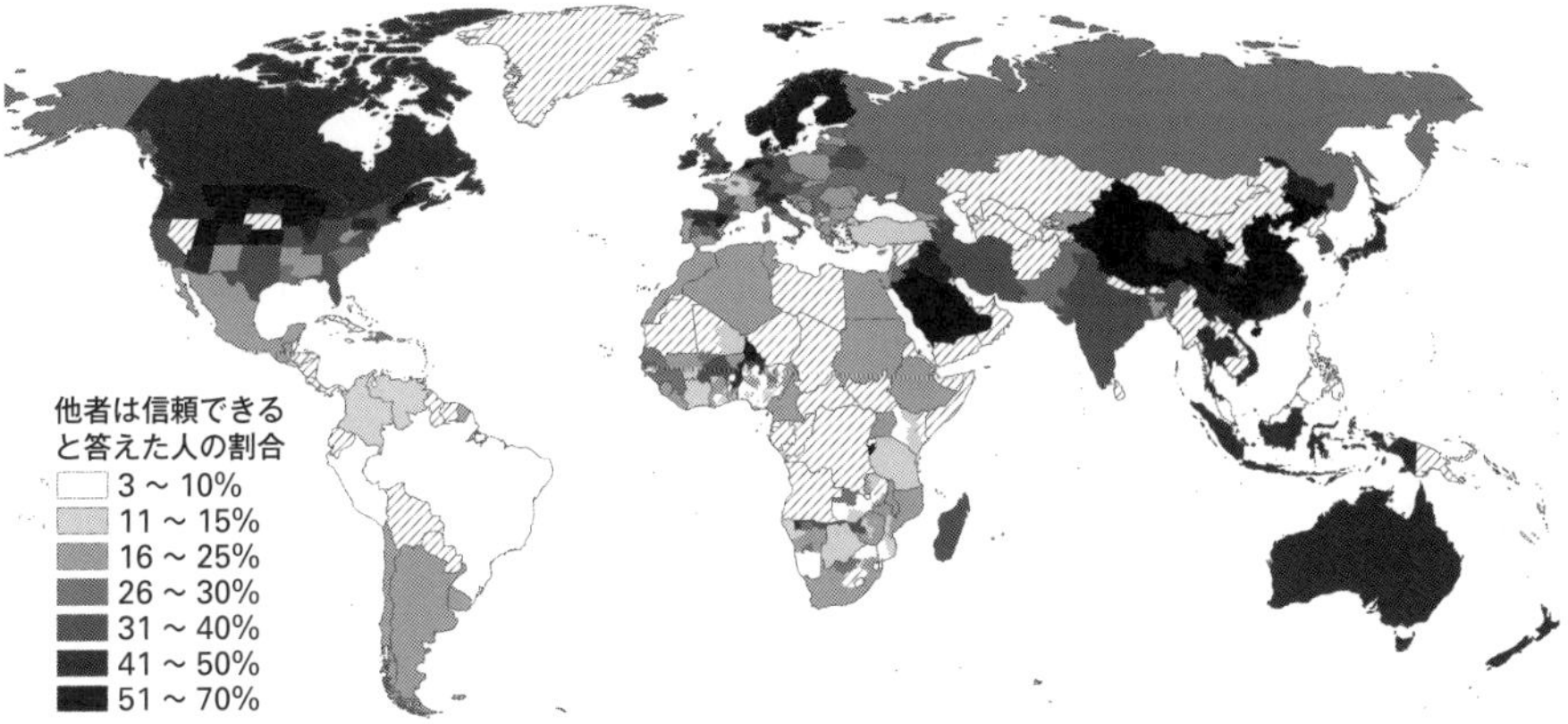

図 1.7　非人格的信頼マップ。一般的信頼の質問（GTQ）に対する回答を、国別に、もしくは大きな国について地域別に示した地図。色が濃いほど、非人格的信頼の水準が高いことを示している。つまり、たいていの人は信頼できると答えた人の割合が高い地域ほど、濃く色づけしてある。斜線部はデータがない地域。アメリカ合衆国については、信頼できると答えた人の割合の 1973年から2006年までの平均を、州ごとに示してある [39]。

の幅がある。米国内でその割合が最も高いのは、ノースダコタ州やニューハンプシャー州で、およそ六〇％の人々がたいていの人は信頼できると答えているのに対し、アラバマ州やミシシッピ州では、信頼できると答える人は、およそ二〇％にとどまる。ヨーロッパ内でも、地域ごとのばらつきがかなり大きい。たとえば、北イタリアのトレント（四九％）は、南イタリアのシチリア（二六％）の二倍に及ぶ。同様の傾向が、スペインの北部と南部の間でも見られる[40]。

ＧＴＱは、世界各国の数十万人に対して行なわれてきたので、とても参考にはなるが、憂慮すべき点として、現金に関わる場面で見ず知らずの相手と向き合ったときに、実際どのような意思決定を下すかは、これではわからない可能性がある。そこで研究者たちは、互いに面識のない者同士を一組にして、現金を失う危険にさらした上で、どれだけ相手を信頼して投資するかを観察する実験を何百回も行ない、そのデータを組み合わせて分析を行なってきた。三〇か国の二万人を超える参加者のデータから確認されたのは、相手が誰だかわからない実験場面でも相手を信頼して実際に投資する地域では、ＧＴＱでもやはり、たいていの人は信頼できると答える傾向があるということだ[41]。

ＧＴＱは確かに、非人格的信頼の水準を知る手がかりにはなるが、しかし、面識のない者同士の交流や交換があまりなされずに、親族の緊密なネットワーク内だけで厚い信頼が保たれている地域では、ＧＴＱから誤った結論が導かれてしまうおそれがある。たとえば、中国には緊密な社会的ネットワークが存在するので、非人格的な信頼はそれほど培われていなくても、多くの人々が周囲の人々（「近所の人」）と高度な信頼関係を維持できている。「たいていの人は」ではなく、もっと具体的に、面識のない人、外国人、あるいは初対面の人をどれくらい信頼するかを尋ねると、この特徴的な傾向が浮かび上がってくる。中国の人々は、ＧＴＱには信頼できると答えるにもかかわらず、面識のない人、外国人、初対面の人に対しては、あからさまに不信感を示す[42]。

非人格的信頼は、「非人格的向社会性」と呼ばれる心理特性パッケージの主要な要素である。非人格的向社会性は、面識のない人々や匿名他者、さらには警察や政府のような抽象的な機関に対しても、公平・誠実な態度で臨み、協力することを求める一連の社会規範、期待、動機と関連がある。非人格的向社会性には、自分たちの社会的ネットワークとは全く結びつきのない人間に対する感じ方の傾向も含まれる。この人をどのように扱うべきか？　それは、匿名他者に対する向社会的行動のベースライン、つまりデフォルト戦略のようなものだ[43]。

非人格的向社会性にはまた、公平規範を破る者を罰しようとする動機、ヒューリスティック〔直感的な経験則〕、戦略も含まれる。見ず知らずの相手を信頼し、初対面の人とも協力し合う地域では、誠実かつ公正にという公平規範違反を犯す者は誰であっても、たとえその違反行為が直接自分に向けられたものではなくても、罰しようとする傾向が強い。その一方で、個人的に自分に逆らった者に対して復讐しようとする傾向はあまり見られない。

このような心理的差異は、世界中の国々の成果指標と強い関連がある。国民の非人格的向社会性が高い国ほど、国民所得（一人当たりのＧＤＰ）が多く、経済的生産性が高く、政府が効果的に機能し、汚職が少なく、技術革新のスピードが速い。もともと裁判所、警察、政府のような公的機関が十分に機能していれば、非人格的向社会性の発達がずっと容易になるのは言うまでもないことだが、そもそもどうやってそのような状態に到達するのだろう？　内集団への忠誠心、身内びいき、仲間びいき（友人への忠義心）、そして汚職は、非人格的で公平かつ効果的な公的統治機関を設立しようとする取り組みを決まって邪魔しにかかるのではないだろうか？　けれどももし、そういった公的統治機関ができる前にすでに、非人格的向社会性を高めるような心理が生まれたとしたら、どうだろう？[44]

意図性へのこだわり

互いに面識のない二人の男性、ボブとアンディが賑やかな屋外市場に来ていた。市場は大勢の人でごったがえしていた。人混みを縫って歩くのに苦労するほどの混雑ぶりだった。アンディが歩いて来て立ち止まり、陳列されている商品をよく見ようとして、持っていた鞄を地面に置いた。ボブは、アンディの鞄が置かれたことに気づいた。アンディが商品に気を取られているすきに、ボブは屈みこんでアンディの鞄を取り上げ、それを持って立ち去った。

ボブのしたことは、（次の尺度で）どれくらい良いか悪いか？

非常に悪い・悪い・良くも悪くもない・良い・非常に良い

では、次のような場合はどうだろう。

互いに面識のない二人の男性、ロブとアンディが賑やかな屋外市場に来ていた。市場は大勢の人でごったがえしていた。人混みを縫って歩くのに苦労するほどの混雑ぶりだった。ロブが歩いて来て立ち止まり、陳列されている商品をよく見ようとして、持っていた鞄を地面に置いた。ロブの鞄のすぐ隣に、もう一つよく似た鞄があった。それはアンディの鞄だったが、ロブはアンディのことを知らなかった。ロブが向きを変えて鞄を取り上げたとき、うっかりアンディの鞄を取ってしまい、それを持って立ち去った。

こうした状況下でのロブの行動をあなたはどのように判断するか？　ロブのしたことは（先ほど尺度で）どれくらい良いか悪いか？

大多数のアメリカ人は、ロブにはボブほど厳しい判断は下さず、「非常に悪い」ではなく「悪い」としか見ない。同様に、ボブとロブをどれくらい厳しく罰するべきかについての判断も、「非常に厳しく」（ボブ）から「厳しく」（ロブ）に緩和される。この筋書きでのロブとボブの違いは、心的状態――つまり、わざとか、わざとでないかという意図性の有無――だけだ。ボブはアンディの鞄を盗んだのに対し、ロブはうっかり持ち去った。いずれの場合も、アンディが受けた被害に変わりはない。

道徳的判断を下す際に、意図性の有無がどの程度考慮されるかを調べるために、人類学者のクラーク・バレットと哲学者のスティーヴ・ローレンス（そして私）が率いるチームは、アマゾン川流域、オセアニア、アフリカ、東南アジアの伝統的社会など、世界各地の一〇の集団の数百人に対して、前述のような場面を描いた心理テストを実施した。私たちが求めていたのは、これまで取り上げたデータのような、世界中の国々や地域の広範囲なサンプルではなく、今でも伝統的な生活様式を続けている、辺鄙《へんぴ》な田舎の比較的独立した小規模社会のサンプルだった。経済的な面について言えば、これらの集団のほとんどが、手段は狩猟、漁猟、農耕、牧畜のいずれであれ、食料を自給自足している。比較のために、ロサンゼルスに暮らす人々も調査対象に含めた。窃盗、毒盛り、暴行、食のタブー破りをテーマにしたさまざまなストーリーを提示して、ボブやロブのような人物に対して人々が道徳的判断を下す際に、どのような要因が影響を及ぼすかを幅広く検討した。[45]

他者の行動について道徳的判断を下す際に、その心的状態をどれだけ考慮するかは、社会によって全く異なることが明らかになっている。例のごとく、ＷＥＩＲＤな人々は分布の端に位置しており、その道徳的判断は、他者の頭や心の中の、目には見えない状態をどう推測するかに大きく左右される。

図１・８に、先ほど述べた窃盗のシナリオに対する人々の反応をまとめてある。棒の長さは、ボブ（故意の窃盗行為）とロブ（過失による窃盗行為）に対する、人々の道徳的判断の厳しさの違いを表している。スコアは、悪質性についての判断のほかに、加害者の評判がどれだけ損なわれてし

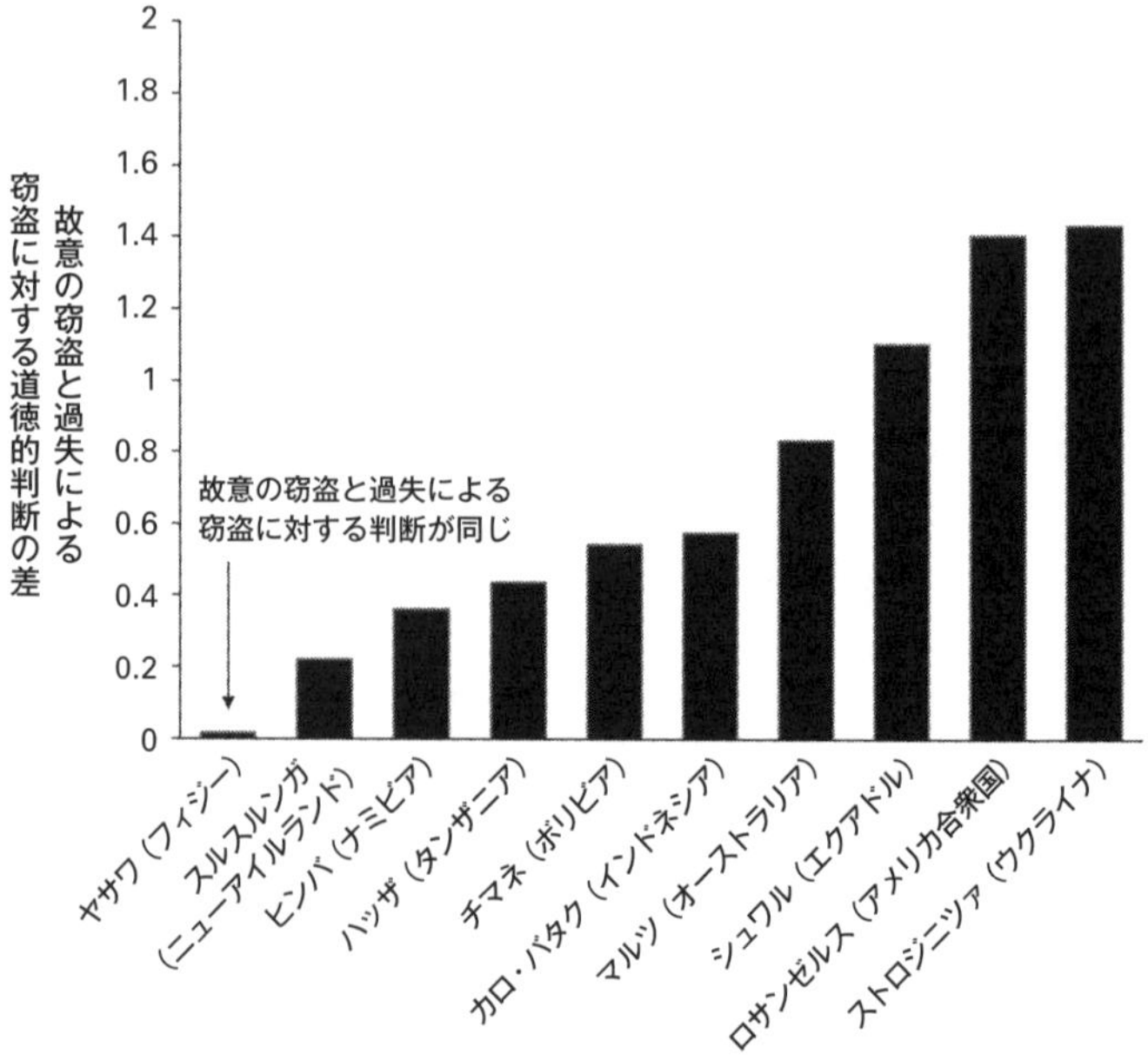

図1.8　この図は、さまざまな10の社会について、（前述のボブとロブのような）故意の窃盗行為と、過失による窃盗行為に対する道徳的判断の厳しさの違いを示している。判断の厳しさは、悪質性や、処罰や悪評の必要性についての判断を組み合わせて算出。棒が長いほど、判断の厳しさに及ぼす意図性の影響が大きい。

かるべきか、加害者はどれだけ処罰されるべきかについての判断も加えて算出されている。
この結果から、集団によって意図性重視の度合いが異なることがわかる。棒が長いほど、悪質性や、処罰、悪評の必要性を判断する際に、ロブとボブの意図性に重きを置いていることを意味している。右側に位置している、ロサンゼルスやウクライナ東部の集団は、ボブの意図性に最大の重きを置き、ロブに対するよりもはるかに厳しい判断を下した。分布の反対側の端に位置しているヤサワ島（フィジー）の人々は、ボブとロブの行為を全く区別しなかった。ニューアイルランド島スルスルンガ地方の人々（パプアニューギニア）や、ヒンバ族の牧畜民（ナミビア）のような集団は、加害者の意図性を加味して判断していたものの、意図性の全体的な影響は小さかった。
図1・8に示した窃盗についてのパターンとよく似たパターンが、暴行、毒盛り、タブー破りのような罪についても認められる。意図性重視の度合いは、全く考慮しないフィジーのヤサワ島から、最大限考慮するWEIRDな人々まで、大きな開きがある。[46]
このような違い――つまり道徳的判断を下すにあたって心的状態を考慮するかどうかの違い――は、その後の研究でも確認されており、それは小規模社会の人々とWEIRDな人々の比較だけにとどまらない。たとえば日本人は、見ず知らずの相手に対して道徳的判断や法的判断を下す際に、特に昔ながらの町や村では、アメリカ人ほどには意図性を重視しない。意図性を判断の要素に加えるかどうかは、当事者同士がどのような関係にあるかによって大きく左右される。日本は、公式の法制度がアメリカの法制度によく似ているので注目に値するが、人々の心理の根底にあるものが異なると、そうした法制度の機能の仕方もまるで異なってくるのである。[47]
以上のような結果を、WEIRDな人々の多くは意外だと感じる。意図性、信念、そして性格特性こそが、ＷＥＩＲＤな道徳的判断の要であるがために、他の社会の人々はほとんどあるいは必ず、行為の結果に基づいて判断を下すという調査結果は、心的状態を第一義とする彼らの強い直感に反するのだ。しかし、心的状態をほとんど無視するほうこそが、過去一万年間のほとんどの間、大多数の人々が見ず知らずの相手に対して道徳的判断を下すやり方だったに違いない。親族関係に統制された社会において、親族ベース制度がどのように機能するかを考えれば、それはすぐに予測されることだ。後の章で述べるように、親族ベース制度が文化的進化を遂げて、責務や刑事責任や恥辱を氏族やリネージのような集団に広げることによって、結束の強い永続的な社会単位を生み出した。それがひいては、道徳的判断を下す際に個人の心的状態をほとんどあるいは全く考慮しないという状況を作り出すのである。(48)

森を見逃す

二〇〇〇年に私は、チリの田舎に暮らす先住民、マプチェ族の共同体を訪れた。一九九七年から九八年にかけて、博士論文の一環として調査を行なった村々に再びやってきたのだ。雪を頂くアンデス山脈を仰ぎ見る、なだらかな丘陵地に抱かれた小さな農園で暮らすマプチェ族は、今もなお、役牛と鉄鋤《かなすき》を使ってコムギやエンバクを栽培しながら、小さな菜園も営んでいる。種播きや脱穀などの作業のときは、拡大家族が一緒になって働き、年に一度の収穫祭のときには、普段は方々で暮らしている世帯が一か所に集まり、その結束が最高潮に達する。

私は、マプチェ族の農民にインタビューしたり、ときには心理学や経済学の実験を行なったりするために、しょっちゅう吠えかかってくる番犬たちを避けながら、一年近くにわたってこうした農園や村々を回って過ごした。いろいろなことを学んだが、よくわかったのは、役牛たちは、深いぬかるみにはまり込んだスバルの4WDを頼もしく引っ張り上げてくれること、それから、番犬の群れに追われても逃げおおせるということ。なぜなら、イヌのほうが人間よりも先に疲れ果ててしまうからである。ただしそれには、時速およそ一四キロで一〇キロ程度走れなくてはならない。[49]

この旅に、私はある実験課題を携えて来ていた。それは、以前にミシガン大学の心理学者、リチャード・ニスベットと雑談をしているときに聞き知ったテーマだった。ニスベットとその学生たち数人(現在、全員が優れた心理学者になっている)は、「分析的」思考と「包括的」思考のいずれに依存しがちかによって、東アジア人と欧米人の本質的な違いを明らかにしていた。両者を隔てる重要な違いは、「個」に注目するか、それとも「関係」に注目するかにあった。

分析的思考をする人々は、個々の対象物や構成部分に注目し、その対象や部分に特性を割り当てることによって、その行動を説明する。彼らは、動物や人間などの個体を、重複しない別個のカテゴリーに分類できるような、厳密な規則や条件を見つけようとする。彼らは「タイプ」を考え出すことによって物事を説明し(彼女はどんなタイプ?)、それらのタイプに特性を割り当てていく。傾向を予測する場合、分析的にものを考える人々は、直線的な傾向を「見て取ったら」、何か特別なことが起こらない限り、物事は現在の方向に進み続けると決めてかかる傾向がある。

それに対して、包括的にものを考える人々は、部分にではなく全体に関心を向け、特に部分同士の関係やその組み合わせに注目する。そして、複雑に関連し合う大きなネットワークの一部として、経時的変化の傾向を非直線的なもの、基本的には円環的なものとさえ考える。[50]

分析的思考と包括的思考のそれぞれ異なる諸側面を引き出す実験課題にはさまざまなものがある。私は、そのような課題の一つ、三つ組テストを実施した。個々の参加者に、ターゲットとなる画像とそれ以外の二つの画像、ⒶとⒷを提示するというものだ。たとえば、ターゲットのウサギと共に、Ⓐニンジンと Ⓑネコを提示する。何が見えたかを参加者に確認したあと、ターゲット（たとえばウサギ）はⒶとⒷのいずれと「組になる」かを尋ねる。ターゲットを、二つのうちのどちらと組み合わせるかによって、規則に基づく分析的な考え方をしているか、それとも、包括的な機能志向の考え方をしているかがうかがえる。ウサギとネコを組み合わせた場合には、その参加者はおそらく、抽象的な規則に基づくカテゴリー（ウサギもネコも動物）を用いて、その二つを組み合わせたに違いない。一方、ウサギとニンジンを組み合わせた場合にはおそらく、ある特定の機能的関連性（ウサギはニンジンを食べる）に主眼を置いているのだろう。

マプチェ族を地球規模で見た分布の中に位置づけてみよう。図１・９は、yourmorals.org というウェブサイトを通じて三〇か国の三〇〇〇人を超える人々に実施した、同じような三つ組テストの結果を示したものだ。例のごとく、ＷＥＩＲＤな集団は分布の一方の端にかたまっており（黒で表示してある）、それ以外の国々は分布域全体に広がっている。ＷＥＩＲＤな人々は、大半の社会の人々に比べて極めて分析的なのである。マプチェ族は包括的思考の傾向が最も強く、テスト結果をそのまま受け取ると、分析的な選択をしたのは平均でわずか五回に一回だけだった。[52]

マプチェ族に関する私の民族誌的研究を踏まえると、こうしたパーセンテージは、心理的差異の大きさを過小評価している可能性がありそうだ。というのは、村に戻ってマプチェ族の参加者の一人一人に聞き取り調査をしたところ、一見「分析的な選択」に思われる回答のほとんどが実は、包

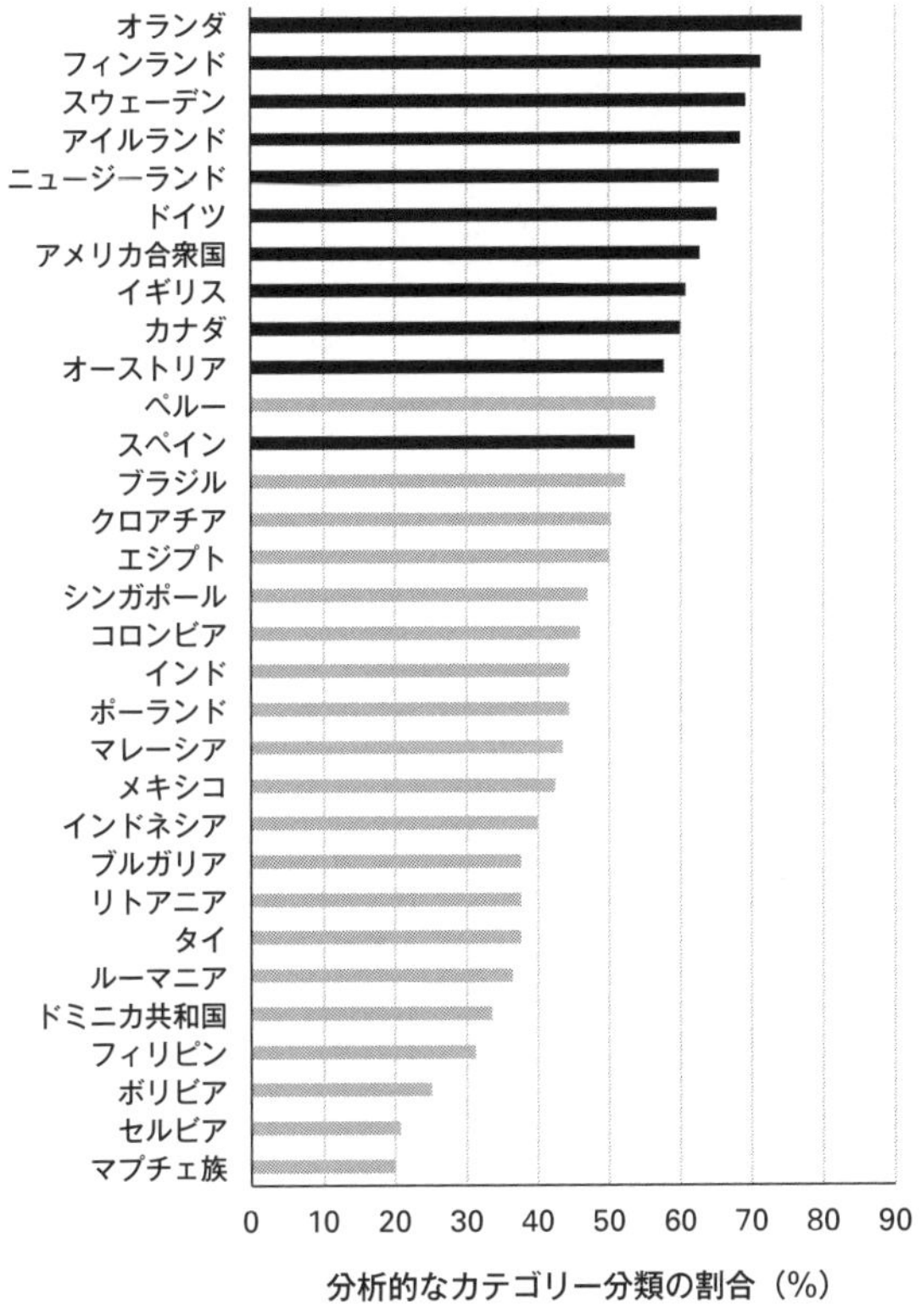

図1.9　3334人に三つ組テストを実施して得られた、30か国の分析的思考と包括的思考の割合。WEIRDな国々は黒で表示してある。マプチェ族のデータは、若干異なる三つ組テストを実施して得られた結果[(51)]。

括的な推論に由来していることがわかったからだ。たとえば、ターゲットのブタは、イヌとトウモロコシの皮のいずれと「対になる」かという問いの場合、分析的思考であればイヌ（いずれも動物）を選び、包括的思考であればトウモロコシの皮（ブタはこれを食べる）を選ぶはずだが、イヌを選んだマプチェ族の中には、イヌはブタを「守ったり見張ったり」するから、と説明する者もいた。もちろん、これは十分に筋の通った選択だ。農民たちのほとんどが、家屋や家畜を、泥棒（やうるさい人類学者）から守るためにイヌを利用している。マプチェ族は、一見「分析的な選択」に至る過程で、さまざまな状況を考え合わせた全体的な関連性に目を向けていた。真に分析的な回答は、一〇%にも満たない可能性がある。

包括的か分析的かという、社会による思考傾向の違いが、注意力、記憶力、知覚に影響を及ぼし、それがひいては、客観的正解のある認知テストの成績にまで影響を及ぼすことになる。たとえば、水中風景のビデオクリップを見てもらった後に記憶力テストをすると、東アジア人はアメリカ人よりも、背景や全体の状況をよく覚えていた。アイトラッキングで視線の動きを追跡すると、その理由が明らかになる。東アジア人は、動物や物体を注視している時間よりも、風景のあちこちを見て回っている時間のほうが長かったのだ(53)。それに対して、アメリカ人は、特定のものに照準を合わせてそれを追跡し、背景や全体の状況には目を向けない。このような注意の向け方の差によって、何を記憶しているかが決まったのである。もし、ある集団が、分析的思考の傾向を強めるとともに、道徳的・法的判断に意図性を採り入れるようになったとしたら、それは、その後の法、科学、イノベーション、政治体制の発展にどんな影響を及ぼすことになるだろうか？

氷山の本体

自己への注目度が高く、個人主義的で、同調傾向が低くて、忍耐強く、見ず知らずの相手を信頼し、分析的にものを考え、意図性の有無にこだわるといった特徴は、地球規模で歴史的視野から見た場合、WEIRDな人々がもつ独特の心理特性のごく一部にすぎない。加えて私たちには、自分の所有物を過大に評価する（**授かり効果**）、自分が価値を置いている能力に過剰な自信を抱く、自尊感情を高めようとする（自己高揚）、自分自身で選択することを好む、といった特徴もある。表1・1に、本書で取り上げるいくつかの重要な心理特性を挙げてある。その中にはすでに言及したものもあるし、後の章で検討するものもある。

WEIRDな人間は心理面で標準から外れていると聞いて驚いたとしても、それはあなた一人だけではない。世界各地で行なわれた実験的研究によって、際立った心理的差異が明らかになってくると、心理学や経済学分野の研究者たちも、また、その他の行動科学分野の研究者たちの多くも、相当大きな驚きを示した。なぜなら、ほとんどの研究者が、アメリカ人大学生をはじめとするWEIRDな集団から抽出したサンプルについて調査すれば、ヒトの脳、ホルモン、動機、感情、意思決定について自信をもってこうだと主張できる、と思い込んでいたからである。[54]

教科書や学術雑誌、さらには一般のノンフィクション作品の多くが、実は、ヒトの心理について語っているのではなく、WEIRDな文化心理を反映しているにすぎないことが判明し、続々とその証拠があがってきてもなお、多くの心理学者や経済学者たちは現実から目をそらしている。警鐘

表1.1　WEIRD心理の主要素

個人主義および個人的動機づけ

・自己注目、自尊感情、自己高揚
・恥感情よりも罪感情
・傾向性主義（性格を重視）：帰属の誤りと認知的不協和
・同調傾向が低く、伝統や年長者にあまり敬意を表さない
・忍耐力、自己制御力、自制心
・時間節約志向、勤勉（労働に価値を置く）
・支配することを欲し、選択することを好む

非人格的向社会性（および関連する世界観）

・状況次第の排他主義よりも公平原則
・匿名他者、見ず知らずの相手、抽象的組織を信頼し、誠実かつ公正に対応して協力する
・特に道徳的判断を下す際に、心的状態を重視する
・復讐には関心が薄い反面、第三者を進んで罰する
・内集団びいきの傾向は低い
・自由意志：個人が主体的に選択し、その選択を重視する
・道徳的普遍主義：数学の法則が存在するように、道徳的真実が存在すると考える
・直線的な時間と進歩の概念

知覚能力、認知能力およびバイアス

・包括的思考よりも分析的思考
・前景や主役に注意を向ける
・授かり効果：自分が所有しているものを過大評価する
・場独立：対象を背景から切り離す
・自信過剰（自分が価値を置いている能力に関して）

が鳴らされてから長い年月が経過した現在でも、実験的研究の参加者の九〇%以上がＷＥＩＲＤな集団であるという状況は変わっていない。しかし、朗報もある。いくつかの分野の研究者たちが本腰を入れて取り組むうちに、ようやく科学の歯車が回り出してきたのだ[55]。

最後に、本書の中核をなす問いをもう一度確認しよう。

①これまで取り上げてきたようなグローバルな心理的多様性は、どうすれば説明できるか？

②ＷＥＩＲＤな社会はなぜ、これほど標準から外れており、地球規模で見た心理や行動の分布の最端部に位置することが多いのか？

③このような心理的差異は、過去数百年間に起きた産業革命やヨーロッパの世界進出に、どのような役割を果たしたのか？

以上のような問いに取り組むために、中世のカトリック教会が、図らずして人々の心理を変化させていったプロセスを詳しく見ていこう。中世のカトリック教会は、婚姻や家族に関する一連の奇妙な禁止および指示命令を発することによって、それまで緊密に結びついていた西ヨーロッパの氏族や親族集団を解体し、小さくて、力の弱い、個々の核家族にしていった。それによって引き起こされた社会的・心理的変化が、ギルド、憲章都市、大学をはじめとする任意団体の急増を促すとともに、非人格的市場の拡大を促進し、さらに都市の急速な成長に拍車をかけた。このような社会的変化の影響を受けて、中世盛期にはすでに、思考、推論、感情面でのＷＥＩＲＤな傾向が強まっており、それが、全く新たなタイプの法、政体、宗教の出現を促すとともに、イノベーションや西洋科学の誕生に弾みをつけることとなった。

以上が本書のメインテーマだが、それに取りかかる前にまず、人間の本性と社会の進化について、理解を深めておく必要がある。人間はどんなタイプの動物なのか？　文化や文化進化が果たす役割をどのように考えるべきか？　制度とはいったい何か、そもそもどこから生まれるのか？　文化、制度、心理は、どのように作用し合い、共進化していくのか？　親族関係、婚姻、儀式が、ほとんどのヒト社会の中核をなしてきたのはなぜなのか？　社会は、なぜ、どのようにして規模や複雑度を増大させていくのか？　その過程で宗教はどんな役割を果たすのか？

第2章　文化的動物となる

自然の女神《ネイチャー》は、彼女が社会に適した人間《マン・フォア・ソサエティ》を創りだしたとき、人を喜ばせるという本源的な欲求と、その仲間の気分を害することに対する本源的な嫌悪を、人間に付与した。女神は人間に対し、仲間の好意的な注目に喜びを感じ、好意的ではない注目に苦痛を感じるように教えた。女神は、仲間による是認を、個人にとって、それ自体としてもっとも嬉しく快適なものにし、彼らの否認を、もっとも屈辱的で腹立たしいものにしたのである。(高哲男訳)

——アダム・スミス『道徳感情論』(一七五九年)

大声をあげながら胸をバンバン叩いてくる彼らは、自分を殺すつもりなのだとウィリアム・バックリーは思った。ところが次第にそうではないことがわかってくる。このオーストラリア狩猟採集民の小さなバンドは、彼を、死んだ親族の生まれ変わりだと思い込み、喜びに沸いていたのだ。彼を救ってくれたこの人々は、あの世から帰ってきた者は生まれたての赤ん坊のように色白だと信じていた。その勘違いをあおるように、バックリーは数日前、埋葬塚のすそに埋められていた、死んだ男性の槍を手に入れておいたのだ。

このような思いがけない幸運に恵まれて、バックリーは彼らの親族ネットワークにすっぽりと収まることができたのだった。言葉が話せず、体力もなく、何をやっても不器用だったが、一度死ねばそういうこともあるのだろうと、あまり問題にされなかった。(1)

数週間前の一八〇三年十二月下旬、バックリーと囚人仲間数人は、オーストラリアの流刑植民地を脱出し、現在のビクトリア州の荒涼とした海岸に沿って逃走を続けた。ほどなく、彼は仲間たちと別れるが、仲間たちは結局、全員死亡した。食料を見つけることも、水を探し当てることも、火を起こすこともできずに死の淵をさまよっていたバックリーは、オーストラリア先住民の一家に救われて、健康を取り戻した。

バックリーを迎え入れたバンドは、父系氏族を形成しているいくつかのバンドの一つで、その父系氏族は、ワタウルン族を構成する二四ほどの氏族の一つだった。その地域の氏族はそれぞれ、二枚貝の生息地、石英の鉱脈、魚の産卵場など、貴重な資源のある特定の領地を所有し、支配していた。領地は、氏族の全成員によって共同所有されており、成員資格は父親から息子へと無条件に受け継がれた。

婚姻と儀式の絆で結ばれているワタウルン族は、同系統の言語を話し、類似の習慣を持つ氏族で部族同盟を作り上げていた。どの氏族も、二つの婚姻グループのどちらかに属していた。誰もがみな、別の婚姻グループの誰かと結婚しなければならず、自分側の婚姻グループの成員とのセックスは近親相姦と見なされた。男性たちは、娘や姉妹たちの結婚を、たいてい彼らがまだ子どものうちに、場合によっては幼児のうちに取り決めた。ほとんどの狩猟採集社会と同様に、一夫多妻婚が認められており、腕利きの猟師や優秀な戦士が、妻を五人も六人も抱えたりする一方で、妻もおらず、将来に希望を見出せない男性たちもいた。(2) バックリーはまた、体に白い縞模様を描いた人々が、燃え盛る炎に照らされながら、太鼓のリズムに合わせて踊る、盛大な儀式の様子も描いている。それはさまざまな氏族や近隣の部族が集う恒例の儀式だった。こうした儀式の際に、方々の共同体からやってきた思春期の少年たちに、通過儀礼として割礼を施すこともあった。(3)

婚姻や儀式によって絆を深めているにもかかわらず、バックリーがワタウルン族と過ごした三〇年間の記録の中で最も目立つのは、バンド間、氏族間、部族間で起きた暴力抗争である。バックリーはその自伝の中で、一四の抗争について記している。何度か凄まじい夜襲をかけられたこともあれば、数百人の戦士を巻き込む激戦になったこともある。

たとえばあるときは、敵対する部族民三〇〇人が林間の開けた土地の向こう側に集結していた。バックリーのバンドは、いったん命からがら逃げたものの、結局は、態勢を立て直して味方を集め、大きな犠牲を払って領地を守ることを余儀なくされた。またあるときは、前日に大虐殺に遭った味方バンドの血まみれの生き残りに出会ったときの、凄惨な状況を記している。このような暴力を正当化する最大の理由はたいてい、誰が誰を娶《めと》るかといった女性をめぐる揉めごとだったが、ときには、邪術によって「不自然死」(蛇咬傷など) を引き起こしたことへの復讐として攻撃が加えられることもあった。

こうした抗争を描いたバックリーの記述の中には、連帯罪をうかがわせるものもある。別の氏族のある男性が、バックリーのバンドの妻たちの一人を「誘《おび》き出した」。誘き出したというのは単に、彼女が別の男との生活を選んだということのようだ。バックリーのバンドがたまたま、「盗っ人」のバンドに遭遇したとき、その逃げた妻は強制的に連れ戻された。彼女は結局、バックリーの住居で暮らすことになり、彼は大変な苦痛を強いられる。それから数か月たった真夜中のこと、嫉妬に燃えた情夫が突然現れて、うとうとしているバックリーの隣で眠っている夫を刃物で突き刺し、愛人を連れて逃げ去った。数週間後、バックリーのバンドは再びこの集団と出くわしたが、殺人犯と「盗まれた」妻は、他所へ移っていた。恐ろしいことに、彼のバンドは、恨みを晴らすべく、殺人犯の兄と四歳の娘を殺害した。二人ともバックリーの目から見ると、何の罪もない人々だった。

二五年間、バンドと共に暮らしてきたバックリーだったが、親しい人たちのむごたらしい死を悲しんで、部族から独立した生活を営むようになる。他の狩猟採集民たちと同様に、彼もやはり、見ず知らずの人間を恐れ、疑ってかかるようになった。単独行動をしている者は襲撃隊の斥候かもしれないからだ。バンドの人々がいつもやっていたように、バックリーもやはり、自分の野営地を芝や樹皮の垣根で囲んで、夜間の焚き火が外から見えないようにした。

船舶や船員との接触を努めて避けながら、一人暮らしを七年間続けたあと、バックリーはついに、メルボルンという新たな植民地でヨーロッパ世界に復帰することを決意したのだった。

学ぶために進化した

オーストラリア先住民社会でのバックリーの体験は、人間の本性を理解する上で最も重要な、二つの疑問を浮き彫りにする。まず一つ目。バックリーら逃亡者たちは、およそ四日分の必需品を携えて出発し、オーストラリアで最も豊かな生態系の一つに入っていったにもかかわらず、狩猟や採集で生き延びることに完全に失敗した。彼らは十分な食料を見つけることも、火を起こすことも、小屋を建てることも、そして生活に欠かせない槍や網やカヌーを作ることもできなかった。つまり、この男たちは、人類が六万年近くにわたって狩猟採集生活を営んできた大陸で、狩猟採集民として生き延びることができなかったのだ。なぜだろう？　人類は過去二〇〇万年間のほとんどを狩猟採集民として生きてきたのだから、この霊長類の大きな脳が得意とするのは、狩猟や採集で生き延びることではなかったのか。狩猟や採集の腕を上げるために進化したのではないとしたら、人類の大きな脳は一体何のために進化したのだろう？

バックリーの体験によって浮き彫りになった二つ目の重要な疑問は、彼が遭遇した社会的世界から生じてくるものだ。オーストラリア先住民の家族の一員になって以降、自伝の冒頭部分を埋め尽くしていた飢え、渇き、その他の欠乏に関する記述はほとんど見られなくなる。むしろ、話の中心は、社会規範によって成り立っている世界へとシフトする。社会規範によって、人々が氏族や部族に組織され、文化に規定された義務や責任からなる相互依存ネットワークに組み込まれている世界である。

その世界では、社会規範によって、取り決めによる結婚がしきたりとされ、男性が複数の妻をもつことがよしとされ、その地域の人々の半数が事実上、近親相姦のタブーとされていた。また、婚姻の絆と並んで、人々の心理に強く働きかける儀式が、氏族内・部族内の絆や、氏族間・部族間の絆を強化するのを助けていた。しかし、こうして社会的な絆を維持しているにもかかわらず、集団同士の暴力抗争が常に人々を脅かし、命を落とす最大の原因になっていた。この世界で生き延びることができるかどうかは、ほとんど、自分が属する社会集団の規模と結束力にかかっていた。それにしても、このような氏族、婚姻グループ、儀式、部族といったものはすべて、どこから生まれたのだろう？

以上の二つの疑問に答える上で鍵となるのは、ヒトは文化的な動物だと認めることだ。他の動物とは違ってヒトは、他者からの学習に依存することによって、生存と繁殖にとって欠かせない動機づけ、ヒューリスティック、信念など、膨大な量の行動情報を獲得するよう、遺伝的に進化してきた。この相互に学び合う能力が他の動物に比べて強いからこそ、人類だけが、高度な投擲具《とうてきぐ》や食品加工法から、新たな文法ツールや拡大する社会規範パッケージに至るまで、あらゆる事柄について、ますます複雑になっていく文化的知識を蓄積することができるのだ。

以上のような内容が、前著『文化がヒトを進化させた』の核を形成している。この本の中で私は、どうすれば人類の起源、心理、文化を理解できるかを、進化の観点に立って詳細に説明した。本書では、前著のアプローチの基礎を手短に述べたのち、そのアプローチを応用して、WEIRD心理や現代世界の起源を探っていくつもりだ。

文化を人間の本性の中心に据えるこうしたアプローチは、「学習」や「社会化」に基づく説明をもってして、「進化論的」説明や「生物学的」説明に対抗するものではない。むしろ、文化を、拡大版の進化論的アプローチに組み入れている。つまり、どんな生態学的・社会的環境に置かれても、生存と繁栄に欠かせないアイデア、信念、価値観、動機、習慣を最も効果的に学ぶことのできるヒトの脳が、自然選択によってどのように形成されてきたかを探ろうとしているのだ。私たち人類は、遭遇する環境に合わせて、思考や行動に修正を加えていく適応的な学習能力を、遺伝的進化によって獲得している。

とりわけ、ヒトの文化的学習能力は、誰から学ぶべきか、何を学ぶべきか、どんなときに自分の直接体験や生得的直感のような他の情報源よりも文化的学習を優先すべきか、を見極めるために磨かれてきた。これが文化的学習の三要素、「誰から」「どんなことを」「どんなときに」である。この三要素についてさっと見ていこう。

　誰から学ぶべきかを見極めるために、大人も子どもも、そして幼児でさえも、手本になりそうな人物のスキル、有能さ、信頼性、成功実績、名声、健康状態、年齢、性別、民族などを手がかりに、総合的な判断を行なっている。学習者は、成功している人物や名声の高い人物に選択的に注意を向けることによって、より大きな成功や高い地位へと導いてくれる、有益な情報、習慣、動機、価値観などを一番持っていそうな人々に、注意力や記憶力を集中させるのである。名声や成功実績のような手がかりと、性別や民族性（たとえば同じ方言）のような自己との類似性の手がかりを組み合わせれば、将来その共同体で役割を果たしていく上で、自分にとって最も役に立ちそうなスキル、戦略、考え方を持っている人々に照準を合わせることができる。(4)

　誰から学ぶかだけではなく、何に注意を向けるか（食物、セックス、悪評など）、また、特定の種類の信念や選好をどのように処理、蓄積、整理するかということも、自然選択によって決定づけられてきた。たとえば、初めて見る動物の餌や棲み処や危険性について学んだ子どもたちは、フィジー、アマゾン川流域、ロサンゼルスなど、住んでいる地域にかかわらず誰もがみな、その情報は当然、カテゴリー全体に（つまり、その一匹だけでなく、たとえば「コブラ」という動物すべてに）当てはまるものと考え、しかも、その動物の棲み処や餌や名前などよりも、危険性のほうをしっかりと記憶する。思い違いをする場合でも、子どもたちは適応的な間違え方をし、危険な動物を安全だと思ってしまうのではなく、無害な動物を危険だと勘違いする。こうした何を学ぶかという手がかりが、ヒトの推論、記憶、注意に影響を及ぼすことによって、手痛い過ちを避けながら、真に重要な情報だけをすくい取って体系化し、私たちが適宜思い出せるようにしてくれているのである。[5]

当然ながら、身につけた文化的要素それ自体が、その後、何に注意を向け、何を記憶し、何を信じるかに影響を及ぼす可能性がある。こうした文化に影響された手がかりは、一つには、新たに獲得しようとする信念や習慣と、過去に獲得した信念や習慣の「辻褄が合う」ところから生まれてくる。たとえば、「隣の谷に住んでいる部族は邪悪である」と「人肉を食べることは邪悪である」の両方を信じて育ってきている場合、誰かに「隣の谷に住んでいる部族は人食いだ」と告げられたら、容易にそれを信じるだろう。邪悪な部族が、邪悪なことをする。心理学的に言えば、辻褄が合っているからだ。[6]

では次に、どんなときに、自分自身の経験や、個人的な情報、持って生まれた本能よりも、文化的学習のほうを信頼すべきなのか？　答えは単純明快だ。問題が難しいときや、状況が曖昧なとき、あるいは個体学習をしていては高くついてしまうとき、人は他者から学んだことのほうに頼る。

本当にそうかどうかを試すために、私がよくやるのは、課題の難しさと正解したときの現金報酬額の両方を操作する実験だ。たとえば、一連の曲線のうちどれが一番長いかを判定してもらい、正解したときにもらえる報酬額をいろいろと変えて実験を行なうのである。参加者は自分自身の知覚に頼って答えることもできるし、文化的学習に頼って——他者の判断をまねて——答えることもできる。課題が難しくなればなるほど、つまり曲線の長さが似通ってくればくるほど、人々は他者の判断に注意を向け、自分の判断にそれを採り入れるようになる。実際には、自分の知覚を敢えて無視して、他者の大多数、あるいは過半数が選択したものを選ぶことが多くなる。

さらに、課題があまりに簡単な場合を除くと、正解したときの報酬額を増やすだけで、自分自身の判断や知覚よりも、文化的学習に依存する度合いが高まる。重要な事柄でありながら、実体験や試行錯誤ではあまりにも高くついたり、そもそもそれが不可能だったりする領域では、体験や直感よりも文化的学習のほうが優先されがちになることが、こうした実験結果からうかがえる。宗教や儀式を考えてみればいい[7]。

極めて重要なことなのだが、このような遺伝的に進化した学習能力は、ヒトに本来備わっている神経学的ハードウェアに、文化というソフトウェアのパッケージをダウンロードしただけのものではない。文化には、ヒトの脳の神経回路を配線し直し、ヒトの生理を変化させる力がある――ということはつまり、ファームウェアの修正がなされるのである。学習者は、他者を観察しながら、自分の知覚、選好、行動、判断が、自分の選んだモデルのそれに近づくように、神経回路を積極的に修正している。

前章で取り上げた、忍耐の度合いを示す遅延価値割引（図1・4）について考えてみよう。他者の選択を見ながら忍耐を学ぶ機会を与えられると、学習者はだんだんと遅延報酬の主観的価値を、手本となる人（モデル）に合わせていく。このような心理的適応がいかにしてなされるかが、脳スキャンの研究から明らかになっている。それによると、脳内の報酬系や強化学習の要である線条体が、学習者とモデルとのずれを感知して、内側前頭前皮質にそのずれの程度に見合った可塑的変化を引き起こすと、内側前頭前皮質が、その状況下で最も適切な反応をコード化するらしい。

同様の研究によって、他者から学んだ高級ワイン、美男子、優れた歌についての選好や知覚が、神経学的に形成されていく過程が明らかになっている。ある特定の状況下で、特定の種類の考えや人々に選択的に注意を向けることによって、脳の神経回路を適応的に配線し直し、文化的に構築された世界をうまく渡っていかれるように修正するのが、ヒトの文化的学習能力なのである。[8]

このようにして他者の信念、習慣、技術、動機をフィルターにかけたり、新たな組み合わせを試みたりする中から、**累積的文化進化**と呼ばれるプロセスが生じてくる。累積的文化進化のプロセスが何世代にもわたって作用するうちに、高度な技術、複雑な言語、心理に強く働きかける儀式、効果的な制度、そして、道具や家屋、武器、船舶を作るための複雑な手順といったものがだんだんと生まれてくる。どうしてその習慣、信念、手順に従うとうまくいくのか、誰一人理解していなくても、また、こうした文化的要素が何かを「やっている」ことさえ知らずにいても、このようなことは起こりうるし、しばしば実際に起きている。それどころか、場合によっては、どうしてうまくいくのかを人々が理解していないときのほうが、文化の産物が効果的に働いてくれる。儀式や宗教について考えると、この点がはっきりとわかるだろう。[9]

累積的文化進化の産物について驚かされるのは、たいていの場合、それが私たち人間よりも――はるかに――賢いということだ。毒の調合法から近親相姦のタブーにいたるまで、文化的進化をとげたさまざまな習慣は、当人たちには説明のつかない暗黙知の最たるものだ。

このことを理解するために、まず、わかりやすい目的がある例から始めよう。コンゴ盆地の狩猟採集民が用いる猛毒性の矢毒の作り方である。これはおそらく、知られている中で致死性が最も高い狩猟用の毒で、獲物がたちまち落下して茂みに消えていく。この矢毒は、一〇種類の植物を調合して作られるが、そのうちの三種類――イヌホウズキ、ストロファンツス、サスウッドの樹皮――

は猛毒である。ストロファンツスだけでも、二〇分でカバを倒すことができる。

これらの材料にまず、イチジクの乳液とヤムイモの搾り汁を加えてどろどろにする。そこに唾液を入れて、全体が赤茶色になるまでよくかき混ぜる。さらに、ヒキガエルの一種を加える。おそらく皮膚に毒があるからだろう。こうして調合したものを沸騰させたのち、甲虫の幼虫と毒針をもつアリを砕いたものを混ぜ込む。出来上がった黒いペースト状のものを樹皮の袋に詰め、それを死んだサルの体内に入れて、数日間、土に埋めておく。掘り出して、この粘着性のある猛毒のペーストに、トウダイグサの汁を加えれば、矢毒の出来上がりだ。[10] 決して家で試したりしないように。

もしあなたが教わる立場の人間だったら、あるいはバックリーのような新来者だったら、この手順を変えようとするだろうか？　材料の植物、昆虫、両棲類、あるいは作業工程のどれかを省略したり変更したりしようとするだろうか？　サルの体内に入れて土に埋めるという工程を省けるだろうか？　省けなくはないだろう。しかし、その工程は毒性を高める化学反応を促す役割を果たしているに違いない。

あなたはまず、全工程をそっくりまねてみるという賢明な方法をとるだろう。その後、獲物の蓄えが十分にあって、毎回同じやり方では少し飽きてきたときに、手順をいろいろ変えて試してみるかもしれない。しかし、たいていの場合、効果の薄い矢毒にしかならず、獲物を取り逃がしてしまうことになるだろう。化学的に何が起きているのかを解明して、この伝統的な調合法を改良するには、民族植物学者がチームを組んで、何百回も実験を繰り返す必要があるのではないだろうか。[11]

残念ながら、この古くから伝わる毒の調合法がいかにして文化的に生み出されたのか、その正確なところはわからない。しかし、コンゴ盆地の狩猟採集民の間での文化的学習については多少わかっており、さまざまな学習戦略が累積的文化進化にどのような影響を及ぼすかについて調査がなされてきた。得られた証拠からすると、ハンターを志す者は、まず最初に自分の父親から矢毒の作り方を学ぶらしい。こうした狩猟民のおよそ三分の一が、その後、別の人々、おそらく最も実績や名声のあるハンターからヒントを得て、父親の調合法に変更を加える。

このような伝達様式を、文化進化のコンピューター・シミュレーションで解析した結果や、新しいことを学ぼうとする人間で実際に実験した結果から明らかなのは、さまざまな要素を加えるのはどうしてなのかを誰一人理解していなくても、世代を経るうちに、文化進化の力によって、極めて適応的で複雑な調合法、手順、道具が出来上がっていくということだ。『文化がヒトを進化させた』では、その他にもさまざまな例を取り上げて説明した。たとえば、暑い地域に暮らす人々がよく使う香辛料には、食物由来の病原体の増殖を抑える力がある。また、フィジー諸島民の魚食のタブーは、特定の魚貝類に蓄積している危険なシガテラ毒から、妊娠中および授乳中の女性やその子どもたちを守ってくれている[12]。

少なくとも二〇〇万年にわたって人類は、食物を見つけ、道具を作り、社会的世界を渡っていくのに欠かせないスキル、習慣、選好を身につけるには、増え続ける複雑な文化的ノウハウへの依存度を高めざるを得ない世界の中で進化してきた。このような世界で繁栄を遂げるために、ヒトは、自然選択の作用を受けて脳容積が増加し、価値のある文化的情報を獲得、蓄積、整理、再伝達する能力が高まっていった。その一環として、自然選択により、文化習得のための動機や能力が強化された。その一つがメンタライジング能力であり、そのおかげで私たちは、他者の動作パターンをまねて、その相手の信念、ヒューリスティック、選好、動機、情動反応を推し量ることができる。こうした能力がますます、私たちを他者の心とつないでいった。[13]

ヒトの文化習得能力がとぎすまされて、累積的文化進化に拍車がかかった結果、よりいっそう多岐にわたってますます複雑な文化的適応が生み出され、それによって、遺伝子と文化との間に自己触媒的な相互作用が生じるようになった。文化的産物の重要性、多様性、複雑性が増すにつれて、自然選択によってしだいに、本能や個人の直接体験よりも文化的学習に依存する傾向が強まっていった。なぜなら、他者から習得する道具、手順、習慣のほうが、一個人が独力で考え出しうるものよりもはるかに優秀になったからである。そしてついに、私たち人類は、共同体から受け継いだものに頼らずには生存すらできない、正真正銘の文化的学習者となったのである。こうして人類は、先祖伝来の知恵に信を置く動物として進化の道を歩むことになり、この「信じる本能」こそが、ヒトという種の成功の核心をなしている。[14]

ヒトの適応的な文化習得能力が、いかにして累積的文化進化のプロセスを生み出すのかがわかると、私たちの複雑な道具、巧妙な習慣、高度な言語がどのようにして生まれたのか、その起源を解明しやすくなる。しかし、社会的世界についてはどうだろう？　バックリーのオーストラリア先住民の世界を支配していた、氏族、近親相姦のタブー、取り決めによる結婚、集団間暴力などは、どうすれば説明できるだろうか？　その核心部分にあるのは、ヒト社会についての問い、つまり、一部の人々とは手を組んで協力するのに、それ以外の人々は避け、場合によっては殺してしまうこともあるのはなぜか、という問いだ。

それを解き明かすにはまず、制度とは、社会規範とは何なのか、どのようにして出現するのかを理解する必要がある。それを踏まえた上で、ヒト社会の最も基本的な制度である、血縁や婚姻に基づく制度について詳しく探っていこう。こうした原初的な諸制度やそれを支えている心理を理解することによって、ヒト社会はなぜ、どのようにして、政治的・社会的な複雑度を増していくのか、また、この千年、二千年の間にヨーロッパがたどってきた道筋は、なぜこれほど奇妙なのかについて検討するための土台が整ってくるだろう。

進化していく社会

ヒト社会は、他の霊長類の社会とはちがい、文化として伝達される社会規範が社会をまとめる役目を果たしており、こうした社会規範が集まって制度を形作っている。たとえば、婚姻制度は世界中どこでも、誰と結婚できるか（たとえば継子とは結婚できない）、配偶者を何人持てるか（たとえば同時には一人のみ）、結婚後に夫婦はどこで暮らすか（たとえば夫の家族と暮らす）、といった事柄を規定する社会規範で構成されている。ここではまだ、公式な制度や成文法については触れずにおく。婚姻や親族関係のような社会規範の上に築き上げられた諸制度の文化的進化を徹底的に理解しないことには、規範の公式化や成文化によって、制度に何がもたらされるかを理解することはできないからだ。

制度が社会規範のパッケージであるとしたら、そもそも社会規範とは何だろう？　それを探るために、政府も警察も裁判所も存在しない社会──旧石器時代の祖先の暮らしを思わせるような、狩猟採集生活を送っている社会──に注目しよう。これが、次章において、農耕や牧畜のような食料生産の普及がいかにして、人類の社会的世界や制度を形成していったかを検討するための基礎になる。⑮

社会規範は、文化的学習や社会的相互作用から直接的に生じる。つまり、文化進化によって生まれてくるのだ。狩猟用の毒の正しい調合法を学ぶのと全く同じように、ある一定の社会的行動や習慣も、さらには、そのような行動や習慣について他者を評価する基準も、文化的に習得される。ある行為が違反の判断基準と結びつくと、文化進化によって、人々に広く共有される規範が生み出され、それを破ったり制限を超えたりすると、共同体から何らかの反応が返ってくるようになる。多くの社会規範は、一定の行動を指示または禁止しており、それに違反すると共同体の怒りを買うことになる。それとは逆に、社会的基準としての規範もあり、その基準を超えた場合には、共同体から信頼されたり尊敬されたりする。

小規模社会が安定した規範を作り出す単純な方法がある。それは、高い評判を得ている者からは物を盗んではいけないと人々に知らしめることだ。それには、評判の良い者から盗みを働いた人物に悪評を立てるようにすればいい。悪評を立てられると、他者が、咎めを受けることもなく好き勝手に、その人物を食い物にしたり、その人から盗みを働いたりできるようになる。規範違反者がハンターであれば、彼が眠っている間や、病気のとき、あるいは別のキャンプを訪ねているときに、誰でも、彼の矢、弓弦、矢じりを盗むことができるようになる。規範違反者が、盗んだのは誰なのか教えてくれと言っても、他の人々からは、盗っ人など見ていないという答えが返ってくるだけだ。

こうした社会で、悪評を立てられている者を罰する動機となっているのは、嫉妬心や強欲や単なる利己心だが、その一方で、高い評判を得ていれば、それが魔法のマントのように、隣人の本性の暗黒面から自分を守ってくれる。それゆえ、悪評を立てられて搾取のリスクにさらされると困るから規範破りはやめよう、という気持ちが人々にしっかりと植え付けられていく。同時に、誰もが規範違反者を罰しようという動機をもつようになる。悪評を立てられている者を標的にする限り、咎めなしに隣人から物を盗むことができるからだ。[16]

このような窃盗や搾取を戒める規範のほかに、食物分配に関する規範のような協力規範も、文化進化の力で維持される。たとえば、ある狩猟採集社会の規範は、ハンターが獲物の特定部位を食べることを禁じるとともに、そうした部位を他者に分配するよう命じている。タブーの部位は食べられないので、ハンターは獲物を分配しようとする気になるし、違反したハンターには悪評が立てられて、他者が咎めを受けずに物を盗めるようになるので、規範には従わざるをえない。

こうした規範にはたいてい、動機づけを促すような信念が盛り込まれている。たとえば、誰かがタブーを犯すとバンド全体が不猟に見舞われるといった信念、あるいは、規範違反者を「汚染」しているある種の穢《けが》れは、違反者とセックスするなど、本人と何らかの接触をもった者に移る可能性があるといった信念だ。このような関連する信念のせいで、人々は、バンド全体が不猟に苦しむことがないように、バンドの成員同士で互いに行動を監視しようとし、また、穢れを移されることがないように、違反者をバンドから追放しようとする。[17]

食物分配を促すために、文化進化によって肉食にまつわるタブーが利用されるのは、単なる偶然ではない。むしろ、貴重な脂肪やタンパク質源であると同時に、病原体が含まれていて病気の原因にもなりやすい肉と関わってきた人類の長い進化の歴史が、肉に関するタブーを学んだり、汚染ということを考えたりしやすい心理状態をつくったのではないかと思われる。文化進化は、自然選択によって獲得されたヒトの心理を利用して、協力規範を形成してきたのだ。このように、ヒト特有の心理を巧みに引き出して、それを新たな目的に転用するというのが、文化進化の常套手段なのである。[18]

こうした食のタブーは、バンド全体での食物分配を促すための方法の一つにすぎない。ちなみに、移動型狩猟採集民が生きていくためには、食物分配がどうしても欠かせない。このような集団の食物分配で印象的なのは、それが多種多様な規範によって維持されているということ——そして結果的に、こうした狩猟採集民はみな、少なくとも重要な食物は広く分配するという、ほぼ普遍的な現象を生み出しているということだ。食物分配を維持する規範には、食物、セックス、狩猟の成果に関連するタブーのほかに、儀礼的食物分配、所有権の移転、婚姻により生ずる義務（特に姻戚への義務）などさまざまなものが含まれている。それぞれの集団ごとに、文化進化がさまざまな共通要素をうまく組み合わせることによって、集団レベルではどこでも同じよう結果を生み出してきた。[19]

では、規範とは何だろう。おおざっぱに言うとそれは、文化として習得されて連動し合う、安定した、自己強化型の信念、習慣、動機であり、幾世代にもわたって人々が学び合い、影響を及ぼし合う中から生まれてくるものだ。規範は、ある一連の行動を指示、禁止、または是認する社会的なルールや基準を作り出す。それらの行動をとったときの世評いかんによって、つまり共同体の評価や反応によって、動機づけがなされ、規範が維持されていく。注目すべき点として、規範にはたいてい、タブーを犯すと狩猟の成果に差し障るといった信念が盛り込まれており、それが、規範を厳守し、互いに監視し合い、規範違反者に制裁を加えようとする動機を高めている。

生得的な錨、核をなす制度

文化進化には、とてつもなく広範囲にわたって恣意的な規範、たとえば、セックス、儀式、服装（ネクタイ着用など）に関する規範を生み出す力があるが、すべての社会規範が同じように進化を遂げたり、定着したりするわけではない。

最初の社会規範が現れ始めたとき、ヒトは、つがい形成や子育て、社会的地位、同盟結成に関する社会的本能をとうに備えている類人猿だった。文化進化は、すでにある程度まで影響力を揮《ふる》っていたとはいえ、霊長類の心理を足がかりにするほかなかったわけで、いきおい、近親個体を助け、子どもを養い、配偶者と絆を形成し、近親交配を避けるというヒトの本能を磨き、強化するという方法をとったに違いない。新たに生まれてくる規範は、そのような本能を拠り所（いわば錨《いかり》）として発展していく傾向があったはずだ。そして、より堅固な錨につながれている規範のほうが、拠り所なくただ浮遊している規範よりも、長期にわたって維持される傾向があったはずである。

この心理的な錨こそが、人類社会の最も基本的な諸制度が血縁関係に根ざしているわけを説明してくれる。他の霊長類と同様に、ヒトは、遺伝上の近縁者に対して生得的な利他傾向——**親族利他本能**——をもっている。母親が自分の産んだ子を可愛がるのも、きょうだいはたいてい仲がいいのも、こうした心理が働いているからだ。親族規範は、（きょうだいは支え合うべきであるといった）社会的期待を共同体内に生み出すことによって、こうした強い動機をさらに強化するだけでなく、そのような社会的期待を、核家族から遠縁の親族へ、さらにはよそ者にまで拡大していく。遠縁の親族が「母さん」「父さん」「兄さん」「姉さん」と呼ばれるようになると、人間関係に関する諸々の規範や、たぶん内面化されている何らかの動機が、呼称とともに外へと拡大されていき、時とともに、遠縁の親族を近くに引き寄せる効果を発揮するようになる。規範によって緊密な社会的ネットワークが築かれている多くの農耕社会とは違って、移動型狩猟採集社会の規範は、個人や家族が何十キロ、何百キロも離れた遠方の親族と広範囲にわたるネットワークを築くことを認めるどころか、むしろそれを強要している。[20]

多くの社会では、遺伝的近縁関係に由来する、いわば生得的な錨と、個人名が心理に働きかける力とが結びつくと、幅広い個人的ネットワークを紡ぎやすくする制度が生み出される。アフリカのカラハリ砂漠に暮らすジュホアンシ族の狩猟採集民の間では、遠縁の親族やよそ者まで近縁親族の名前で呼ぶことによって、そのような人々をうまく引き寄せて、近縁親族と同じような人間関係を築き上げている。たとえば、あなたがカルという名前の若い女性と出会い、あなたの娘がカルという名前であったならば、あなたはこの新たなカルに、自分のことを「母さん」あるいは「父さん」と呼ばせることができる。これは彼女を近くに引き寄せる効果をもつと同時に、彼女を娘同様に扱うべきであることを意味しており、当然ながら、結婚に関する事柄は御法度となる。この命名習慣は、人々を心理的にも社会的にも近くに引き寄せる働きをしており、この方法をとれば、誰でも親族ネットワークに組み込むことができる。ある計算によると、こうした命名ネットワークは、半径一〇〇〜一八〇キロにまで広がっている。ジュホアンシ族も、多くのこうした集団と同様に、だれもかれも血縁の輪に取り込みたいと望んでおり、血縁の輪の外部の人間に対しては不安や緊張を示す。[21]

親族利他本能と並んで、親族ベース制度は、婚姻の核をなすヒトのつがい形成本能も利用している。いろいろな意味で、婚姻は、すべてではないにせよほとんどの社会の要となる制度であり、また、ヒト社会の制度の中で最も原始的な制度かもしれない。

つがい形成は、進化によって生み出された配偶戦略であり、ペンギンやタツノオトシゴから、ゴリラやテナガザルにいたるまで、自然界のいたるところに見られる。つがいを形成することによって、オスとメスが協力して子育てを行なえるようになる。進化論的観点から見ると、ここには一種の交換条件が存在している。メスはオスに対して、交尾の優先権を保証するとともに、自分の子は間違いなく彼の子であるという強い確証を与える。その見返りとしてオスは、より多くの時間と労力を注いで、メスとその子を守り、ときには養ったりもする。

婚姻規範は、こうしたつがい形成本能を錨とすることによって、関連し合う二つの方法で、家族のネットワークを劇的に広げることができる。たとえば、多くの社会の婚姻規範は、女性の行動や性衝動を抑制しているが、そうすることにより、夫にとっても、またその家族にとっても、妻の子どもは夫の（遺伝上の）子どもでもあるという確信が強まる。つまり、多くの婚姻規範は父性の確実性を高めているのである。父性の確実性が高いほど、親としての投資本能や親族利他本能が刺激されて、父親の子どもへの投資が増大するだけでなく、子どもと父方親族全体との絆が強固になる。婚姻規範は、こうした絆を識別し強調することによって、生まれてきた赤ん坊の親族のサイズを事実上、二倍にする力をもっている。もっと大きな視野から見ると、ヒト以外のほとんどの霊長類の個体は、父親がわかっていないため、遺伝上の近縁個体の半分を見逃していることになる。[22]

婚姻は、配偶者間だけでなく、子どもとその父親の絆を強固にすることによって、人類学で**姻族**と呼ばれるものを作り出す。興味深いことに、姻族同士に遺伝的関係はなくても、どれだけの数の子どもを残せるかという、進化論で言う適応度は、両姻族とも、その夫婦の子どもの数にかかっている。たとえば、私の妻の姉妹と私の母の兄は互いに血のつながりは全くないにもかかわらず、どちらも私の子どもたちに遺伝的な関心を寄せている。

文化進化は、姻族を作り出すことにより、両者に共有される遺伝的関心を巧みに利用してきた。これは、ヒト以外の種にはできないことなのだ。多くの社会では、贈り物、儀式、相互義務に関する社会規範によって、そのままでは弱いこうした姻族間の絆が育まれ強化されている。狩猟採集民の間では、肉の分配規範によって、ハンターが仕留めた獲物の分け前は、まず妻の両親に届けるべしとしている場合が多い。[23]

婚姻が親族の絆に及ぼす効果は大きい。たとえば、兄一人と娘一人しかいない既婚男性の場合、父親の一族や妻の親類と姻戚関係にあるのはもちろんだが、それだけでなく、兄の妻の一族や、やがて娘の夫の一族とも姻戚関係をもつようになる。その結果として、平均的な狩猟採集民のバンドでは、あるメンバーの親族の半分以上が、血族ではなく、何らかのつながりのある姻族だ。姻族を除いてしまうと、狩猟採集民バンドの主要なメンバーが親類縁者ではなくなってしまう。[24]

つがい形成本能を利用して、より大規模な社会、より広範な社会的ネットワークを築いていく上で、文化進化はたいてい、生涯続く婚姻の絆の味方をしてきた。なぜなら、こうした絆には大規模な親族ネットワークをまとめる力があるからだ。ウィリアム・バックリーがオーストラリアで狩猟採集生活をしているとき、彼と一番親しかったのは「義理の弟」で、その義弟との関係は、彼が成り代わった男が死んでも、また、成り代わった男の妹（義弟の妻）が死んでも、変わることなく続いた。

それに対し、自然選択がヒトのつがい形成本能を作り上げたときは、父親の投資が子どもの健康や生存に利益をもたらす間に限り、つがい関係が維持されるように「設計」されていた。それがなくなると、新たなつがい形成に向けて、感情面や動機づけのドアが開かれる。ここで、文化進化と遺伝的進化はしばしば対立し、永続的結婚と一時的結婚にそれぞれ味方するため、現代の夫婦の多くが、一生涯の結婚を命じる規範と、長くはもたないつがい形成の感情との間で十字砲火を浴びることになるのだ。

婚姻規範はまた、誰と誰ならば結婚して子どもを作れるか、ということも統制し、ほとんどの人が気づかないところで、社会を巧妙に組み立てている。そのために文化進化が繰り返し用いてきた方法の一つが、ヒトに生まれつき備わっている近親相姦への嫌悪感を利用して、セックスや結婚に関するタブーを作り出すという方法だ。こうしたタブーは、近親交配による悪影響の懸念から結婚が制限される近縁者の範囲よりも、はるかに広い範囲にまで適用される。

自然選択はヒトに、近縁個体への性的興味を抑える心理的適応を与えた。近縁者間では、健康上問題がある子どもが生まれる可能性が高いからである。この心理的メカニズムは、いくつか単純な事柄をきっかけにして嫌悪感を引き起こし、きょうだい、親、子とのセックスを避けるように仕向ける。重要なきっかけの一つは、一緒に育つことだ。こうした成長過程での「接近警告」が間違って発せられ、たまたま一緒に育てられた血のつながりのない少年と少女の間で性的嫌悪が生じることもある。こうした効果はちょっと意外で興味深い。なぜなら、共に育ったきょうだいなどは、すでに苦楽を共にしているので、恋に落ちやすいだろうと思われがちだからだ。[25]

近親相姦に対する生得的な嫌悪感を、いわば心理的な錨がわりにすることによって、文化進化は強力な近親相姦のタブーを形成してきた。きょうだいや親とのセックスを想像したときの嫌悪感を利用するならば、文化進化は、①それ以外の個人にまでこの感情を広げる方法と、②他者に対する道徳的判断にこれを利用する方法を「編み出す」だけでいい。義理のきょうだい同士の合意の上のセックスを想像するときに起こる（かもしれない）不快な感情は、まさにこうして生み出されたものなのだ。義理のきょうだい間に遺伝的関係はないが、それでも間違った行為のように思われる。

ジュホアンシ族のような移動型の狩猟採集民バンドの間では、近親相姦のタブーが、全成員に対し、姪のような近親者だけでなく、いとこ〔従兄弟姉妹。父母の兄弟姉妹の子〕、またいとこ〔二従兄弟姉妹。祖父母の兄弟姉妹の孫〕、みいとこ〔三従兄弟姉妹。曾祖父母の兄弟姉妹の曾孫〕との結婚も禁じている。こうした傾向は、多くの農耕社会の規範とは対照的だ。農耕社会では、近親相姦のタブーの対象となるのは、ある種のイトコだけで、それ以外は望ましい結婚相手とされているからである[26]〔本書では便宜上、「いとこ」「またいとこ」「みいとこ」のほか、「よいとこ（四従兄弟姉妹。高祖父母の兄弟姉妹の玄孫）」「いついとこ（五従兄弟姉妹。高祖父母の祖父母が同じ）」「むいとこ（六従兄弟姉妹。高祖父母の曾祖父母が同じ）」などすべてひっくるめたものを、「イトコ」と表記する〕。

民族誌学者のローナ・マーシャルは、ジュホアンシ族の婚姻規範について報告する中で、近親相姦に対する生得的な嫌悪感が、近親相姦のタブーによってどれほど拡大されているかを明らかにしている。ジュホアンシ族の人々は、健康上のリスクについての知識はないにもかかわらず、親やきょうだいとのセックスは、想像するだけで吐き気を催すほど恐ろしく、危険なことだと感じていた。実際、話題にするのを拒むほど恐れている女性たちもいた。イトコとのセックスについて尋ねられたジュホアンシ族の人々は、そこまで強い情動反応を示さなかったが、イトコとのセックスはきょうだいとのセックス「のようなもの」だろうと考えており、きょうだいとの近親相姦を想像したときの嫌悪感をもとにして、イトコとのセックスを想像したときの不快感を語った。

これから見ていくように、あらゆる種類のイトコとの結婚を幅広く禁ずることは、農耕社会では比較的稀だが、不思議なことに、中世初期のヨーロッパでは再びそれが出現し、その後、長期にわたって重大な影響を及ぼすことになる。[27]

ヒトの親族利他、つがい形成、近親相姦忌避の本能が、心理的な錨の役割を果たしているのだと考えれば、婚姻や家族がとうの昔から、人類社会の最も根強い制度であり続けてきた理由を説明しやすい。これまで述べてきたような本能に根ざした制度を、**親族ベース制度**と呼ぶことにする。しかし注目すべき点として、こうした制度には、非親族との永続的なつながりや人間関係を培う規範も含まれている。ちなみに、婚姻規範が、ヒトのつがい形成や近親交配忌避の本能を軸にして出来上がっているのと同じように、こうした規範もたいてい、ヒトにもともと備わっている心理の別の諸側面を利用している。その恰好の例が共同体儀式である。

共同体儀式

トランス状態になって踊るジュホアンシ族の様子を描いた民族誌学者のミーガン・ビーゼルは、次のように述べている。「このダンスはおそらく、ブッシュマン［ジュホアンシ族］社会の結束力の要となるもので、私たちの理解の及ばないほど深いところで人と人を結びつけているのだろう[28]」。このような心理に強く働きかける共同体儀式は、個人間の永続的な絆を形成し、それまでの人間関係を修復し、集団の結束力を強化するものであり、ほとんどの小規模社会で記録されてきた。

このような民族誌学の鋭い洞察に刺激を受けた心理学者たちが、儀式を系統的に主要素に分解するという作業を始めている。それによると、儀式とは、ヒトの心理プログラムの欠陥《バグ》を、巧妙かつ多様な方法で利用する「マインドハック（書き換えプログラム）」の集合体と考えることができる。共同体儀式に共通して認められる、極めて効果的な構成要素のうちの三つ、同期性、目的志向の共同行動、リズミカルな音楽について検討しよう。

同期性は、ヒトにもともと備わっている、動作の表象システムとメンタライジング能力の両方を利用しているようだ。他者と歩調を合わせるときには、自分の動作を表象するのに用いられる神経学的メカニズムと、他者の動作の表象に用いられるメカニズムとが、脳の中で重なり合ってしまう。これは、他者の動きをまねて次の動きを予測しやすくするために、自分の身体の表象システムが使われることによる神経学的副産物――つまり、ちょっとした欠陥である。動作の表象がぴったり一致することによって、自己と他者の区別が曖昧になり、その結果、他者を自己とよく似た存在として、場合によっては、自己の延長とさえ知覚するようになる。進化論的な理由から、このような錯覚が人々をより近くへと引き寄せて、相互に依存し合っているような感情を生み出すのである[29]。

同期性は、ヒトのメンタライジング能力も利用している。私たち人間は、自分の動作をまねる人を無意識に追い、そうした行動（ミミクリー）を、自分に好意を抱き関わりたがっていることを知る手がかりにしているが、これを巧みに利用するのだ。なぜなら、ミミクリーが他者の思考や感情を推察するのを助けるツールの一つだからである。つまり、誰かが顔をしかめたら、反射的にちょっと顔をしかめることで、その人の感情を直感的に理解しやすくなる。みんなで揃って踊ったり、行進したりしているとき、頭の中の追跡システムは偽のミミクリー情報で溢れ、誰もが自分に好意を抱き、自分と交流したがっていると感じるようになる。私たちはたいてい、こうした親和的な合図を好意的に受け止めるし、同期行動は参加者全員に同じような感情を抱かせるので、そこから優れたフィードバック・ループが現れる可能性がある[30]。

儀式は、同期性に加えて、神聖な儀式を遂行するという共通目標に向かって人々をまとめることによっても、人間関係を培い、協力の質を高め、個人間の信頼を強めている。子どもと成人の両方についての研究から、共通の目標に向かって共に作業することは、集団の結束を深め、個人間のつながりを強めることが確認されている。

同期性や共同行動を補うものとしてのリズミカルな音楽は、心理に働きかける儀式の力を三通りの方法で強めている。まず第一に、実際面で、リズミカルな音楽は、少なくともリズムに合わせている個々人が、身体の動きを同期させるのに効果的な仕掛けとなる。第二に、音楽を共に演奏することが、集団にとっての共通目標にもなる。そして第三に、音楽は、二つ目の感覚——動作に加えて音響——を通して作用することで、気分に影響を及ぼし、儀式の高揚感をもたらす[31]。

以上のような儀式の諸要素についての系統的な実験研究は、決して十分とは言えないままだが、すでに報告されている研究成果からするとどうやら、これら三つの要素が相乗効果をもたらしているらしい。つまり、リズミカルな音楽に合わせて、整然と秩序正しく、共通の目標に取り組むことによって、個々の要素の効果を単に足し合わせた場合よりもいっそう、連帯感や協力への意欲が強められるのである。この「組織化された共同作業の効果」は、後ほど取り上げる、ヒトの**相互依存心理**を利用している可能性が高い。

このような心理学的研究からの知見は、人類学者たちの観察とも一致している。トランス状態で踊るジュホアンシ族の様子を描いたミーガン・ビーゼルの記述（前述）にさらに厚みを持たせるように、ローナ・マーシャルが、こうしたダンスを伴う共同体儀式の効果について詳しく述べている。

> 人々は、邪悪な外力を撥《は》ね除けようとして団結し、社会的なレベルで一体化している。……関係がどうであれ、心情がどうであれ、好いていようが嫌っていようが、仲が良かろうが悪かろうが、全員が一つになって歌い、手を叩き、足並みそろえて進んでいく。音楽に合わせて手を叩き、足を踏み鳴らす音が完璧に一致してあたりに響きわたる。[32]

ジュホアンシ族のダンスは明らかに、悪霊を払い除けようとする共同行動であるが、その副次効果として、社会的な傷や怨恨が癒される。[33]

同期性、リズミカルな音楽、目的志向の共同行動がすべて作用し合う儀式には、参加者たちに共同体意識を浸透させ、連帯や相互依存の感覚を高める力がある。しかし、これらは、心理に働きかける儀式の構成要素のほんの一部でしかない。この後の章では、儀式がヒトの心理の諸側面を巧みに利用して操作する、また別の方法を見ていく。そうすれば、文化進化がなぜ、ヒト社会をまとめる基本ツールの一つとして、儀式を利用してきたのかがわかるだろう。[34] 多くのこうした「マインドハック」と同様に、ヒトの心理の欠陥《バグ》が社会技術《ソーシャルテクノロジー》に利用されているのである。

ちなみに、近親相姦のタブー、イトコ婚、共同体儀式といった事柄はどれも奇妙に思えるかもしれないが、実際には風変わりでも何でもない。こうした風習はどれもみな、多くの、あるいはほとんどのヒト社会ではごく普通のことであって、奇妙（ＷＥＩＲＤ）なのは、あなたのほうなのである。そのことを心に留めておいてほしい。

集団間競争、そして共進化を遂げた社会心理

移動型狩猟採集社会の制度の一部を垣間見てもらったにすぎないが、それでも、こうした制度が、人類の進化史の大半を占めていた予測不能な厳しい環境下で生き延びるために、驚くほどうまくデザインされていることがわかったのではないだろうか。たとえば、ジュホアンシ族の親たちは、近親相姦のタブーゆえに、わが子を遠縁の親族と結婚させざるを得ないが、そのおかげで社会的ネットワークが劇的に広がっていく。遠方とのつながりがあると、干魃《かんばつ》、洪水、負傷、襲撃、その他の災難に見舞われたときに、安全な避難場所を提供してもらうことができる。同様に、食のタブーによって、獲物の肉の広範な分配が促され、不猟が続いたときの脅威が軽減される。共同体儀式は、バンド内にも、バンド間にも社会的調和をもたらす。このような諸制度が、多様なセーフティネットを形成し、新たな取引の機会を開くとともに、同盟を強固なものにしていくのである。

それにしても、自分が仕留めた獲物の肉を分配したり、魅力的なイトコとの結婚を断念したりといった、個人に犠牲を強いることになる制度を、集団はいかにして発展させていったのだろうか？　人々がこうした制度を考案したという証拠もなければ、人々がその意味を理解してやっているという証拠もない。たとえば、近親相姦のタブーについて尋ねられたときに、「遠方の家族同士を結びつける広大なネットワークの形成を促すことによって、一種の社会保険の仕組みを作り出しているのだ」などと答えるジュホアンシ族は一人もいない。これから見ていくとわかるように、どんな地域でもだいたいそうなのだ。自らの社会の合理的な制度設計にとてつもない自信をもっているWEIRDな人々でさえ、どうしてその制度が実際にうまく機能するのかは、ほとんどわかっていない。

もちろん、すべての規範が利益をもたらすとは限らない。集団が、単に気まぐれな規範や、年寄

りなどの有力な成員に都合のよい規範をつくってしまう例は枚挙にいとまがない。それどころか、個人にとっても共同体にとっても害にしかならない、生存や繁殖に不利な規範をつくってしまうことさえある。

しかし、異なる規範をもつ集団同士が競うときに、社会規範の真価が問われることになる。そしてたいていの場合、他集団との競争で有利になる規範が生き残り、広まっていく。そのような集団間競争は、さまざまな形で起こる可能性がある。バックリーが体験したような暴力抗争を通じても起こるし、弱小集団が有力集団の習慣や信念をまねる場合にも起こる。また、繁栄している集団が、出生率の高さ、死亡率の低さ、移住者数の格差によって急速に成長する場合にも起こる。こうしたさまざまなタイプの集団間競争が、集団を利する規範に有利に作用し、それ以外の文化進化の気まぐれの産物を制していくのである。さらに、こうした集団間プロセスによって徐々に、さまざまな社会規範の統合や結合が起こり、結果として、協力行動を促すのにいっそう効果的な制度が出来上がり、広まっていく。

この種の競争が、過去一万二〇〇〇年にわたって、ヒト集団の規模拡大を促してきたのは言うまでもないが、競争の重要性は、人類の進化史をずっとさかのぼり、農耕開始以前にまで及ぶ可能性がある。このような太古の競争の性質や程度についての豊富な知見が、民族誌学で知られる歴史上の狩猟採集民の分析から得られている。北極からオーストラリアにいたるまでどこを調べても、狩猟採集民の集団は互いに競い合っており、制度と技術の最適な組み合わせをもつ集団が分布域を拡大し、文化パッケージの貧弱な集団をしだいに駆逐あるいは吸収していった。たとえば、西暦一〇〇〇年頃、影響力の強い儀式や広範な食物分配の規範など、新たな一連の協力制度を備えたイヌイット・イヌピアック語の話者集団が、アラスカの北極海沿岸地域からカナダ北極圏全域に勢力を拡大していった。それから数百年のうちに、この地で何千年も前から暮らしてきた狩猟民の散在する村々はなくなり、しだいにこの集団に取って代わられていった[35]。

このような詳しい事例を、旧石器時代人に関する遺伝学や人類学の研究成果と組み合わせたときに浮かび上がってくるのは、農耕開始前の人類の祖先たちが決して、暴力抗争を含めた集団間競争と無縁ではなかったということだ。こうした集団間競争こそが、最近の数千年間ずっとそうだったように、彼らの社会の制度の根本を形成していったに違いない。だとすれば、人類の進化史を通じてほぼずっと、ヒトが遺伝的適応を余儀なくされてきた社会環境は、このような太古の集団間競争に勝ち残った諸制度によって文化的に構築されたものであるはずだ[36]。

ここで、この文化-遺伝子共進化のプロセスによって形成されてきたと思われる、ヒトの心理の三つの特徴について簡単に述べておこう。まず一つ目。規範を破ると悪評を立てられたり制裁を受けたりするので、社会ルールがあることをすばやく認識し、そうしたルールの詳細を正確に推測し、他者がそれを遵守しているかどうかをすぐに判断し、さらに、その土地の規範を、社会的世界を渡っていくための簡便なヒューリスティックとして、少なくとも部分的に内面化していく心理が自然選択において有利になったはずだ。これらが強い選択圧として作用した可能性が高い。人類学的研究で知られている狩猟採集社会では、規範を破った者は、腕利きの狩猟パートナーや、子宝に恵まれる結婚相手、そして重要な同盟相手を失うはめになった。それでも懲りずに規範を破ると、制裁は厳しさを増し、村八分にされたり、鞭打ち刑を受けたり、場合によっては死刑に処されることもあった。たとえば、ワタウルン族の間では、夫と死別した寡婦が夫の兄弟との結婚（「レビレート婚」）を拒んだ場合、その女性は殺されてしまうとバックリーは記している[37]。

文化－遺伝子共進化によって形成された、ヒトの社会心理の特徴の二つ目は、社会規範によって集団内の個人同士の間に相互依存の網の目が張り巡らされていく中で生じた、相互依存の心理である。集団間競争に駆り立てられるようにして、諸々の規範が社会のセーフティネットを形成し、広範な食物分配を強いるとともに、共同体防衛を促していく中で、ヒトは他者との相互依存に関心を向けるようになっていった。

一体どのようにして相互依存が作り出されるのか、先に述べた食物分配について考えてみよう。ハンター五人とその配偶者、そして各夫婦に子どもが二人ずついる、合わせて二〇人の小規模なバンドで暮らしているところを想像してほしい。狩りは容易ではないので、ハンターが獲物を仕留められるのは、すべての日の五％にすぎない。その仮定で計算していくと、それぞれの核家族は、平均して五か月のうち丸一か月は、肉を食べられずに暮らすことになる。しかし、もし獲物を分け合えば、バンド内の家族が肉なしで一か月間暮らすことはほとんどなくなる（月の〇・〇五％未満）。

興味深いことに、獲物を分配するようになると、あなたとその家族の生存は、私に——私の健康や生存に——多少なりとも左右されるようになる。私が死んでしまうと、あなたとその家族が肉なしで一か月間暮らす確率は、四倍に増すことになる。さらに悪いことに、私が欠けることで、他のハンターやその配偶者が遠からず——栄養不足から病気になるなどして——死亡する確率が高まる。ハンターがもう一人死亡したり、妻を亡くしてバンドを離れたりすれば、あなたが肉なしで一か月間暮らす確率は、最初の状態の二二倍になり、誰か他の人が病気になったり死亡したりする確率はますます高くなる。

進化論的観点から見るならば、食物分配のような社会規範が形成されてくると、個体としての適応度――生存および繁殖の能力――が、バンドの他の全員の適応度と密接に関連するようになるのだ。さらに、互いの利益に直接には寄与していないバンドメンバーも、無関係ではなくなってくる。たとえば、病気のときには、配偶者の看病のおかげで元気を取り戻すあなたが、自分の仕留めた獲物を私や子どもたちに分けてくれるとしたら、私はあなたの配偶者の状態をも気づかう必要がある。同様のことが、共同防衛に関する規範など、他の多くの規範にも当てはまる。実際、集団間の暴力抗争がもたらす脅威こそ、相互依存が最も重要な意味をもつ領域かもしれない。全般的に見て、食物分配や共同防衛のような、協力規範によって統制される領域の数が多くなればなるほど、集団の成員間における、適応度の相互依存の度合いが高まっていく。

その結果、社会規範の力によって、各個人の健康や生存が、他のほぼすべての成員に依存している共同体が作られていく。心理面について言えば、他者との相互依存関係を評価し、その評価に基づいて、何かに帰属したり、個人的関心を向けたり、他者を支援したりするように、自然選択はヒトの心を形成してきた。相互依存関係の心理的なきっかけとなるのはおそらく、一緒に食事する、社会的絆を結ぶ、共同事業で協力する、苦しい出来事を共に体験するといったことだろう。相互依存関係の評価は、死ぬまでずっと行なわれるが、こうした心理的きっかけの多くが最も強力な効果を発揮するのは、小児期、思春期、青年期に一生涯続く社会的ネットワークを築くときである。すでに見てきており、この後も見ていくが、文化進化は、ヒトの相互依存心理の諸側面を刺激して、巧みに操り、さらに拡大するために、儀式、婚姻制度、経済交流、その他の制度を作り上げてきた。[38]

もっと大きなスケールで見ると、文化進化は、人々の相互依存ネットワークにとどまらず、モザイクのごとく多種多様な共同体をも作り出し、部族意識が有利に働く選択圧を生み出した。ヒトには他者から学ぶ能力があるので、文化進化によって、必ずと言っていいほど民族言語集団が生まれる。このような民族言語集団の特徴は、交換、育児、親族関係、協力行動などを統制する一連の社会規範が根底で成員間の相互作用を促しているだけでなく、言語、方言、服装のような、容易に識別できる一群の目印(「エスニックマーカー」)を備えていることだ。

このような多種多様な集団がひしめく世間を個人が巧みに渡っていかれるように、自然選択はこれまでずっと、ヒトの一連の知的能力と動機に対して有利に作用してきた。その能力および動機とは、自分とは異なるエスニックマーカーや規範をもつ多様な部族共同体の情報を獲得して利用すると同時に、自分と同じエスニックマーカーをもつ相手を選んで交流し学習する能力、およびそうしようとする動機である。

長期的に見ると、こうした学習様式や交流様式がしばしば婚姻規範に影響を及ぼし、やがて、他の部族や民族集団の人々——つまり、方言、服装、その他の習慣が異なる人々——との結婚が禁止されるようになっていく。こうした婚姻規範によって、類似の制度と共通のアイデンティティ概念を軸に据えた、はっきりと識別される部族、民族集団、カーストが形成されていくのである。[39]

心の中へと向かう道筋

この後の章では、親族関係、商業市場、任意団体に関連する諸制度が、いかにして、WEIRD心理と経済的繁栄の両方をもたらす、重要な心理的変化を引き起こしたのかを明らかにしていく。

こうしたことすべてが、なぜ、どのようにして起きたのかを解明する鍵は、ヒトの心理がどのように制度を形成し、制度がどのようにヒトの心理を形成するかを詳しく探ることにある。ここまでは、近親相姦のタブーなど、婚姻や親族関係について検討することによって、ヒトにもともと備わっている心理の諸側面が、こうした最も基本的な制度にどのように影響を及ぼすかを明らかにしてきた。今度は、因果の矢の方向をさかさまにして、制度側がヒトの脳、心理、行動を形成していく道筋を三つ挙げてみたい。

①**偶発的効果**　これは、その時々の制度状況が、いわばその場その場で、ヒトの知覚、判断、感情を形成していく即効型の方法。場の状況を解釈し、反応を修正するために脳が用いる手がかりを変えることによって起こる。こうした手がかりは、人々の心理に永続的変化をもたらすことなく、その行動を瞬間的に変化させる。たとえば、後述するように、「神様は見ている」という無意識の暗示によって、信者たちはよそ者に対し、より公正で協力的な態度をとるようになる。

②**文化的学習と直接体験**　制度が生み出すインセンティブ（誘因）に反応するなかで、ヒトは、持ち前の文化習得能力を用いて、他者から動機づけ、ヒューリスティック、メンタルモデル、注意の向け方を習得する。たとえば、前述のとおり、文化的学習には、ヒトの脳を変化させて、現金の受け取りをいとわずに待てるようにする――つまり忍耐力を高める――力がある。もちろん、規範を破って罰せられたり、読書のような文化的に重視される領域で褒められたりするなど、自らの直接体験を通じて学習する場合もある。

③発育期の影響

ヒトの脳の発達の大部分は、思春期や学童期、さらにはもっと早い時期に起こるので、子ども時代の生活体験を形作る社会規範は、ヒトの心理にとりわけ大きな影響力をもっているようだ。たとえば、ヒトは、五歳になる前に経験したストレスやその他の環境要因に基づいて、生理、心理、動機の諸側面に永続的修正を加えるように進化したらしいことが徐々に明らかになっている。成人後も、こうした幼少期の修正の影響が、自制心、リスク受容、ストレス反応、規範の内面化、そして人間関係にまで及ぶ可能性がある。文化進化は、ヒトの幼少期の生活を形作ることによって、その脳、ホルモン、意思決定、さらには寿命までも操ることができるのである(40)。

こうしたヒトの心理に直接働きかける道筋以外にも、文化進化は、ヒトが制度的世界にうまく適応できるように助ける方法をいろいろと用意している。文化によって構築された世界で将来成功しやすいように心身を磨き上げる習慣や「訓練法」を、たいていゲーム、物語、儀式、スポーツ、しつけといった形で揃えているのだ。たとえば、就寝前の読み聞かせは、WEIRDな社会の学校でも、職場でも――文化的に規定された――成功を手にしやすいように、子どもが自らの脳を鍛えるのを助ける文化的習慣なのかもしれない。

こうした道筋について考える際に忘れてならないのは、集団間競争や文化進化は、ヒトの心に作用する心理‐制度パッケージ全体に影響を及ぼすということだ。たとえば、強力な食物分配規範があると、学童期や乳幼児期に深刻な食料不足を経験する人々が減り、そのおかげで、こうしたショックが引き起こす長期的な心理変化を避けることができるかもしれない。つまり、社会規範が生まれて、社会的セーフティネットがうまく機能するようになると、一生涯影響を引きずるような栄養不足を経験する子どもの割合が低下して、衝動性が抑えられ、自制心が養われ、ストレス反応を起こしにくくなる。共同体レベルで見た場合、こうして生じた心理変化が、銀行取引や金融取引のような、ある種の制度の機能を向上させる可能性がある。というわけで、個々人の成長過程を通して集団の心理が形作られることが一因となって、普及していく制度もあると思われる[41]。

心理と制度の共進化のデュエットの最も重要な影響はおそらく、このような心理的変化によって、新たに出現し、普及していく規範、観念、習慣、信念の種類に変化が生じるという点にあると思われる。ある心理特性をもつ集団に撥ねつけられた規範や信念が、異なる文化心理をもつ集団には受け入れられ、大いに好まれることもある。これから見ていくように、個人に「権利」を授け、その権利に基づいて法律を定めるという考え方は、どんな世界でも通用するわけではない。それが通用するのは、人間をまず独立した主体と捉え、物や人に特性、傾向性、本質を割り当てることによって問題を解決しようとする、分析的思考の人々の世界だけに限られる。もし、こうした法律の考え方を当然のように思うのであれば、あなたは間違いなくWEIRDである。

制度の変化と心理の適応

ヒトの心理や、政治、経済、歴史のパターンを説明しようとする取り組みはすべて、ヒトの本性に関する何らかの前提に立っている。大多数の学術論文は、「人間は合理的で利己的な主体」であるという考え方か、「どす黒い文化の力によって命令が書き込まれるのを待っているまっさらな石板《ブランク・スレート》」であるという考え方のいずれかを前提にしている。進化と心理に真っ向から取り組むアプローチでさえ、ほとんどが今もなお、全人類にそれほど大きな心的差異はないとする「心性単一性」仮説の立場をとっている。そうしたアプローチは、個人や社会についてのＷＥＩＲＤな通俗モデルに根ざしているので、たいてい、その前提がひそかに入り込んでいるのだが、明記されることも、気づかれることもない。

しかし、私が本章で概説した、ヒトの本性の主要な側面のいくつかは、後の章で大きな意味をもつことになる。(42) 助走路へと向かうに当たって、念頭に置くべき最重要ポイントは次の三点である。

①ヒトは文化的な動物である。ヒトの脳や心理は、他者の心や行動から情報を集めてきて、それを蓄積し、整理するための特別仕様になっている。ヒトの文化習得能力は、その頭脳をじかにプログラムし直し、選好を再調整し、知覚を適応的に変化させる。後述するように、文化は、ヒトの生理にもぐり込んで、脳、ホルモン、行動を変化させるさまざまな仕掛けを編み出してきた。

②文化進化によって、社会規範がまとめられ、制度ができあがる。規範の習得に長けているヒトは、どんな社会規範でも幅広く習得することができる。しかし、最も習得されやすく、内面化されやすいのは、自然選択によって獲得されたヒトの心理の諸側面を巧みに利用する規範である。ヒトにもともと備わっている心理として、親族利他本能、近親相姦嫌悪、つがい形成、相互依存、部族への帰属意識に関するものをいくつか取り上げた。

③制度というものは、魚にとっての水のごとく、その中で活動している者にはよくわからないのが常である。文化進化は概して、ゆっくりと、巧妙に、しかも意識に上らないところで作

用するので、人々は自分たちの制度がどうしてうまく機能するのかを、ほとんど理解しておらず、そもそも何かを「やっている」ことにさえ気づいていない。人々が自分たちの制度についてて構築する明示的な理論は、たいてい後付けであり、しかも往々にして間違っている。

第3章　氏族、国家、そして、ここからそこに到達できないわけ

もし、西洋の哲学者たちがマチゲンガ族の中で暮らしていたら……人間は社会的動物であるという考えを根底から疑ってかかったことだろう。

——アンドレス・フェレロ神父（一九六六年）
ペルーのアマゾン川流域に暮らすマチゲンガ族に仕えたカトリック宣教師[1]

ＷＥＩＲＤな心理や現代社会へとつながる、曲がりくねった文化進化の道筋を理解するためには、まず、過去一万二〇〇〇年間にわたって、より大規模な協力関係、より強力な政治統合、より広範な資源交換ネットワークの出現を促してきた、もっと一般的なプロセスを詳しく探る必要がある。農耕と牧畜、つまり「食料生産」の開始以降、人類はどのようにして、旧石器時代の狩猟採集民の比較的平等で流動的なネットワークから、現代世界に見られるような巨大な社会へと、社会のスケールアップを図ってきたのだろうか？

これから見ていくように、その基礎をなすプロセスは、前章で略述したものと本質的に同じであり、食料生産が発達してくるまでの一万年ないし一〇万年の間、そのプロセスが作用していた可能

性が高い。旧石器時代の社会の中には、急激な気候変動にさらされて崩壊するまでの数百年かそこらの間、こうしたプロセスによって、その規模や複雑度を増大させていった社会もあったことだろう。決定的に大きな違いは、食料生産の出現により、集団間競争が文化進化に及ぼす影響が変化したり、強まったりしたこと、そしてそれが人類の制度や心理を形成していったことだ。

スケールアップに向けて社会がたどる典型的な道筋を明らかにすることによって、古代末期から中世初期にかけて、あるヨーロッパの集団がこうした通常の道筋を外れて、全く新たな道筋――人類史上それまではたどり得なかった道筋――を取るはめになった理由や経緯を示すためのお膳立てをしようと思う。

農耕が始まると、どの社会もすべて、家族の縁、儀式の絆、そして永続的な人間関係に根ざした制度の上に築かれるようになった。しかし新たな形の制度が現れても、それまでの制度に尾ひれをつけたり、それを拡大あるいは補強したりするにとどまり、常にこのような古来受け継がれてきた土台の上に築かれていた。つまり、社会の規模が拡大し始めても、家族、婚姻、儀式、人間関係に関する社会規範――親族ベース制度――がさらに複雑になり、強化されていくだけだった。

その後、純然たる親族ベース制度では、それ以上の社会の規模拡大には対応できなくなり、それを補足するような非親族ベースの制度が発達していった。しかし、極めて重要なことなのだが、このような非親族ベース制度は常に、親族ベース制度の深い礎の上に築かれていた。こうした親族によらない非人格的制度を新たに作るときに、どうしても古来の親族ベース制度を捨て去ることができなかったがために、強い**経路依存性**と呼ばれるものが生まれることになる。つまり、新たな制度は常に、それ以前の制度を土台にしており、その古い制度は、霊長類にもともと備わっている心理を錨がわりにしているとすれば、こうした新たな制度が編み出される道筋の数は限られてくるわけだ。[2]

イラヒタはいかにして大きくなったか

二〇世紀の半ばに、ニューギニア奥地のセピック地方で調査を行なっていた人類学者たちは、村々の人口がおよそ三〇〇人を超えることはめったになく、そのうちの約八〇人が男性であることに気づいた。三〇〇人は、いくつかの父系氏族に分かれていた。共同体がこのサイズを超えると、どうしてもほころびが生じ始め、結局、氏族の血統に沿って社会的亀裂が生じてしまう。大きな村が、反目し合う小村に分裂し、なるべく衝突を避けるためにお互いを遠ざけるようになった。このような紛争の火種はたいてい、婚姻、姦通、あるいは妖術が招いた死についての主張の食い違いだったが、それがきっかけとなって不平不満の山に火がつくこともしばしばだった。[3]

戦争や襲撃によって常に死の脅威にさらされていながら、こうした共同体が比較的小さな規模にとどまっているというのは、どうも理解しがたい。どの村も、武器や戦術にはほとんど差がなかったので、人数の差が勝敗を分ける決め手となった。共同体の規模が大きいほうが安全だし安心だったので、人々は「何とかして」規模を拡大しようと必死だった。にもかかわらず、協力体制の規模には、目に見えない天井があるようだった。[4]

「三〇〇人ルール」には際立った例外が一つあった。イラヒタというアラペシュ族の共同体が三九の氏族を統合し、二五〇〇人を超える集団を維持していたのだ。イラヒタの存在によってもはや、生態学的・経済的制約だけを根拠に三〇〇人ルールを説明することはできなくなった。なぜなら、イラヒタの環境や技術は、周囲の共同体の環境や技術と何ら違いがなかったからである。他の村々と同じく、村人たちは、石器や掘り棒を使ってヤムイモ、タロイモ、サゴ（デンプンを含むヤシの茎の蕊《ずい》）を栽培し、網を使ってブタ、ワラビー、ヒクイドリを狩っていた[5]。

一九六〇年代後半に、人類学者のドナルド・トゥジンが調査を開始した。彼が立てた問いは単純だった。どうしてイラヒタは規模を拡大できたのか？　他の共同体がことごとく分裂していくなかで、なぜこの共同体は分裂しなかったのか？

トゥジンの詳細な調査によって、イラヒタだけがもつ、儀式や神に関する社会規範や信念のパッケージが、氏族間に情緒的な架け橋を築いて、村内の調和を育み、村全体の結束力を強めていった経緯が明らかになった。この文化パッケージが、イラヒタの諸氏族や小村を、大規模な協力行動や共同体防衛のできる統合体へとまとめ上げたのだ。イラヒタの一連の社会規範の中核をなしていたのが、タンバランと呼ばれるカルト〔儀礼的要素の強い規範や政治信条の集合体〕のイラヒタ版だった。セピック地方のいくつかの集団は、数世代前からタンバランを採り入れてきたが、これから見ていくように、イラヒタ版は実に独特だった。

この地方のほとんどの共同体と同様に、イラヒタも、通常いくつかの血統からなる、複数の父系氏族で構成されていた。氏族の成員たちは、父親を通じて、祖先神から自身へと系譜がつながっていると考えていた。それぞれの氏族は土地を共同で所有し、互いの行動について責任を共有していた。婚姻は、父親や兄が、幼い娘や妹の結婚を取り決めるのが普通で、結婚後は、妻が夫の暮らす小村に移った（父方居住制）。男性は複数の女性と結婚できたので、年嵩《としかさ》の男性や名声ある男性はたいてい、妻がいてもさらに若い妻を娶《めと》った(6)。

ただし、イラヒタの諸氏族や小村は、セピック地方の他の共同体とは違い、八対の儀式グループからなる複雑な編成によって横割りにされていた。タンバランの一環として、これらのグループが、日常生活全般に加えて、すべての儀式を取り仕切った。最上層の対によって、村は二つに分けられていた。それを儀式グループA、Bと呼ぶことにする。グループAとBは、それぞれがさらに二つに分けられていた。それを1、2と呼ぶことにする。極めて重要なことなのだが、この第二層の区分は、第一層の儀式グループを横割りにするものだったので、この時点で、下位グループA_1、B_1、A_2、B_2ができる。ちなみに、A_2の人々はB_2の人々とつながりがある。どちらも同じ下位グループ2に属しているからだ。しかも、ある場合には儀式を共に遂行せねばならない、と社会規範で定められていた。それぞれの下位グループはさらに、それを横割りにする二つの下位グループに分けられており、このような編成が、さらに五階層続いた。

これらの儀式グループはさまざまな相互責任を負っており、その結果、村全体に相互義務のネットワークが張り巡らされることになった。たとえば、どの世帯もブタを飼育していたが、自分の家のブタを食べるのは穢《けが》らわしいこととされていた。人々は、自分の家のブタを食べるのは、我が子を食べるようなものだと感じていた。ではどうするかと言うと、ある儀式グループ（たとえばグループA）がその対をなすグループ（グループB）にブタを贈呈するのだ。こうすることによって、ブタの飼育のような単純な活動にも神聖な意味が込められると同時に、集団全体の経済的相互依存関係がいっそう深まることになった。

共同体儀式では、儀式グループが、その対をなす儀式グループの男性たちの通過儀礼を交互に執り行なった。イラヒタの男性は、五種類のイニシエーションの儀式を通過せねばならなかった。それらを乗り越えれば、少年は一人前の男になり、結婚する資格を与えられ、儀式に関する秘密の知識を共有し、政治的な力を獲得することができる。しかし、聖なる信念の求めにより、対をなす儀式グループがこうした儀式が執り行なうことが義務づけられていた。したがって、尊敬される男になり、儀式（および政治）の階層を上るためには、どの男性もみな、イラヒタの別の氏族の力を借りる必要があった。

こうした儀式遂行の義務と並んで、タンバランの規範は、村全体が大規模な共同体事業で力を合わせることも求めていた。村の中のどんな建物よりもはるかに大きい、図3・1に示した魂の家の建造は、そのような事業の一つだった。

儀式についての多くの心理学的研究とも一致するが、トゥジンの民族誌的調査は、このような相互義務や共同事業が、個人間の、さらには――この文脈で最も重要な――氏族間や小村間の情緒的な絆を形成したことを示唆している。この効果のほとんどはおそらく、ヒトに備わっている相互依存心理を引き出すことで得られているのだろう。興味深いことに、これは、現代社会に見られるような、大々的な経済交流なくしては誰一人生きられない「真の」相互依存ではない。一種の文化的に構築された相互依存である。セピック地方の他の共同体と同様に、氏族ごとにヤムイモを栽培し、ブタを飼育し、独自に通過儀礼を執り行ない、経済的に独立してやっていくこともできただろう。しかし、イラヒタのタンバランの神々はそのような活動を禁じ、こうした一種の「人工的」相互依存を課したのである。(7)

イラヒタのタンバランは、心理に強く訴える共同体儀式も採り入れた。共に音楽を演奏し、同期

図 3.1　タンバランの魂の家の前で行なわれる儀式の一環としての踊り。これは「ングワル・ブナフネイ」という儀式。槍を携えている女性たちもいる。後ろ向きに踊っているのは、秘伝を授けられた男たちの妻たちで、貝殻のリングを掲げながら、夫たち（踊りの輪の左側にいる）の優れた魔力を讃えている。ダンスのリズムに合わせてジャラジャラと鳴る、貝殻の詰まった袋を背中に下げている女性たちもいる (8)。

をとって踊ることに加えて、タンバランの神々は、人類学者たちが**恐怖の儀式**と呼ぶものを要求したのだ。通常、思春期の少年たちに実施されるこうした儀式では、参加者たちに肉体的苦痛を与え、隔離された場所で欠乏に耐えることを強い、さらに、暗闇から不気味な音と共に仮面を被った者が現れるなど、恐怖の体験をさせた。

これに関してもやはり、新たに得られた心理学的証拠が、これまでの人類学的な直感を裏づけている。共に恐怖を体験することによって、生涯にわたり参加者同士を結びつける強烈な記憶と深い情緒的な絆が形成されるのである。これは、一緒に戦闘を体験した者同士の間に生まれる強い結びつき、「バンド・オブ・ブラザース（兄弟の絆）」と同じ現象だ。しかし、この制度化された形態では、こうした儀式が、別々の氏族や小村の若者たちを一つにまとめ、互いに結びつける心理的効果を引き起こし——それによって、新たな世代ごとに、永続的な個人間の絆を形成している。[9]

恐怖の儀式は、世界中の小規模社会でそれぞれ独立に進化を遂げてきたが、イラヒタは、五段階からなる、とりわけ強烈な通過儀礼パッケージを備えていた。一連の儀式は、五歳頃から始まった。母親に連れてこられた後、少年たちは、陰嚢にニセホウレンソウ［イラクサ属の刺毛の多い草］をこすりつけられて、女人禁制の特別な世界に導き入れられる。そして、この特別な儀式のことは一切、女性に明かしてはならない、それに背いた者は死刑だと告げられた。九歳頃に行なわれる二番目の儀式では、その最後に、竹のかみそりで陰茎包皮に切り込みを入れられた。思春期に入ると、参加者たちは何か月にもわたって秘密の村に隔離され、何種類かの美味なる物を食べることを禁じられた。最上級の儀式で参加者たちに課せられたのは、タンバランの神々に「食べていただく」ために、敵の共同体の男を捕らえて殺すことだった。こうした感情に強く働きかける儀式によって、イラヒ

タの諸氏族や小村を一つにまとめる仲間意識が、さらに刺激されたのである。(10)

この社会および儀式体系には、超自然的なものに対する一連の強い信念が浸透していた。祖先神は個々の氏族だけを取り仕切る神だったが、タンバランの神々はそれらとは違って、共同体全体を統轄する神——村レベルの神だった。村人たちはこう信じていた——共同体の繁栄と名声は、タンバランの儀式をしっかりと正しく執り行なってこそもたらされる。なぜなら、そうした儀式に満足なさったタンバランの神々が、その見返りに、調和と安全と成功を村に与えて下さるからだ、と。村の中がぎくしゃくしてくると、長老たちは、儀式をきちんと正しく遂行する努力が足りなかったせいだと考え、神々に満足してもらうために、追加の儀式を要求するのが常だった。長老たちは因果関係を正しく理解していたわけではないが、追加で儀式を行なえばやはり、望まれるような心理的効果——社会の調和を取り戻し、強める効果——が得られたであろう。トゥジンの報告によれば、そのようなさらなる儀式が執り行なわれたときには、実際にこうした効果が生じていた。

タンバランの神々が社会の調和を育んだのは、容赦なく村人を罰すると思われているからこそでもあった。今日の世界宗教に見られるような、強い力で道徳を説く神が、あまねく支持される理由で罰を下すのとは違って、タンバランの神々は、十分に満足のいく儀式が執り行なわれないと人々を罰するのだと信じられていた。このような超自然罰はしかし、村人たちの儀式遂行に励もうとする気持ちを刺激しただろう。それはとても大事なことだった。なぜならば、儀式は、共同体を結びつける上で、社会的にも心理的にも重要な役割を果たしていたからである。

タンバランの神々の超自然罰は、邪術をかけたという嫌疑や、そこから生ずる暴力の連鎖をも抑制した可能性がある。多くの社会と同様に、ニューギニアの人々は、ほとんどの死を偶発的なものとは考えていない。WEIRDな人々ならば、「自然要因」(感染症やヘビ咬傷など)によって死亡したと考えるような場合でも、たいてい、誰かに邪術をかけられて殺されたのだと解釈する。特に、壮年期の誰かが予期せぬ死に見舞われると、たいてい、これは邪術に違いないという疑念が生じ、それがときに、復讐が復讐を呼ぶ氏族間の激しい戦いを巻き起こし、そうした状況が何年も、何世代も続くことがあった。

タンバランがイラヒタにやって来てからは、以前であれば、邪術をかけられたせいだと思ったであろう多くの死の原因を、村人たちはタンバランの神々の怒り——儀式執行の義務を怠ると人々を襲うと信じられている神々の怒り——に帰するようになった。それによって、人々の疑念が、仲間の村人たちから離れて、神々へと向けられるようになった。こうして、この新たな超自然的な信念が、共同体の崩壊へとつながる主要な導火線の一つを取り除いたのである。[11]

以上を総合すると、タンバランというのは、新たな組織規範(儀式グループ)、日常の習慣(ブタの飼育法など)、強力な通過儀礼、超自然罰に関する信念といったものを統合して、社会生活を再構築する複雑な制度だった。このような文化的な諸要素が、ヒトの生得的心理のいくつかの側面を利用して、イラヒタの氏族間の情緒的な絆を強化し、持続させた。そのおかげでイラヒタは、他の村々が崩壊し分裂していくなかにあっても、多数の氏族からなる巨大な共同体を維持することができたのである。

それにしても、イラヒタのタンバランはどこから現れたのだろう?

まだそれがなかったところからスタートしよう。タンバランが、個人や集団によって考案されたものではないことは、トゥジンの調査から明らかだ。トゥジンが長老たちに、共同体を区分け・統合するタンバランの方法がどれほど優れているかを説明すると、長老たちも彼と同じくらい驚いていた。各々の役割、責任、義務についての禁止事項、指示命令、経験則が組み合わさってこの仕組みを作り上げていたが、どう組み合わさっているのかを全体的に理解している者は一人もおらず、全員がただ村の掟に従っているだけだった。ほぼすべての社会に言えることだが、その社会の制度の最も重要な諸要素を、個々人が意識してデザインしているわけではないし、それがどうしてうまく機能するのかを個々人が理解しているわけでもないのである。[12]

むしろ、タンバランは、代々受け継がれていくなかで進化を遂げ、セピック地方の各地に広がるにつれて多様な形に変化していった。そしてたまたま、最もうまく機能したのがイラヒタ版のタンバランだったのだ。トゥジンはさまざまな事実をつなぎ合わせて次のような全体像を描いた。

一九世紀半ば、アベラム族というセピック地方の部族が、急速に勢力を拡大して、領地を強奪し、自分の村を逃れる家族や氏族も出てきた。アベラム族は軍事面で他集団にまさる成功を収めていたので、どこの村からも、彼らはきっと強力な超自然的な力を味方につけられるような新しい儀式を編み出したに違いないと思われていた。

一八七〇年頃、イラヒタの長老たちが、こうした避難民の一部からタンバランについての情報を集めた。イラヒタが、来たるべきアベラム族の猛攻撃に備える方法があるとすれば、それは、アベラム族のタンバランを模倣すること――火をもって火と戦うこと――だとの方針が固まった。避難民たちが語るタンバランについての話をつなぎ合わせて、イラヒタは独自のバージョンを作った。

極めて重要なことなのだが、イラヒタ版タンバランは確かに、アベラム族のタンバランと似たものになったが、再現していく間に意図せずして、いくつかの重要な「コピーエラー」が入り込んだ。

重要なエラーが三つあった。

第一に、儀式グループの編成がイラヒタの氏族構成に「ぴったり合わなかった」がために、偶然にも、横割りと統合の度合いがより大きくなる結果となった。たとえば、イラヒタ方式では、兄弟を別々の儀式グループに配置して、氏族を分割した。それに対して、アベラム版では、兄弟を分けることはせず、氏族全員が一つの儀式グループ内に収められていた。

第二に、ちょっとした勘違いから、よりビッグで強力なタンバランの神々が生まれることになった。タンバランの神々にはそれぞれ名前がある。アベラム族にとって、それらは諸氏族の祖先神の名前であり――したがって、タンバランの神々とは、祖先神のいわば集合体にすぎない。イラヒタでは、各氏族がすでにそれぞれ独自の祖先神を祀《まつ》っていた。アベラム族の神の名前のことなどよく知らないイラヒタの長老たちは、タンバランの神々を諸氏族の神々より上位に置いたため、事実上、それまで何も存在しなかったところに村レベルの神々が生まれることになった。神のサイズを測るというのも変な話だが、このコピーエラーによって、タンバランの神々のサイズは三九倍になった――ただ一つ氏族の頂点に座するのではなく、三九の氏族を統轄する神にまで格上げされたのだから。

第三に、イラヒタの長老たちは、アベラム族の四つの通過儀礼を、アラペシュ族独自の儀式に追加して、通過儀礼を五段階とした。それによって、男性がタンバランの通過儀礼を終える年齢が押し上げられ、その結果、最も有力な長老たちの年齢がアベラム族よりも一〇歳ほど上がり、おそらくはその分、知恵も上回ることになった(13)。

イラヒタはこうして、タンバランに新たな要素を組み込んだことにより、アベラム族の容赦なき進攻を食い止め、自らの領地を広げることができた。その後数十年にわたって、他の村々から避難民が流れ込み、イラヒタはさらに勢力を増していった。移入者たちは、イラヒタの諸氏族と血縁関係や婚姻の絆はないにもかかわらず、タンバランの儀式体系を通して共同体に組み込まれていった。

規模拡大《スケールアップ》

イラヒタの例を見ると、広範な協力体制を維持し、社会の規模を拡大していくことがいかに難しいかがよくわかる。生死に関わる脅威に直面しているときでさえ、セピック地方のほとんどの共同体では、共に暮らし、共に働き、共に戦うことができるのは、男性八〇人ほどが限界だった。それを超えると、殺されたり、捕まったり、土地を追われたりした。さらに、三〇〇人ルールが協力体制の規模の見えざる天井を表していたが、この規模の協力でさえ、すぐ簡単に、努力を要せずにできるものではなかった。戦争や襲撃がそれほどひどくない、セピック地方の別の地域で暮らすアラペシュ族の集団は、人口九〇人未満のもっと小さな村で暮らすことを選んでいた。

以上のようなケースから、協力の規模と強度を増大させる二つの重要なプロセスが垣間見えてくる。①集団間競争、および②異なる社会規範と制度の「適合性」である。集団間競争には、少なくとも次の五つのタイプがあるが、そのうちの三つがセピック地方でも見られる。(14)

①戦争や襲撃　協力行動を促し、集団の結束力を強め、技術、軍事、経済面で有利になるような社会規範や信念や習慣が、集団間抗争を通して広まっていく可能性がある。競争で優位に立てる制度をもつ集団が、競争で不利になる制度をもつ集団を、駆逐、排除、あるいは吸収

していくからである。アベラム族の制度は、このプロセスを通じてセピック地方に広まっていった。[15]

②**移住者数の格差**　人々は機会があれば常に、衰退しかけた物騒な地域を離れて、安全で繁栄している共同体に移り住もうとする。移住者たち、特にその子どもたちは、移住した先の土地の習慣を身につけるので、有力共同体が弱小共同体を取り込んで成長していくにつれて、こうした移住者数の格差によって、繁栄や安全をもたらす諸制度の普及が促されていく。アベラム族の襲撃を受けて難民となった人々が、安全なイラヒタに逃れてきたとき、まさにこうしたことが起きたのだった。[16]

③**名声バイアスによる文化伝達**　個人や共同体は、勢力を伸ばしている集団や名声を得ている集団に選択的に注意を向けて、それに倣おうとする傾向がある。その結果、有力集団から弱小集団へと、社会規範や信念が伝播していき、競争上の優位性をもたらす諸制度の普及が促される可能性がある。しかし、その集団に成功をもたらしている要因は何なのか、人々にはなかなか判断がつかないため、ヘアスタイルや音楽の好みなど、成功とは関係のないさまざまな規範や習慣までもが伝わることになる。イラヒタでは、長老たちが、勢力を伸ばしているアベラム族のタンバランをそっくりまねようと決めた。すると、イラヒタなどの共同体では、アベラム族がヤムイモを栽培するときのややこしい呪文までまねるようになった。しかし、それは作物の出来とは何の関係もなかったと思われる。[17]

④**抗争を伴わない、集団としての生存力の格差**　過酷な環境下では、広範囲な協力行動や分配行動を促す制度をもつ集団でなければ、そもそも生き残ることができない。こうした規範を

もたない集団は、もっと穏和な環境に撤退するか、さもなければ、干魃、ハリケーン、洪水、その他の厳しい環境下で死に絶えるほかない。しかし、適切な制度が備わっていれば、他集団が食い込めない生態的ニッチでも繁栄することが可能になる。このタイプの競争は、集団同士の接触がなくても起こりうる。[18]

⑤繁殖力の格差　規範には、個々人が一生の間に産む子どもの数に影響を及ぼす力がある。生まれた子どもはたいてい自集団の規範を身につけるので、出生率を上げる規範や死亡率を下げる規範が広まっていくことになる。たとえば、いくつかの世界宗教が急速に広まったのは、産児制限や非生殖的な性行為を禁じる神を奉じるなど、多産を奨励する信仰に起因している。[19]

ある集団で、協力行動を促すような新たな規範が出現すると、それが集団間競争に組み込まれ、前述のプロセスの一つ以上を通じて広く普及していく可能性がある。タンバランの例で見たとおり、世代を経るうちに、集団間競争の作用を受けて、社会の統合、融合、拡大を可能にする方向へと、社会規範がまとめられ、組み換えられていく。

しかし、文化進化について考える際にどうしても理解しておく必要があるのは、集団間競争は文化進化を方向づける多数の力の一つにすぎないこと、そして、競争はあらゆるレベルで——集団内の個人間、家族間、氏族間でも——生じるということだ。たとえば、氏族制度は、一つには氏族内の抗争を減らすことで、成員間の結束をもたらす強力な心理的手段になる。ところが、セピック地方でそうだったように、別々の氏族同士は得てして折り合いが悪く、したがって、社会の規模拡大《スケールアップ》を図るためには、氏族を一つにしてしまうか、さもなければ解散させるしかない。むしろ、規範によって、下位集団内の協力行動が活発化すればするほど、下位集団同士を統合して規模拡大を図るのが難しくなる可能性がある。

規模拡大のプロセスは、既存の制度と新たな規範や信念との社会的・心理的な「適合性」によっても影響を受ける。新たな規範や信念は、いずれかの集団の既存の文化的レパートリーから出現するほかなく、もし他集団から模倣するのであれば、その模倣したものが、深く根付いている制度とうまくかみ合わなければならない。集団間競争の効果には方向性や制約があるがために、先ほど述べた経路依存性というものが生じる。つまり、社会規範や信念と、既存の制度との「適合性」ゆえに、所与の制度が取り得る「次の一手」の数は限られてくるのである。

一例を挙げると、イラヒタはおそらく、アベラム族の四段階の通過儀礼を受け入れやすかったと思われるが、それは、すでに通過儀礼を一種類行なっており、新たな儀式を追加するだけでよかったからである。同様に、二分割方式の儀式グループ制度を維持できたのも、イラヒタに柔軟な養子縁組の規範があったおかげで、各儀式グループや下位グループがそれなりの成員数を確保できたからこそだった。それに対し、多くの母系社会では、身分や財産の相続が（養子縁組ではなく）完全に血統だけで決まるので、イラヒタのような儀式グループ制度は、成員の再配置ができずに崩壊していたかもしれない[20]。

この規模拡大のプロセスに、不可避なもの、不可逆なもの、単系進化的なものはない。大陸によって、また地域によって、規模拡大の速度も程度もさまざまだが、それは、生態学的・地理的制約などのせいで集団間競争の力が弱かったからか、あるいは、一群の社会規範のせいで、高レベルの制度構築に向けた道筋をなかなか取り得なかったからなのだ。そして、当然ながら、複雑な社会を結びつけて一つにまとめている高レベルの制度が劣化してほころびが生じると、その社会は必ず崩壊していく。

これから見ていくように、プレ近代国家を築き上げるための道筋はかなり狭く、さらに、WEIRD国家に向かう隠れた経路を進むためには、プレ近代国家の形成を回避する、一種の逆戻りとも言える特殊な計略が必要になる。いかにして小規模なヒト社会からプレ近代国家に至ったのかを考える準備として、私が知的探究の旅を始めた場所、ペルーのアマゾン川流域に暮らすマチゲンガ族についてて見ていこう[21]。

真の個人主義者たち

ヒトの心は、個体発生と文化進化を通じて、目の前に立ちはだかる社会的世界に適応していく。したがって、今私たちの周りにいる人々の心理や行動は、何百年にもわたる文化進化の産物であって、現代世界をうまく渡っていかれるように磨き上げられているのだが、私たちの大多数はそのことをあまり理解していない。もし、裁判所も、警察も、政府も、契約もなく、市長や首長や長老のような指導者さえいない社会でずっと暮らしていたら、人はどのようになるのだろうか?

ペルーのアマゾン川流域で初めて数か月を過ごしたときのこと、私はウルバンバ川沿いにあるマチゲンガ族の村の村民集会に出席した。その集会の席で、メスティーソ〔白人とラテンアメリカの先住民との混血〕の学校教師たちや、投票で選ばれた村のリーダーは、村民全員が協力して新たな小学校を建てる必要があるとしきりに説いていた。村民たちは何となく支持したようではあったが、実際に発言した者は一人もいなかった。

翌朝、私は、その日の活動を記録しようと、カメラや水筒やノートを携えて、みんなで約束した時間に建設予定地に赴いた。まだ誰も来ていなかった。それから三〇分ほどすると、教師の一人がふらりとやって来て、さらに、マチゲンガ族の男性一人が姿を現した。私たちは丸太を何本か運んできて、そのうちの一本を手びきのこで切断し始めた。その他にも男性たちが三々五々手伝いにやって来たが、昼時にはまた私一人になった。そんな状況が数週間続き、さらに数か月間たっても、どうやら状況は変わらなかったようだ。とうとう、教師たちが授業を中止して、生徒たちを新校舎の建設に駆り出すようになった。

およそ六か月にわたって、いくつかの村でフィールドワークを行なう間、私は幾度となく、この種の独立志向の強さに遭遇した。私が見たところ、マチゲンガ族は、勇敢で、よく働き、温和な性格で、穏やかに話し、独立心が強くて、人には頼らない。何しろ、学校教師や村のリーダーの命令には従わないし、共同体の一般意志に屈することもなかった。

これは、経験の浅い大学院生ゆえの特異な印象、というわけではなかった。私の博士論文の助言者であるアレン・ジョンソンが、二七年ほど前に別のマチゲンガ族の共同体を訪れたとき、出迎えてくれた学校教師が開口一番、「ここはそれほどまとまっていません」と述べたそうだが、それは、マチゲンガ族は共同体として協力することはできないし、そうするつもりもないという意味だった。同様に、本章冒頭のエピグラフは、二〇世紀半ばにマチゲンガ族の中で生活していたカトリック宣教師の体験を映し出した言葉である。[22]

この集団は、興味深い事例を提供してくれる。なぜなら、彼らの社会は、極めて個人主義的で、しかも、完全に親族ベース制度に根ざしているからである。マチゲンガ族の核家族は、経済的に独立しており、必要なものを何でも十分に生産することができる。どの世帯にも自家菜園があり、そこでキャッサバ（根茎からデンプンをとる作物）、プランテーン、パパイヤなどを栽培している。男性たちは、弓とさまざまな矢をこしらえて、ペッカリー（ヘソイノシシ）、バク（「森の牛」）、魚類、鳥類を仕留める。女性たちは、食物を煮炊きし、キャッサバ・ビールを作り、薬を調合し、木綿の衣服を織る。数年に一度、森の新たな一角を切り開いて焼くことで、新たな菜園をつくる。

昔から、マチゲンガ族の核家族は、単独で、またはペルーの熱帯林のあちこちに点在する小さな拡大家族の村で暮らしてきた。社会的な面について言えば、マチゲンガ族の生活は極めて平等主義的で、親族の絆でまとまっている。父方と母方の両方を通して家系をたどることができる。しかし、ほとんどの定住農耕社会とは違って、リネージも、氏族も、首長も、婚姻グループも、共同体儀式も存在しない。世帯よりも上位の、意思決定機関や組織は存在しないのだ。ある種のイトコについての近親相姦のタブーを除けば、自由に配偶者を選ぶことができ、結婚にも離婚にも制約はない。同じ小村の誰かと結婚してもかまわず、むしろそれは望ましいこととされる。所有権は、労働または贈与により発生するので、ほとんどの物品は個人が所有している。自分が作ったものは、贈り物として誰かに与えない限り、自分が所有する。男性は自分で建てた家を所有し、女性は自分が織った衣服を所有する。土地を実際に所有することはできないが、菜園は、そこを開墾した者が当分の間、思い通りに使用できる。(23)

セピック地方のもっと大きな村々とは違い、マチゲンガ族の小村は昔から、二五人くらいになると限界に達した。諍《いさか》いが起こると、小村は核家族に分裂し、それぞれが遠方の菜園に移っていった。たまにリーダーになりたがる者が出しゃばることもあったが、全く無視されるか、さもなければ物笑いの種にされ、身の程を知らされるのが常だった。

第二次世界大戦以降、北アメリカの宣教師たちやペルー政府が、小学校を中心にした村を造って、そこにマチゲンガ族を定住させようと試みてきた。しかし、三世代を経てもなお、これらの村々は依然として、核家族からなる小村の不安定な集合体のままだ。どの家族も、機会を見計らって、周囲から隔てられた静かな遠方の菜園に戻っていく。

昔から人々の個人名がなかったという事実に、マチゲンガ族の社会生活の特徴が現れている。誰もが「兄さん」「母さん」「おじさん」などの親族呼称で呼ばれていた。一九五〇年代になって初めて、アメリカ人宣教師たちが、村に定住するマチゲンガ族に、リマの電話帳から選び出したスペイン人名を割り当てるようになった[24]。

マチゲンガ族の生活様式は、熱帯林の生態環境と、大規模社会がもたらす危険の両方に対する一種の文化的適応を象徴している。先コロンブス期まで時代をさかのぼると、大河の流域に暮らし、複雑な組織をもつ部族集団が、奴隷を求めてマチゲンガ族に襲撃をかけてきた。スペイン人がやって来る前、マチゲンガ族の奴隷はインカの王族に売られていた。その後、スペイン人がインカ族に置き換わったが、奴隷売買はなおも続いた。二〇世紀に入ってからも、ゴム景気のせいで、川の下流からやって来る見知らぬ人間はみな災難をもたらすと考えて間違いなかった[25]。

ごく小さな村で、あるいは孤立した核家族で生活し、少しでも侵入者の気配を感じたら姿を消すことによって、マチゲンガ族は生き残り、人口を増やしてきたのだ。たぶん、大きな集落がなかったので、奴隷を求めて襲撃してもあまり利益にならなかったのだろう。辺境の支流沿いにひっそりと点在している世帯を襲うのは、なかなか難しいし、高くつく。ここ数十年間の調査でも、人類学者が人里離れたマチゲンガ族の家に近づくと、まだ薪《たきぎ》がくすぶっているのに人の姿はどこにもない、ということがあった。

このような一連の制度と生活様式が、マチゲンガ族の心理を形成してきたのだ。マチゲンガ族は、独立心が強くて、人に頼らず、感情がしっかりと制御され、よく働き、近縁の親族に寛容だ。マチゲンガ族の社会で人々から尊敬され、成功するためには、こうした特性を養う必要がある。動物の行動や、霊魂の振る舞い、他の人々の行動を説明しようとするとき、彼らはＷＥＩＲＤな人々と同じく、その原因を傾向特性、欲求、性格属性に求める傾向がある。また、個々人がどう行動するかが重要であって、それが運命を左右すると考えている。[26]

マチゲンガ族の心理の特質を際立たせているのが、恥ずかしさを感じないという点である。多くの伝統的社会では、社会統制の主役をなす感情として、恥感情が出現した。しかし、人類学者や宣教師たちは以前から、マチゲンガ族に恥ずかしいと感じさせることの難しさに気づいていた。この点について、フェレロ神父は次のように記している。「マチゲンガ族は他人が自分を抑圧するのも、批判するのも許さない。誰かが自分の行動を方向づけたり、正したり、妨げたりしようとすれば、その人物がたとえ道徳的権威を認めている宣教師であっても、こう言い残して、すぐに立ち去ってしまう。「こんな陰口と噂ばかりの場所で暮らしちゃいられない。私は、誰にも煩わされず、誰も煩わさない場所に行く[27]」

マチゲンガ族は、さまざまな面で、ＷＥＩＲＤな人々よりもさらにいっそう個人主義的で独立心が強いが、社会的な面では、ＷＥＩＲＤな人々とはかなり異なる傾向が見られる。多くのマチゲンガ族の間では、小村の範囲を越えたとたんに、信頼の輪が急速に衰え始める。親族でも遠縁の者は疑ってかかるし、一見親切そうな来訪者にも、何か隠れた意図があるのではと猜疑の目を向ける。大きなパーティーの席では、特に見知らぬ人がそこに混じっている場合には、多くのマチゲンガ族は目に見えて落ち着きがなくなる。親密な間柄の家族とひっそり暮らすことを好む人がほとんどなのだ。(28)

マチゲンガ族をはじめ、地球上のあちらこちらに点在している同様の集団は、人類社会の性質について、さらには、制度や歴史がヒトの社会性や心理を形成する上で果たした役割について、重要なヒントを与えてくれる。このような集団の存在は重要な意味をもっている。というのは、エピグラフの神父の言葉にもあるとおり、WEIRDな研究者たちはことあるごとに、ヒトは「超社会的」な動物であって、他の動物種よりもはるかに協調性に富んでいる、と主張するからだ。私はいつも「ヒトはヒトでも、どのヒトが？」と問い返す。なぜなら、ヒトの社会性や心理の大部分は、制度いかんにかかっていて、一概には言えないからである。現代に生きるヒトの社会性や、人類の多様性を理解するためには、ヒト社会の制度の歴史を詳しく探ってみる必要がある。(29)

社会の規模拡大《スケールアップ》は、いつ、なぜ、どのようにして起きたのか？

人類の進化史は、少なくとも一〇〇万年前にまでさかのぼれるが、そのほとんどの期間、気候は現在よりも寒冷で、乾燥しており、不安定だった。およそ一三万年前から、農耕や牧畜が開始されるまでの間、数百年ごとに気温が劇的に変動して植物の栽培化を阻んだ。というのも、作物（栽培植物）はある一定の気候に適応する必要があるからだ。そのうえ、現在よりも二酸化炭素濃度が低くて植物の生育が悪かったため、初めのうちは農耕を試みてもほとんど収穫がなく、あちこちに散在する野生植物を採って食べるほかなかった。このような限界に近い環境の中でも、旧石器時代の狩猟採集民は、幅広い親族ベース制度がもたらす広範な社会的ネットワーク（前章で移動型狩猟採集民について述べたような）があればこそ、広大な領地を巡り歩いて、水場、火打石採石場、果樹林のような点在する資源を利用し、ハリケーンや干魃のような厳しい気候を乗り越えて生き延びることができたのだろう。このような親族制度をもつ集団は、孤立傾向にある集団よりも長く生き残り、たいてい子孫を残すことができた[30]。

およそ二万年前、最終氷期の最盛期を過ぎたころから、さまざまなことが変化し始めた。地球の公転軌道の周期的変化などにより日射量が変化し、大気中の二酸化炭素濃度の上昇とも相俟って、気候が徐々に温暖になり、季節変動を伴いながら安定化していった。牧草、果実、豆類、その他の植物がよく実るようになり、農耕ができない季節もあるものの、全体として収穫量が増えていった。これによって、それまで一〇万年以上、行なわれることのなかった農耕への生態学的な扉が開かれたのである[31]。

肥沃な地域で、特定の作物に投資を始めるためには、まず土地を確保し、それを保有しておく必要があった。ともかくも農耕共同体は、作付けしたものを、何か月も、あるいは何年も後に収穫できなくてはならない。こうした理由から、儀式や宗教的信念も含め、領地を守る能力を高めるような何らかの社会規範をもつ集団が、かなり優位に立つようになっていった。ちなみに、移民が入植する前のオーストラリアやセピック地方の場合と同じく、集団が領地を保有する能力は、主として、その集団の規模と結束力によって決まった。また、大きな群れで飼育される家畜は、ハンターに盗まれやすいので、共同体としてそれを守る必要があった。

こうして見るとどうやら、農耕や牧畜――つまり食料生産――の可能性が開かれたことによって、熾烈な集団間競争が社会の規模や複雑度を増大させていく諸条件が整い、その結果、農耕の発達と社会の複雑度の間に、共進化的な相互作用が生まれたらしい。つまり、農耕や牧畜への依存度が増すほど、社会の規模拡大を図る必要性が増すことになったのだ（逆もまた然り）。規模が大きくて、しっかり統一された社会ほど、領地を防衛する能力が優れていた。[32]

農耕が始まったのは、個々人にとってそのほうが良かったからではない。むしろ、少なくとも初めのうちは、農耕は狩猟や採集よりも収穫が少なく、狩猟採集と合わせなければやっていけなかったに違いない。農耕への依存度が高まるにつれて、穀物やその他の作物からとる栄養価の低い食事のせいで、人々は背が低く、病気がちになり、早死にする確率も増したことが、人類学の研究で明らかにされている。しかし、定住の効果と（若年者による）非熟練労働の生産性の高さとが相俟って、農耕民は移動型狩猟採集民よりも急速に人口を増やしていったのだ。「適切な」制度を備えた農耕民は、まるで伝染病のごとく地域一帯に広がっていき、その進路にいる狩猟採集民を駆逐または吸収していった。というわけで、初期農耕が普及したのは、合理的な個人が農耕を選択したからではなく、集団間競争の中で、特定の制度をもつ農耕共同体が移動型狩猟採集民を打ち負かしたからなのである。[33]

移動型の広域ネットワークから、領地を支配できる定住型または半定住型の共同体へと移行するにつれて、しだいに、共同体レベルの協力から生まれる緊密な集約型のネットワークが有利になっていった。当然のことながら、文化進化は、既存の親族ベース制度に修正を加えて、やはりヒトの社会的本能を利用しながら、イラヒタで見たような、より緊密で、より協力的な共同体を形成する新たな方法を編み出していった。

よく見られる変化の一つは、双方的出自（母系と父系の両方で血縁関係をたどる）に基づく親族システムから、単系出自（母系か父系のいずれかで血縁関係をたどる）に分類される制度へと向かう変化だった。こうした単系出自の親族制度を、私はすべて**氏族**と呼んでいる。当然ながら、こうした系譜に関する「副次的バイアス」の強さには、極めて大きな多様性がある。父系出自集団の極には、子どもとその母親との間にはいかなる血縁関係も存在しないという信念をもっている社会も存在する。(34)

氏族の形成

氏族は、領地を防衛し経済的生産活動を組織化するために、集団の全員が一致団結して協力し合えるよう、文化的に生み出されたものである。氏族を形成している社会規範の多くが、どのように利害の衝突を軽減し、権限系統の明確な、結束力の強い集団の形成を促しているかを考えると、そうした規範のもつ意味がよくわかる。氏族は、系統の一方を有利な立場に置くことによって、双方的出自の親族ベース制度の場合に、特に集団が拡大するときに生じてくる内部抗争の多くを抑えているのである。

こうした抗争がなぜ起こるのかを理解するために、男性一〇人の防衛隊を召集して、侵入者を共同体の土地から追い払おうとする、一人の父親がいたと仮定しよう。父親ケリーはまず、成人している息子二人を採用する。進化論的な観点から言うと、これは素晴らしい三人組だ。なぜなら、三人はすべて近縁関係にあるだけでなく、近縁度も等しい——親子と兄弟は、遺伝的距離が等しいのである。したがって、この三人の間では利害の衝突が最小になる。

次にケリーは、自分の兄の息子二人も採用し、さらに、同行できる年齢に達している、そのまた息子も採用する。この場合、ケリー自身とケリーの甥やその息子との遺伝的距離と、ケリー自身の息子とケリーの甥やその息子との遺伝的距離とを比べると、そこには二倍の開きがある。また、ケリーの甥とその息子との遺伝的距離、および、甥同士の遺伝的距離と、ケリーの甥とケリー自身の息子との遺伝的距離とを比べると、そこには四倍の開きがある。

まだ三人足りないので、ケリーは、妻の兄チャックと、その息子二人を採用する。結束の強い三人は、ケリーとも、その甥たちとも血縁関係はないが、少なくともケリーは自分の息子を通じて、チャックといくらか遺伝的関心を共有している。

おわかりのように、これは、結束の強い各グループの間などに、何らかの溝が生じてくるかもしれない不安定な状況である。もし、乱闘の最中に、チャックが自分の息子を救うか、ケリーの甥二人を救うかの選択を迫られたらどうなるか？　もし、ケリーの甥が、チャックの息子を見殺しにしたらどうなるか？(35)

こうした軋轢を避けるために、氏族という仕組みは、ある人物の血筋の一方を他方よりも高めるとともに、親族関係の捉え方を、各個人を中心としたものから、共通祖先を中心としたものへと変化させるのである。したがって、同世代の者は全員、ある共通祖先との遺伝的距離が等しく、全員が同じ一連の親族をもっている。

氏族社会で身内の者を指すときに用いる親族名称や親族呼称によって、こうした考え方が増幅される。たとえば、父系氏族社会ではたいてい、父親の兄のことも「父《ファーザー》」と呼び、彼が父親よりも年上の場合には「大きな父《ビッグファーザー》」と呼んで区別したりする。「大きな父《ビッグファーザー》」は領袖《ボス》の場合が多い。同様に、父親の兄の息子たちのことも「兄弟」、娘たちのことも「姉妹」と呼ぶ。

このような肉親の拡張はたいてい、もはやたどれなくなるところまで外へと広がっていく。ある二人の祖父同士、または曾祖父同士が兄弟だった場合には、あるいは「兄弟」だった場合でも、その二人は類別上のきょうだいであって、近親相姦のタブーの対象になる。要するに、父系氏族の成員はほぼ例外なく、自分の父親と同世代の男性をすべて「父」と呼び、その男性たちの娘をすべて「姉妹」と呼ぶのである。本書では、誤解を避けるため、「兄弟」や「姉妹」と呼ばれている系図上のイトコのことは、フィジーの友人に倣って「イトコ兄弟」や「イトコ姉妹」と呼ぶことにする。[36]

このような血縁度や出自についての人々の考え方は、たいてい、居住制、婚姻、保安、所有、権威、責任、儀式、超自然的存在に関する分野を統制する、さまざまな相補的社会規範と共進化を遂げてきた。こうした規範パッケージが、いろいろと巧妙な手を使って、協力行動を促進し、内的調和を維持する役割を果たしたのだ。最もよく見られる規範や信念をいくつかを挙げて、父系氏族制の観点から説明を加えていこう。[37]

①**婚後居住規定**　新婚夫婦は、夫の父親の家、もしくはその近所に住居を定めなければならない（**父方居住制**）。新婚夫婦の子どもたちは、父親の兄弟の子どもたちをはじめ、父方の親族の周りで暮らし、彼らと共に働きながら成長する。子ども時代や思春期に共に暮らし、頻繁に交流することによって、こうした個人同士の絆が強まって信頼が築かれる一方で、性的

興味は薄れていく。

②相続と所有　土地やその他の重要な資源（ウシなど）は、父親を通して共同相続することが、規範によって定められている。氏族の全成員に共同責任を負わせて一蓮托生とするこうした相続規範は、ヒトの相互依存心理――すなわち、適応度が密接に関連し合っている人々（相手が繁栄すれば自分も繁栄するという人々）を助けようとする心理傾向――を巧みに利用している。[38]

③連帯責任　規範は、氏族の成員をいかに守るかということを通しても、相互依存を促進する。あなたの氏族の誰かが、別の氏族の誰かに危害を加えられた場合、相手氏族に償いを求めなければ、あなたが面目を失う羽目になる。これにはたいてい連帯責任が絡んでくる。つまり、もし誰かが――偶然であれ故意であれ――あなたの氏族の誰かを傷つけたり殺したりしたら、それは加害者の氏族全体の咎となり、氏族全体で血の代償を支払う責任を負うことになる。納得のいく支払いがなされない場合、あなたには、加害者の氏族の成員――ふつう加害者のイトコ兄弟の一人――を殺害して復讐することが求められる。[39]

④近親相姦のタブー　規範はたいてい、自身の氏族の成員と結婚することを禁じ、氏族外の者と結婚することを奨励する。すでに述べたとおり、自身の氏族内の女性の多くは、イトコ姉妹または「娘」なので、近親相姦のタブーの対象とされる。これによって、同じ氏族の男性同士が、周囲の女性を求めて性的競争を繰り広げるのが抑えられ、むしろ、結婚のための努力が外部へ、近隣の氏族へと向けられる。その結果、近親交配の健康への悪影響がほとんど回避されると同時に、他の氏族との同盟関係が築かれていく。[40]

⑤取り決めによる結婚　こうした結婚に関する規範があることで、家父長に、娘たちの結婚を戦略的に利用する権限が与えられ、同盟と親族関係からなる氏族のネットワークを育んでいくことが可能になる。このような同盟は、夫または妻が死亡した場合にどうするかを定める規範によって補強されている。たとえば、レビレート婚の規範は、夫が死亡した場合、その寡婦は彼の兄弟またはイトコ兄弟の一人と結婚するよう規定している。これによって婚姻の絆が維持され、氏族間の同盟も維持される[41]。

⑥指揮・統制　氏族内での権限は、年齢、性別、および系譜上の位置で決まる場合が多い。こうした規範は、年齢を重ねて知恵を蓄えた年長者に従おうとするヒトの性向を巧みに利用して、迅速な集団行動を促進する明確な指揮・統制系統を作り出している。そのような権限系統は、食事や儀式のときに男性たちが序列順に座ることを定めた規範などによって、日常習慣の中で強化されていく[42]。

⑦神々と儀式　祖先たちは往々にして、超自然的な力をもつ存在——祖先神——へと変わる。こうした存在はたいてい、儀式を執り行なうことを要求し、ときに、その任務を果たしていないとして氏族の成員を罰する。祖先たちはその土地に葬られるので、文字通り、その土に浸透していき、氏族の領地は聖なる土地となる[43]。

以上、緊密な親族関係の諸要素を挙げたが、これらは、密なる相互依存ネットワークを作ることで社会の規模拡大を図るために、文化進化が編み出した方法のごく一部にすぎない。もちろん、文化進化は、母系氏族や双方的出自の集団（**キンドレッド**と呼ばれる）に根ざす制度を作って規模拡大を図る、新たな方法も編み出した。キンドレッドの機能は、氏族（単系出自集団）とはやや異なるが、基本的な目的は同じで、協力体制の整った結束力の強いネットワークや集団を作ることにある。このような緊密な親族ベース制度は、集団が領地を獲得し防衛することを可能にしたのみならず、協同労働、共同所有、さらには、けがや病気や高齢による衰弱に備えた相互保険の基礎をも築いていった。(44)

セピック地方の例で見たように、氏族やキンドレッドを通じて個人同士の絆を強化することによる社会の規模拡大は、やがて天井にぶつかる。結束の強い親族集団内部の人々は、うまく協力し合って領地を支配し、組織立った生産活動を行なうことができる。ところが、こうした個々の親族ベース集団が、村や部族（民族言語集団）といった、もっと大きな共同体として一つにまとまろうとすると、またもや、同じような社会的ジレンマや、協力に際しての利害の不一致が生じてくる。氏族やキンドレッドの集団内部には、ある程度の階層序列や権限系統があるのが普通だが、自集団が他の親族集団よりも下位に位置すると思っている者はほとんどいない。氏族同士は互いに対等な関係にあるとしたら、社会はここからどうやって規模を拡大していくのだろう？(45)

氏族の結合

緊密な親族ベース制度の上位に置く形で、文化進化が作り上げたのが、諍いの絶えない全く異質な複数の身内集団を束ねて、結束した共同体や強力な政治的単位を作っていく、さまざまな高次の統合的制度だった。ここでは、そのような制度の二つを取り上げる。分節リネージ制と年齢組制である。どちらも、世界中でさまざまな形をとって、それぞれ独立に出現した。

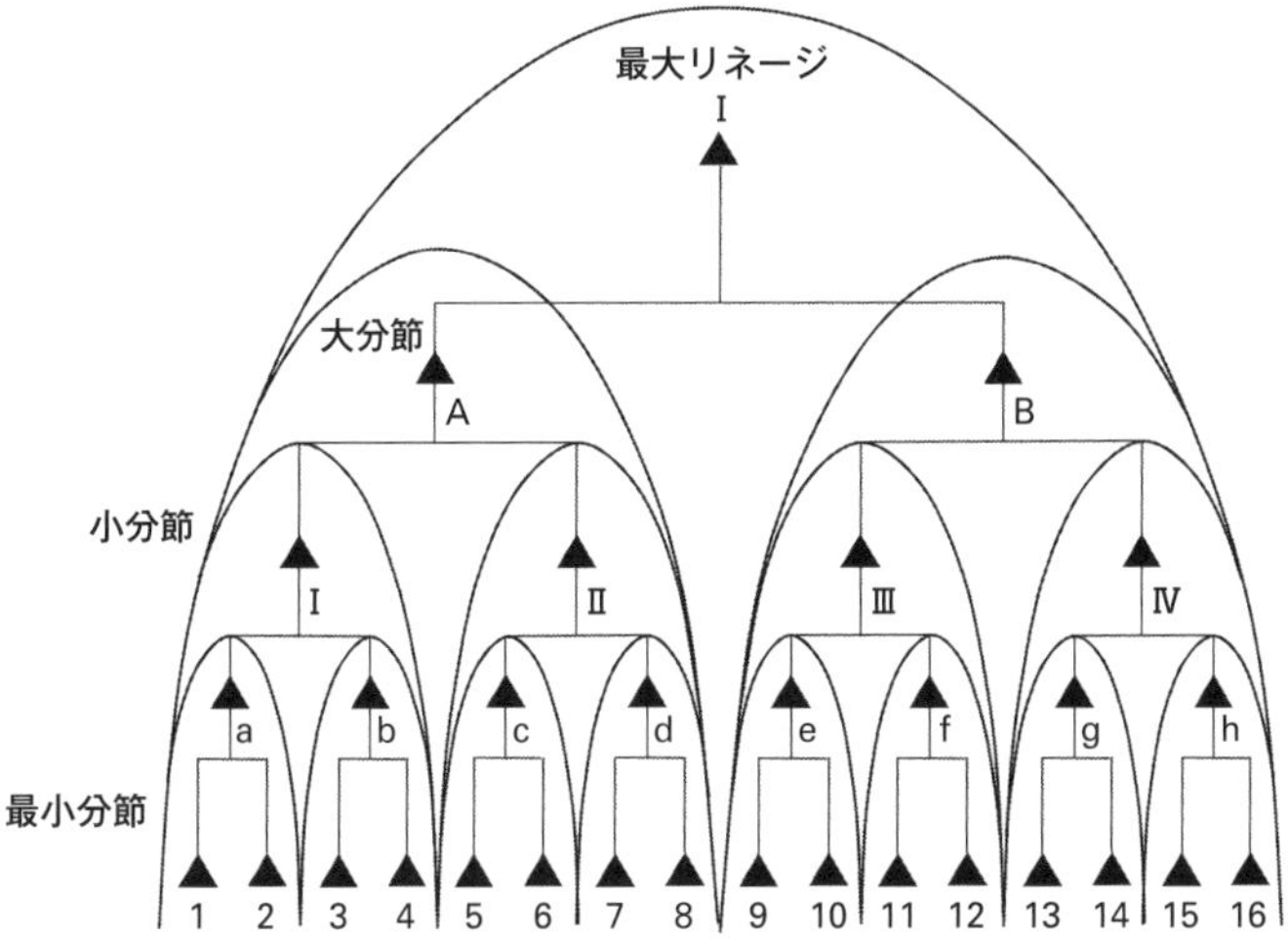

図3.2　典型的な分節リネージ制。算用数字を付した三角形は、個々のリネージを表す。小文字とローマ数字は、中間的な分節。大文字は大分節。一番上の三角形が最大リネージで、たいてい部族全体または民族言語集団全体を表している(46)。

分節リネージ制は、個々の氏族からそのままスケールアップを図る仕組みとなる。一般に、別々の氏族同士は、相手方の系譜関係などほとんど、あるいは全く認識していない。儀式やその他の規範によって人々の注意が向けられない限り、誰も数世代以上前まではたどれない。しかし、分節リネージ制の社会では、儀式執行の義務などを定めた社会規範によって、異なる氏族の間でも、それぞれの系譜関係とされているものについて、幅広い合意が形成される。

　極めて重要なこととして、こうした社会では、隣接する領地を支配している近縁な氏族同士が同盟を組んで、遠縁の分節に対抗するように、規範が命じている。たとえば、図3・2に示した氏族16の男性が、氏族9の誰かと家畜をめぐって口論になった場合には、小分節Ⅳの全員が、小分節Ⅲの全員とぶつかることになる。同様に、氏族

16が氏族1を攻撃した場合には、大分節AとBの間で衝突が起こることになる。最も重要なのは、これらの氏族の誰かが外部の集団と揉めごとを起こした場合には、最大リネージ全体（I）が「兄弟」を守ろうとして、戦争が始まる可能性があることだ。最大リネージには部族全体や民族言語集団全体が含まれる場合もあり、そうなると、何十万人もが戦いに巻き込まれることになる。このような同盟は、誰が、誰を、どんな理由で攻撃したのかとは関係なしに結成される。それによる不幸な結果として、喧嘩っ早い氏族や好戦的な氏族が一つでもあると、最大リネージ全体が長期的な抗争状態に引きずり込まれてしまう。[47]

心理的な面から見ると、この出自ベースの制度は、個人や集団の名誉を軸に成り立っている。ある男性が――そして彼の家族が――危険のない安全な状態に身を置き、社会的地位《ステータス》を保てるかどうかは、彼の評判にかかっている。不名誉なことをして評判を落とせば、財産や家族を泥棒や復讐者から守ってくれている評判の盾を失うおそれがあるし、子どもたちが結婚相手の候補者から外されてしまうかもしれない。さらに、直接の身内はもちろんのこと、彼が属する氏族全体の評判にも悪影響が及ぶ可能性がある。それゆえ、親族たちは、（利己心から）お互いを注意深く監視し、また、お互いを罰することで、自分の家族や氏族の名誉を回復しようとする。必要とあらば仇討ちすることも含めて、リネージの同盟者を支援することは、一人一人の男性の名誉やその氏族の評判にとって、非常に重要なことなのである。

分節リネージは、他集団と競争し、他集団を自領地から排除する（または吸収する）ことによって勢力を広げていった。その一つの例として、人類学者たちは一九世紀のスーダンの歴史データを用いて、この拡大プロセスを明らかにした。ヌエル族がその優れた分節リネージ制を利用して、戦士数一万人を超える戦闘部隊をまとめ、数世代にわたって、ディンカ族を片っ端から駆逐、またはときに吸収していった経緯を調べたのである。ディンカ族は大集団であったにもかかわらず、数千人の戦士しか戦闘に投入できなかった。ヌエル族の拡大がようやく止まったのは、イギリス軍によって戦闘の一時停止を強いられたときだった。さらに突っ込んだ歴史分析により、何世紀にもわたってこうしたプロセスが続くなかで、アフリカ全域に分節リネージが拡大していったことが明らかになっている。(48)

領域国家による統治がなされている今日でもなお、分節リネージの影響が見てとれる。二一世紀のアフリカにおいても、分節リネージ制をもつ部族は依然として、こうした親族ベース制度をもたない集団に比べて、暴力事件や内戦の発生率が顕著に高い。調査の結果、分節リネージ制をもつ集団は、こうした制度のない近隣の部族共同体に比べて、よそ者に対する信頼が薄いこともわかっている。(49)アフリカのあちこちで起きている根深い抗争の多くは、分節リネージによって組織された集団と関連がある。たとえば、南スーダンでは、ディンカ族とヌエル族が二〇〇年近くにわたって抗争を繰り広げた後、内戦でとことんまで戦い続けている。

地球の裏側では、スコットランドの分節リネージ制の主要素であった名誉の文化の名残が、今もなお、人々の生死に影響を及ぼしている。アメリカ合衆国の南部では、一七九〇年の第一回アメリカ合衆国国勢調査でスコットランド人やスコットランド系アイルランド人の割合が高かった郡ほど、現在でも殺人発生率が高い。こうした移民の文化を受け継いだ子孫たちは今もなお、自分の名誉や、家族、財産が脅かされると、攻撃的に反応する傾向がある。

世界各地で起きている「イスラムテロ」の性質は、分節リネージによって醸成された心理で説明すると最もわかりやすいと研究者たちは主張している。たとえば、ボコ・ハラム、アルシャバブ、アルカーイダはいずれも、分節リネージ制をもつ集団からもっぱら新兵を募集していることから考えると、彼らの親族ベース制度の性質が、こうしたグループの宗教的信条を形成してきたのかもしれない。(50)

分節リネージ制とは違って、年齢組制は、儀式を中心に据えた独特のアプローチによって、親族ベース集団を統合していく。イラヒタの例で見たとおり、心理に強く訴える儀式には、別々の親族集団や地域共同体に属する同年齢の男性たちを結びつける力があるからだ。一つまたは一連の通過儀礼を終えた同年齢集団——年齢組——には、新たな一連の特権、責任、義務を与えることが規範で定められている。年齢組は、一緒になって働いたり、楽しんだり、食事したりする機会が多く、通常、その集団内で自らを管理している。自分たちの年齢組の集団的義務を満たせなければ、次の通過儀礼での昇格が遅れてしまうおそれがある。

最初の通過儀礼を終えた少年たちは、たとえば、その上の年齢階梯《かいてい》の戦士たちを補佐する責任を負うことになるかもしれない。上位の年齢組の命令のもとで、戦士たちは共に訓練を積み、部族防衛や戦術的襲撃の任務を課せられる。戦士の階梯を卒業した男性は、たいてい三〇歳代で妻を娶って家庭を営む権利を与えられる。それから何年も経って、子や孫ができた頃に長老の階梯に進むと、組織全体の意思決定を行なう長老評議会の一員として、政治的権威をもつようになる。(51)

年齢組制が興味を引くのは、ある程度の集中型の政治的権威を生み出す一方で、(たいていの場合)基礎をなす親族ベース組織間での、平等主義的な人間関係の維持を助けている点だ。心理的な面から見ると、組織を統べる年齢階梯の長老たちは、複数の通過儀礼での共通体験、共同で負っている責任、戦争を含めて行動を共にしてきた長い歳月、といったものがあるがゆえに一致団結している。そのおかげで、氏族への忠誠や親族への献身ばかりにとらわれず、より大きな集団の一員として活動することができるのだ。

広く普及している他の制度と同様に、年齢組制もやはり、集団間競争を通してさまざまな形で広まっていった。年齢組には軍事的メリットがあるので、協力体制の整った社会が、統合度の低い集団を駆逐または吸収していくときに広まっていった。また、年齢組は、アフリカでもニューギニアでも、ある民族集団が近隣の集団の年齢組制に加わるときや、イラヒタで起きたように、ある集団が他集団の制度を丸ごと模倣する場合にも広まっていった。[52]

分節リネージ制や年齢組制は、平等主義社会が、氏族やキンドレッドの枠を越えて拡大するのを可能にしてくれるが、別のタイプの政治組織と競争するとなると、勝利するのはなかなか難しい。というのも、集中型の、安定した、階層制の権威を欠いているからである。そのような権威が存在する社会は、隣国による侵略や、資源の枯渇、自然災害といった環境の変化に果断に対応できるだけでなく、戦略的に他の社会の征服を推し進めることもできる。権威の集中を成し遂げることができた社会は、集団間競争で優位に立てる可能性が出てくるのである。指揮・統制の効果を上げるために、文化進化はどんな巧妙な仕掛けを作り上げたのだろうか？[53]

プレ近代国家への道

プレ近代国家は——近代国家とは対照的に——緊密な親族ベース制度によって形成された社会

的・心理的基礎の上に築かれたものである。ともかくも、国家はまず、人類学者が**首長制社会**と呼ぶものから生まれたということだ。首長制社会の最も単純なものは、一氏族が他氏族の上位に位置する、少数の氏族群から構成されている村である。儀式を通じて繰り返し確認される共通の規範や信念をもって、最上位氏族がその共同体の意思決定を行なう。最上位氏族の中の上位リネージの高位メンバーが「首長」となる場合が多い。首長の地位をどのように次世代に引き継いでいくかは、社会規範によって定められている。首長が、他の氏族の高位メンバーと協議して、共同体の意思決定を行なう。他の氏族同士の間にも序列があって、各氏族がそれぞれ異なる責任や特権を有している。たとえば、私が調査を行なっているフィジーの共同体では、ある氏族が、首長就任の儀式を執り行なう責任を担っている。この儀式により、新首長に全権限が付与されるのだ。また別の氏族は、新たに就任した首長とその長老評議会の決定に基づいて、悪漢に対して処罰を行なう責任を担っている。

注目すべき点として、最上位氏族は、他のすべての氏族と婚姻関係を結び続けることで、共同体全体と完全な親族ベース関係を維持している。男性の首長はたいてい複数の妻を娶るので、首長の血縁の網の目が共同体全体に広く張り巡らされることになる。この段階では、依然として、とことん親族関係の社会である[54]。

誤解のないように述べておくと、この政治権力は、少なくとも根本的には、強圧的なものではない。社会規範や聖なる信仰に基づく正当な権威なのである。フィジーでは、他の多くの地域と同様に、最上位氏族は、共同体を築いた祖先（祖先神とされている）の長男の子孫だと信じられている。この親族システムの中で、弟は兄に対して敬意を払い、服従することを義務づけられている。こうした直感を刺激されて、多くの者が、最上位氏族の権威を軽視すれば、祖先を怒らせてしまうと信じている。現在の首長に失望しているときでさえ、最上位以外の氏族の成員のほとんどは依然として、首長の氏族は別格であって、共同体の権威の源泉でなければならないと信じている。こうした社会を、氏族に序列のある分節リネージ制と考えよう。

それにしても、一体どのようにして、ある氏族が他の諸氏族をしのぐ権威や特権をもつようになるのだろう？　人類史を通じて、このような移行は、異なる大陸でそれぞれ独立に起きているものの、それほど頻繁に起こるものではない。そもそも、合理的な集団が膝を突き合わせ、額を寄せ合って、効果的な制度設計について話し合うなどということは起こり得ない。実際にどういうことが起こるのかを見るために、またニューギニアに戻ろう。人類学者のサイモン・ハリソンはこの地で、そのような移行が進みつつある場面に遭遇したのだった。

祖先の名前を盗む

セピック川とアモク川の合流点に位置するアバティップ族の共同体は、三つの村にわたって散在する一六の父系氏族で構成されている。アバティップ族の村には、アラペシュ族の村を含むこの地域の多くの村と共通する点がいろいろある。各世帯は狩猟、採集、農耕、漁労を営んでいる。また、各氏族は、婚姻を通じて他の氏族と親族関係を築き上げており、男性には年齢組制の一環として、三段階の通過儀礼が課せられている[55]。

しかし、アバティップ族は、成功している隣接共同体のやり方を模倣し、それらを組み合わせるなどして、一連のユニークな宗教的信念や儀式制度を生み出していた。各氏族には、他氏族を「養う」ために行使される一連の権限が与えられていた。ヤムイモの順調な収穫や、確実な漁獲を促すための特別な儀式を「所有」する氏族もあった。良い天候を祈願する儀式や、嵐や洪水の発生を抑える儀式を執り行なう氏族もあった。男性の通過儀礼を執り行なう氏族や、年に一度の収穫祭を取り仕切る氏族もあった。当然ながら、担当の儀式を見合わせる権限は、それぞれの氏族が握っていた。すべての氏族が、少なくとも数種類の儀式を行なう権限をもっていたが、平等と言うには程遠かった。というのも、男性の通過儀礼や漁労に欠かせない重要な儀式を掌握している氏族もあれば、ザリガニ釣りやカエル捕りなどに関わるちょっとした儀式しか担当していない氏族もあったからだ。

このような氏族間での儀式の不平等性は、二〇世紀の間に徐々に進行していった。アバティップ族の最大氏族が、少なくとも六〇年かけて、儀式執行の権限を、弱小氏族から着々と取り上げていったのだ。儀式執行の権限保持者の変更は、公の場で議論を戦わせる中で進んでいった。ある氏族が決まって、儀式執行の権限の正当性と、それに欠かせない強力な祖先とのつながりに疑問を呈したのである。これらの議論の詳細は複雑だが、別の氏族がもつ儀式執行の権限を奪取できるかどうかは、主として、相手が秘匿している祖先の名前を知ることができるかどうかにかかっていた。こうした情報は、婚姻の絆を通じて獲得された可能性がある。というのも、氏族の娘たちの息子や夫は、別の氏族の成員であっても、ときにこうした秘密にアクセスできたからだ。あるいは、賄賂、ゆすり、その他の不正な手段で、他氏族の情報を聞き出す場合もあった。

議論を戦わせる上で、大きな有力氏族のほうが、いくつかの点で有利だった。第一に、有力氏族にはたいてい、儀式に精通したベテラン演説家が何人かいて、秘密の名前を聞き出す機会にも恵まれていた。弱小氏族は、そのような機会が少なく、また、議論に参加するのに必要な地位や専門知識をもつ者がいない場合も多かった。有力氏族からの挑戦に立ち向かうために、他氏族に嫁がせた娘の息子たちを利用しなければならないこともあった。

第二に、有力氏族は、儀式執行の権限も経済力もあるので、結婚の申し入れを受けることが多かった。男性は複数の妻を娶ることができたので、有力氏族は弱小氏族よりも多くの女性を獲得し、いきおい急速に子孫を増やしていった――富める者はますます富むのである。やり手の男性たちは、第二、第三の妻によって生じた姻戚関係を利用して、他の氏族の儀式に関する秘密情報を入手することができた。

議論を公正な手段として、一氏族が重要な儀式執行の権限を徐々に囲い込んでいくうちに、基礎をなす宇宙観《コスモロジー》にじわじわと変化が生じ、その氏族の優越性が正当化されていった。数世代を経て、論争の記憶が徐々に薄れていくなか、儀式が繰り返されるうちに、一氏族による諸々の特権や権限の拡大が正当と認められ、共同体によって完全に受け入れられるようになった。

このような儀式執行の権限は、実生活に大きな影響を及ぼした。たとえば、漁労儀式の執行権限をもつ氏族は、アバティップ族の漁場に、七か月間にわたり、他の氏族はすべて漁労を禁止とするタブーを適用した。また、こんな例もある。ある若者がうかつにも、儀式執行の権限をもつ長老団の面目をつぶすようなことをしたところ、通過儀礼の権限をもつ氏族が、次の儀式には決して進ませないとの決定を下し、結局、彼はいつまでも思春期段階に留まることになった（つまり、結婚することも、政治的影響力をもつこともできなくなった）。

一氏族がこうした儀式権限を十分に囲い込むと、その氏族はもうすっかり、実際の権力、政治的正統性（強力な祖先）、そして神聖な権威を併せもった最上位氏族のような様相を呈してくる。[56] 儀

式を通じて不平等を制度化していったアバティップ族は、首長制社会へと変貌を遂げる途上にあったのである。(57)

狭き道筋

アバティップ族の例は、特異な例のように思うかもしれないが、人類学や歴史学の証拠から見ても、儀式の権限や任務をうまく操って囲い込んでいくというやり方は、ある氏族が他氏族を押さえて地位を上げていくための常套手段の一つのようだ。重要なのは、エリート氏族が生まれたからといって必ずしも、単独の世襲支配者や首長が生まれるとは限らないという点である。エリート氏族の中の上位リネージの首脳たちが、長老評議会を結成し、合意によって意思決定を行なうようになる場合もある。また、特に戦時などには、エリート氏族の高位者の中から首長が選ばれる場合もあるが、そうなったとしてもやがて、上位リネージの首脳たちが勢いを盛り返してきて、再び権力を握るといったことが起こる。(58) 存続するのは、最上位氏族であって、首長個人ではないのだ。

首長制社会は、共同体レベルの決断を下し、それを実行する手段がもたらされることから、より平等主義的な社会との競争においては、やや有利になることが多い。このような政治権力の集中化には、戦時下における氏族間での協力体制の水準を引き上げるとともに、寺院、防御壁、堀といった公共財の提供を促す働きがある。そして最も顕著な効果はおそらく、首長制社会は、軍事面で協力して領土を拡大することができるという点だろう。イラヒタやアバティップのように、氏族の集合体は、共同防衛のために団結することはできるが、積極的な攻撃や襲撃は、それぞれの氏族が個別に、または自発的に連携して行なうだけなので、比較的小規模にとどまるのが普通だ。ところが、首長制社会にはたいてい、大軍を一つにまとめて軍事行動を起こせるだけの指揮統制の仕組みがある。したがって、首長制社会は、他集団に自らの政治組織の模倣を促すだけなく、征服や吸収によっても勢力を拡大していく傾向がある。もちろん、大きな軍事的脅威にさらされた周囲の共同体が、強力な首長制社会に「自主的」に加わることもある。(59)

首長制社会はたいてい、他の共同体を征服または吸収することによって成長していくので、集団間競争によって、最高位の首長を戴くシステムが生み出される傾向がある。つまり、数十ないし数百の共同体がそれぞれの首長のもとに団結し、最高位の首長がその頂点に立つというシステムである。最高位の首長の親族(首長の妻の兄弟や父親など)が、征服された村々の先頭に立つ場合もあるかもしれない。あるいは、村のエリート氏族が権力の座にとどまりながら、最高位の首長の氏族と姻戚関係を結んでいく場合もあるかもしれない。(60)

これまで述べてきた単純な首長制社会は、規模が拡大し、政治的階層が生まれてもやはり、ほとんどが親族の集まりだった。奴隷を別にすると(そう、たいてい奴隷がいる)、ほぼ全員が、血縁や婚姻の絆からなる社会的ネットワークを通して首長とつながりがあった。エリート氏族がそれ以外の人々と姻戚関係を結び続ける限り、この状況が変わることはない。

真の社会階層が出現したのは、上層部が下層部と姻戚関係を結ぶのを止めたときだった。これによって上層と下層が切り離されて、上層階級が、自分たちは下層階級とは根本的に異なる人間である——真に神聖で、優秀で、その地位に値する——と主張できるようになった。心理的な面から見ると、これによってエリート層は、特別の属性と特権をもつ別個のカテゴリーの人間になることが(または、そうだと主張することが)できたのである。(61)

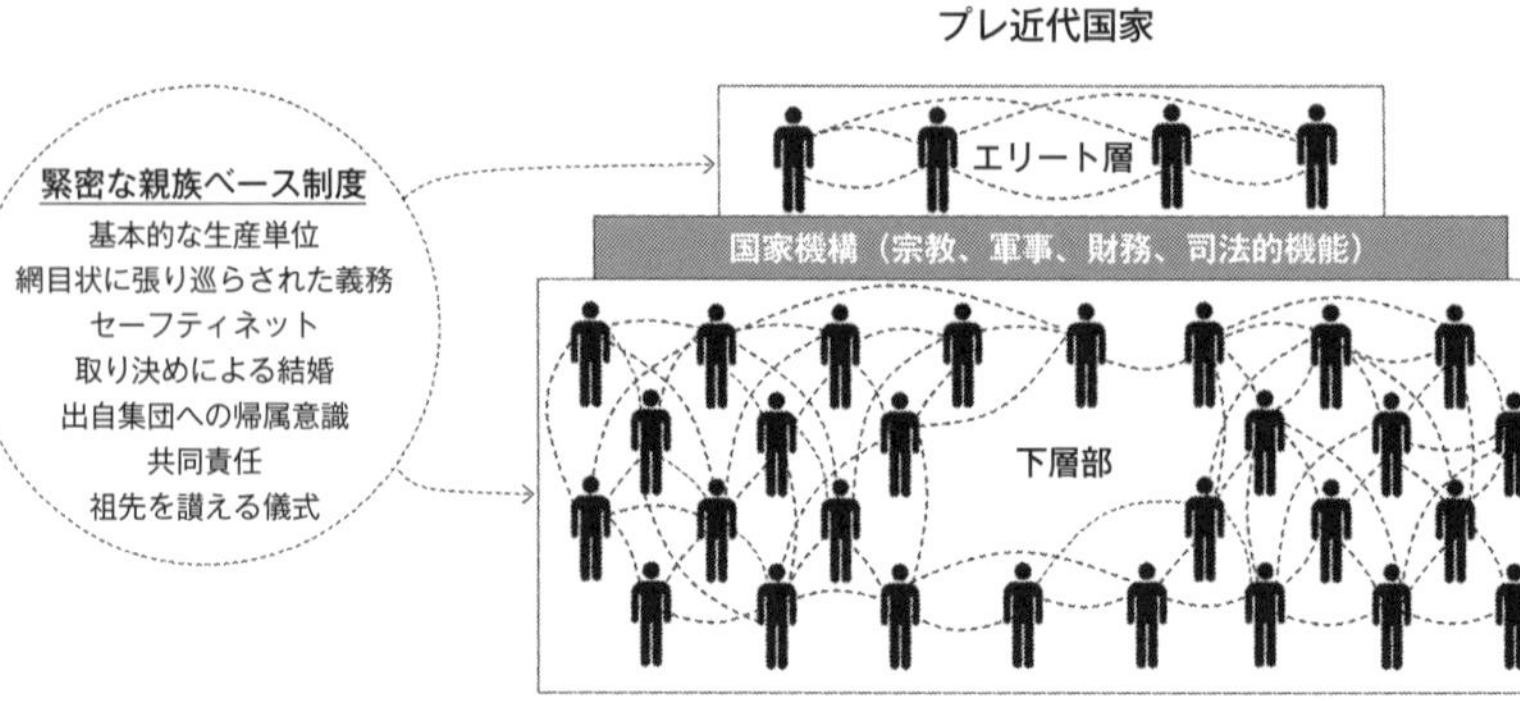

図3.3　プレ近代国家は緊密な親族ベース制度を土台にして築かれていた。こうした制度には、左側の円で囲んである規範や信念の多くが浸透していた。非親族ベースの制度は、エリート層とそれ以外の人々との境界面で発達した。ただし、この図に奴隷は含まれていない。

条件が整えば、このような階層化された首長制社会が、プレ近代国家——王国——へと進化する可能性がある。それは、支配層であるエリート一族と、大多数を占めるその他の氏族や親族集団との間に、新たな官僚機構を介在させた場合である（図3・3）。階層化された首長制社会と国家との境目はあまりにも曖昧であって——結局のところそれは、こうした社会全体の官僚機構のうちのどれが、どれだけ導入されれば、全体が「国家」となるのか、という問題になる。官僚機構は、租税の徴収、氏族間の紛争の裁定、遠距離交易の管理、公的儀式の差配、軍隊の取りまとめなど、多種多様なことを行なう[62]。

こうした組織を管理するために、エリートたちは本能的に一族の絆に頼ろうとした。おそらく、親族ベースのネットワーク外の人々は信用していなかったのだろう。ところがそれによって、首長や首長の家族は痛い目に遭い、有能な非エリートを国家機構に登用する必要があるということを思い知らされたのだった。非エリートの登用は、（支配者が大好きな）徴税のような、政府機関の機能の効率化を促しただけではない。このような機関を通して権力を強めた末に支配権を奪取するおそれのある、他のエリート一族から支配者を守る働きもした。神とのつながりや儀式特権を、ある程度まで主張できるエリートとは違って、平民やよそ者は、そのような脅威がはるかに小さかった。階層化された社会では、エリート層とそれ以外の人々は明確に分けられていたので、非エリートはどれほど有能であっても、権力の簒奪者《さんだつしゃ》にはなり得なかった。むしろ、エリートにとっての最大の脅威は、（たとえばウィリアム征服王やシャカ・ズールーのような）「非嫡出」の男子だったのではないだろうか。いたるところの支配者たちが非嫡出子をもうけていたようだ(63)。

このような社会レベルの制度が作られ、しかもそれが、少なくともある程度まで能力主義だったにもかかわらず、プレ近代国家は、下層部もエリート層もともに、強い親族ベース制度に根ざしたままだった（図3・3）。つまり、プレ近代国家が、軍隊や国教のような、効果的で非人格的な官僚機構を備えるようになってもなお、それらを上下から挟んでいる上層部と下層部はいずれも、強い親族ベース制度に組み込まれた状態だった(64)。

いかにして初の国家レベルの制度が出現したのかを理解するために、最上位氏族が年齢組制を利用（悪用？）して、うまく機能する軍隊を作るにはどうするかを考えてみよう。このプロセスはまず、最上位氏族がさまざまな儀式執行の権限を強めていくなかで、年齢組制の要をなす、男性の通過儀礼を掌握するときに始まる。首長はそれを足がかりに、戦士の年齢階梯を、命令に絶対服従する結束の強い連隊として利用できるようになる（命令に従わなければ、次の年齢階梯には進めなくなるからだ）。

その例として、一八世紀のアフリカでは、何人かの首長が戦士の年齢階梯を利用して、近隣の集団に貢ぎ物を課したり、襲撃を行なったりするようになった。一九世紀に入ると、いくつかの集団を征服したズールー族の首長、シャカが、今や自らの配下に下った多数の首長制社会を横割りにするような形で、これらの年齢組を再編成し、それによって、出身氏族や部族は違っても、儀式の絆で結ばれている若者たちからなる軍隊を創設した。こうして、萌芽期にあるズールー王国初の、国家レベルの制度――軍隊――が生まれることになったのだ。強力なズールー軍は、近隣集団を恐怖におののかせ、やがて、強大な大英帝国をもひどく苦しめることになる。[65]

国家の諸制度が拡充されるにつれて、下層部の親族ベース制度は、主にその機能の一部が奪われることによって、損なわれていくことが多い。たとえば、一八世紀に、ハワイが首長制社会から王国へと変貌を遂げていくとき、エリート氏族は、儀式、軍事、超自然的なものに関する多くの権限を囲い込むことで、土地の所有権を一般の氏族から奪い取り、自らの政治目的に合うように再配分していった。一般の氏族は毎年、エリート氏族にブタ、イヌ、敷物、労働力などさまざまな貢ぎ物を捧げることによって、その「使用権」を更新しなければならなかった。また、一般の氏族は、何代も前にまでさかのぼる系譜を保存することも禁じられた。おそらく、共通祖先を中心にして結束するのを難しくすることで、規模拡大を抑えるねらいがあったのだろう。それによって、ハワイの親族ベース制度の伝統が絶えることはなかったものの、エリート氏族が有利になるように、その影響力は徐々に弱められていった。[66]

プレ近代国家が効果的な統治を行なうには、依然として氏族制度や部族制度が必要であり、ときには、国家が親族ベース制度の力を補ったり強めたりすることもあった。プレ近代国家はたいてい、窃盗、襲撃、殺人など、氏族内・部族内で起きる問題の取締りや裁定を、それぞれの氏族や部族に任せていた。最も国家の出番となりそうなのは、領域内の氏族間・部族間の紛争への介入だったが、たいていそれも、慰謝料の支払いその他の慣例的な司法手続きが不調に終わり、暴力の連鎖を止められない場合に限られていた。

法的な観点から言うと、国家の法廷で個人が個人として認められることは稀で、個人には何の権利もなかった。法的地位を有しているのは、親族ベースの組織だけだったのだ。強大なプレ近代国家においてさえ、大多数の人々の生活は――エリート層も含め――依然として、親族ベース制度に由来する人間関係、帰属意識、義務、特権が浸透したままの状態だった。(67)

当然ながら、社会が、首長制社会や国家に向けてまっしぐらに進んでいくことなどあり得ない。社会の進化は、闇の中のロックンローラー・コースターであり、いくたびも不意の落下や回転や宙返りを繰り返し、結局、袋小路に行き着くこともある。氏族は、首長制社会への従属に抵抗するし、首長制社会は、別の首長制社会や国家による征服や吸収に抵抗するからだ。

集団間競争にさらされると、集団の経済的生産性、安全、繁殖力、軍事的有効性を高めるような制度の諸要素やその組み合わせが、すでに述べたさまざまな形で広まっていく傾向がある。ということは、ある共同体が、おそらく独自の特殊な内部力学によって（アバティップやイラヒタのように）どうにか規模拡大を成し遂げると、そこから連鎖反応が始まるということだ。周囲の共同体は、同じように何とかして規模を拡大しない限り、全滅するか、吸収または駆逐されることになる。(68)

国家や帝国が競争相手を排除し終えたときによく起こることだが、集団間競争が弱まると、そのとたんに、国家や帝国はゆっくりと崩壊への道をたどり始める。競争社会がもたらしてきた急迫した脅威が取り払われると、社会内部の支配一族同士での競争が激化して、徐々に国家レベルの諸制度が崩れていくのである。リネージ、氏族、ときには民族共同体全体が、自己利益のために国家制度を利用する方法を考え出すと、どれほど優れた制度にもひび割れ、裂け目、抜け穴が生じて、ごく一部のエリートが利益をむさぼり、制度が機能不全を起こすようになる。

たとえば、由緒あるしきたりによって、国王の第一子が王位を継ぐと定められているのに、国王の第一子が、国王の妻以外の女性または側室の一人との間に生まれた子だと判明したらどうなるか？　王位を継ぐのは、国王の第一子か、それとも国王の正妻の第一子か？　スペインのコンキスタドールがペルーにやって来たとき、インカ帝国は弱体化していた。というのも、帝国はおりしも、異母兄弟（いずれも先代の皇帝の息子）の間で、帝位継承をめぐって起きた内戦の終盤に差し掛かっていたからである。

制度が機能不全を起こし、権力集中型の政治体制が崩壊すると、不平等が生じ、大規模な社会がそれを構成していた最も堅固な要素に――たいてい、部族、氏族、地域共同体といったものに――分解されていく。親族ベース制度が国家制度によって抑圧された状態に置かれていても、国家の崩壊が始まるや、ヒトの心理の根底にあるものが、すぐさま親族ベース制度を立て直し、それまで国家に奪われていた機能を取り戻させるのである。(69)

裏道を探す

このように社会の進化について探究していくと、ある大きな疑問が生じる。人類はいかにして、プレ近代国家の状態から、現代のＷＥＩＲＤな社会に到達したのだろう？

明らかに、直接的な経路は存在しない。なぜなら、ＷＥＩＲＤな社会は、全く異なる制度を土台にして出来上がっているからである。社会の上層にも下層にも強い親族関係はなく、むしろそのような親族ベース制度の形成をわざと阻止するような、（たいてい法的裏づけのある）規範や信念をもっている。ほとんどのＷＥＩＲＤ社会では、継息子と結婚したり、複数の配偶者をもったり、あるいは、ビジネスパートナーと十代の娘の結婚を取り決めたりすることは認められていない。また、息子に対し、結婚したら実家で同居してほしいと言うことはできるが、息子やその妻には別の考えがあるかもしれず、親にはほとんど影響力がない。慣習や法律によって、別の手段で人間関係を築くことを強いられており、非人格的市場、政府、その他の公式制度（たとえば、けが、災害、失業時のセーフティネットとなる制度）に頼らざるを得ない。

諸々の制度を基礎から再構築せねばならないＷＥＩＲＤな社会は、どのようにしてもたらされたのだろう？

国家制度というものは、プレ近代国家すべてに浸透していた家族、親族、人間関係についての考え方や、親族ベース制度の中で形成されたメンタルモデルをもとに、設計され、構築されてきた。たとえば、中国の皇帝はたいてい、臣民にとって、強くて慈愛深い、権威主義的な父親のような存在であり、子である臣民は皇帝に対して、尊敬の念を伴った献身と服従の態度を示していた。

ではどうすれば、プレ近代社会の上層と下層両方の人々が、氏族、キンドレッド、リネージ、年齢組、部族に別れを告げて都市に出ていき、会社、教会、ギルド、労働組合、政党、大学のような任意団体に加わるようになるのだろうか？　どうすれば、人々が広範な親族ネットワークの義務、責任、庇護から抜け出して、先祖伝来の土地を離れ、見ず知らずの人々の集団に加わるようになるのだろうか？

病院、警察、会社、学校、失業保険が（比較的）きちんと機能している、今日のＷＥＩＲＤな世界では、それは大して困難なことには思えないかもしれない。しかし、突き詰めていくと、鶏が先か卵が先かという問題になる。少なくとも、こうした近代の世俗的制度に類するものがない世界で、親族ベースの組織を捨ててしまうのは、正気の沙汰ではなかったはずである。人々には、親族ベース制度から自らを引き離す意思がないとしたら、あるいは、そんな力はないとしたら、文化進化はそもそもどうやって、まず最初に、近代国家やそれに関連する公的制度を築くことができたのだろうか？　どうすれば、ここからそこに到達できるのだろうか？

第4章　神様が見ておられる、正しい行ないをなさい！

ローマの歴史をよく吟味してみるならば、軍隊を統制し、庶民を鼓舞し、善良な人間をつくり、悪人を恥じ入らせるのに、宗教がどれほど役に立ったかということもわかるであろう。……そして実際のところ、神の力を借りずして、非常時立法を制定した者は誰一人いない。そうしなければ、新立法は受け入れられなかったからであろう。

——ニッコロ・マキャヴェッリ

『ディスコルシ（ティトゥス・リウィウスの初篇十巻にもとづく論考）』（一五三一年）

カナダのバンクーバーにある心理学実験室に入ると、参加者たちはまず最初に、与えられた単語から文を組み立てる課題を与えられ、次に、一〇ドルを初対面の相手と自分とでどのように配分するかという、経済的な意思決定を求められた。文を組み立てる課題では、参加者たちが、一〇通りの文を組み立てるための単語の中に、神に関連する単語が五つ混じっている群と、神を連想させる単語が全く含まれていない対照群とにランダムに割り振られた。(1) では、次の単語から文を作ってみよう。

Divine ／ dessert ／ the ／ was

答え　the dessert was divine（そのデザートは神々しいほど美味しかった）

この課題を終えてから、各参加者に匿名のパートナーが割り当てられて、一回だけやりとりを交わす。一〇ドルを、自分とその相手とでどのように分けるかを決めなくてはならない。こうした独裁者ゲームを行なうと、ＷＥＩＲＤな人々の大半が、参加者は一〇ドルの半分を相手に与えるべきだ、という考えに同意する。言うまでもなく、完全に利己的な人は、一〇ドルすべてを自分の懐に入れる。

心理学者のアラ・ノレンザヤンとアジム・シャリフが発案したこの二段階方式の実験が問うていることは、単純だ。無意識に神を思い出させることで、非人格的な公正の規範に進んで従おうとする意欲に影響を与えられるか？

答えはイエス、影響するのである。神を連想させる言葉が含まれていない対照群では、参加者は初対面の相手に平均で、一〇ドルのうちの二・六ドルを与えた。この場合の最頻値はゼロドル。つまり、初対面の相手には一銭も与えない参加者が最も多かったのだ。それに対し、無意識のうちに神を思い出させると、参加者は急に気前が良くなり、配分額の平均値は四・六ドルにまで上がった。この場合の相手に与えた金額の最頻値は、ちょうど半額の五ドルだった。初対面の相手に一銭も与えなかった参加者の割合を比べると、対照群では四〇％だったのに対し、神を思い出した群ではわ

ずか一二%まで下がった。(2)

さて、このように無意識のうちに影響を及ぼす刺激を、心理学では「プライム」と呼んでいるが、これを用いる実験はなかなか難しい。というのも、プライムは、参加者たちが感じ取れるだけの強い刺激でなくてはならないが、かといって意識に浮上してしまうほど強くてはいけないからだ。幸い、アラとアジムの実験が注目されたおかげで、現在では、いろいろ異なる方法で、向社会的規範の遵守傾向を測定しようとする実験が数多くなされている。神をプライム刺激とする研究が、さまざまな実験室や集団から、合わせて二六件見つかったが、これらすべてをまとめて整理したアジムとアラらの共同研究から、神を思い起こした参加者は、独裁者ゲームで相手に半額を与える割合が高かっただけでなく、テストでカンニングする割合が低く、また、共同プロジェクトで初対面の相手に協力する割合が高いことが明らかになった。もちろん、すべての研究でこのような効果が示されたわけではない。しかし、どの研究でも、プライム刺激としての神の効果は実に明白だった。(3)

一体ここで何が起きているのだろうか？　ＷＥＩＲＤな人々にとって、神といえばキリスト教、キリスト教といえば慈悲心なので、プライム刺激としての神（神プライム）が、無意識のうちに慈善活動を連想させ、その結果、相手に提供する金額が増えたのかもしれない。あるいはもしかしたら、信仰心のある人々は、自分が協力や公正の規範を犯しているのを神様がご覧になって、閻魔《えんま》帳《ちょう》にマイナス点をつけてしまうのを直感的に恐れるのかもしれない――つまり、信仰心のある人々には、内面化された神の審判への恐怖から、道徳的な規範を遵守しようとする潜在的な傾向があるのかもしれない。

そのいずれかだとしたら、どちらの説明が正しいのだろうか？　それを解き明かすための最初の

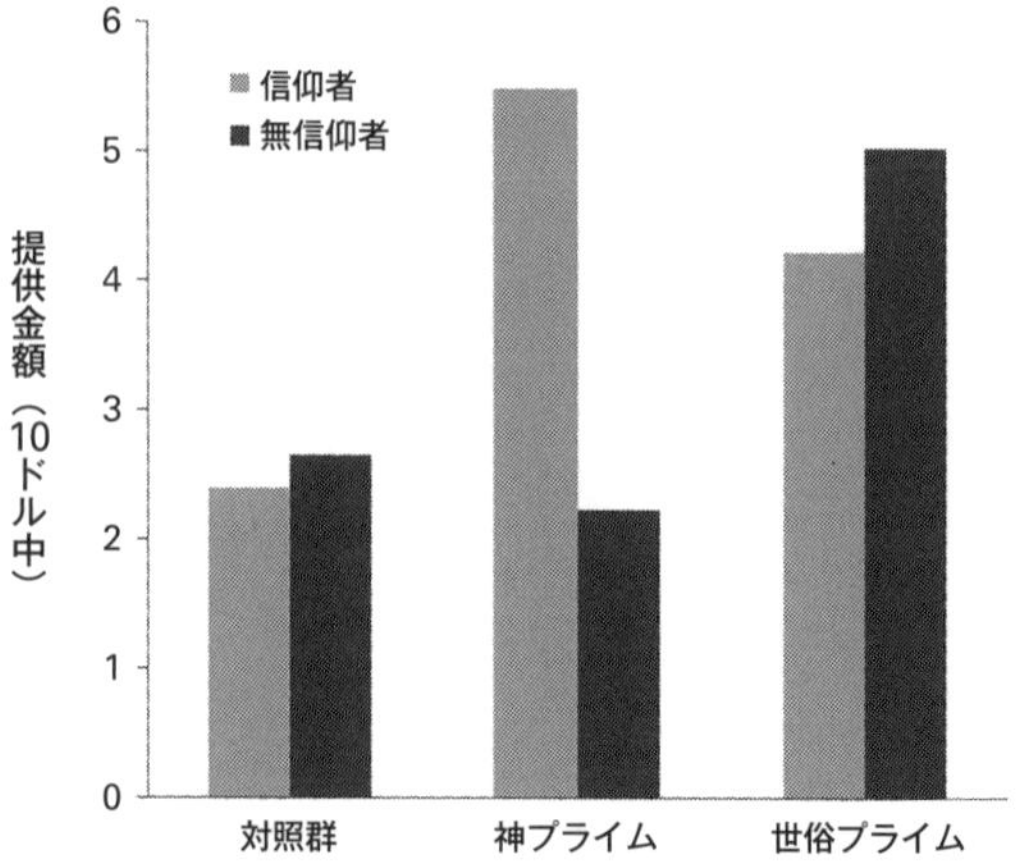

図4.1　独裁者ゲームを3回行なったときの信仰者と無信仰者の平均提供金額 (4)。

証拠は、さまざまなプライミング研究に参加した人々の宗教面を分析した結果から得られる。アラとアジムのチームが無宗教の人々について調べたところ、神が社会的行動に及ぼすプライミング効果はゼロだった。つまり、信仰心のない人々に対しては、神プライムは何の効果もないのだ。無信仰者を分析から外すと、神のプライミング効果が強まった。二六件の研究をすべてまとめて分析しても、同じパターンが現れた。以上から、無信仰者が神の影響力を弱めていたのだということがわかる。

しかし、こうも考えられる。不信心な人々はそもそも頭が固いので、プライム刺激の影響を受けにくいのではないか?

アラとアジムは、「警察」「法廷」「陪審」のような単語が混じった文を組み立てる課題を作って、「世俗プライム」の効果も調べた。図4・1にその結果を示してある。世俗プライムは、信仰心のある人とない人の両方に対して、独裁者ゲームでの配分額を高める効果があったが、神プライムは信仰心のある人にしか作用しなかった。注目すべき点として対照群では、信仰者と無信仰者の間に差は見られなかった。どうやら、無信仰者がプライム刺激に影響されないのは、無信仰者が信じていない超自然的存在をプライム刺激にした場合に限られるようだ。

　以上の結果から、神プライムの効果は、人々の超自然的な力に対する信仰心によるものであって、「宗教」と、慈善のような概念との、漠とした二次的連想によるものではないことがうかがわれる。無信仰者も信仰者もそれは同じく連想するからである。こうした宗教的信仰心は、バンクーバーにあるような信頼できる裁判所、政府、警察がない場所では、人々の協力の範囲を広げていくのにとりわけ重要になるはずだ――ということはつまり、人類史を通してずっと、ほとんどの地域において、非常に重要な意味をもっていたと思われる。

　先ほどの実験で用いられた「プライミング」法は、何が何を引き起こしたのかという、心理的な因果関係を解明するのに役立つ方法論的アプローチの典型である。当然ながら、ヒトよりもはるかに賢い文化進化は、ずっと以前にプライミングの威力を見抜き、世界の主要宗教のすべてにおいて、日常生活への神プライムの埋め込みを図ってきた。宗教服（ユダヤ教のキッパー）、装飾品（カトリックの十字架）、宗教上の祝祭日、日々の祈り、市場広場に建つ寺院といったものはどれもみな、人々に神を思い出させ、宗教的信仰心を喚起する。

　こうしたプライム刺激が作用する様子を確認するために、モロッコの都市、マラケシュの旧市街地（メディナ）に向かうとしよう。高い城壁に囲まれ、迷路のような路地が広がる旧市街で、イスラム教徒の小売店主たちに、改変を加えた独裁者ゲームをやってもらった。この地域では、一日に五回、五〜一〇分の間、イスラム教徒に礼拝を呼びかける声がミナレットから街中に響きわたる。それを、この実験のプライム刺激とする。実験では、店主六九人に、現地通貨ディルハムを自分の取り分と寄付金とにどのように配分するかを、次の三通りの中から選んでもらった。Ⓐ二〇ディルハムを自分がもらい寄付金はゼロ、Ⓑ一〇ディルハムを自分がもらい三〇ディルハムを寄付する、Ⓒ自分は全くもらわずに六〇ディルハムを寄付する。二〇ディルハムは、ランチを買ったり、一五分ほどタクシーに乗ったりするのに十分な金額だ。この実験を、礼拝への呼びかけが響いている最中と、それ以外の時間帯に実施した。(5)

注目すべきは、次の点だ。三通りのうちのどれを選択しようか考えているときに、礼拝への呼びかけが聞こえてきた場合、小売店主たちはその影響を受けたのだろうか。

当然、彼らは影響を受けた。礼拝への呼びかけが響いている最中は、小売店主たち全員が全額を寄付したのだ(選択肢Ⓒ)。それ以外の時間帯には、全額を寄付する参加者の割合は五九%に低下した。これは驚くべき結果と言える。なぜなら、この小売店主たちは、ドライフルーツ、地元の手工芸品、手織り絨緞《じゅうたん》のような品々を売り歩くことで生計を立て、とことん値段交渉をしながら日々を過ごしているからだ。しかも、いつも耳にしている声なのに、それでもやはり、礼拝への呼びかけは彼らの行動に大きく影響するのである。(6)

このような埋め込まれたプライムは、キリスト教徒にも影響を及ぼして、**日曜日効果**を生み出す。二か月にわたって実施された調査によると、キリスト教徒が日曜日にeメールによる慈善寄付を行なう確率は、(月曜日に持ち越される分も含めて)それ以外の曜日よりも高かった。キリスト教徒の慈善活動傾向は、土曜日には週の最低ラインに達し、無宗教の人々と区別がつかないほどになった。ところが日曜日が来ると、多くのキリスト教徒は、儀式化されている追加注射《ブースターショット》を打たれて、再び慈善活動傾向を高めた。信仰心の篤い人々とは違って、無宗教の人々にはそのような週内サイクルは見られなかった。

　日曜日効果は、アメリカ合衆国のあちこちの州での、オンラインポルノの利用状況にも現れる。平均すると、ポルノの利用状況に、州による違いはほとんど見られないが、信心深い人々が多い州には、先ほどの慈善活動のパターンと同じような週内サイクルが現れるのだ。信仰心の篤い州の人々は、日曜日にはポルノの利用を控えるようだが、月曜日以降にたくさん見ることによって、この「ポルノ不足」を補っている。これは予想どおりの結果と言える。というのも、キリスト教の神は、慈善とセックスにやかましいことで有名だからだ――セックスは悪いことで、想像するのさえよくないとされている。[7]

　宗教が日々の意思決定に及ぼす微妙な力を垣間見せてくれるこのような研究は、文化進化がヒトの心理に残した足跡をあばいてくれる。つまり、超自然的な信念や習慣化された儀式が、全く意識されぬまま信心深い人々に働きかけ、その結果として、自分の損になる意思決定をしたり、初対面の相手を公正に扱ったり、慈善寄付などで公共財に貢献したり、（それからポルノの利用を控えたり）する機序を明らかにしてくれる。

　さて、もしあなたがＷＥＩＲＤであれば、どんな宗教にも必ず、地獄という脅しを与えて正しい行ないを促す、道徳的な神が存在すると思っているかもしれない。しかし、神、来世、儀式、普遍的道徳という、今日の世界宗教に共通して見られる特徴は一種独特のものであり、長きにわたる文化進化によって生み出されたものなのだ。

この点を詳しく探るために、霧に包まれた先史時代にあえて戻り、文化進化がなぜ、どのようにして、ヒトの超自然的なものに対する信念、儀式、それに関連する諸制度を形成し、それによって社会の規模拡大や結束力の強化を助けてきたのかを見ていこう。宗教は、信頼を高めることで交易を促進し、政治権力に正当性を与え、さらに、人々の関心を自身の氏族や部族から「全ムスリム」といった大きな仮想の共同体へと移すことにより、人々の共同体概念を拡大してきた。このような背景を知ることで、中世の西方キリスト教会がどのようにしてヨーロッパの家族、文化心理、共同体を形成し、それによって近代世界の政治、経済、社会制度へと通じる道を拓いていったのかを理解するためのお膳立てが整うことになる。

道徳を説く神と不確定な死後の生

超自然的なものに対する信念や儀式が、なぜ生まれたかを説明するには、重要な三つの要素について考える必要がある。その三つとは、①自分自身の直接経験や直感よりも、他者から学んだことを信じようとするヒトの性質、②ヒトの脳が進化する際の手違いから生まれた「心理的副産物」の存在、そして、③集団間競争が文化進化に及ぼす影響、である。

第一の要素は、第2章で述べたとおり、非直感的な信念や習慣のパッケージを生み出す、累積的文化進化の力に反応して生じたものだ。たとえば、料理に殺菌効果のあるスパイスを使用するなど、直感的にはわかりにくいが、極めて適応的な信念や習慣のパッケージである。このように適応の所産が複雑であるがゆえに、文化的学習に頼るほうが他の情報源に頼るよりも、自然選択において有利になる場合が多かった。特に、不確実性が高くて、しかも正解を得ることが重要な場合には、文化的学習に頼るほうが有利だった。

もしかしたら超自然的な存在や、秘められた力、パラレルワールドがあるかもしれないという状況こそ、まさに、不確実性が高い中で大きな賭けに出なくてはならない状況――つまり、ヒトの文化的学習能力が、現世的直感や日常的体験をねじ伏せて、他者からの情報を優先させようとする状況――に他ならない。ヒトにもともと備わっている、(少なくともある状況下では)文化的学習に重きを置こうとする傾向が、「信仰本能」のようなものを生み、それが宗教に通じる扉を開いて、ヒトを俗っぽい考えとは相容れない思想や信念に染まりやすくするのである。

しかし、ヒトの信仰本能によって扉が開かれたとしても、さまざまな超自然的な信念や習慣と競い合って勝たなければ、ヒトの心を占拠することはできない。こうした競争の中で勝ち残っていくのは得てして、心理的防衛機制を――いかがわしくて有害無益な文化のがらくたを除去しようとする心の仕組みを――最も巧妙に突破していく信念や習慣なのである。

これこそが第二の要素だ。文化進化は、ヒトの心の防火壁《ファイアウォール》に小さな欠陥を見つけ、ヒトの心に入り込むための裏口を探し出そうとする。高度なメンタライジング能力の副産物の一つを考えれば、どういうことかわかると思う。相手の心を読むこの重要な能力は、道具、規範、言語に関連して代々蓄積されていく文化的情報をより効果的に学習するために、重要な心理的適応としてヒトにおいて進化した可能性が高い。この能力のおかげでヒトは、他者の目的、信念、願望を推し量ることができるのだ。しかし――ここにこそ裏口があるのだが――その能力のおかげでヒトは、サンタクロースや歯の妖精*だけでなく、神、エイリアン、魂のような、実在しないものの心まで描き出すことができてしまう。[8]〔＊西洋では、乳歯が抜けたときにその歯を枕元に置いて眠ると、夜中に歯の妖精がその歯をもらいにやって来て、お礼にプレゼントを置いていくと言い伝えられている〕

それにしても、自分が見たことも、やり取りを交わしたこともないものの心を描き出すには、とりわけ強いメンタライジング能力が必要とされるだろう。とすれば、メンタライジング能力のおかげでヒトは超自然的存在について考えることができるだけでなく、メンタライジング能力に優れている者ほど、その存在を信じる傾向も高まる可能性がありそうだ。神、幽霊、魂の心を鮮やかに描くのが得意だからである。

この考えを裏づける証拠の一つとして、メンタライジング能力や共感力に優れているアメリカ人、チェコ人、スロバキア人は、他の国の人々よりも神の存在を信じやすいことがわかっている。また、メンタライジングの効果を考えれば、女性のほうが男性よりも神の存在を信じやすいという、さまざまな世界的調査に共通する結果の説明がつく。どの社会でも、女性のほうが男性よりもメンタライジング能力や共感力に優れている。こうした能力の違いを調整すると、神やその他の超自然的な力の存在を信じる傾向に男女差は見られない。多くの集団において女性のほうが宗教的信仰心が篤いのは、共感能力が高いことの副産物なのかもしれない。[9]

進化の過程で強いメンタライジング能力をもつに至ったことを考えれば、ヒトが心身二元論——心と肉体をそれぞれ独立した実体と考える説——に傾きがちな理由も説明できるかもしれない。心身二元論を信じがちだと、幽霊や霊魂、さらには、肉体が地中に葬られたあと、霊魂が天に召されていく来世というものを受け入れやすくなる。当然ながら、ヒトの心は完全に肉体と脳の産物であって、独立した実体ではありえないというのが通常の科学の立場である。ところが、ヒトの脳をいじくるときに、自然選択はついうっかり認知の欠陥——心に入り込むための裏口——を生み出してしまい、そのせいでヒトは、心と肉体は異なる実体だという考え方に染まりやすくなってしまったのだ。

なぜそのようなことが起きたのかと言うと、他者の心中を察する高度なメンタライジング能力が進化したのは比較的最近のことであり、ヒト以外の多くの動物にも備わっている、他個体の身体の動きを追うための古い認知システムが進化してから長い歳月が経っていたからだろう。これら半ば独立した心の諸システムがばらばらに進化したがために、認知機能の副産物が生まれた。つまり、「心」は肉体から切り離せるという考えを抱く能力が生まれたのである。

もし全能のエンジニアが、ヒト用の統合された認知システムを作ったならば、そもそもありえない心身の分離など、間違いなく除外していただろう。霊魂や幽霊のような心身二元論的な考え方は、火曜日と木曜日にしか存在しない人間というのと同じくらい、私たちにとってナンセンスなはずだ。ところが、人間の中身が入れ替わってしまう話は、フィジーやカナダなど、さまざまな社会の幼い子どもたちにさえ容易に理解される。『フリーキー・フライデー』のような、中身が入れ替わる人々を描いた映画の人気は、悪魔憑きや降霊会のような文化現象の広まりとともに、心身二元論が直感的にあっさり受け入れられることを証明している。(10)

心身二元論のような認知機能の欠陥《バグ》の効果を理解するために、さまざまな信仰が競い合う様子を考えてみたい。繰り返し思い出してもらい、世代を越えて伝達してもらうことによって、ヒトの心や社会にうまく入り込もうと、さまざまな信仰が競い合っている場面を想像しよう。多くの概念は、あまりにも奇抜だったり、複雑だったり、直感に反していたりして、この競争を勝ち残ることができずに、忘れ去られたり、誤って記憶されたり、受け入れやすい形に変化してしまったりする。消え去らずに残るのは、ヒトの直感にひどく反することなく、急ごしらえのヒトの脳の癖にぴったりとはまるものだろう。このように考えると、文化の違いに関係なく驚くほど一様に、人々が霊魂や幽霊の存在を信じている理由を説明しやすい。どうも心身二元論に傾きがちなところに、その直接の原因があるようだ。アメリカ合衆国を例にとると、成人の半数近くが幽霊の存在を信じており、科学団体も宗教団体も、人々が幽霊を信じるのを止めさせようと長年にわたって取り組みを続けてきたにもかかわらず、そのような信念は根強く残っている[12]。

移動型狩猟採集民の間で見られる超自然的存在、そしておそらくは石器時代の祖先たちの間でも見られたであろうそうした存在の多くは、これら二つの要素――ヒトの信仰本能と認知機能の欠陥《バグ》――を考えると説明しやすい。狩猟採集民の神々は概して、非力で、気まぐれで、あまり道徳的ではない。賄賂を贈られたり、だまされたり、強力な儀式で追い払われたりする。たとえば、狩猟採集生活を営んでいた日本の先住民族は、賂《まいない》としてヒエなどを原料にした酒を神々に捧げた。事態が好転しなければ、酒を捧げるのをやめてしまうぞ、と神を脅した。

こうした神々は、超自然的な力で人々を罰することもあったが、それはたいてい、神が拗《す》ねて癇癪を起こしたせいであって、道徳的な断罪ではなかった。たとえば、インド洋ベンガル湾南部のアンダマン諸島では、セミの歌が聞こえているときに蜜蠟《みつろう》を溶かす者には必ず、嵐の神が怒りを向けてきた。アンダマン諸島民は、蜜蠟を溶かすことには何の咎もないと考えており、嵐の神が見ていないと思うときを見計らってそれをやるようにしていた。稀に、広く共有されている社会規範を破ったかどで、神が人々を罰することもあったが、問題とされるのは、殺人、窃盗、姦通、詐欺などではなく、ほとんどが理不尽なタブーに関することだった。[13] 狩猟採集民はたいてい、何らかの形の来世を信じていたが、現世における正しい行ない（食料を盗まないなど）が来世での幸せにつながるとされていることは稀だった。[14]

もちろん、最小規模のヒトの共同体にも、他の共同体成員をどのように扱うべきかという強い道徳規範があったし、今でも存在している。重要な違いは、このような指示や禁止事項が、宇宙を支配する普遍的な力や、強大な超自然的存在の命令と強くは結びついていないという点だ。たとえば、ローナ・マーシャルは、ジュホアンシ族の創造神、ガオナについて次のように述べている。「人が人に対して悪事を働いても、ガオナの罰が下されることはなく、ガオナがそれに関心を向けるとも思われていない。人は、社会的状況下で、自力でそのような悪事を正したり、仇を討ったりする。ガオナは自らの都合で人々を罰し、その理由が何なのかさっぱりわからないこともある」

マーシャルはさらに、煙でミツバチを追い払おうとしてミツバチを焼いてしまった男二人を、ガオナが病気にしたという話を紹介している。ガオナはミツバチが人間に焼かれるのを嫌う、ということはよく知られているようだ。影響力の点から見ても、道徳性の点から見ても、最小規模のヒト社会の神々は、後に登場する大規模社会の神々と比べると、人間のほうにはるかに近い。つまり、こうした神々は、ときおり道徳面に関心を向けることもあるが、その関心はたいてい狭い範囲に限られていて奇異でさえあり、神の介入は当てにならないし、役にも立たない。[15]

ここで、根本的な疑問が湧いてくる。このような非力で、気まぐれで、道徳的にあやふやな神が、一体どのようにして、現代宗教のビッグで、パワフルな、道理を説く神にまで進化したのだろうか？　道徳性がどのようにして、超自然的存在や、普遍的正義、そして死後の生と結びついたのだろうか？

ここで第三の要素が関わってくる。集団間競争が宗教的な信念や儀式の進化に及ぼした影響である。ある共同体が——ひょんなことから——食物分配を拒否した人々や、敵の襲撃を受けて逃走した人々を罰する神や祖霊を祀るようになったとしよう。あるいは、また別の共同体が、貴重品の取引や和平協定の締結のような、重要な交渉の際になされる聖なる宣誓を破った人々を罰する神を、共に信じるようになったとしよう。時とともに、そうした多様な超自然的信念が、集団間競争によって徐々に取捨選択され、集められ、組み換えられていく可能性がある。その作用が十分に強ければ、集団間競争によって、神、儀式、来世観、社会制度を含んだ統合的な文化パッケージがまとめられていき、そのおかげで信頼の輪が広がり、犠牲をいとわずに戦おうとする意欲が強まり、さらに、集団内の襲撃、殺人、姦通その他の犯罪が減って内部の調和が保たれるようになる可能性がある。

すでにイラヒタでこのようなプロセスが働くのを見てきた。イラヒタでは、心理に強く訴える一連の共同体儀式が大きな効果を挙げていたが、タンバランの神々の振る舞いや願望もやはり、一定の役割を果たしていた。こうした村の神々は、人々に儀式グループ制を課し、儀式遂行の義務を果たすことを求めた。神々は儀式遂行の義務を怠った者を罰するとも信じられていたので、それが義務の遵守を動機づけていたのかもしれない。イラヒタでは、神々と儀式と社会組織を組み合わせることによって、共同体規模を数百人から数千人にまで拡大することができたのだった。

このケースは、一方で、結束力を強める共同体儀式の力にもっぱら依存するだけでは限界があるということも示している。イラヒタをはじめ、小規模社会で広く行なわれている、感情に強く働きかける儀式は、強力な社会的絆を形成することは確かだが、個々人が面と向かって交流し合う必要があるという点に効果の限界がある。規模をさらに拡大して、複雑な首長制社会や国家を建設し、それを維持していくためには、文化進化は何らかの方法で仮想共同体を作り上げる必要があった。仮想共同体とはつまり、超自然的存在、業《ごう》のような神秘の力、あるいは天国と地獄のような死後の世界を信じる共通の信仰によって結ばれた、見知らぬ者同士の広範ネットワークである。人々の神に関する信念は、集団間競争によって、どのように形成されたのだろうか？

神は何を望むのか、それはなぜか

文化進化がヒトの認知機能の欠陥《バグ》を強力な社会技術《ソーシャルテクノロジー》に変えた方法の一つとして挙げられるのはまず、共同体を利する社会規範を犯した人々を罰する、超自然的存在への篤い信仰心を後押ししたことである。窃盗、姦通、詐欺、殺人のようなことをしたら神罰が下ると人々が信じるようになれば、たとえ逃げおおせる場合であっても、こうしたことをあまりしなくなるだろう。したがって、そのような神を信奉している共同体は繁栄し、勢力圏や版図を広げ、他の共同体の手本にされる可能性が高まっていく。逆に、崩壊したり、分裂したりする可能性は低くなる。このような状況下で当然、予想されるのは、神がヒトの行動に特定の種類の関心を向けるようになること、そして、ますます大きな力で信者を監視して悪行を罰し、善行には褒美を与えるようになることだ。これら一つ一つについて掘り下げていこう。

ヒトの行動についての関心。集団間競争の圧力を受けて、神はしだいに、ヒトの行動の中で、集団内の協力や調和を促すような側面に関心を向けるようになるはずだ。そして、協力や信頼の範囲を広げるような、神の命令や禁止が盛り込まれるようになる。神が特に注視するのは、協力や信頼が生まれにくいが、それがあれば共同体に大きな利益をもたらすような社会的相互作用の側面のはずである。ということは、社会的距離の遠い同宗教信者をどう扱うかということに神の関心が向けられ、窃盗、虚言、詐欺、殺人のような行為に主眼が置かれることになる。社会が規模を拡大させていくとき、他氏族や他部族の人々がやはり、忠実な信者を気づかう神を信じている場合には、そのような面識のない人々にまで信頼の範囲を広げることが可能になる。

神は姦通についても懸念を示すはずだ。それには二つの理由がある。①性的な嫉妬心は、社会不和、暴力、殺人の主な原因となる（隣人同士や親族間であっても）。②姦通によって父性の不確実性が生じると、父親の子どもへの投資が抑制されてしまう。姦通に歯止めをかければ、より大規模な共同体内により大きな調和がもたらされ、子どもの福祉も向上するはずだ。神が、儀式の執行、宗教上の掟（食のタブーなど）の厳守、そして身を切る犠牲についても関心を払う理由については後述する。[16]

神による監視。集団間競争の中で、神の命令や禁止を人々が忠実に守るかどうかを監視する能力に長けている神が有利になってくるはずだ。超自然的存在が初めて出現したとき、他者を監視する能力はヒトと大差なかったようだが、やがて数千年を経るうちに、あるものはすべてを知り尽くすようになり、ついに人々の心や頭の中を見透かす力まで獲得する。私が調査を行なっているフィジーでは、祖先神が「暗い場所」から村民たちを見守っているが、その祖先神には、全員を同時に監視したり、他の島に出かけた人々を追跡したり、人々の心の中を見透かしたりする力はない。それに対して、キリスト教の神（フィジーではそれも信仰されている）は、こうしたことはもちろんのこと、さらにいろいろなことができると村民たちは信じて疑わない。

超自然的なアメとムチ。集団間競争が繰り広げられるうちに、個人や集団に懲罰と褒美を与える力をもつ神が選択されていく。ちなみに、ヒトの規範意識が働くので、報酬よりも懲罰の脅威のほうが実質上、強い効果をもつかもしれないが、両方とも行動を促す上で一定の役割を果たす。初めのうちは怒りっぽい悪戯者だった神が、時が経つにつれて、けが、病気、さらには死までもたらす力をもつ、聖なる審判者へと進化を遂げていく。そしてついに、一部の神は、死後の生を掌握するようになり、不滅の命を与える力や、地獄での永遠の天罰を宣告する力まで獲得した。

規範破りを監視して処罰しようとする傾向が強く、その能力も高い神の存在を信じることは、実際に、人々の意思決定に影響を及ぼすのだろうか？　そのような神は、同じ信仰をもつ見知らぬ者同士の、公正で公平なやり取りを促すことによって、協力の「輪を広げる」ことができるのだろうか？　神プライムによって、初対面の相手に対する向社会性が高まることはすでに見てきた。では、信仰が作用する具体的なチャンネルのいくつかに照準を合わせよう。

効果のある成分

一〇年ほど前のこと、アラ・ノレンザヤン、宗教学者のエドワード・スリンガーランド、そして私は、地元のパブでビールを飲みながら、宗教の進化について研究するプロジェクトを計画した。その一環として私たちは、シベリアやモーリシャスから、バヌアツやフィジーまで、世界各地に暮らす狩猟採集民、自給自足農耕民、牧畜民、賃金労働者といったさまざまな集団について、専門的知識をもつ国際チームを結成した。そして、これら一五の集団から、ヒンズー教、キリスト教、仏教のような世界宗教を深く信仰している共同体だけでなく、祖先崇拝やアニミズム（たとえば山岳信仰）など、その土地に伝わる伝承を熱心に信じている共同体も選んで調査を行なった。それぞれの集団において、人々の超自然的な信念について、人類学の視点から広範なインタビューを行なうとともに、参加者にかなりの額の現金を配分してもらう、一連の意思決定テストを実施したのである。[17]

研究を始めるにあたってまず行なったのが、それぞれの土地で重要な意味をもつ二種類の神を見つけることだった。一つ目は、最大最強の神にできるかぎり近い、全能で、遍在する、慈愛に満ちた神。これを「ビッグ・ゴッド」とする。次に、重要ではあるが非力な超自然的存在を見つけ、これを「ローカル・ゴッド」と名づけた。それぞれの神について、人間を見張り、その心を読み、諸々の違反を罰し、死後の生を授ける力がどれくらいあるか（等々）を参加者たちに評価してもらった。これらの評価から、それぞれの神について、規範破りを監視して処罰する神の力を、人々がどれほど信じているかを示す指数を導き出した。

一方、人々の公正さや公平さについての意識を測定するために、ランダム配分ゲーム（ＲＡＧ）と呼ばれる意思決定テストを利用した。ＲＡＧでは、各参加者はまず、小部屋やテントのような、自分だけの空間に座る。参加者の前には、カップ二つ、コイン三〇枚、サイコロ一個が置かれており、サイコロの三つの面は黒く、別の三つの面は白く塗られている。参加者は、サイコロを振るごとにコインを一枚ずつ、二つのカップのどちらかに入れるように指示される。それぞれのカップに投入された現金が、ゲーム終了時に誰の取り分になるかは予め決められている。このゲームで最も注目されるのは、参加者がコインを、「遠い町や村の匿名の同宗教信者」と「自分自身」とに配分する場合（自己ゲーム）、そして、「遠い町や村の匿名の同宗教信者」と「同郷の同宗教信者」とに配分する場合（同郷・同宗教信者ゲーム）である。プレーヤーがゲームのやり方を理解したことを確認したら、あとは本人が一人でコインを配分していく[18]。

私たちが知りたいのは、超自然的存在に監視されていると信じることの効果であって、現世の社会的圧力の影響ではなかったので、参加者には次のような方法でコインを配分してもらった。①心の中に、二つのカップの一方を思い描く。②サイコロを振って黒い面が出たら、自分が思い描いていたカップにコインを入れる。白い面が出たら、自分が思い描いていたカップとは別のカップにコインを入れる。③コインがなくなるまで、これを繰り返す。

この方式だと秘密が確保される。なぜなら、心を読めない限り、プレーヤーがサイコロを振るたびに、心の中でどちらのカップを選んだかは、誰にもわからないからだ。実験者などがひそかに見張っていたとしても、実際にいんちきをしたかどうかを見抜く手立ては全くない。私たち実験者は、サイコロを振るたびごとに、いんちきが行われたかどうかを知る手立てはないが、当然ながら、確率や統計を用いれば、人々の配分の偏りぐあいを正確に推定することができる。客観的に言って、平均するとサイコロを三〇回振ったあと、それぞれのカップにはコインが一五枚ずつ入っているはずだ。配分の結果が、一カップ一五枚からかけ離れているほど、何らかの偏った配分を行なった可能性が高くなる。ここでは当然、自分自身や同郷メンバーのほうに偏ることが予測される。となると、注目されるのは、ビッグ・ゴッドが監視や懲罰の脅威を通して、この自然な利己心や郷党心を抑え、平等配分（遠方の同宗教信者に対して平均でコイン一五枚）へと近づけることができるかどうかである。

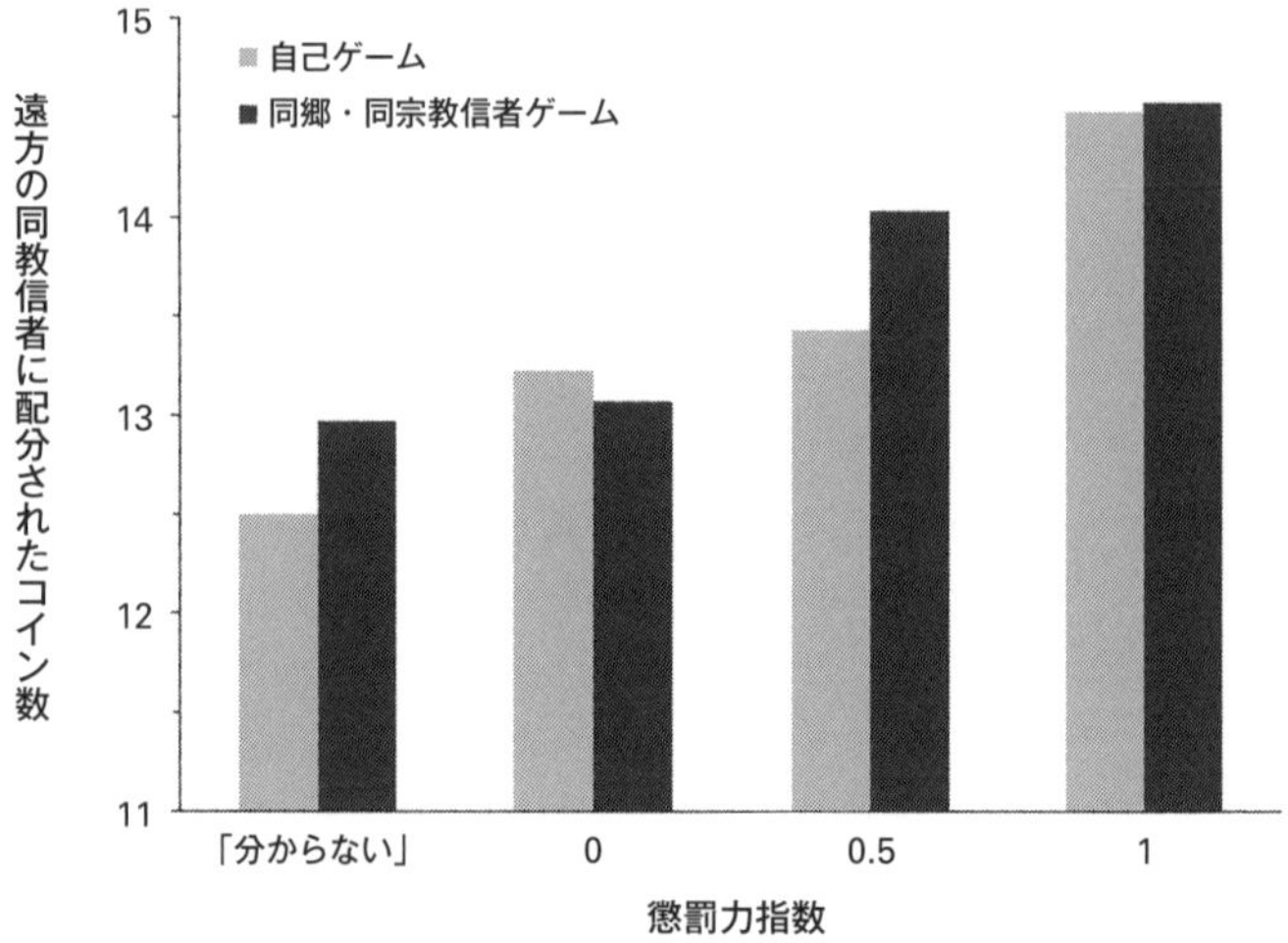

図4.2　ランダム配分ゲームを行なった場合に、規範破りを罰するビッグ・ゴッドの力を強く信じているほど、自己ゲームにおいても、同郷・同宗教信者ゲームにおいても、遠方の同宗教信者（よそ者）をより公平に扱う。懲罰力指数が高いほど、ビッグ・ゴッドの懲罰力を強く信じていることを示している[19]。

実験の結果、ビッグ・ゴッドには確かに協力の輪を広げる力があること、そしてそれは、①神の監視力や②神の懲罰力を人々がどれほど信じているかに影響を受けることが明らかになった。たとえば、ビッグ・ゴッドは悪行を処罰しようとする傾向もその力も強いと信じている場合には、遠方の同宗教信者を不当に扱う偏りは少なかった。図4・2に、二種類の配分ゲームについて、神の懲罰力の指数と配分されたコイン数との関係を示してある。完全に公平な人は、コインを平均一五枚ずつ配分するはずだが、このデータから、自分たちのビッグ・ゴッドは怒ると天から硫黄の火を降らせるような神だと考えている人々（指数「1」）は、遠方の同宗教信者にコインを平均一四・五枚与えたことがわかる。一方で、自分たちのビッグ・ゴッドは慈愛に満ち溢れた神だと考えている人々（指数「0」）は、よそ者にはコインをおよそ一三枚しか与えなかった。

図4・2の一番左は、自分たちの神の力について「わからない」と答えた人々である。そう答えたのは、ほとんどが二つの小規模社会の人々、すなわちタンザニアのハッザ族の狩猟採集民とバヌアツのタンナ島の村民だ。いずれの地域でも、研究者たちは、その土地の神々の中から何とか、ビッグ・ゴッドの概念に合うものを見つけようとしたのだが、どの神もそれほど道徳的ではなく、強力でもなかった。この状況はなかなか貴重だ。というのは、道徳を説く強い神が下す超自然罰というものが、その世界観の中にない場合、人々がどのように振る舞うかがうかがえるからである。こうした状況では、自分自身や同郷メンバーを利する傾向がいっそう強くなり、よそ者に与えるコインの数は平均で一二・五〜一三枚にまで落ちた。全体的に見ると、超自然罰をほとんど、あるいは全く信じない状況から、最も強く信じる状況に移行するにつれて、よそ者を不当に扱う偏りが四分の一から五分の一へと減少した。このような関係は、同じ共同体の個人同士を比較して、人々の物質的安寧（裕福さ）や人口学的要因（学校教育、年齢・性別など）の影響を統計的に一定にした場合でも保たれる。[20]

私たちのチームは、RAGと同じ要領で独裁者ゲームも行ない、「自分自身」と「遠方の同宗教信者」、および「同郷の同宗教信者」と「遠方の同宗教信者」とにコインを配分してもらった。その結果は、RAGの場合と同じ傾向を示すが、ビッグ・ゴッドによる監視と懲罰の効果はさらに強くなる。[21]

私たちは、ローカル・ゴッドについての人々の信念が、配分に影響を与えるかどうかも分析した。ビッグ・ゴッドの場合とは違って、ローカル・ゴッドについての信念は、配分に全く影響しなかった。このパターンは、社会的制裁への不安が、実験行動と超自然罰に関する信念の両方に影響したのではという懸念も含め、他の多くの説明を排除するものだ。もしそうであるなら、ビッグ・ゴッドに関する信念も、ローカル・ゴッドに関する信念もともに、人々の実験行動に影響していいはずだ。しかし、影響力が見られたのはビッグ・ゴッドのほうだけだった。[22]

以上のような結果を、神プライミングに関する知見と組み合わせると、特定の宗教的信念には人々に対し、自分は損をしても他者に利益をもたらすような選択をさせる力があるという十分な証拠になる。この通文化的研究で証明された文化的差異を、遠方の同宗教信者に対する公正・公平な扱いと結びつけると、まさに、集団間競争が巧みに利用するようなたぐいの差異が見えてくる。[23]

もちろん、これまで強調してきたように、文化進化は単に集団間競争だけでなく、さまざまな要因の影響を受ける。たとえば、王や皇帝たちが、自分自身やその一族、さらには付き従うエリート層が有利になるようにわざと、超自然的な力に関する人々の信念や習慣を形成しようとしてきたことは間違いない。確かにそうではあるが、大衆の心を動かすエリート層の力はそこまで強くなかった。支配者たちは、大衆の心をコントロールするのに勝るとも劣らぬ熱心さで、神の要求に従おうとした。

マヤ族の場合を例にとると、統治者は儀礼として、自分の陰茎を通常アカエイの棘で刺して、その穴に樹皮の繊維を撚《よ》った糸を通さなければならなかった。宗教を支配できる統治者がいたならば、すぐさま、王の陰茎を傷つけるようなことがあってはならぬという神のお告げを得ていただろう。しかし、この習慣は少なくとも二〇〇〇年間続いた。

世界の反対側でも、やはり同じようなことが言える。一六世紀のインドでは、強大な権力をもつムガル帝国のアクバル大帝が、極めて寛容な独自の宗教――イスラム教、ヒンズー教、ゾロアスター教、キリスト教の諸要素を融合させた宗教――を創始することによって、イスラム教とヒンズー教の臣民を一つにまとめようとした。しかし残念ながら、この意図的なトップダウンの宗教工作は裏目に出てしまう。正統派イスラム教徒たちが直ちに、アクバルの取り組みを異端だと非難し、激しい抵抗勢力が結束を強める結果となったのだ。強大な権力を誇る皇帝の宗教は、最盛期にさえ、著名な信者を一八人しか集めることができず、やがて消滅していった(24)。

要するに、人類史を通してずっと、宗教が統治者を必要とする度合いをはるかに超えて、統治者は宗教を必要としていたのである。

誤解のないように言い添えておくと、私は世界宗教を讃えるつもりも、ビッグ・ゴッドを讃えるつもりもない。私にとってそれらは、説明を求めてくる興味深い文化現象の一つにすぎない。つまり、集団間競争に駆動された文化進化が、超自然的な信念の出現と普及に有利に作用して、神がしだいに人間の行ないに関心を払うようになり、懲罰と褒美を与える力をもつようになっていった、という現象である。このような信念が定着していったのは、それが現実を正しく表しているからではなく、共同体や組織や社会が競争相手を打ち負かすのに役立ったからである。

このような集団間競争は、勢力を伸ばしている集団を模倣するなどして、比較的穏やかに展開する場合もある一方で、虐殺、圧制、非信者の強制改宗などを伴う場合も決して少なくなかった。そのようにして徐々に進化した神は、戦争を正当化し、集団殺戮を賛美し、そして暴君に権威を与えてきた(聖書を読まれよ)。集団間競争は、仲間の輪の拡大に加担するが、一部の人々を輪の外に追いやるのもやはり仲間の輪なのである(25)。

ここまで、比較心理学の研究から得られた証拠を活用して、宗教的信念や儀式がいかにして、人々の協力傾向を高めるのかを見てきた。では今度は、さまざまな社会の長い歴史の中で、神や儀式が実際にどのように進化してきたのかを考えよう。

神と儀式の進化

集団間競争の圧力を受けて、特に農耕が始まって以降、文化進化は、社会の規模拡大が促進され維持されるような形で、人々の超自然的な信念や儀式を形成してきた。まずは出発点として、狩猟採集民などの最小規模の社会に見られる、非力で道徳的にあやふやな神から考えてみたい。こうした神々が食物分配や集団間の良好な関係に寄与したことを示す証拠もある程度は得られているものの、社会全体のスケールアップや大規模な協力行動を促進するほどの力はなかったと思われる。しかし、前章で氏族神や祖先神について見てきたように、社会が親族ベース制度を用いて、より大規模で結束力の強い社会単位を形成するようになると、文化進化は、超自然的な力に関する信念や儀式を本格的に利用し始めた。

世界中どこでも歴史をさかのぼると、氏族たちは必ずと言っていいほど、謎に包まれたその始祖を神格化してきた。氏族制度では通常、年齢とともに長老により大きな権威が与えられていくので、重鎮である長老が他界し、その話が伝説として語り継がれていくうちに、尊敬の念が深まり、やがて、畏怖、敬意、恐怖の感情が入り混じったものになるのは当然のことだろう。祖先神が人々を罰するのは、主として、祖先を讃える儀式をきちんと執り行なわなかった場合だが、ときおり、氏族のしきたりに従わない者を罰し、本人やその親族に病気やけが、さらには死をもたらすこともある。祖先神に関心を払うのは、その氏族の成員だけだったが、それは現在でも変わらない。[26]

氏族神からより大きな神が現れてくる道筋はいろいろある。その一つとして、イラヒタの長老たちがアベラム族の祖先神を、村レベルの神だと勘違いした経緯を見てきた。同様に、他集団を征服した首長制社会の祖先神が、神格化された祖先としてではなく、強大な力をもつ共通の神として、支配下に置かれた集団に取り込まれることもあった。ここで問うべきは、こうした出来事をきっかけに、罰する力の強い、より大きな神が生まれることによって、社会の規模拡大は促進されたのか、少なくとも、社会を分裂させてしまう力は抑止されたのか、ということである。[27]

文字をもたない社会が、氏族制から複雑な首長制へと政治的統合を進めるにつれて、神がどのように進化していったかを見るために、太平洋地域に焦点を当ててるとしよう。そして、超自然罰の出現、神の道徳的関心の広がり、政治的リーダーシップの正当化、そして来世信仰の性質の変化について考察していこう。わずか数千年の間に、東南アジアの島々一帯に住みつき、それまで無人だった太平洋地域に広がっていったオーストロネシア人の集団は、社会進化の研究のための恰好の自然実験を提供してくれる。この広範囲に散在している諸集団は、ヨーロッパ人と接触したとき、そのサイズも政治的複雑度もさまざまで、小規模な平等主義の共同体もあれば、きわめて複雑な首長制社会もあり、二つの国家さえ存在していた。

この自然実験を利用して、社会の複雑度と超自然罰との共進化について調べるために、ジョセフ・ワッツ、ラッセル・グレイ、およびクウェンティン・アトキンソン率いるチームは、ヨーロッパ人と接触する前の九六の太平洋社会のデータから、これらの社会がたどったと思われる歴史的経路を再構築した。チームは、広範な超自然罰を人々がすでに信じていた場合と、信じていなかった場合について、社会が複雑度を増した確率をそれぞれ推定した。その結果、こうした懲罰が存在しなかった場合に、複雑な首長制社会へと歴史的変遷を遂げる確率は――驚いたことに――ほぼゼロに等しいと推定された。それに対して、原型をなす共同体ですでに、重要な道徳違反には超自然罰が下ると信じられていた場合には、だいたい三〇〇〇年経つごとに複雑度が増していく確率がおよそ四〇%となった。前述の心理学実験に照らしてみると、社会の規模を拡大していく上での宗教の役割がいっそう明らかになる。[28]

超自然罰の重要性が増していくのに伴って、神は何を気に掛けているか、神の要求に背いたらどんな怒りが下るか、神の領域の一端を担っているのは誰か、といったことにも変化が現れたようだ。基本的に、オーストロネシア社会の神々はすべて、儀式を蔑ろにしたりタブーを犯したりするなど、神を苛立たせる人々を罰する神だった。しかし、比較データを見ると、ある地域の神々は、社会の非親族成員、つまり、その氏族や共同体の外部の者に対する人々の行動を気に掛け始めたことがうかがえる。

トンガを例にとると、この複雑な首長制社会の神は、別のトンガ諸島民から盗みを働く者に対して、サメによる攻撃を加えた。こうした信念は実際に効果を発揮した。人類学者のH・イアン・ホグビンは、サメが出没する季節には盗人は泳ぐのを控えたと述べている。その近くのサモア諸島民は、盗みを働いた者は、潰瘍に冒されたり、腹が膨満したりして罰せられると信じていた。サモアやトンガには、姦通を罰する神もいれば、それを隠すのを助ける神もいた。

言うまでもなく、これらの社会は強い親族ベース制度に根ざしており、したがって、神の懲罰にも多くの場合、共同犯罪や共同責任が絡んでいた。サモアでは、けがや、事故、病気、さらには死までもが超自然罰だと信じられており、その原因はたいてい、本人の親族の行状にあると考えられていた。父親が病気になると、その息子たちは、やがて自分にも神罰が下るのを恐れて、遠方の村に姿をくらますのが常だった。注目すべき点として、このような例から神の力の限界が見てとれる。つまり、息子たちは、遠くに逃げてしまえば天罰を避けられると信じていたようなのだ。しかしやがて、文化進化は、神の力の及ぶ範囲を宇宙全体に広げることによって、こうした逃亡作戦を阻止するようになる。(29)

超自然罰を出現させ、神の道徳的関心の範囲を広げると同時に、文化進化は、宗教と政治制度を絡み合わせることで、首長の権威がより効果的に神と結びつくようにしていった。首長の権威は神から授かったものだとすることで、その指揮統制権限が拡大し、より大きな集団を統率して、寺院を建て、運河を開き、ヤムイモを植え、軍事作戦を遂行することが可能になったのである。その一方で、神はしだいに人間を生贄《いけにえ》として捧げることを要求するようになり、首長自身の子どもたちが人身御供《ひとみごくう》になることもあった。そのような儀礼行為には、まちがいなく社会統制を強める力があり、それと同時に、首長の権力と彼の神への服従の両方を公に示す効果もあった。(30)

もちろん、ポリネシアの神々は、窃盗や姦通のような反社会的行動をときおり罰しはしたものの、それ以外の点ではかなり人間的だった。食べて、飲んで、セックスを楽しんだ。礼拝者たちがひれ伏して祈り、豪勢な生贄を捧げれば、唆《そその》かしたり抱き込んだりすることもできた。侵略軍は決まって、敵側の神に生贄を捧げ、買収しようとしたり、いくらかでも機嫌を取ろうとした。(31)

神の懲罰、道徳的関心、政治的正統性についての信念が、規模拡大《スケールアップ》のプロセスを支えるような方向へと共進化を遂げていったのに対し、現世での行ない次第で死後の境遇が良くも悪くもなるという、**不確定な死後生**の重要性を示す証拠はほとんど見つかっていない。たとえば、タヒチ島やボラボラ島などからなるソシエテ諸島では、海で命を落とした者はサメの体内に収まるが、戦争で死んだ者は、いつまでも幽霊として戦場をさまようと考えられていた。名門氏族の成員は、その家柄ゆえに、死後にはたいてい楽園に入れる（とされていた）ので、天国のようなものは存在した。しかし、模範的な行動をしたからといって、そこに行かれたわけではなかった。

しかし、オセアニアのあちこちにぽつりぽつりと、集団間競争のエンジンの燃料になりそうな来世信仰が芽生えていた。たとえば、クック諸島では、マンガイア島の勇敢な戦士の魂は「天界の高みへと昇っていき、そこで香《かぐわ》しい花々に包まれ、あらゆる欲望がすっかり満たされて欣喜《きんき》雀躍《じやくやく》しながら、永遠に幸福に暮らし続ける」とされていた。当然、これは勇敢な戦士を目指す大きなインセンティブとなる。しかし、さらに重要なのは、そのような信念によって、文化進化の土台が築かれるという点である。人々が勇敢さは死後生にとって重要だと信じるようになれば、文化進化が、美徳と悪徳のリストを増やしていくための扉が開かれることになる。しかし、このような地域特有の文化進化プロセスは、第二千年紀の半ばにキリスト教やイスラム教が到来したことで、しだいに制限されていった[32]。

神が歴史をつくる

今述べてきたような文化進化のプロセスは、太平洋地域においては人類学、言語学、考古学の証拠を組み合わせて推測するしかないのだが、今から四五〇〇年以上前の文書記録に初めて神が姿を見せるようになったシュメール（メソポタミア）の場合には、史実に基づいてそのプロセスをたどることができる。その時点では、シュメールの神々も、先ほど取り上げたポリネシアの複雑な首長制社会の神々とそれほど違わなかった。飛び抜けた力をもってはいたが、人間にとてもよく似ていた。

たとえば、神エンキはある晩、酒を飲み過ぎてついうっかり、文明にまつわる秘奥を、愛と性（と戦い）を司る魅惑的な女神、イナンナにもらしてしまう。イナンナ（しだいにバビロニアの女神イシュタルと融合していく）は、娼婦の女神でもあり、姦通した女性を助けることもあった。愛人の子を身籠もった女性たちは、どうか生まれてくる子が夫に似ていますようにとイシュタルに祈るのだった。また、神エンリルは、のちのユダヤ人の神と同様に、人類を一掃するための大洪水を世に送るように命じた。といってもエンリルは、人類は悪行の巣窟になってしまったので浄めなくてはならないと考えたわけではなく、人間たちの行動音があまりにも騒々しいと思ったからにすぎない。[33]

諸々の超自然的な力がごたまぜになったこの騒乱状態の中から、集団間競争——たいてい都市間競争——によって、特に政治や交易の分野における神の役割について、人々の信念が形成されていった様子が見てとれる。古代エジプトのファラオのように、半神半人とはならなかった古代の王たちもやはり、神々との密接な結びつきを築くことによって、自らの正統性を高めるとともに、ある程度の神聖な権威を保っていた。都市国家バビロンのハンムラビ王は、有名な法典の冒頭で、自らの神聖な権限の源泉を説明するにあたってまず、至高の創造神や天地の造り主というヒエラルキーの頂点から語り始める。それからハンムラビは次のように宣言する。「余は、シャマシュのごとく、黒い頭の民を統御し、この地を光で明るく照らし、人類の幸福をさらに増していかねばならない」[34]
メソポタミアの神々はまた、商業を促進し、契約不履行を抑制した。たとえば、太陽神であり、イナンナの双子の兄でもあるシャマシュは、真実と正義の支援者として現れ、商取引や条約交渉の際になされる宣誓を取り仕切った。そのことを示す証拠として、紀元前第二千年紀の初めに、ウル（現在のイラクにあった都市）の二つの商家が、シャマシュへの宣誓文が含まれる契約書に署名している。また、市場にはシャマシュの像が立てられていた。おそらく「シャマシュ・プライム」を利用して、公正な取引慣行を促そうとしたのだろう。ハンムラビ法典は、神への宣誓を義務づけることによってこれを定式化し、法的審問の場での正直な証言のみならず、市場交換に際しての契約書の取り交わしを徹底させた。[35]
やがて現れる古代ギリシャやローマの神々は、のちのキリスト教のスピンドクター〔情報操作に長けたスポークスマン〕が作り上げた一般的なイメージとは裏腹に、公衆道徳の維持者であって、個人や一族や都市に利益を授けてくれた。ギリシャの神々は、先祖にあたるメソポタミアの神々と同じく道徳上の欠点があったとはいえ、支配者に正統性を与え、軍隊を鼓舞し、汚職行為を取り締まった。ほぼすべての神々と同様に、ギリシャの神々もやはり、盛大な祭祀を営んで身を切る犠牲を捧げるなど、昔ながらの儀式を行なう者に対してとりわけ好意的だった。その一方で、特に親を粗末にする者や、異国の神を崇拝する者に対して、多少とも積極的な監視や懲罰を行なった。
アテネでは、殺人も神の力で抑えられていたと思われるが、その抑え方は間接的なものだった。殺人を犯した者は、身が穢れると信じられていた。穢れた者が、寺院や市場などの公共の場、つまり神聖な場所に入ったりすれば、神がお怒りになって、街全体に懲罰を下されないとも限らない。

したがって、第三者である目撃者は、街の全員が神の立腹の巻き添えにならぬようにと、殺人犯の穢れた状態を権力者に警告しようとしたに違いない[36]。

とびぬけて重要な神の懲罰の原因は、商業契約書に署名するとき、売買をするとき、あるいは公職に就くときに、特定の神の名においてなされる聖なる宣誓を破ることだった。アテネでは、ギリシャ世界の多くの地域と同じく、市場のあちこちにさまざまな神々の祭壇が築かれていた。商人たちは、これらの祭壇の前で、自分の商品の真贋と品質を保証する、聖なる誓いを立てることが求められた。商取引においても、条約締結においても、アテネ人は信用できるという評判が長く続いたのは、一つには、彼らが神々に、そして聖なる誓いに厚い信頼を寄せていたからかもしれない[37]。

その後のローマ世界でもやはり、売買、法的取り決め、契約の際に、聖なる宣誓が利用された。たとえば、収穫人と粉屋は、馴れ合いで価格を決めることがないよう、聖なる誓いを立てた。同様に、ワイン売りは、自分の商品の品質や信頼性について誓いを立てた。そして、もちろん、人々は法廷で証言するとき、偽証はしないという誓いを立てた。

ちなみに、神々自身は、虚言や詐欺や窃盗そのものに直接関心を寄せているわけではなかった。関心の的は、自分の名においてなされた宣誓の違反にあった――つまり、神々は、ギリシャ人やローマ人たちと同じく、自分の名誉を気にしていたのである。文化進化はただ、個人や家族の名誉といった直感的心理を、より大きな社会のために働かせたにすぎない[38]。

地中海地域の商業や交易に、神々が中心的役割を果たしていたことは、紀元前二世紀にローマの海洋交易の中心地として栄えた、エーゲ海のデロス島を見るとよくわかる。宗教の中心で交易のハブでもあった古代の市場には、さまざまな神々の祭壇や偶像が建てられていたが、最も重要なのはマーキュリーとヘラクレスだった。商人たちは、この聖なる場所で、こうした神々に誓いを立てることで、組合組織を設立し、盟約を結び、地中海の効果的なネットワークを築いていった。有名なギリシャの旅行家、パウサニアスは「神がいるおかげで、そこでは安心して商取引ができる」と述べている。そのような宣誓に、本当に効果があるのかと疑うのであれば、神プライムが経済的意思決定に影響を及ぼすことを実証した、前述の心理学実験を思い出そう。こうした事実に照らすならば、そのような霊力を宿すとされる場所で、明示的になされた宣誓が、人々の信用や信頼性を高め、それによって経済交流を円滑にしなかったとはどうしても考えにくい[39]。

地獄、自由意志、道徳的普遍主義

数百年にわたって、神々や天罰にまつわるさまざまな信念が地中海とインドの間を行きつ戻りつしていたが、紀元前五〇〇年頃になると、そのような信念が渦巻く大釜の中から、特定の行動に褒美や懲罰を与える普遍神（または宇宙の力）を戴く新たな宗教が出現し始めた。この競争に勝ち残って現代まで存続している宗教には、仏教、キリスト教、ヒンズー教などがある。その後、他の多くの宗教とともに、イスラム教がこのリストに加わることになる[40]。

紀元前二〇〇年頃までに、普遍宗教は、人々の心理を根本から変えるような、三つの重要な特徴をもつようになった。その一、**不確定な死後生**。三つの宗教の核心にあるのは、生きている間に特定の道徳律を遵守するかどうかで変わってくる死後の生、あるいは何らかの永遠の救いについての信念――つまり、天国、地獄、蘇り、生まれ変わりといった概念である。その二、**自由意志**。ほとんどの普遍宗教は、その土地の規範を犯したり、伝統的権威に逆らったりすることになろうとも、「道徳に適った行動」を選択する個人の力を強調した。そして、個人の自由意志による選択が、死後の運命を決めることになった。その三、**道徳的普遍主義**。これらの宗教の道徳律は、信者たちが万民に普遍的に適用されると信じる神の法へと発展していった。このような神の法は、全能なる神の意志（キリスト教やイスラム教などの場合）、または、宇宙の形而上学的構造（仏教やヒンズー教などの場合）に由来していた[41]。これは非常に画期的なことだった。なぜなら、それまでは地域や時代を問わず、異なる人々――民族言語集団――はそれぞれ独自の社会規範、儀式、神をもっているのが動かぬ現実だと思われてきたからである。

これら三つの特徴すべてがそれぞれ独立に、人々の考え方やふるまい方に影響を及ぼすことによって、その忠実な信者たちこそが、伝統的な共同体や小規模な宗教との競争で優位に立つことになったと思われる。このような宗教的信念がどうして競争優位をもたらすのかを考えるために、現代のデータを検討してみよう。

国別に比較すると、国民が不確定な死後生を信じている国ほど、経済生産性が高く、犯罪が少ない。一九六五年から一九九五年までのグローバルデータに基づく統計分析の結果を見ると、（天国だけを信じるのでなく）地獄と天国を信じている人々の割合が高い国ほど、その後一〇年間の経済成長のスピードが速いことがわかる。その効果は決して小さくない。地獄（と天国）を信じる人々の割合がおよそ二〇ポイント増えて、たとえば四〇％から六〇％になると、その後一〇年間の国の経済成長率が一〇％上乗せされる計算になる。こうした傾向は、経済成長に影響するとされる典型的要因を除去しても保たれる。

この分析データは、経済成長の推進力はまさに、不確定な死後生についての信念であることも示唆している。（地獄は信じずに）天国だけを信じていても経済成長は加速しない。また、不確定な来世への信仰の影響を考慮すると、神を信じていても加速は起こらない。天国を信じたがっている人々は大勢いそうなので、経済に働きかけるには、そこに地獄を加えるだけでいい（地獄だけを信じる人は稀なので[42]）。

この分析結果は、不確定な死後生についての信念がそのまま、経済成長をもたらすことを示しているわけではない。しかし、これまで述べてきた証拠に照らしてみるとどうやら、「宗教」全般ではなく、特定の宗教的信念が、経済的繁栄につながる方向へと人々を動かしていくようだ[43]。

不確定な死後生についての信念は、世界の国々の犯罪発生率にも影響を及ぼしている可能性がある。不確定な死後生（地獄と天国）を信じている人の割合が高い国ほど、殺人発生率が低い。それに対し、天国だけを信じている人の割合が高い国ほど、殺人発生率が高くなっている。そうなのだ。天国だけしか信じていないと殺人件数が増えるのである。襲撃、窃盗、略奪など、その他九種類の犯罪についても同じ傾向が見てとれる。しかし、これら殺人以外の犯罪については、額面通りに受け取らないほうがいい。なぜなら、さまざまな犯罪をどの程度報告するかは、国によってまちまちだからである。私が殺人に焦点を絞ってきたのは、国によらず、最も信頼できる犯罪統計だからだ。このような信仰と犯罪の関連性は、国富や不平等といった、国による犯罪発生率の差に影響を及ぼしやすい要因を統計学的に一定に保った場合でも維持された[44]。

死後生についての信念と並んで、自由意志の概念もまた、人々の意思決定に影響を及ぼす可能性があるが、残念ながら、こうした研究のほとんどが、ＷＥＩＲＤな社会で行なわれたものに限られている。実験室での心理学実験の結果からすると、自由意志の力を強く信じるアメリカ人ほど、数学の試験でカンニングしたり、不当な現金を受け取ったり、集団の意見に同調したりすることがあまりなく、逆に、誘惑をはねのけたり、見ず知らずの人を助けたり、創造的に問題を解決したりする傾向が強いようだ。また、そのような人々は、ものごとの原因を傾向性に求めようとする。たとえば、人々の行動を、そのときの状況（「彼は仕事で疲れている」）によって説明するのではなく、性格特性（「彼は怠け者だ」）に基づいて説明しようとする。こうした研究の多くが、自由意志やその力を信じる気持ちを一時的に抑えるような科学的主張に触れさせることによって、一部の参加者の実験室内での行動に変化を引き起こしていることから、人々の信念が行動の変化を促しているのだと推測できる[45]。

道徳的普遍主義に関する研究はいまだ、自由意志についての研究よりもさらにいっそう数が少ないが、二件の研究結果から、道徳的相対主義の信奉者よりも道徳的普遍主義の信奉者のほうが、非人格的正直さの度合いが高く、気前よく慈善寄付を行なうことが示されている。自由意志の場合と同様に、研究者たちは、道徳的相対主義と道徳的普遍主義のいずれかをプライム刺激として実験的に与えた上で、貧しい人々に寄付するか、それとも着服してしまうかを観察することで、人々の道徳的普遍性への信念が行動に影響することを実証しようとしてきた。研究の結果から、道徳的普遍主義の暗示をかけると、着服行為が抑えられて、慈善活動への寄付額が増すことが明らかになっている[46]。

総合的に考えると、以上のような研究は、不確定な死後生、自由意志、道徳的普遍主義についての信念が、人々の意思決定や行動を変化させて、宗教団体間競争や社会間競争で勝利しやすくなる方向へと向かわせた、という見方を支持している。だからこそ、文化進化は、強い力をもち道徳に関心を寄せる懲罰の神（またはその他の宇宙の力）が含まれる超自然の混合薬に、これら三種類の増強剤を加えることに加担したのかもしれない。ところで、社会を変えるレシピに欠かせない成分には、他にどんなものがあるだろう？

説得力ある殉教者と退屈な儀式

普遍宗教の中核を成していたもの、そして今でも成しているものは、特定の超自然的信念や世界観に対する深い感情的関与である。そして、こうした新たな宗教的共同体の長期にわたる成功の基礎を成していたのは、（イラヒタでのような）強い感情を喚起する「写象的」儀式の結合力に根ざした古来の方式ではなく、むしろ、神や道徳律についての信念や宇宙観がもたらす永続的な心理効果だった。その一環として文化進化は、「教義的」儀式と呼ばれる、新たなタイプの儀式に加担した。そのほうが、宗教的信念の内容とその信念の揺るぎなさの両方を、より効果的に伝えることができたからである。

儀式はしだいに、ヒトが生まれつきもっている文化習得能力の諸側面を最大限利用するように進化していった。信念の内容を覚えやすい形で伝えるために、祈禱《きとう》、賛美歌、詩、信条《クレド》、寓話を利用した儀式を、何度も頻繁に繰り返すようになった。ヒトの注意バイアスを巧みに利用して、とりわけ名声や実績のある人々——聖職者、預言者、共同体指導者——にこのような信念を日々繰り返し伝達させ、ときには、若い学習者たちに一体感を与えるために、会衆全員に声を揃えて朗読させることもあった。このような要素にはとりわけ、人々の学習能力や記憶力をとぎすます効果があり、それによって、信念が大規模な宗教的共同体の中で広く共有されやすくなることが、心理学的研究の結果から示されている[47]。

新しい教義的儀式は、表明された信仰に、より効果的に揺るぎなさを吹き込むために、私が**信憑性ディスプレイ（CRED）**と呼ぶものも巧みに利用した。CREDとは、心の根底にある信念や真の信仰を証明するような行動、言い換えると、言葉で表明した信仰を堅持していなければ、まず現れるはずのない行動である。CREDの最もわかりやすい例が殉教だ。表明した信仰のために命を犠牲にする行為は、言葉で表明した信仰が本当に、心の底から出たものであることを示す説得力のある証拠となる。殉教者の行動を見たり聞いたりした人々は、その殉教者が表明した信念を身につけたり、自身の信仰をさらに深めたりする可能性が高くなる。

人類進化の過程を通して、自然選択は、自己利益のために偽りの信念を伝えてくるかもしれないずる賢い相手に利用されるのを避けるべく、CREDに頼ろうとする心理傾向を利してきた。いかさま師やほら吹きに備える免疫系のようなものとして、CREDが進化したのである。複雑な言語が出現してからは、有力者が自己利益のために、虚偽の情報や不適応な行動を招く信念を労せずに広めることができるようになり、CREDに頼ることがとりわけ重要になったであろう。高くつくかもしれない信念の場合には特に、CREDを利用すれば、巧妙に操られることなく、相手が本当に信じていることだけを受け入れることができる[48]。

普遍宗教は、皮肉にも、CREDに頼るヒトの心理につけこむような方向へと進化し、個人が自発的に身を切る犠牲を払ったり、信仰心を身をもって示したりする機会を定型化して組み入れるようになった。キリスト教、イスラム教、仏教ではとりわけ、殉教者が中心的な役割を果たしてきたことは言うまでもないが、殉教者は単に、最も際立って見えるＣＲＥＤの例でしかない。普遍宗教には、もっと微妙で捉えにくいＣＲＥＤがいろいろある。たとえば、瘢痕文身《スカリフィケーション》〔皮膚に切れ込みや焼灼を行ない、その傷痕がケロイド状に盛り上がることを利用して身体に文様を描く慣習〕、食のタブー、セックスの禁止、断食、動物の生贄、慈善寄付などだ。こうしたＣＲＥＤには、その当事者だけでなく、それを傍で見ている、特に青少年の信仰をも深める力がある。宗教はまた、ＣＲＥＤを巧みに活用し、独身の誓いや清貧の誓いをはじめ、信仰の揺るぎなさを示す行為を通じて、宗教指導者たち（神父、僧侶、預言者）を、より効果的な信仰の伝達者に仕立てるようにも進化してきた。[49]

　信仰と儀式の相乗効果《シナジー》を高めるために、神は、人々が儀式に参加し、断食を貫徹し、タブーを守り、誓いを立てることを求め、命じるようになった。新しい教義的儀式が、より効果的に信仰を伝達するようになり、これを受けて、新たな信仰が、超自然罰を脅しにしながら儀式の遂行を促していった。この連動するサイクルが、世代を超えて信仰が永続するのを支えているのである。[50]

　教義的儀式には、特定の信念や信仰を植え付けるだけでなく、自己制御力を高めたり、衝動性を抑えたりする効果もあるのかもしれない。感情に訴えかけ、痛みを伴うことも多い、派手な部族宗教の儀式とは違って、教義的儀式は、型どおりのことを日々繰り返し、単調で退屈な祈りを捧げなくてはならない。そのためには、注意力をずっと持続させる必要があり、わずかであるにせよ繰り返し時間と労力を投入することが求められる。一般的な例として、日々の祈り、食前の祈り、慈善寄付、儀式参列、断食、食のタブーなどが挙げられる。超自然的存在の関心（たとえば、アッラーは全ムスリムが日の出とともに祈りを捧げることを望まれる）と、宗教的共同体内での評判によって強化される社会規範（寝坊する者は「悪しき」ムスリムである）との相乗効果に促されて、こうした型どおりの儀式を繰り返すうちに、個々人の自己制御力が培われていくのである。[51]

広く共有される宗教的信念と儀式が、さらに広範囲に普及し、標準化されていった結果が、「超部族」とでも言えそうな集団の誕生である。こうした集団は、民族を識別する目印を捉えようとする、ヒトの心理（第2章）を巧みに利用している。宗教集団は、特殊な衣装、礼拝用の装飾品、曖昧模糊とした言葉、食のタブーなど、集団の境界を明確にしてヒトの部族本能に火をつけるためのアイデンティティマーカーを利用するように進化していった。古代メソポタミアにおいてでさえ、宗教的信念や奉じる神が同じであれば、より広い地域と活発な交換ができていた可能性がある。長い歴史を通じてずっとそうだったし、現代でもそれは変わらない。

西暦紀元の初めに、新たな普遍宗教のいくつかが、（少なくとも原理上は）誰でも加われる、大規模な「仮想」の超部族を生み出す力をますます高めていった。そうした宗教の道徳的普遍主義と教義的儀式に、指導者たちの識字能力が加わることによって、広く共有されてきた一連の超自然的信仰と習慣を、それまで可能だった範囲をはるかに超えたところにまで普及させ、維持していくための扉が開かれたのである。集団間競争でこうした宗教パッケージが有利になるにつれて、社会の輪が拡大していった。[52]

発射台《ローンチパッド》

宗教には、ヒトの行動や心理を決定づける強い力があるので、社会の規模が拡大するにつれて、宗教は、より高いレベルの政治・経済制度を構築する上で中心的な役割を果たすようになっていった。宗教の力は何に由来するのか——それは、文化進化が、社会の輪を広げ、内的調和を育み、外集団に対する競争力を高めるために、さまざまな手を使って、ヒトの超自然的信念や習慣化された儀式を巧妙に形成していくなかで生まれたものだ。神の欲求、神の懲罰、自由意志、死後生についての信念と、習慣的に繰り返される儀式とが結びついて生じる心理効果が、人々の衝動性や、不正行為を犯しがちな傾向を抑えるとともに、なじみのない同宗教信者に対する向社会性を高めるのである。集団レベルで見ると、このような心理効果の結果として、犯罪発生率が低下し、経済成長が加速していく。もっとも、ここまでの説明の中には、ＷＥＩＲＤ心理がなぜこれほど独特なのかを説明する助けになるものは一つもない。なぜなら、いずれかの普遍宗教が世界の大部分を支配するようになってから、長い年月が経っているからである[53]。

しかしこれで、背景はすべて出揃い、ＷＥＩＲＤ心理が登場してくるための舞台が整ったことになる。時は、紀元後第一千年紀の初頭。普遍宗教が互いに競い合い、少しずつ形を変えながら、旧世界のあちこちに広まりつつあった。もしも、文化進化が、こうした新たな普遍宗教の一つに備わっている力を巧みに利用しながら、ヒト社会の根幹を成している婚姻、家族、血統、帰属、相続に関わる制度を切り崩し、変容させていったならば、どのようなことが起きてくるだろうか？

第2部　WEIRDな人々の起源

第5章　WEIRDな家族

グローバルかつ歴史的な視点から見ると、WEIRDな社会の家族は実に独特で、風変わりですらある。あらゆる方向に広がるリネージもキンドレッド〔双方的出自の集団（第3章）〕もないので、網目状に組まれた一族の責任を担わされることもない。アイデンティティも、自己意識も、法的身分も、身の安全も、家や氏族の一員であるかどうかとは関係ないし、親族ネットワーク内での地位とも関係ない。配偶者は、（同時には）一人だけに限られており、通常、社会規範によって、イトコ、姪、継子、姻戚など、親族との結婚は認められていない。結婚は、取り決めによる結婚（見合い婚）ではなく「恋愛結婚」で、たいてい相互の愛情や相性の良さで相手を決める。新婚夫婦は、原則として、双方の親の世帯から独立した住居で生活する（人類学で言うところの**独立居住婚**〔**新規居住婚**〕）。父系氏族や分節リネージ制の社会とは違って、WEIRDな人々の血縁度は、父方と母方の両方を同じようにたどって、双方から計算される。財産の所有権は個人にあり、個人の意思で遺産分配がなされる。たとえば、弟が所有している土地の権利を主張することはできず、弟がその土地を売却すると決めたら、それを禁じる権利はない。核家族が社会の確固たる核を成しているが、共に暮らすのは、子どもたちが結婚して新たな世帯をつくるまでの期間に限られる。こうした

表5.1　グローバルかつ歴史的な視点から見たWEIRDな親族関係の特質五つ

	WEIRDな特質	そのような社会の割合
1	双方的出自：母方と父方の双方から（ほぼ）同等に血縁関係がたどれる	28%
2	イトコやその他の親族との結婚はほとんどあるいは全くない	25%
3	一夫一婦婚：配偶者は（同時には）一人だけに限られる	15%
4	核家族：夫婦とその子どもたちで家庭生活が営まれる	8%
5	独立居住婚：新婚夫婦が両親とは別に世帯をもつ	5%

小さな家族の範囲を超えた親族の紐帯は、他のほとんどの社会に比べて数も少なく、力も弱い。アメリカ合衆国大統領が自分の子どもや姻戚をホワイトハウスの要職に起用したときのように、親族関係が顔を出すこともままあるものの、通常、親族関係は、より高いレベルの政治・社会・経済制度よりも下位に置かれている[1]。

まず「民族誌アトラス」（工業化以前の生活の特徴を捉えた、一二〇〇を超える社会［民族言語集団］についての人類学データベース）を利用して、前述の親族関係パターンをいくらか数値化してみよう。表5・1には、WEIRD社会を特徴づけている親族関係の特質五つ――①双方的出自、②イトコ婚はほとんどあるいは全くなし、③一夫一婦婚のみ、④核家族世帯、⑤独立居住婚――を挙げてある。こうしたWEIRDな親族関係の特質がどのくらい見られるかを調べると、双方的出自のように二八％と高いものから、独立居住婚のように五％と低いものまで、かなり幅がある。この表から示唆されるのは、ほとんどの社会ははるか昔から、拡大家族世帯で暮らし、一夫多妻婚を認め、イトコ婚を勧め、主に単系で出自をたどってきたということだ。表に挙げた特質は、個々に見ても珍しいが、それをすべて組み合わせると、極めて稀――WEIRD《ウィアード》――である[2]。

これらのパターンがいかに稀であるかを調べるには、アトラス中の

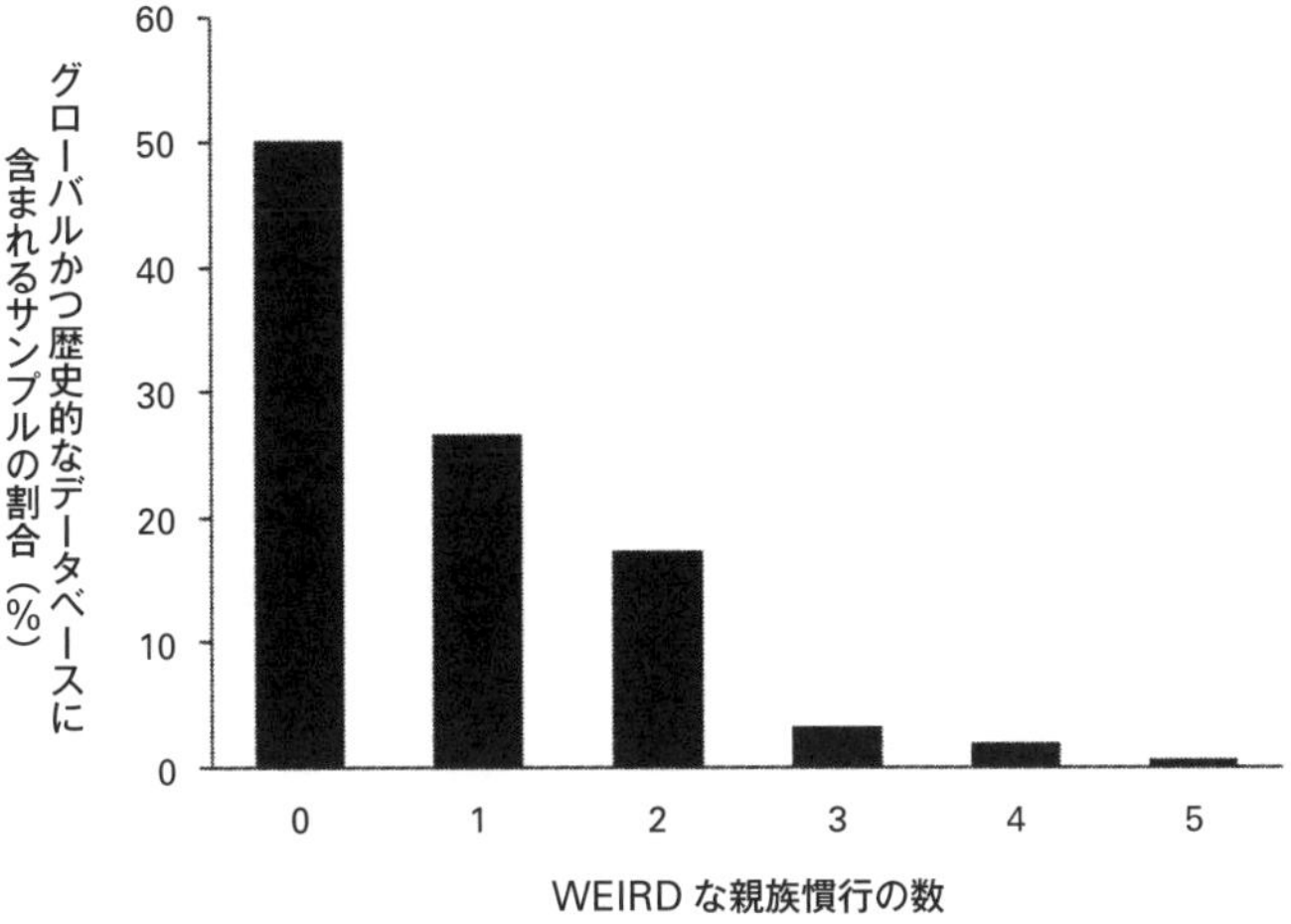

図5.1　表5.1のWEIRDな親族慣行を、ゼロから五つ全部まで備えている社会の割合（民族誌アトラスのデータに基づく）。

各社会が、これらの親族関係の特質をいくつ備えているかを数えてみればいい。こうして得られるゼロから五までのスコアが、ある社会が親族関係の点でどれほどＷＥＩＲＤであるかを示す指標となる。図５・１にその結果を示してある。アトラス中の社会の半数以上（五〇・二%）は、こうしたＷＥＩＲＤな親族関係の特質が皆無であり、それがゼロまたは一つだけに限られる社会が七七%を占めている。一方、こうした特質を四つ以上備えている社会は三%に満たず、五つすべて備えている社会はわずか〇・七%にとどまる。ちなみに、このわずかな割合を占めているのは、一九三〇年のアイルランド人やフランス系カナダ人のような、ヨーロッパ社会の少数サンプルである。というわけで、このグローバルな人類学データベースに含まれている社会の九九・三%が、ＷＥＩＲＤなパターンから外れている。[3]

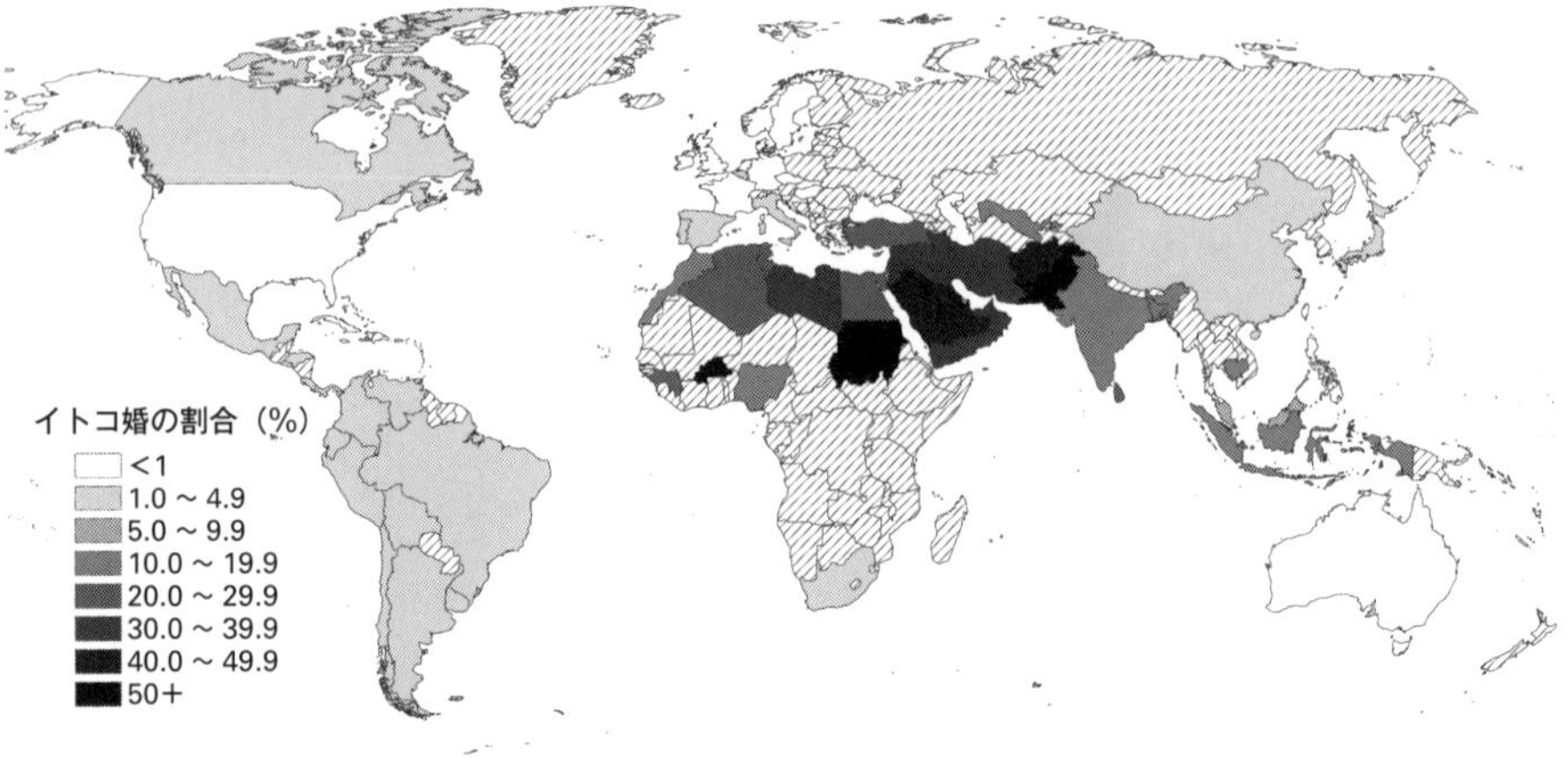

図 5.2　イトコ婚の割合。20世紀後半のデータに基づく、国ごとの、またいとこ、およびそれより近縁の親族間での結婚の割合。色が濃く塗られている国ほど、血縁者間での結婚の割合が高い。斜線部はデータがない地域 (4)。

アトラスに見られる伝統的な親族関係の諸相からは、工業化以前の世界の姿だけではなく、今日でも依然として大きな影響力をもっている社会規範が垣間見える。ここでちょっと考えてほしい。イトコと結婚した人を、あなたは何人直接に知っているだろうか？

もし一人も知らないとしたら、それは奇妙《ウイアード》なことだ。なぜなら、現在、全世界の結婚の一〇組に一組が、イトコをはじめとする親族との結婚だからである。図5・2の地図に、二〇世紀後半のデータをもとに、人々がいとこ、またいとこ、その他の近縁の親族（おじ、姪）と結婚する頻度を示してある。ちなみに、またいとこ（二従兄弟姉妹）とは、自分から見て祖父母の兄弟姉妹の孫である。親族との結婚のほとんどはイトコとの結婚なので、話を簡単にするために、これらをひっくるめて**イトコ婚**と呼ぶことにする。

一方の端に分布している、中東やアフリカの場合には、少なくとも人々の四分の一が親族と結婚しているが、地域によっては、この数字が五〇%を超えている。つまり、結婚の半数以上が親族間での結婚なのである。中間にくる、インドや中国のような国々では、イトコ婚の割合は中程度だが、中国では一九五〇年代に政府が「現代的」(西洋式)結婚を奨励するようになり、まず、おじと姪の結婚が、その後、イトコ婚が禁止されたという事実を知っておく必要がある。それに対し、アメリカ合衆国、イギリス、オランダのような真にWEIRDな国々では、イトコ婚の割合はおよそ〇・二%、つまり一%の五分の一にすぎない。[5]

では、WEIRDな国々の親族関係はどうして、そこまで特異になったのだろうか?

多くの人々が、WEIRDな家族の風変わりな性質は、産業革命や、経済的繁栄、都市化、そして近代の国家レベルの制度がもたらしたものだと考えている。これは理に適った考えであり、確かに、グローバル化によって、今日では世界の多くの地域で同じことが起きているようだ。非WEIRDな社会が世界経済に参入して、都市化が進み、WEIRDな社会の非宗教的な公式制度(たとえば西洋の民法や憲法など)を導入するようになるにつれて、緊密な親族ベース制度が徐々に力を失っていき、その結果、特に教育を受けた都市居住者の間に、WEIRDな親族関係の習慣が広まっていくことが多い。ただし、こうしたグローバルな経済的・政治的力の猛襲を受けても、緊密な親族ベース制度は驚くほど強靱であることが証明されている。[6]

しかし、ヨーロッパでは、歴史的な順序がこれとは逆だった。まず最初に、西暦四〇〇年頃から一二〇〇年頃にかけて、ヨーロッパ各地で暮らしている多数の部族集団の緊密な親族ベース制度が、徐々に劣化し解体されていき、ついに、ローマ・カトリック教会となるキリスト教一派(以後、西方教会、または単に教会と呼ぶ)によって完全に粉砕された。その後、伝統的な社会構造の廃墟の中から、人々は、親族や部族への帰属意識ではなく、共通の利益と信念に基づいた新たな団体を自発的に結成し始めたのだ。こうしたヨーロッパ諸地域では、親族関係の強化という通常の道筋を閉ざされてしまったがゆえに、およそありえない社会進化の脇道をたどることになったのである。(7)

ここでの重要なポイントは、緊密な親族ベース制度が崩壊し、独立した一夫一婦制の核家族が徐々に生まれていったことが、ヨーロッパ世界の近代化に向けた雪崩現象を引き起こす、いわば小石の役割を果たしたということだ。では、教会が意図せずして、この小石を蹴り飛ばした経緯《いきさつ》を見ていこう。

伝統的家族の崩壊

ＷＥＩＲＤな家族のルーツは、教会が、西ローマ帝国の滅亡以前から徐々に導入し、精力的に推進していった、諸々の教義、禁止事項、指示命令の中に見出すことができる。古代末期から中世にかけて、数百年間にわたって繰り広げられた教会の婚姻・家族政策は、より大きな文化進化プロセスの一環――つまり、ヨーロッパ人の心と脳と魂をつかむべく、教会の信念や習慣が、他の多くの神、霊魂、儀式、制度形態と競い合ったプロセスの一環――であった。

教会は、祖先神、伝統的部族神（トールやオーディンなど）、古代ローマの神（ジュピターやマーキュリーなど）、その他の地中海沿岸地域の異教の神（イシスやミトラなど）、さらには、キリスト教の他の分派とも激しい競争を繰り広げていた。鎬《しのぎ》を削り合っているキリスト教分派には、ネストリウス派、コプト正教会、シリア正教会、アリウス派、アルメニア正教会などがあった。たとえば、西ローマ帝国滅亡の一因を作ったゴート族は、異教徒ではなく、アリウス派のキリスト教徒だった。西方教会の重大な異端として登場したアリウス派は、子なる神（イエス）は特定の時点で父なる神によって造られた神であり、「子」の神性は「父」よりも下位に置かれるとする、驚くべき見解を主張した。

今日、西方教会がこの宗教間の競争に圧勝したことは、もはや明らかだ。キリスト教は、世界人口の三〇％を超える信者を獲得し、世界最大の宗教となっている。ちなみに、現代のキリスト教徒の八五～九〇％は、その文化的系譜をたどると、ローマ・カトリック教会に、ひいては西方教会に行き着く。つまり、東方正教会など、あまたある他のキリスト教宗派ではない。しかし、ローマ帝国の西半分が崩壊したとき、このような結果になることは全く予想がつかなかった。東方正教会は、ビザンツ帝国の国教として、強力なローマの国家制度や軍事力に支えられていた。また、ネストリウス派は、国際色豊かなペルシャ帝国に拠点を置き、西暦三〇〇年にはインドに、六三五年には中国に布教施設を建てている。これらの地域にローマ・カトリック教会がやってくる何世紀も前のことだ。(8)

西方教会はなぜ、長期にわたって圧倒的な優位に立ち、ヨーロッパの伝統的な神々への信仰や儀式を根絶または奪取するだけでなく、他のキリスト教諸宗派をも凌駕することができたのだろうか？

この物語には多くの重要な要素が関与している。たとえば、ローマの地理的な位置が、ヨーロッパの主要な政治活動から遠く離れていたおかげで、教皇（ローマ司教）はある程度自由に作戦を展開できたのかもしれない。それに対し、コンスタンティノープルの司教など、他の主要な司教たちは、ビザンツ帝国皇帝の完全な支配下に置かれていた。また、北ヨーロッパのほとんどは、この時点ではまだ技術的進歩がかなり遅れており、非識字者も多かったので、教皇の命を受けた宣教師たちが、こうした地域の人々を改宗させるのは容易だったのかもしれない。二〇世紀に北アメリカに渡った宣教師たちが、アマゾン川流域の人々を改宗させるのに大成功したのと同じ理由だ。宣教師たちが、高度なテクノロジーや、文字を読むといった一見奇跡のようなスキルを携えて現れると、現地の人々は新しい宗教の教えをあっさりと信じるようになった[9]。

いろいろと複雑な理由はあったにせよ、教会が大成功を収めるに至った最大の要因は、婚姻や家族に関する禁止、指示命令、優先事項を定めた極端な政策パッケージにある。キリスト教の聖典には（あったとしても）希薄な根拠しかないにもかかわらず、これらの政策はしだいに儀式の覆いに包まれていき、説得、陶片追放（オストラシズム）、超自然罰の脅威、世俗的処罰といったあの手この手を組み合わせて、可能な限りあらゆる地域に普及していった。

こうした習慣が少しずつ、キリスト教徒の心の中に取り込まれて内面化され、当たり前の社会規範として代々受け継がれていくうちに、人々の生活や心理に極めて重大な変化が生じるようになった。これらの政策によって、個々人が自分を取り巻く社会（すなわち緊密な親族ベース制度のない世界）に適応し、それを再構成していかざるを得なくなったことで、ごく普通の人々の日々の生活が徐々に変貌を遂げていったのである。

こうしたプロセスが進行する間、教会は、他の宗教的観念とだけでなく、緊密な親族ベース制度や部族的忠誠心とも競い合っていた。教会の婚姻・家族政策は、緊密な親族関係を切り崩すことによって、個人を徐々に自らの氏族や家の責任、義務、恩恵から引き剝がしていったので、その結果、人々が教会に（やがては他の任意団体に）身を捧げる機会が増え、それを望む気持ちも高まっていった。西方教会が期せずしてとった策の見事さは、親族ベース制度を崩壊させると同時に、教会自身の拡大を促進する方法を「見つけて」しまったところにある。[10]

スタートラインに立つ前

教会が関与を始める前、ヨーロッパ諸部族の親族関係はどのようなものだったのだろうか？ 残念ながら、人類学者たちが二〇世紀の伝統的社会について行なってきたような、親族関係や婚姻に関する詳細な研究はなされていない。代わりに、さまざまな情報源から得た知見を継《つ》ぎ接《は》ぎするような形で研究がなされてきたが、そうした情報源には次のものが含まれる。①初期の法典、②教皇、司教、国王の間で交わされた多数の書簡を含む教会文書、③旅行者の報告、④聖人の自叙伝、⑤北欧やゲルマンのサガ、⑥古代人のDNA分析（墓所に適用）、⑦古文書に残されている親族語彙。大まかに言うと、これらの情報源から明らかなのは、教会が婚姻や家族のあり方を変える政策をとる以前、ヨーロッパの諸部族は、世界の他の地域で見られるのとそっくりの、さまざまな親族ベース制度をもっていたということだ。[11] キリスト教が広まる以前のヨーロッパの部族には、だいたい次のような傾向が見られる。

①人々は部族の集団やネットワーク内で、親族ベース組織に縛られて生活していた。拡大家族世帯は、さらに大きな親族集団（氏族、家、リネージなど）の一部であり、そうした親族集団は、ゲルマン語で「ズィッペン」、ケルト語で「セプツ」などと呼ばれていた。

②相続や婚後居住規定は父系に偏っており、結婚した夫婦はたいてい、夫方の拡大家族世帯で生活し、妻は引っ越して夫の親族たちと共に暮らした。
③多くの親族が、共同で領地を所有または支配していた。個人の所有権が存在する土地であっても、相続権はたいてい一族が保有していたので、親族の同意なしには、土地を売却することも譲渡することもできなかった。[12]
④個人にアイデンティティを付与しているのは、法的にも社会的にも、より大きな親族ベース組織だった。親族集団内の諍いは、慣習に従って、その集団内で裁定が下された。共同責任を問われ、親族集団間の紛争に対して懲罰を与えたり罰金を科したりする際に、意図性がほとんど考慮されないこともあった。[13]
⑤親族ベース組織が、成員を危険から守り、いざというときの保険の役目も果たした。高齢者の世話だけでなく、病気やけがをした成員や貧困に陥った成員の世話も、親族ベース組織の役割だった。
⑥取り決めによる、親族との結婚が習わしだった。嫁資（花嫁の持参金）や嫁償（花婿またはその親族が払う花嫁代償）のような、結婚に伴う金銭や財物の授受もごく一般的に行なわれていた。
⑦地位の高い男性たちの間では、一夫多妻婚が一般的だった。多くの共同体では、「第一」夫人は一人しか認められず、通常、それは社会的地位がほぼ同じ相手だったが、その他に、たいてい社会的地位の低い「第二」夫人を娶ることができた。[14]

ローマ帝国の中心部でさえ、社会、政治、経済生活の中核をなしているのは依然として緊密な親族ベース制度だった。古代ローマの家族は、家父長を中心に組織化されており、どの男性もみな自分のことを、曾祖父から男性曾孫へとつながる系統の間に位置する存在だと見ていた。親とは別々に暮らし、自分の妻や子がいる成人男性であっても、依然として父親の支配下に置かれていた。完全な法的権利、一家の財産支配権、法廷へのアクセス権をもっていたのは、存命する父親のいない男性市民だけであり、それ以外の者はすべて、家父長を通して行動せねばならなかった。父親の権限の範囲内で、奴隷やわが子を殺すこともできた。相続権、近親婚の禁止、法廷証言の免除の範囲はすべて、父系に沿って、本人の父親の父親のそのまた父親の子孫たちにまで及んだ。もちろん、ローマ帝国は、遺言書による相続のための法的メカニズムを発展させたが、キリスト教以前の時期には、そのような遺言書の文言はほとんどしきたり通りであって、遺言書が効力を発揮するのは、事情がはっきりしない場合や争議になりそうな場合に限られていた。

女性たちは、父親または夫の支配下に置かれていたが、時が経つにつれてしだいに、父親が結婚後の娘たちをも支配し続けるようになっていった。結婚は、取り決めによる結婚で（妻側が持参金を用意）、まだ年若い花嫁が夫の実家に入って暮らした（父方居住制）。原則として一夫一婦制だったが、ローマの男性たちは、他のローマの男性と衝突しそうな場合を除き、自らの行動に性的抑制を加えることはほとんどなかった。エリート層が、娘をわざと離縁させて、よりいっそう有力な家に再度嫁がせるようになると、帝国内では離婚が日常茶飯事になっていった。結婚している間に生まれた子どもは全員、夫方の家にとどまったが、妻の持参金は、本人と共にその父親のもとに返された。

イトコ婚について言うと、詳細は複雑極まりなく、時を経るにつれて法律も慣習も変化していった。しかし、手短に言うならば、ある種のイトコ婚は社会的に容認されており、古代ローマ社会には、イトコと結婚したエリートもいた（ブルータス、聖メラニア、コンスタンティヌス帝の子女四人）。このような状況は、教会が容赦なき妨害を始めるまで続いた。(15)

妨害工作

西暦五九七年頃、ローマ教皇グレゴリウス一世（大聖グレゴリウス）は、アングロ＝サクソン人がイングランドに建てたケント王国に布教団を派遣した。ケント王国のエゼルベルト王は、一七年ほど前に、キリスト教徒であるフランク王国の王女（後の聖ベルタ）を后に迎えていた。派遣からわずか数年で、エゼルベルト王を改宗させることに成功した宣教師団は、ケント王国の他の人々にも改宗を働きかけるとともに、近隣の諸王国にも布教拡大を図る計画を立てた。

この教皇が派遣した宣教師たちは、それ以前にアイルランドなどに派遣されたキリスト教宣教師たちとは違って、キリスト教徒としての正しい結婚のあり方について明確な指示を行なった。どうやら、こうしたやり方は、アングロ＝サクソン人にはなかなか受け入れられなかったようだ。というのも、布教団長のアウグスティヌス（後に「カンタベリーの聖アウグスティヌス」として知られるようになる人物）がほどなく、教皇に宛てて、説明を求める書簡をしたためているからである。アウグスティヌスの書簡は九項目の質問から成っており、そのうちの四項目はセックスと婚姻に焦点が当てられていた。

アウグスティヌスが伺いを立てた内容は次のとおりである。①キリスト教徒としての結婚が許されるには、親族関係がどれくらい離れていなければならないか（またいとこ、みいとこ、などはどうか）？　②男性が自分の継母や兄弟の妻と結婚することはできるか？　③兄弟二人が姉妹二人と結婚することはできるか？　④男性はセックスする夢を見たあと、聖餐〔イエスの血と肉を象徴するパンと葡萄酒を信徒に分かつキリスト教の儀式〕にあずかれるか？[16]

ローマ教皇グレゴリウス一世は、それぞれの質問に順に答えている。まず、ローマ法に適っていることを認めた上で、グレゴリウス一世は、いとこ、およびそれよりも近縁の親族との結婚は断じて許されないと主張した。さらに、男性が自分の継母や、他界した兄弟の妻と結婚すること（レビレート婚）は、たとえ血縁関係がなくても認められないことを確認した。これらの回答は、アウグスティヌスの仕事の多難さを物語っていたが、厳しい返事ばかりではなかった。教皇は、兄弟二人が姉妹二人と結婚しても、その兄弟と姉妹が血縁関係でない限り、問題はないと答えた。[17]

それから二〇〇年近く経った七八六年、ローマ教皇の使節団が再びイングランドを訪れた。今回は、アングロ＝サクソン人のキリスト教化の進展ぐあいを評価するためだった。彼らの報告書からは、多数の人々が洗礼を受けたものの、信者たちの間に①近親婚（すなわちイトコ婚）や②一夫多妻婚をめぐって深刻な問題があったことがうかがえる。

こうした頑固な習慣を根絶するために、教会は「非嫡出子」という概念を広めて、合法的な――つまりキリスト教徒らしい――結婚で生まれた子どもを除く、すべての子どもから、相続権を剝奪した。それまでは、多くの社会と同様に、一夫多妻婚での第二夫人の子どもたちにも、ある程度の相続権が与えられていた。王族の場合、特に国王の正室に子どもがいない場合には、側室の産んだ男子が、父親の王位の継承者として育てられることもあった。こうした勢力と対立しながらも教会は、「非嫡出子」という概念を広め、合法的な結婚か否かを裁定する権限を自らに付与することによって、影響力を揮う強力な手段を手に入れたのだ。この教会の介入によって、イトコ同士で結婚したり、第二夫人に収まったりすることの魅力がかなり削がれていった。

これらの政策を徹底させるのに何百年もかかった。それは一つには、現地での政策執行がなかなか難しかったからである。ローマ教皇をはじめとする聖職者たちは、九世紀を通してずっと、アングロ＝サクソン諸国の国王に対して、修道女と性交する罪だけでなく、近親婚、一夫多妻婚、非嫡出子の不当性についても訴え続けた。教会は、複数の女性と結婚したかどで、エリート男性を破門することができ、実際に破門された男性もいる。年月を要したとはいえ、西暦一〇〇〇年頃には、教会はすでに、アングロ＝サクソン（イングランド）の親族関係をつくり変えるだけの十分な力を握るようになっていた[18]。

アングロ＝サクソン諸国への布教団派遣は、西ローマ帝国滅亡（四七六年）以前にまでさかのぼる、より広範な取り組みの一例にすぎない。教会、およびキリスト教が国教となったローマ帝国は、四世紀以降、やはり散発的にではあるが、緊密な親族関係の屋台骨を徐々に切り崩していくような一連の新政策を打ち出し始めた。しかし忘れてならないのは、少なくとも初めのうち、そこに首尾一貫した計画は何一つ存在しなかったということである。数百年間は、やみくもにばらばらなことが行なわれていたようだ。しかしだんだんと、雑多な成功事例が寄せ集められて、私が「教会の婚姻・家族プログラム（ＭＦＰ）」と呼ぶものが出来上がっていった。ＭＦＰは次のような方法で、ヨーロッパの緊密な親族ベース制度を切り崩していった。

①血縁者との婚姻を禁じた。こうした禁止事項の適用範囲はしだいに広がっていき、ごく遠縁の親族である、むいとこ（六従兄弟姉妹）までもが含まれるようになった。つまり、自分の七代前の先祖は一二八人いるが、その子孫にあたる人々とは、結婚も性行為もしてはならないということだ。

②近親婚禁止の範囲内にある血縁者の姻戚との結婚も禁じた。夫が他界しても、義理の兄弟にあたる、夫の兄弟とは結婚できなくなったのだ。教会の目から見ると、あなたの夫の兄弟と、実の兄弟とに違いはなくなった（ゆえに近親婚となる！）。

③一夫多妻婚を禁じた。第二夫人を娶ることに加えて、性奴隷や公的な売春施設を利用することも禁止となった。ローマ帝国では、売春宿は合法であり、売春が広く行なわれていた。ラテン語に「娼婦」を意味する言葉が二五種類もあるのは、だからかもしれない[19]。

④非キリスト教徒との結婚を禁じた（ただし改宗すればその限りではない）。

⑤霊的な親族関係（代父母と代子の関係）がつくられ、代父母制度が確立された。この制度は、生まれてきた子どもの面倒を見るための、新たな社会的絆を形成する手段となった。当然ながら、霊的親族との結婚や性行為は禁じられていた[20]。

⑥養子縁組を阻止した。子どもを養育する義務はその母親にあるとされ、それが無理な場合には、教会か代父母が肩代わりした[21]。

⑦花嫁と花婿の双方に対し、自由意志をもって、会衆の前で、結婚への同意を表明することを求めた。これによって、親同士が決めた結婚は抑制され、結婚がより確実に、愛情に基づく家庭生活につながるようになった。

⑧新婚夫婦に対し、独立した所帯を構えること（独立居住婚）を奨励し、ときにはそれを要求することもあった。教会は、こうした新居を構えるために、伝統的な婚資（持参金など）を役立てることも奨励した。
⑨財産（土地）の個人所有や、本人の遺言による相続を奨励した。つまり、自分が死んだらその財産を誰に渡すかを、個人が自分で決めることができるようになった。

人類学者以外の人々にとっては、こうした事柄はどれもみな、退屈この上ないどうでもいいことに思えて、よもや、西洋文明の輝かしい発展に火をつけた火の粉、あるいは、人々の心理に大転換をもたらしたそもそもの原因、などと考える人はいないかもしれない。しかし、もっと注意深く調べてみると、緊密な親族関係の仕組みに次々と妨害工作を仕掛けると同時に、自らの勢力拡大を図っていった、教会の手の内が見えてくる。

では、まず最初に、教会はいかにして伝統的な婚姻を消滅させたのかを調べ、次に、いかにしてヨーロッパの氏族やキンドレッドの活力を削いでいったのかを考え、最後に、いかにして死や相続や来世を利用して、その財力を増していったのかを見ていくことにする。

近親婚禁止の範囲拡大

キリスト教が広まる以前のヨーロッパでは、最近まで世界中の多くの地域でそうだったように、親族ベースの組織やネットワークが権限を強め、勢力を広げていかれるような形に、婚姻慣習が文化的進化を遂げていた。婚姻による紐帯によって、親族集団同士の間に、交易、協力、保安を促進する経済的・社会的な絆が確立される。そのような絆を維持するには、長期にわたって交換婚を繰り返すことが不可欠であり、そのためには、血族や姻族の間で新たな婚姻関係を結んでいく必要がある。父系社会では、年長の男性――家父長――がこうした継続的な配偶者交換を取り仕切っており、自分の姉妹、娘、姪、孫娘の結婚を利用して他の親族集団との関係を固め、重要な同盟関係を培っていく。したがって、取り決めによる結婚は、家父長権限の主要な源泉となっている。[22]

教会は、一夫多妻婚、取り決めによる婚姻、血族間や姻族間でのあらゆる婚姻を禁ずることによって、社会技術《ソーシャルテクノロジー》でもあり、家父長権限の源泉でもあった婚姻の効力を劇的に削いだのだった。表5・2に、婚姻に関する決定や布告の一部を抜き出してあるが、これを見ても、四世紀以降、教会内で、婚姻をめぐる禁忌事項や処罰が、徐々にではあるが容赦なく繰り出されていった様子が明らかだ。これらの政策が、ヨーロッパの親族ベース制度の生き血を搾り取って、伝統的な権威を弱体化させ、最終的にヨーロッパ諸部族を消滅させたのである。[23]

緊密な親族関係を維持していく上での婚姻規範の重要性は、**レビレート婚**や**ソロレート婚**という慣行の中に見てとれる。多くの社会では、配偶者が死亡したのち、妻や夫がどうするかは、社会規範によって規制されている。レビレート婚の慣行がある社会では、寡婦は夫の兄弟（自分の義理の兄弟）と再婚する。それは、夫の実兄や実弟の場合もあれば、イトコ兄やイトコ弟の場合もある。そのような婚姻関係を結ぶことで、最初の結婚で生まれた親族集団間の同盟が維持されるのである。こうした慣行がなぜうまく機能するのかというと、兄弟は親族ネットワーク内で同じ役割をもっている場合が多いので、親族集団の視点から見れば（妻の視点からではないだろうが）二人は交換可能だからである。義兄や義弟と再婚するなんて異様に感じるかもしれないが、これは文化の違いに

表5.2　婚姻・家族プログラム（MFP）における主要な出来事 [24]

教会および世俗的支配者からの「近親婚」に関する禁止や布告	
305～306年	エルビラ教会会議（スペイン、グラナダ）において、妻の死後、その姉妹を新たな妻とした（ソロレート婚）男性は、5年間、聖餐にあずかってはならないと定める。義理の娘と結婚した男性は、ほぼ終生、聖餐にあずかることを禁じられる [25]。
315年	ネオカエサレア教会会議（トルコ）において、夫の死後、寡婦が夫の兄弟と再婚すること（レビレート婚）を禁じる。おそらくソロレート婚も禁止。
325年	ニカイア公会議（トルコ）において、死亡した妻の姉妹との結婚だけでなく、ユダヤ人、異教徒、異端者との結婚も禁じる。
339年	ローマ帝国皇帝コンスタンティウス2世が、キリスト教徒の宗教心に従って、おじと姪の結婚を禁じ、違反者には死罪を科す。
384年／387年	キリスト教徒である、ローマ帝国のテオドシウス帝が、ソロレート婚とレビレート婚の禁止を再確認し、いとことの結婚を禁止する。409年に、西ローマ帝国のホノリウス帝が、特免状を出すことによってこの法的規制を緩和した。西ローマ帝国ではそれが続いたのか、いつまで続いたのかは定かでない。崩壊しつつある西ローマ帝国で、継続的に施行された可能性は低い。
396年	東ローマ帝国のアルカディウス帝（キリスト教徒）が再び、いとことの結婚を禁じるが、厳罰は科さず。400年または404年に彼は考えを変え、東ローマ帝国ではいとことの結婚を合法化する。
506年	アグド教会会議（フランス、西ゴート王国）において、いとこ婚、およびまたいとこ婚を禁じるとともに、兄弟の寡婦、妻の姉妹、継母、おじの寡婦、おじの娘、その他あらゆる親族女性との結婚を禁じる。これらは近親婚であるとされる。
517年	エパオ教会会議（フランス、スイスにまたがるブルグント王国）において、いとこ婚、およびまたいとこ婚は近親婚であるため、以後は禁じるが、すでに結婚している夫婦の婚姻は解消しないことを定める。この教会会議において、継母、兄弟の寡婦、義理の姉妹、義理のおばとの結婚も禁じられる。やがてカロリング帝国となるこの地域で、その後に開催された多数の教会会議が、このエパオ会議での近親婚規制を参照している。
527年／531年	第2回トレド教会会議（スペイン）において、近親婚のタブーを犯した者は全員、破門に処すると規定する。破門の期間は、近親婚を続けた年数と同じにする。535年、692年、743年の教会会議において、この規定が確認された。
538年	フランク王国の国王とローマ教皇との間で初めて交わされた公文書は、近親婚（死亡した兄の寡婦との結婚）に関するものだった。ローマ教皇はこれを認めなかったが、贖罪に関する決定は司教たちに委ねられた。

表5.2　婚姻・家族プログラム（MFP）における主要な出来事（つづき）

	教会および世俗的支配者からの「近親婚」に関する禁止や布告
589年	西ゴート王国（スペイン）の国王レカレドが、近親婚を解消することを命じる。違反者は国外追放に処し、財産を子どもたちに譲渡させる。
596年	フランク王国の国王、キルデベルト2世が、継母との結婚は死罪に処すると定めるが、その他の近親婚禁止規定に違反した罰については司教たちに委ねる。有罪と裁定された者が教会の処罰に従わなかった場合には、本人の財産を差し押さえて、親族に分配することとする（違反行為を通報させるためのインセンティブにするため）。
627年	クリシー教会会議において、596年にキルデベルト2世が定めたとおりの処罰および執行手続きを履行する。この頃、近親婚禁止規定が体系的にまとめられ、ガリア地方の最古の規範集、『コレクティオ・ヴェトゥス・ガリカ』の主要部分となる。
643年	ランゴバルド王ロタリの法典が、自分の継母、継娘、義理の姉妹との結婚を禁じる。
692年	トゥルッロ教会会議（トルコ）において、東方教会はついに、いとことの結婚を禁じるとともに、これに準ずる次のような二人が姻戚関係を結ぶことも禁じる。すなわち、父と息子の関係にある者が、姉妹の各々と結婚すること、父と息子の関係にある者が、母と娘の関係にある者と結婚すること、兄弟の各々が、母と娘の関係にある者と結婚すること、兄弟の各々が、姉妹の各々と結婚することも禁止となる。
721年	ローマ教会会議（イタリア）において、自分の兄弟の妻、姪、孫、継母、継娘、イトコ、および、血縁者と婚姻関係を結んだことのある親族すべてとの結婚を禁じる。自分の代母との結婚も禁止。726年、ローマ教皇グレゴリウス2世が、布教のためには、近親婚禁止の範囲はいとこまでとするが、それ以外の場合には、知られる限りのすべての親族にまで禁止範囲を広げると定める。その後任のグレゴリウス3世は、この禁止事項を明確化し、みいとこ同士の結婚は認めるが、禁じられている範囲内の姻族すべてとの結婚を禁止とする。これらの決定が広く普及する。
741年	ビザンツ帝国の皇帝レオン3世のもとで、東方教会の禁止事項は増え、またいとことの結婚も、さらにその少し後、またいとこの子との結婚も禁止となる。イトコ婚に対する処罰は鞭打ち刑。
743年	ローマ教皇ザカリアスのもとで行なわれたローマ教会会議が、キリスト教徒に対し、イトコ、姪、その他の親族との結婚を控えるように命じる。そのような近親婚は破門に値する罪であり、場合によっては、アナテマ（後述）が言い渡された。
755年	フランク王国の国王、ピピン3世のもとで召集されたヴェルヌイユ教会会議（フランス）が、婚礼は人前で公然と執り行なうように命じる。

表 5.2　婚姻・家族プログラム（MFP）における主要な出来事（つづき）

	教会および世俗的支配者からの「近親婚」に関する禁止や布告
756 年	ヴェルビエ教会会議（フランス）が、みいとこ、およびそれより近縁の親族との結婚を禁じ、またいとこ同士の既存の婚姻関係の解消を命じる。みいとこと結婚している者は、贖罪を果たせばよいとする。
757 年	コンピエーニュ教会会議（フランス）において、またいとこ、またはそれより近縁の親族との既存の婚姻は無効にすべし、との裁定が下される。フランク王国の国王、ピピン３世は、異議を唱える者には世俗的処罰を与えると脅す。
796 年	フリウーリ教会会議（イタリア）が、近親婚の可能性を調べる婚前調査を行なうよう注意を喚起し、秘密裡の結婚を禁じる。また、結婚前に待機期間を設け、その間に、隣人や長老たちが、結婚を妨げる血縁関係がないかどうか調査できるようにすることを命じる。妻の不貞は正当な離婚理由になるが、配偶者が存命のうちは再婚はできないことも教令で定める。802 年に、シャルルマーニュ（カール大帝）が、自らの世俗的権威をもってこれらの裁定を後押しする。
802 年	シャルルマーニュが法令によって、司教や司祭が長老たちとともに、夫婦になる二人の血縁関係を調査し終えるまで、何人も結婚を企ててはならないと強調する。
874 年	ドゥーシー教会会議（フランス）が臣民に、みいとことの結婚を控えるように促す。この決定を強化するために、教会会議は、近親婚で生まれた子どもから、財産を相続する権利を剝奪する。
909 年	トロスル教会会議（フランス）が、ドゥーシー教会会議の決定事項を明確化して確認し、近親婚で生まれた子どもには、財産相続や爵位継承の資格はないものとする。
948 年	インゲルハイム教会会議（ドイツ）が、記憶をさかのぼれる限りの、すべての親族との結婚を禁じる。
1003 年	ディーデンホーフェン教会会議（ドイツ）において、神聖ローマ皇帝ハインリヒ２世が、近親婚禁止の範囲を大幅に広げて、むいとこまでとする。政敵の弱体化を図るねらいがあったのかもしれない。
1023 年	ゼーリゲンシュタット教会会議（ドイツ）も同様に、むいとこまでとのイトコ婚を禁じる。ヴォルムス司教、ブルヒャルトの教令集も、近親婚の定義を拡大して、むいとこまでを含めている。
1059 年	ローマ教会会議において、ローマ教皇ニコラウス２世が、むいとこまでとの結婚、もしくは、たどれる限りの親族との結婚を禁じる。その後任のローマ教皇アレクサンデル２世も同様に、むいとこ、またはそれより近縁の親族との結婚を禁じると定める。ダルマチア王国は、一時的に特免状を受けて、近親婚禁止の範囲は、よいとこまでとされる。
1063 年	ローマ教会会議が、むいとこまでとの結婚を禁じる。

表5.2　婚姻・家族プログラム（MFP）における主要な出来事（つづき）

	教会および世俗的支配者からの「近親婚」に関する禁止や布告
1072年	ルーアン教会会議（フランス）が、非キリスト教徒との結婚を禁じ、結婚を予定している者全員に対し、司祭が取調べを行なうように命じる。
1075年	ロンドン教会会議（イングランド）が、姻戚も含めて、むいとこまでとの結婚を禁じる。
1101年	アイルランドにおいて、カシェル教会会議が、カトリック教会の近親婚禁止規定を導入する。
1102年	ロンドン教会会議が、むいとこ（およびそれより近縁の親族）同士の既存の婚姻を無効とし、さらに、親族同士の結婚を知っていた第三者は、近親婚罪に関与していると定める。
1123年	第1回ラテラノ公会議（イタリア）が、血縁者同士の結婚を咎め（血縁度は明記されず）、近親婚を行なった者からは相続権を剝奪すると定める。
1140年	グラティアヌスの『教令集』に、むいとこまでとの結婚は禁じると定められる。
1166年	コンスタンティノープル教会会議（トルコ）が、それ以前の東方教会の、イトコ婚（またいとこの子、およびそれより近縁の親族との結婚）に対する禁止令を強化し、厳しく履行する。
1176年	パリ司教オドが、「結婚予告」の導入に尽力する。結婚予告とは、近く予定されている結婚を、日曜礼拝のときに公示すること〔異議の申し立てがなければ挙式が可能となる〕。
1200年	ロンドン教会会議が、「結婚予告」の公示を義務づけ、婚礼は人前で公然と執り行なうことを命じる。親族同士の結婚は禁じられているが、親族関係の親疎の度合いについては明記されていない。
1215年	第4回ラテラノ公会議（イタリア）が、近親婚の禁止範囲を狭め、みいとこ、およびそれより近縁の血族と姻族すべてとする。それ以前の裁定もすべて正式に承認されて、教会法令集に統合される。これによって、婚前調査と結婚予告が正式な法令・法規の枠組みに入る。
1917年	ローマ教皇ベネディクト15世が、制限をさらに緩和して、近親婚禁止の範囲を、またいとこ、およびそれより近縁の血族と姻族すべてとする。
1983年	ローマ教皇ヨハネ・パウロ2世が、近親婚の制限をさらに緩和して、またいとこ、およびそれより遠縁の親族との結婚を認める。

補遺Aに、本表よりも詳しいものを掲載してある。

かかわらず、広く行なわれていることであり、聖書もそれを是認している。『申命記』(二五章五〜六節)や、『創世記』(三八章八節)を確認してみてほしい。同様に、ソロレート婚の慣行がある社会では、妻が死亡したら、妻の未婚の姉妹か、場合によってはイトコ姉妹と再婚する。それによって、親族集団同士を結びつけている婚姻の紐帯が維持されるのである。

教会が、姻族を、結婚すれば近親婚となる「きょうだい」に分類し、姻族との結婚を禁止した時点で、親族集団間の紐帯は、配偶者のいずれか一方の死によって断たれることになった。なぜなら、生き残っている妻や夫は、姻族の誰とも結婚することができなくなったのだから。さらに、婚姻の絆が断たれるだけでなく、後に残された配偶者はたいてい自由の身とされた(つまり、家を出なくてはならなかった)。妻が持参してきた財産(持参金など)は通常、すべて本人に戻された。ということは、婚姻関係を結んでも、以前のように、親族集団がその後もずっと潤うわけではなくなったのだ。

ソロレート婚とレビレート婚の禁止は、教会がヨーロッパの家族の再編成に着手したときに、最初に講じた措置の一つだった(表5・2)。たとえば、西暦三一五年に、ネオカエサレア(現在のトルコのニクサール)で開催された教会会議では、男性が、死亡した兄弟の妻と結婚することを禁じた。レビレート婚の禁止である。その一〇年後の三二五年には、ニカイア(ニケーア)公会議において、妻に先立たれた男性が、妻の姉妹と結婚することを禁じ(ソロレート婚の禁止)、さらに、ユダヤ人、異教徒、異端者との結婚も禁じた。当初は「実の」兄弟との再婚を禁じるだけだったが、八世紀に入ると、そうした初期の教令が改められ、姻族との結婚がすべて禁じられるようになった。[26]

教会は、婚姻禁止の範囲——つまり近親婚の範囲——を徐々に広げていき、最初は、近縁の血族

（娘など）や主要な姻族（息子の妻など）だけだったのが、やがて、いとこ、義理のきょうだい、代子（名づけ子）まで含まれるようになった。このプロセスはまず六世紀に、メロヴィング朝（フランク王国）の国王たちのもとで加速していった。西暦五一一年から六二七年までの間に開催された一七回の教会会議のうちの一三回までが、「近親」婚の問題を取り上げている。一一世紀初めには、教会の近親婚禁止の範囲は、むいとこを含むまで拡大しており、血族だけでなく、姻族や霊的親族（代父母や代子）までもがその対象になった。実際問題として、このような近親婚禁止規定によって、本人（または他の誰かしら）が、血縁関係、姻戚関係、霊的親族関係のいずれかがあると考える人間すべてが、結婚相手候補から除外されることになった。

しかし、このような広範な禁止規定が、「近親婚」にあたるという虚偽の告発をして政敵を陥れるために利用されたからであろう、一二一五年の第四回ラテラノ公会議では、近親婚の範囲を狭めて、みいとこ、およびそれよりも近縁の親族までとし、それに対応する姻族や霊的親族も含まれることとした。みいとことは、曾祖父母の兄弟姉妹の曾孫たち〔四代前の先祖一六人の子孫全員〕である[27]。

この数百年の間に、近親婚禁止規定の違反に対する処罰は、厳罰化されていく傾向にあった。近親婚に対する処罰は、違反者の聖餐式参加をしばらく禁ずることから、やがて破門やアナテマへと発展していった。八世紀にさかんに行なわれたアナテマは、破門に処された者の魂を正式にサタンに引き渡す厳粛な儀式である。当初、禁じられている親族とすでに結婚している者は、新たな教令の適用を免除されていた。ところがその後、すでに結婚している者にも新教令が適用され、婚姻は無効とされるようになる。突如、婚姻の無効を宣告されて、離婚することを拒んだ人々には、破門やアナテマが言い渡された[28]。

中世においては、特にキリスト教が影響力を揮うようになってからは、破門は非常に恐ろしい罰だった。破門された者は、霊的な毒のようなものに汚染されていると考えられており、キリスト教徒は、破門された者を雇うことも、付き合うことさえ禁じられていた。法的な面から見ると、破門された者は、他のキリスト教徒と契約を結ぶことを禁じられており、既存の契約も無効とされるか、良くても、破門が解かれるまでの間、保留とされた。破門された債権者には、借金を返済する必要がなくなった。八九五年のトリブール公会議では、熱心に罪の赦しを願い求めている場合を除き、破門された者を殺害しても処罰されないとまで定めた。破門された者を遠ざけない者は、罪人《つみびと》の害毒に冒される危険や、オストラシズムなどの重い処罰に身をさらすはめになった。近親婚を解消して、罪の赦しを求めようとしない者は、地獄に堕ちたまま永遠に救われることはなかった[29]。

破門された者が、近親婚という罪の赦しを求めることを繰り返し拒んだ場合には、教会はアナテマを言い渡すことができた。宣告された者は、地獄に堕ちるのが必定となるだけでなく、魂をサタンに奪われることによって、残された人生の間にありとあらゆる苦しみ、災い、病にさらされることになった。まるで、儀式の力によって教会が、こうした近親婚を犯した「罪人」の周囲から防護シールドを取り払い、悪魔が跋扈《ばっこ》する世界に無防備のまま放置したかのようだった。明らかに、教会は、近親婚禁止の範囲を広げる政策を守るために、超自然的な重砲を運び入れていた。

教会の方針は明確だったが、MFPの諸政策がどれほど効果的に実施されたかについては、いまだわかっていない部分が多い。たとえば、西暦五〇〇年から一二〇〇年までの、それぞれの地域ごとのイトコ婚減少率に関する統計データは何もない。しかし、歴史記録を見る限り、次の点は明らかだ。①これらの新政策は、もともと慣習法として存在していたものを、ただ成文化したものではないこと。②地域や時期によって違いはあるが、人々をMFPに従わせるために、教会による積極的な取り組みがなされたこと。絶えず政策の転換がなされたり、同じ命令が繰り返されたり、教会の禁止令をめぐって長々と論争が続いたりしている事実が、こうした推測を裏づけている。

たとえば、初めのうちは、どの部族も、近親婚の制限緩和を積極的に求めていたことがわかっている。八世紀に、ランゴバルド人は、またいとこ、およびそれより遠縁のイトコとの結婚を許可してくれるように、ローマ教皇に請願している[30]。しかし、ローマ教皇の答えは否であった（表5・2の、一〇五九年のダルマチア王国の項目も参照）。また、規制をかいくぐる手段ができると、キリスト教徒たちは、親族との結婚を可能にする特免状をもらうために、自ら進んで金を支払った。たとえば、キリスト教化された直後のアイスランドでは、法官の給与は、特免状の売上げ金によって賄われていた。後の記録から、カトリックの地域のヨーロッパ人は、二〇世紀に入ってからもしばらく、イトコと結婚するためにローマ教皇の特免状を買っていたことが明らかになっている。

教皇や司教は戦略的に戦いを仕掛けていったが、これらの政策が、国王や貴族などに強制されることもあった。たとえば、一一世紀に、ノルマンディー公が、遠縁のイトコにあたる、フランドル伯の娘と結婚したとき、ローマ教皇は直ちに双方を破門に処した。アナテマを言い渡されるやもしれず、双方とも破門を解いてもらおうとして、教会のために立派な大修道院を建立した。この一件から、ローマ教皇の権力がどれほどのものだったかがうかがえる。というのも、このノルマンディー公が、か弱い人物などではなく、後のウィリアム征服王（イギリス王室の開祖）だからである[31]。

今となっては、中世のイトコ婚に関する統計データを挙げることはできないが、化石化した古い時代の親族語彙の中に、MFPの痕跡を見つけ出すことができる。最初期に書かれた資料の中に見られるヨーロッパ言語を調べてみると、当時の人々もやはり、世界中の緊密な親族関係をもつ社会で使われている語彙体系の特徴と、ぴったり一致する親族語彙をもっていたことがわかる。たとえば、こうした語彙体系には、「母親の兄弟」や「母親の兄弟の息子」を表す特別な言葉がある。

ところが、過去一五〇〇年間のいずれかの時点で、西ヨーロッパの言語のほとんどが、現代の英語、ドイツ語、フランス語、スペイン語などで親族関係を表すために用いられている語彙体系を採用したのである。このような親族語彙の変化はまず、西暦七〇〇年頃に、ロマンス諸語（スペイン語、イタリア語、フランス語）で起こった。ドイツ語や英語でも、一一〇〇年頃にはもう十分に変化が進んでいた。一方、スコットランドの辺鄙な地域では、一七世紀末近くまで、緊密な親族関係をもつ社会の親族語彙が使われ続けていた。親族語彙の変化は、人々の生活の「現場」での変化よりも数百年ほど遅れると考えられていることを考慮すると、このタイミングは、MFPが波状的に実施されていった時期とほぼ一致するようだ[32]。

教会の残した足跡がずばりそのまま見てとれるのが、英語などの現代ヨーロッパ言語である。あなたは自分の兄弟の配偶者を〔英語で〕何と呼ぶだろうか？「法における姉妹（sister-in-law）」と呼ぶ。では、「法における（in-law）」とはどういうことか？なぜ、姉妹なのだろう？　そして、法とは何の法か？「法における」とは「教会法における」という意味であり、したがって、教会の視点から見れば、姉妹と同じような存在だということ――つまり、性行為も結婚もできないが、優しくしなければいけないということ――なのだ。英語に「法における」を付加する用法が現れたのとほぼ同時期に、ドイツ語でも姻族を表す言葉が変化して、同格の血族を表す言葉に、「姻戚の」という意味の接頭辞を付けて表現するようになった。たとえば、英語の「法における母」を表す言葉は、古高ドイツ語では「スヴィガー」（「母《ムター》」と無関係の独自の言葉）だったのだが、ドイツ語では、「姻戚の母」という意味の「シュヴィーガームター」になった。

英語（「法における」という表現）に教会が絡んでいることは明らかだが、なぜ、ドイツ語においても教会が関与していたとわかるのか？　ドイツ語話者の中に、教会の影響力に屈することなく、その方言の中にある古い親族語彙をそのまま使い続けた、ドイツ語話者の下位集団はあるのだろうか？

イディッシュ語は、中世に古高ドイツ語から派生したドイツ語のユダヤ方言だが、イディッシュ語は今もなお、古高ドイツ語に由来する姻族用語を使っている。姻族を血族と一緒にすることで近親婚規制の強化を図った、姻族語彙の変化に屈することはなかった。これは、変化の原因が教会にあることを教えてくれるものだ[33]。

総合的に考えるならば、教会の政策によって、ヨーロッパ集団の親族組織が徐々に変貌を遂げていき、それがやがて、言語にも反映されるようになったと考えてよさそうだ。それにしても、なぜなのだろう？

なぜ禁止したのか？

なぜ、教会はこのような近親婚禁止の政策をとったのだろうか？　この問いに対する答えは、幾重にも重なっている。まず一つ目は単純に、教会指導者を含めた信者たちが、近親者同士の性行為や結婚は神の意志に反すると信じるようになったということ。たとえば、六世紀のペスト大流行は、近親婚（そのほとんどがイトコ同士や姻族同士の結婚だったと思われる）に対する神の懲罰だと考えられていた。そのような近親婚は、血を汚すものであり、ひいては精神的にも肉体的にも他者を汚染するおそれがある、とも考えられていた。多くの人々がこのような信念をもっていたとすれば、教会の取り組みは一種の公衆衛生キャンペーンだったと見ることができる。

しかしこれでは、近親婚の範囲をなぜこれほど拡大するようになったのかという疑問に逆戻りしてしまう。近親婚の禁止は、ヒトの近親交配忌避の本能に照らしても、心理的に受け入れやすいものではあるが、人類史上ほとんどの人々が、姻族、霊的親族、遠縁のイトコにまでその範囲が及ぶとは考えていなかった。

第二層を捉えるためには、いったん「ズームアウト」して、地中海沿岸地域や中東では、全く異なる独特の宗教的信念をもった、多くの宗教集団が互いに競い合っていた事実を思い出す必要がある。教会は、超自然的な信仰と習慣をたまたまうまく組み合わせることができた「幸運者」だった。MFPは、古代ローマの慣習法とユダヤ法を混ぜ合わせたところに、キリスト教特有の性行為（禁欲）や自由意志に関する強迫観念をちりばめたものだ。たとえば、初期のローマ法は、近縁のイトコとの結婚を禁じていたが、キリスト教発祥の地である古代ローマ帝国の法はこれを容認し、社会的汚名を着せることはなかった。ユダヤ法は、一部の姻族との結婚（または性行為）を禁じたが、イトコ婚、一夫多妻婚、おじ姪婚は容認した。ローマ法は、一夫一婦婚しか認めなかったが、もともと、第二夫人や性奴隷については（キリスト教が優勢になるまで）不問に付していた。教会は、これらの慣習や法に、新たな思想、禁止、選好を融合させて、MFPを作り上げたのである。

表5.3　いくつかの主要な宗教的共同体の婚姻規制[36]

宗教	古代末期および中世初期における婚姻政策と婚姻形態
ゾロアスター教（ペルシャ）	イトコ、姪、さらにはきょうだいまで含めた、近縁の親族との結婚を推奨。男児をもうけることなく死亡した男性は、寡婦となった妻が、彼の兄弟との間に男児をもうけない限り、天国には入れなかった。レビレート婚もソロレート婚も共に容認され、一夫多妻婚も認められた。
ユダヤ教	モーセ律法に従い、血縁の濃い親族や身近な（主に同じ世帯内の）姻族との結婚は禁じられた。イトコ婚は容認され、レビレート婚もおじ姪婚も共に奨励された。一夫多妻婚は、紀元後第二千年紀の初頭まで容認されていた。
イスラム教	モーセ律法を基礎としていたが、おじ姪婚ははっきりと禁じられた。中東のイスラム社会では、男子が自分の父親の兄弟の娘と結婚するという、独自の婚姻選好が促進された。レビレート婚は、妻の同意があれば、容認された。一夫多妻婚も容認されたが、等しい地位の妻を4人までという制限があった。
正教会	モーセ律法に従ったが、レビレート婚やソロレート婚は禁じられた。692年までいとこ婚が容認されており（表5.2）、その後も、禁止の対象がみいとこまで拡大されることはなかった。おじ姪婚はたいてい黙認された。一夫多妻婚は、ローマ法のもとで禁じられていた。つまりこれは「緩やかなMFP」である。

他の宗教集団も、ほぼ同時期に、それぞれ独自の慣習、超自然的信仰、宗教的タブーを組み合わせて実験に臨んだ。やがて、それぞれ異なる文化パッケージと神への信仰を装備したこれらの集団が、信者を求めて競い合うようになった。そして長い年月の間に、勝者と敗者がえり分けられていったのである[34]（第4章）。

この競争の渦の中で、他の宗教的共同体がこの時代に、婚姻をどのように扱っていたのかを見ていこう[35]。表5・3に、西方教会の競争相手のいくつかがとった婚姻政策を手短にまとめてある。強い影響力を有していたペルシャの普遍宗教、ゾロアスター教は、親族との結婚に好意的だった。特に奨励されたのはイトコ婚だが、きょうだいなど近縁の親族とも結婚することができた。ゾロアスター教は現在も存続しているが、信者数はわずか数十万人にとどまる。

他のアブラハムの宗教はすべて、モーセ律法にいろいろ手を加えたものだ。どれもみな、教会がイトコ婚を禁止するようになった後、何百年間もそれを容認し、今もなお認めているものもある。イトコ婚は、親族同士の結婚の中でも飛び抜けて多い形態なので、もし、イトコ婚を禁止するつもりがないとすれば、緊密な親族ベース制度の柱を求めているということだ。また、ユダヤ教やイスラム教では、レビレート婚も一夫多妻婚も容認されていた。この事実には興味をそそられる。というのは、教会の政策もやはりモーセ律法を基礎としていながら、MFPにおいては、レビレート婚、イトコ婚、一夫多妻婚を是認する聖書の立場を覆したことを意味するからである[37]。

東方正教会（以後、正教会と呼ぶ）は、重要な比較事例を提供してくれる。なぜなら、正教会は、古代末期に公式に西方教会と統合されたが、次第に分裂していき、ついに一〇五四年の大シスマ（東西教会の分裂）で正式に二分されたからである。西方教会が婚姻禁止の範囲を拡大し、制裁措置をエスカレートさせていったのに比べると、正教会は、特にメロヴィング朝でMFPが進展していった時期に、とりあえずそれに倣ったにすぎなかった。いとことの結婚は、六九二年まで禁止されなかった。八世紀には、禁止範囲がまたいとこにまで拡大されたが、みいとこが禁止の対象にされることはなかった。また、正教会の監視や執行の取り組みは、西方教会と歩調を合わせてはいなかった。正教会の政策決定は、表5・2でグレーの影が付けてある。正教会は「緩やかなMFP」を実施していたと考えることができる[38]。

大局的に見るならば、それぞれ異なる宗教集団が、神の御墨付きを得たさまざまな婚姻形態を発達させたわけで、一方の極には、きょうだい同士の結婚を奨励したゾロアスター教があり、もう一方の極には、ごく遠縁の姻戚（むいとこ）との結婚まで全面的に禁じた西方教会があった。西方教会は、神の意志に根ざすとされる極端な近親婚禁止を掲げるようになり、それによって生み出された大きな流れ《ダウンストリーム》が、結局、WEIRD心理の扉を開くことになったのである。

教会の近親婚禁止がどこに由来するのかを探るなかで、ローマ・カトリック教徒はさまざまな婚姻禁止令が長期にわたって及ぼす社会的、遺伝的な効果を、何となく察していたのではないかと考える方もいるのではなかろうか。実際にそのような効果について推測したイスラム教徒やキリスト教徒の著者もわずかにいたが、多様な婚姻慣習の影響についてのそのような漠とした推測は、近親相姦をめぐる宗教論争の根拠にも、昔ながらの婚姻慣習の廃止を促す力にもなってはこなかったようだ。詳細な科学的データが得られるようになった現代世界においてさえ、イトコ婚や一夫多妻婚についての論争は続いたままだ。さらに、姻族、継きょうだい、代父母（および代父母の子ども）との結婚を禁じる理由は、近親交配の健康影響についての曖昧な認識や、部外者との一夫一婦婚の社会的利益という理屈では説明できない。なぜなら、こうした人々は、そもそも遺伝的関係などないし、社会的関係が近いとも限らないのだから。[39]

結局のところ、西方教会が、婚姻にまつわる一群の信念と習慣――MFP――を採用したのは、他の諸宗教の場合と同様に、一連の複雑な歴史的理由があったからだった。しかし、ここで私たちにとって重要なのは、宗教に触発された一連の信念や習慣が、長期にわたって他の社会と競い合う中で、現世での生活に対して実際に、他とは異なる効果を生み出したのはどうしてか、ということだ。MFPの影響を受けた社会が、次の二〇〇〇年間に、親族を組織化する強力な方法を導入または維持した他集団よりも、うまく機能したのはどうしてなのだろう？[40]

MFPが中世のヨーロッパ社会に与えた全体的影響は広範囲に及ぶものだった。それについてはこの後、本章でも次章以降でも見ていく。さしあたりここで考えてほしいのは、一一世紀に結婚相手を探そうとすると、理論上、平均二七三〇人のイトコと、そのようなイトコ全員の子、親、生存している配偶者を含め、合わせて一万人に上るかもしれない親族を候補者から除外しなければならなかったということだ。数百万の人々でにぎわう都市のある現代世界であれば、そのような禁止令にも容易に対処できるだろう。しかし、農場、少人数の村、小さな町が散在する中世の世界でこのような禁止令が出たら、遠く広く手を伸ばして、別の共同体の見ず知らずのキリスト教徒――たいてい異なる部族や民族集団の人間――を見つけるほかなかっただろう。[41]

こうした影響をもろに受けたのは、経済的に中間層の人々、つまり、そこそこに成功していて教会が目を光らせているが、賄賂その他の手を使って規制をかいくぐるほどの力はない人々だったのではないだろうか。だとすれば、MFPの影響を受けて、まず中間層から、緊密な親族関係が瓦解していった可能性がある。ヨーロッパのエリート層は最後まで抵抗したが、そうしている間に、その足元の社会構造が、MFPによって静かに、体系的に再編されていったのだった（図3・3）。

リネージの終焉――養子縁組、一夫多妻婚、再婚の禁止

氏族やリネージは、人々の心理に強く働きかける制度だが、それには弱点もある。世代ごとに必ず、跡継ぎをもうけなければならないということだ。跡継ぎのいない世代が一度現れるだけで、由緒ある一族の血統が絶えてしまう。数学的に考えると、数十人ないし数百人からなるリネージはいずれ、「然るべき」性別――父系性の氏族や王朝の場合は男性――の成人を生み出すことに失敗す

る。どの世代も、およそ二〇％の夫婦は、いずれか一方の性別の子ども（たとえば女児のみ）しか授からず、二〇％は子どもを一人も授からない。これは、どんなリネージもいずれは、跡を継げる性別の成員がいなくなってしまうことを意味している。だからこそ、文化進化はこれまで、養子縁組、一夫多妻婚、再婚など、さまざまな跡継ぎ戦略を編み出してきたのだ。

多くの社会で広く採用されている養子縁組という制度では、家族に適切な性別の跡継ぎがいない場合には、通常、親族の中から養子をとって跡を継がせることができる。一夫多妻制の社会では、一人目の妻との間に跡継ぎをもうけられなかった男性は、二人目、三人目の妻を娶って何度でも挑戦することができる。ローマのような一夫一婦制の社会でも、どうしても跡継ぎが欲しければ、妻と離婚して、もっと受胎能力の高い相手を求めて再婚することができる[42]。

教会は、このような跡継ぎ戦略を、ことあるごとに容赦なく妨害した。養子縁組は、キリスト教が広まる以前のヨーロッパ社会では重要なものだったので、古代ギリシャにも古代ローマにも、養子縁組について規定する法律があった。ところが、第一千年紀の中頃にはすでに、キリスト教化された諸部族の法典からは、親族関係における地位や、相続権、儀式遂行の責任を正式に移転する法的なメカニズムがなくなっていた。教会の政策に縛られて、血縁でつながった子孫にしか相続させられなくなったのである。そんなわけで、イギリスの法律にようやく合法的養子縁組が規定されるのは、フランス（一八九二年）や米国マサチューセッツ州（一八五一年）で養子縁組が合法化された後の、一九二六年のことである[43]。

教会は、前述のとおり、二人目以降の妻をすべて厳しく禁じるだけでなく、庶出という概念を広めることによっても、跡継ぎ戦略としての一夫多妻婚の切り崩しを図った。キリスト教以前のヨーロッパでは、さまざまな形の一夫多妻婚が広く行なわれていたようだ。そうした慣習を根絶しようと活動する司教や宣教師たちが次々と懸念を表明している様子から、当時の状況が見てとれる。

裕福な男性は、第一夫人を迎えた後で、さらに第二夫人を娶ることが少なくなかった。そして、血統を絶やさぬため、祖先を祀る儀式の生贄にするため、財産や称号を継承させるために、第二夫人の子どもたちが跡継ぎの補欠として「養育」されることもあった。ところが教会は、(教会で結婚式を挙げた)本妻の子だけを嫡出子と認め、それ以外の子から相続や継承の資格を剝奪することによって、「養育」の慣習に水を差し、この跡継ぎ問題解決への道筋を閉ざしてしまったのである。[44]

一夫多妻婚によって複数の妻を迎えられなくても、離婚すれば、跡継ぎを産んでくれそうな若い妻と再婚できるのではないか?

ところが、教会はこの道も閉ざしてしまった。たとえば、西暦六七三年、ハートフォード教会会議において、正式に離婚した後でも再婚はできないことが定められた。驚いたことに、国王たちでさえ、この禁止令を免れることはできなかった。九世紀半ばに、ロタリンギア王国の国王が最初の妻を追い払って愛人を正室に迎えたとき、連続する二代の教皇が、彼を禁止令に従わせようとして一〇年に及ぶキャンペーンを繰り広げた。度重なる嘆願、教会会議、そして破門の脅しまで受けた国王は、ついに屈服し、許しを請うためにローマに旅立った。このようなローマ教皇との小競り合いは、中世を通してずっと続いた。ついに一六世紀に、ヘンリー八世が、こうしたローマ教皇の頑固さに対抗して、イングランド国教会を分離成立させたのだった。[45]

教会が養子縁組、一夫多妻婚、再婚を制限していれば、いずれ跡継ぎがいなくなって、血統が絶えることになる。こうした制限のもとで、世継ぎが生まれなかったために王統が断絶したヨーロッパの王朝は少なくない。MFPの近親婚禁止と同様に、このような政策は、人々を緊密な親族関係の制約から解放することによって、また、教会の金庫への富の流れを生むことによって、教会に利益をもたらした。婚姻の無効宣告を売ることによって、新たな財源が生まれた。そう、離婚はできなかった……が、条件をいくつか満たしていれば、最初の婚姻を無効に——成立当初から効力を有しなかったことに——できたのである。当然ながら、この種の強力な魔術は高くつく。

では、これらの政策が、所有権や相続権に関する規範の修正と相俟って、一体どのようにして教会をヨーロッパ最大の土地所有者に変えていったのかを見ていこう。これらの政策はまた、ヨーロッパの緊密な親族ベース制度を破壊し、それによって、その後の各世代が向き合うことになる社会的世界を徐々に変化させていったのだった。(46)

個人的所有と個人の遺言

緊密な親族ベース制度にはたいてい、土地やその他の重要資源の相続権や所有権を統制する社会規範が備わっている。たとえば、リネージや氏族を基礎とする社会では、親族集団の全員で土地を共同所有している場合が多い。このような状況での相続は単純明快だ。新たな世代の氏族成員が共同で前世代から相続するので、個人に所有権はない。氏族の土地を売るなど、そもそも考えられないことだ。なぜなら、こうした領地は氏族の祖先のふるさとであって、氏族の儀式やアイデンティティと深く結びついているからである。そうした結びつきが問題とならない場合や、克服できる場合でもやはり、売却するには、親族集団の全成員、もしくは少なくとも全世帯主が同意する必要があり、したがって土地の売却はめったに起こらない。

より個別的な所有の概念が浸透しているキンドレッドの場合には、故人の土地その他の財産について、兄弟、異母兄弟、おじ、イトコが残余財産の分配請求権を持っているのが普通だ。こうした請求権は慣習にしっかり裏打ちされているので、所有者が生前に優先権を表明していても、それを簡単にくつがえすことはできない。つまり、使用人や聖職者に財産を譲りたいと思っていても、兄弟や、さらにはイトコからさえ相続権を奪うことはできない。相続は、個人の選好には委ねられていないのだ。そのような社会では、所有権や遺言といったＷＥＩＲＤな概念はそもそも存在せず、存在したとしても限定的でしかない。教会は、このような世界にありながら、本人の遺言という方法で個人的所有や相続を促すことによって、巧みに私腹を肥やしていったのである。

それがどのように効果を発揮したのかを理解するために、まず、古代末期のローマ帝国から見ていこう。そこでは、エリート層には個人的所有や遺言による相続が法的に認められていた。これを利用して、ミラノの司教、アンブロシウスのようなキリスト教指導者たちは、ある教義を展開した。それは、裕福なキリスト教徒に、どうすれば「ラクダが針の穴を通り抜け」られるかという難問の解決手段を与えるものだった。この難問の元とされる『マタイによる福音書』（一九章二一〜二六節）で、イエスはある裕福な若者に次のように説く。

「もし、あなたが完全になりたいと思うなら、帰って自分の持ち物を売り払い、貧しい人々に施しなさい。そうすれば、天に宝を持つようになろう。そして、私に従ってきなさい」。この言葉を聞いて、青年は悲しみながら立ち去った。たくさんの財産を持っていたからである。それからイエスは弟子たちに言われた。「よく聞きなさい。富んでいる者が天国に入るのは難しい。もう一度言うが、富んでいる者が神の国に入るのに比べれば、ラクダが針の穴を通るほうがまだ易しいのです」

アンブロシウスはこの喩え話を土台にして、富める者は教会を通じてその富を貧民に施すことで本当に天国に入れるようになる、という説を広め、それによって教会の金庫室を創設したのだった。理想を言えば、裕福なキリスト教徒は、その富を貧民に施すとともに、身を入れて神に仕えることが望ましい。けれども、教会は、もっと敷居の低い代替手段も提供したのだった。富める者は死に際に、その富の一部または全部を貧者に遺贈すればそれでいいというのだ。これによって、金持ちは、それまでずっと裕福な暮らしをしていても、いまわの際に貧しい人々に惜しみなく施せば、あの喩え話の針の穴を通ることができるようになったのである(47)。

この慈善の教えはまさに天才的発明だった。裕福なキリスト教徒にとって、この教えは、イエスの言葉にしっかりと根ざした強力なインセンティブとなった。これに触発されたローマの貴族数人は、膨大な財産を放棄して、神に奉仕する生活を追求した。たとえば、西暦三九四年、億万長者のローマ貴族、ポンティウス・パウリヌスは、イエスの教えに従って全財産を貧しい人々に与えると公表した。その年の内に、パウリヌスはバルセロナで、大衆の賞賛を受けて司祭に任命された。そのような高くつく行為は、特にパウリヌスのような名声ある人物が行なうと、人々の心に信憑性ディスプレイ（CRED、第4章）として作用する。ミラノ司教のアンブロシウス、ヒッポ司教のアウグスティヌス、トゥール司教のマルティヌスなど、初期の教会指導者たちはみな、パウリヌスのデモンストレーションの効果を認め、さっそく信者の鑑として祭り上げた。マルティヌスは「手本にすべき者がいる」と声を大にしながら、あちこち説いて回ったようだ。

このような高くつく財産放棄は、心理面その他に次のような効果をもたらしたはずだ。①その行為に感銘を受けた者が、信仰心を植え付けられたり、信仰を深めたりする。②その行為に刺激された者が、それをまねて自分も財産を放棄する（その連鎖反応が次々に起こる）。③放棄された財産が、教会の金庫を通して貧民に流れるとともに、教会の蓄財が進む。[48]

当然ながら、裕福なキリスト教徒のほとんどは、少なくとも存命中に全財産を放棄しようと思うほど、心を動かされたわけではなかった。それでも、パウリヌスのような手本は、教会が人々に対して、いまわの際に財産の一部または全部を貧者に施すように説得するのに役立った。このような功徳を積むならば、現世で貧乏暮らしに苦労することなく、イエスの説いた「天の宝」を持てるようになると説いたのだ。このような天国への裏口が提供された結果、教会の蓄財があまりにも進んでしまい、世俗的支配者たちはとうとう、裕福な人々の施しが過度になるのを抑えるための法律を制定するはめになった。たとえば、西ゴート王国の国王は、子どもや甥がいる寡婦が放棄できるのは、財産の四分の一までとし、残りの四分の三は、子どもや親族に相続させるよう命じた。[49]

慈善の教えがこれほど効力を発揮したのは、一つには、教会が、病める人や瀕死の人の世話をすること――キリスト教の救済の眼目――に重点を置いてきたからだった。裕福なキリスト教徒がいよいよ最期のときを迎えると、今日でもそうだが、司祭が呼び出される。やって来た司祭は、臨終の人にまめまめしく寄り添いながら、その心を慰め、不滅の魂に死後の生の準備をさせる。司祭の面倒見の良さ、差し迫る死の恐怖、天国に行くのか地獄に堕ちるのかわからない不安――そうしたものが相俟って、裕福な人々は、多額の富を（教会を通して）貧者に遺贈することをまるでいとわなくなったようだ。

古代末期の間、財産権や所有権を管理したり、遺言を執行したりする制度がまだ機能しているうちは、教会のこの遺贈戦略は、エリート市民層に対してかなり十分な効果を挙げていた。ところが、西ローマ帝国が崩壊すると、教会は、その土地の部族の慣習法が体系化・成文化されていく世界で活動することを余儀なくされるようになった。アングロ＝サクソン人やフランク人のような部族集団の最初期の法典には、慣習法に基づく相続権など、緊密な親族関係の影響が濃厚に見られ、教会は、個人的所有や遺言による相続を促進しようという強い動機をもつに至った。教会は、世俗的支配者と連携して、個人的所有や、（兄弟、おじ、イトコを除外して）直系相続人を厳密に優先させる相続規則、そしてもっと自主的な遺言による遺贈を後押しする法律の制定を強く求めた(50)。

このような個人的所有権や個人の遺言を推進する運動は、親族ベース組織を弱体化させたであろう。なぜなら、こうした親族集団は、その土地や財産を教会にどんどん奪われていったに違いないからである。死の床に伏したキリスト教徒は、天国に行ける見込みを少しでも高めようと、能《あた》う限りのものを教会に譲り渡した。跡継ぎがなく、養子も取れず、再婚もできない者は、慣習法に基づく相続や共同所有という制約から解放されれば、自分の全財産を教会に寄付することができた。親族ベース組織やその家父長たちは、代々継承されていくべきものに対する教会の瀉血《しゃけつ》行為により、じわじわと生き血を搾り取られて死んでいった。先祖伝来の土地は、教会の土地になった。

このように相続権や所有権に変更を加えたことで、教会の成長拡大が促され、その懐も潤っていった。慈善寄付の広まりは、高額の贈与がもたらす説得力——ＣＲＥＤ——によって、新たな信者を引きつけるとともに、既存の信者の信仰心を深める働きもしたはずだ。同時に、こうした遺贈によって、激流のごとく収入が流れ込んできた。遺贈、一〇分の一税、さらには、婚姻の無効宣告やイトコ婚の特免状などの報酬が合わさって、教会は中世期に途方もなく裕福になった。これらのうちで、収入に占める割合が圧倒的に高かったのが遺贈だった。西暦九〇〇年には、西ヨーロッパの耕地のおよそ三分の一を教会が所有するようになっていた（たとえばドイツ三五％、フランス四四％）。一六世紀の宗教改革の頃には、教会がドイツの半分、そして、イングランドの四分の一ないし三分の一を所有するまでになっていた。[51]

緊密な親族関係がＭＦＰによって切り崩されることで、ヨーロッパ人の間では、中世盛期に入る前にすでに、部族の違いもなくなっていたのではないかと思われる。第2章で述べたとおり、部族共同体や民族共同体が維持されるのは、一つには、ヒトには言語、方言、衣装、その他のエスニックマーカーが同じ人々と交流し、そこから学ぼうとする傾向があるからであり、また、社会規範を共有する人々とは交流しやすいからである。それゆえ、婚姻は、部族の境界線を明確化、強化する大きな力となる場合が多い。教会のＭＦＰは、次の三つの方法でヨーロッパ諸部族を崩壊へと向かわせたのだ。①（キリスト教徒という）汎部族の社会的アイデンティティを確立する。②親族ではないキリスト教徒の配偶者を見つけるため、個人に遠く広い範囲にまで目を向けさせる。③多様な部族共同体が互いに交流し、婚姻関係を結び、協力していく土台となるような、新たな一連の婚姻、相続、居住に関する規範を提供する。[52]

教会のＭＦＰは、ヨーロッパの親族ベース制度を切り崩すことによって、人々の忠誠心の対象となる主要なライバルを排除するとともに、教会への収入の流れを生み出していった。緊密な親族関係のもとでは、自身の親族集団や部族共同体への忠誠が何よりも優先され、多くの投資が求められる。しかし、親族関係が弱まり、部族が崩壊してしまうと、身の安全を求めるキリスト教徒は、教会をはじめとする任意団体に、最大限に身を捧げることが可能になった。ＭＦＰはまた――婚姻の特免状や無効宣告、そして遺贈を通して――布教活動や、新たな大聖堂の建立、貧民救済（慈善活動）の財源となる莫大な収入をも生み出した。ＭＦＰの婚姻規制や相続に関する規定は、このように社会的・財政的な面で教会の勢力拡大に貢献したのみならず、信者たちの心理をも変化させていった。その変化がゆくゆく、教会自体に跳ね返ってきて、教会を内部から変えていくことになる。[53]

カロリング朝、荘園制、ヨーロッパの結婚様式

六世紀末頃から、教会はフランク族の支配者たちと、共通目的のもとに手を組むようになった。フランク族は、それ以前・以後の多くの国王たちと同様に、影響力の強い貴族一家や多数の有力氏族と絶えず対立していた。ＭＦＰは、婚姻を通して永続的な同盟関係を築く力を弱めることによって、こうした貴族一家や地方の親族集団の規模や結束力を削いでいった。そのようなわけで、教会とフランク族の支配者は手を組むことになり、その結果、ＭＦＰの後ろ楯となる世俗的権威と軍事力が、ある程度担保されることになった（表５・２）。

たとえば、西暦五九六年に、フランク族の最初の王朝、メロヴィング朝の王であるキルデベルト二世は、継母と結婚する者は死罪に処すると定めたが、その他の近親婚禁止規定を違反した罰については、司教たちに委ねた。司教に逆らう者はみな、その土地を差し押さえられ、親族に再分配されることになり――それが、親族が互いの状況を監視し合おうとする強いインセンティブになった。

こうしたローマ教皇たちとフランク王たちの同盟は、メロヴィング朝下での宮宰、カール・マルテルを経て、カロリング朝へと引き継がれた。カール・マルテルの子、ピピン三世（小ピピン）も、その子、シャルルマーニュ（カール大帝）も、近親婚の禁止、取締り、処罰を、自らの政策の最重要課題とした。[54]

長い治世の間に、シャルルマーニュはその領土を、ババリア〔ドイツ南部のバイエルン〕、北イタリア、サクソニー〔ドイツ東部のザクセン〕、そして、ムスリムが支配するスペインの一部にまで拡大した。教会は、ある時は先に立ち、またある時は後に続き、カロリング朝と協力しながら成長していった。この相互依存関係がはっきりと照らし出されたのが、西暦八〇〇年のクリスマスだった。この日、シャルルマーニュはローマ教皇により「ローマ皇帝」として戴冠された。図5・3は、シャルルマーニュが没した年、八一四年のカロリング帝国（カロリング朝のフランク王国）の版図を示している。

カロリング朝が教会のMFPを支援したことで、ヨーロッパの集団が再形成され、それによって、新たな組織形態や生産形態への扉が開かれていった。こうした社会経済制度のうちの最重要システム、荘園制が、カロリング帝国の中心部やイングランドに出現した。

荘園制は、他の地域で見られる、一見よく似た制度とは違って、緊密な親族関係に根ざしたものでもなければ、古代末期のローマの別荘のように、奴隷制を土台とするものでもなかった。ここでは、農民の夫婦が、大土地所有者や他の農民世帯と、経済的な取引関係を結んでいた。こうした農民の中には、転住が許されない農奴もいたが、その多くは自由民だった。農民夫婦が自らの世帯で労働力を必要とする場合には、自前の限られた親族ネットワークに頼るのではなく、別の世帯から

図5.3　この地図は、西暦814年時点のカロリング帝国の国境線、および、大シスマの時（1054年）に西方教会と東方教会が管轄権を主張した領域を示している。地図には、ケルト教会の管轄下にある地域や、イスラム勢力の支配下にある地域も示してある。1500年頃以降、破線の内側にある地域の多くで、ヨーロッパの結婚様式を示す十分な証拠が得られている。参考までに、地図には現代のヨーロッパの国境線も記してある(55)。

ティーンエージャーや若者を雇うことができた。夫婦の子どもたちは、その時々の労働需要にもよるが、たいていの場合、思春期か青年期に家を離れて、領主の家か、労働力を必要とするどこか他の世帯で働き始めた。結婚した息子は、実家を継ぐこともできたし、そうではなく、親の領主や、どこか別の地主のもとで所帯を持つこともできた。あるいは、町や都市に移り住むことも可能だった。実家を継ぐ場合には、父親のもとで働くのではなく、息子自身が世帯主となり、両親のほうは半ば隠居の身となった。

親族の絆とは関係なく労働力を配置するこの経済システムによって、独立居住婚がしっかりと根付き、家父長の権威がさらに削がれていった。こうした荘園内に暮らす非親族関係の世帯同士は、互いに労働力を融通し合うとともに、たいていの場合、水、粉挽き場、ミツバチの巣、森林地、果樹園、ブドウ園、家畜小屋などを共同で使って協力し合っていた[56]。

グローバルかつ歴史的な視点から見ると、この荘園制という形態はちょっと変わっている。これと同じ時代に、中国では、土地やその他の資源はたいてい、父系氏族によって共同所有されていた。氏族が所有する施設には、穀物倉、宗廟、学校などがあった。こうした学校は、氏族の子弟に、官吏登用試験である科挙の受験準備をさせるために建てられたものだった。アイルランドは、西方教会のMFPが強化される前にケルト教会のもとでキリスト教化された地域だが、ここでは、荘園制を支配するのは氏族で、労働力は奴隷に頼っていた。粉挽き場もキルン〔煉瓦などを焼く窯〕もともに、アイルランド氏族が所有し、管理していた。

通文化的視点から見ると、カロリング朝の荘園制が親族ではない世帯の労働力に頼っていたという点は、核家族世帯や独立居住婚とともに、異例のことなのである。こうした荘園に見られる親族の絆の弱さは、個人や夫婦がより良い条件を求めて、よその荘園や町や修道院に移り住むことが（場合によっては）可能であることを意味した（もちろん、領主はたいていこれに抵抗したが[57]）。

教会の布教活動による利益、荘園制の仕組み、教会の世俗的同盟者という三つの要素が互いに作用し合った結果、カロリング帝国やイングランドには、とりわけ大用量のMFPが注入されることになった[58]。荘園調査によって、西暦一〇〇〇年頃にはすでに、小作農の家族は、小規模な一夫一婦の核家族世帯で暮らしており、子どもが二～四人いたことが確認されている。若い夫婦は、新たに独立した所帯を構えることが多く、別の荘園に転居する場合もあった。

しかし、結婚年齢は、女子に関しては依然として低いままで、一〇歳から一五歳の間だったと推定される。それは、エリート男性がなかなか第二夫人を諦めようとしなかったからかもしれない。たとえばシャルルマーニュには、知られる限りでも、第一夫人と第二夫人が合計一〇人いて、一八人の子どもをもうけている。そのうちの三人は、ハプスブルク朝、カペー朝、プランタジネット朝という、ヨーロッパの三つの王朝を創始した[59]。

中世の末から近世に入る頃には、人口統計データが豊富に残されているので、歴史学者たちはヨーロッパの結婚様式を、統計データに基づいて詳細に描くことができる。その主な特徴は、次のとおりである。

①**一夫一婦制の核家族で、新たに独立した所帯を構える（独立居住婚）**　男性は若いうちに世帯主となり、その妻も、母親や義母の言いなりの状態ではなくなった。もちろん、核家族や独立居住婚は理想であって、経済的事情から、やはり拡大家族での生活を余儀なくされる

人々も大勢いた。それとは対照的に、中国では、事情により核家族での暮らしを強いられる人々もいたが、理想は依然として、大規模な、父方居住の多世代同居世帯だった。[60]

②**結婚年齢の上昇**　男女ともに、結婚年齢の平均がだいたい二〇歳代半ばになった。こうした傾向に影響している要因としては、（親族による取り決めではなく）本人の選択が重視されるようになったこと、非親族の相手を見つける難しさ（近親婚の禁止）、独立した世帯を構えるための財政的要求など、多くの事柄が考えられる。[61]

③**生涯未婚の女性の増加**　北西ヨーロッパの女性の一五〜二五％が、三〇歳時点で独身のままだった。教会が、結婚せずとも立派な生活を送ることのできる制度を用意した。つまり、女性たちに修道院に入るという選択肢が与えられたのだ。それに対し、ほとんどの社会では、一〇〇％近い女性が、通常若い年齢で結婚した。たとえば、昔ながらの中国では、三〇歳時点で独身のままの女性は一〜二％にすぎなかった。[62]

④**世帯規模の縮小と子ども数の減少**　世帯規模の縮小に影響を及ぼした要因としては、親族の絆（育児手伝い）の減少、独立居住婚（姻戚からの圧力低下）、結婚年齢の上昇、一夫多妻婚がなくなったことなど、多くの事柄が考えられる。

⑤**結婚前の就業期間**　若者はたいてい、学童後期から成人早期の間に生家を離れて、他人の家に働きに出たので、そこで金を稼ぎ、新たなスキルを学ぶとともに、よその世帯がどのように暮らしているかを見ることができた。非親族を「奉公人」として使うのは、グローバルかつ歴史的な視点から見ると珍しい。[63]

ヨーロッパの結婚様式が見られたのは、だいたいどのあたりまでであったかを、図5・3に示してある。それに含まれない地域を見ていくと、いろいろなことがわかる。アイルランドは、極めて早い時期にキリスト教化されていたが、MFPの影響をもろに受けたのは、一二世紀にイングランドに征服されてからのことだった。また、スペイン南部は、七一一年から一四九二年までイスラム勢力の支配下にあった（その間に、イスラム勢力の領土は徐々に縮小してはいったが）。イタリア南部は、北部地方とは違って、カロリング帝国（早くから厳しくMFPが課せられた）に併合されたことは一度もなく、さまざまな地域がイスラム国家のスルタンやビザンツ帝国の皇帝の支配を受けていた。東方に目を移すと、ヨーロッパの結婚様式の境界線は、東西教会の分裂によって引かれた公式の境界線よりもむしろ、昔のカロリング帝国の国境線のほうにはるかに近い[64]。教会は確かに東方に勢力を拡大したものの、MFPの到来はそれよりもずっと後だったからだ。ヨーロッパにおいて、二〇世紀に入ってもなおイトコ婚が行なわれていた頻度は地域によってまちまちだが、第7章では、MFPが到来した時期によって、その違いが説明できることを見ていく[65]。

巡り巡ってもたらされた変化

中世のヨーロッパでは、緊密な親族ベース制度が崩壊するにつれてしだいに、親族関係の面でも居住地の面でも、身動きが取りやすくなっていった。家族の義務や、代々受け継がれてきた相互依存関係から解放された個々人が、それぞれ独自の仲間——友人、配偶者、ビジネスパートナー、パトロン——を選んで、独自の人間関係ネットワークを構築するようになっていった。人間関係に縛られなくなったことで、居住地の流動性が増し、個人や核家族が、新たな土地や成長しつつある都市共同体へと移住していった。まさにこれこそが、任意団体の発展と普及への扉を開いたのである。そのような任意団体には、新たな宗教組織のほかに、憲章都市、同職ギルド、大学など、これまでにない組織も含まれていた。[66]「中世盛期の都市革命、商業革命、法革命」の到来を告げる、こうした任意団体の発展を下から支えていたのは、人々の心理的変化だった。それについては次の七つの章で取り上げる。[67]

社会の変化が教会自体に与えた影響はなかなか興味深い。MFPがもたらした社会的・心理的変化がフィードバックされる形で、その後のカトリック諸団体の進化を引き起こしたのである。一例を挙げよう。西暦六〇〇年頃にローマ教皇グレゴリウス一世がイングランドに一団を派遣する以前、アングロ＝サクソン諸国の初期の修道院は、ほとんどが親族の集まりだった。大修道院長や女子大修道院長の職は、兄弟間で、あるいは母から娘へと継承されていった。アイルランドでは、このような慣行が数百年にわたって続き、修道院は裕福なアイルランド氏族によって運営され、共同体の財産として受け継がれていた。[68]

ところが、親族ベース制度が破壊され、やがて聖職者が子をもうけることが非合法とされるに及んで、しだいに教会の組織内に緊密な親族関係を持ち込むことができなくなっていった。多くの修道院が、修道士を志す者に対し、成員になる条件として親族の絆を断ち切ることを求め、教会か家族か、そのいずれかを選ばせるようになった。修道院の氏族事業といった色合いは薄れ、NGO的な色合いが濃くなっていった。修道院長は民主的に選出され、憲章が文書として作成され、さらに、中央の権威と配下の修道院の独立性のバランスをとった階層的な統治機構が構築されていった。こ

のような傾向は、九一〇年に創建されたクリュニー修道院に始まり、一〇九八年創建のシトー修道会で加速する。(69)

教会のＭＦＰがヨーロッパの家族を再形成していったプロセスは、今から五〇〇年前にほぼ完了した。これが果たして、今日の人々の心理に影響を及ぼしているのだろうか？　親族ベース制度が弱い環境下で生まれ育った場合、ヒトの動機、知覚、感情、思考様式、そして自己概念に、何か重要な影響が現れるのだろうか？　現代世界に見られる心理的差異のもとをたどっていくと、教会にまで行き着くのだろうか？

第6章　心理的差異、家族、そして教会

家族は、ヒトがこの世に生まれて最初に出会う制度であり、ほとんどの社会ではごく最近まで、大多数の人々の生活を規定する中心的な枠組みだった。したがって、ヒトの思考や行動を形成する上で、家族が基礎的な役割を果たしていたとしても全く不思議はない。第1章では、個人主義的傾向、同調性、罪悪感情から、非人格的信頼、分析的思考、さらには道徳判断における意図性重視の度合いに至るまで、さまざまな領域での心理的差異をグローバルな視点から明らかにした。本章ではまず、このような心理的差異が一つには、ヒトの心が文化的に構築された環境に——特に成長期に——適応し調整を加えていく中で生じる、という証拠を固めるところから始める。緊密な親族ベース制度が、人々の心理にどのように影響するのかを見ていこう。より具体的には、中世のヨーロッパにおいて教会が緊密な親族関係を破壊したことが、図らずして、ヨーロッパ人を、そして後には他の大陸の人々を、よりＷＥＩＲＤな心理へと駆り立てていった経緯を見ていこう。

そのための準備としてまず、世界中のさまざまな民族言語集団や国々の、親族ベース制度の緊密度を測定する二通りの方法を紹介する。次に、広角レンズを用いて、第1章で取り上げた、国による心理的差異のかなりの部分は、親族関係の緊密度で説明できることを明らかにする。親族ベース

制度が昔から弱かった集団ほど、今日、ＷＥＩＲＤな心理傾向が強いことがわかるだろう。

次に、教会が各地に広まっていった歴史をもとに、世界のそれぞれの国に対し、婚姻・家族プログラム（ＭＦＰ）が施行されていた期間を算出する。この教会に曝露されていた年数を「ＭＦＰ投与量」と考える。この歴史的な投与量で見ていくと、ＭＦＰ投与量の多い集団ほど、親族ベース制度が弱いということがまずわかる。

最後に、このＭＦＰ投与量を、現代の心理的差異と直接関連づけてみる。すると驚いたことに、歴史的に投与されてきたＭＦＰ量が多い集団ほど、今日、ＷＥＩＲＤな心理傾向が強いのである。

次章では、ヨーロッパ域内の心理的差異や、ヨーロッパの国々内部の心理的差異、さらには中国国内やインド国内で見られる心理的差異に焦点を当てる。このような分析を行なうと、予想したとおり、心理的差異は親族関係の緊密度や教会への曝露期間の両方と関連があることが立証されるだけでなく、「西洋」対「非西洋」、あるいは「ＷＥＩＲＤ」対「非ＷＥＩＲＤ」という二分法的思考に陥ることもなくなるはずだ。私たちは、人間の固定された本質的な違いを見ているわけではなく、多くの要因の影響を受けながら、さまざまな地理的環境のもとで何百年にもわたって進行している文化進化のプロセスを見ているにすぎないのである。

親族関係の緊密度と心理

親族関係の緊密度と人々の心理の関連性については、経済学者のジョナサン・シュルツ、デュマン・バーラミ＝ラッド、ジョナタン・ブションをはじめとするわがチームや、本書の考え方に刺激を受けた同僚のベンヤミン・エンケによって系統的に研究されてきた。これらの取り組みにならって、伝統的な親族ベース規範の指標と、実際のイトコ婚率の両方を利用して、さまざまな集団の親族関係の緊密度を測定しよう。

一つ目のアプローチでは、民族誌アトラスの人類学データを総合して、集団ごとに一つの数字を導き出す。これを、親族関係緊密度指数（ＫＩＩ）と呼ぶことにする。ＫＩＩは、表5・1にまとめてあるイトコ婚、核家族、双方的出自、独立居住婚、一夫一婦婚（対一夫多妻婚）に関するデータと、氏族や特定の共同体内で結婚する慣行（族内婚）に関する情報とを組み合わせたものだ。したがって、ＫＩＩが捉えているのは、世界中の集団の歴史的または伝統的な親族ベース制度の緊密度であって、二一世紀の習慣ではない。アトラスの人類学データに付されている日付は、平均すると一九〇〇年頃なので、歴史的な親族関係が観測された時期と、心理的差異を測定した時期の間には、およそ一〇〇年の開きがある。

親族関係のような歴史的制度は、多数の経路を通じて現代の人々の心理に影響を及ぼす可能性がある。まず何より明らかなのは、持続性がもたらす影響である。親族ベース制度はおそろしいほど頑強で永続性がある。同僚たちと私は、最近の世界的調査の結果を利用して、アトラスで報告されている結婚様式や居住様式が、二一世紀に入ってもなお、ある程度まで残っていることを確認した。

しかし、伝統的な制度自体は廃止されてもなお、そうした制度を取り巻く価値観、動機、社会習慣が、文化伝達によって維持され、何世代にもわたって残存し続ける可能性がある。すでに廃れた歴史的制度がなおも現代の人々の心に影響を及ぼす経路が、こうして生み出されるのである。たとえば、ある集団が、父系氏族を軸とする一連の価値観（たとえば、孝行）、動機（年長者を敬う）、

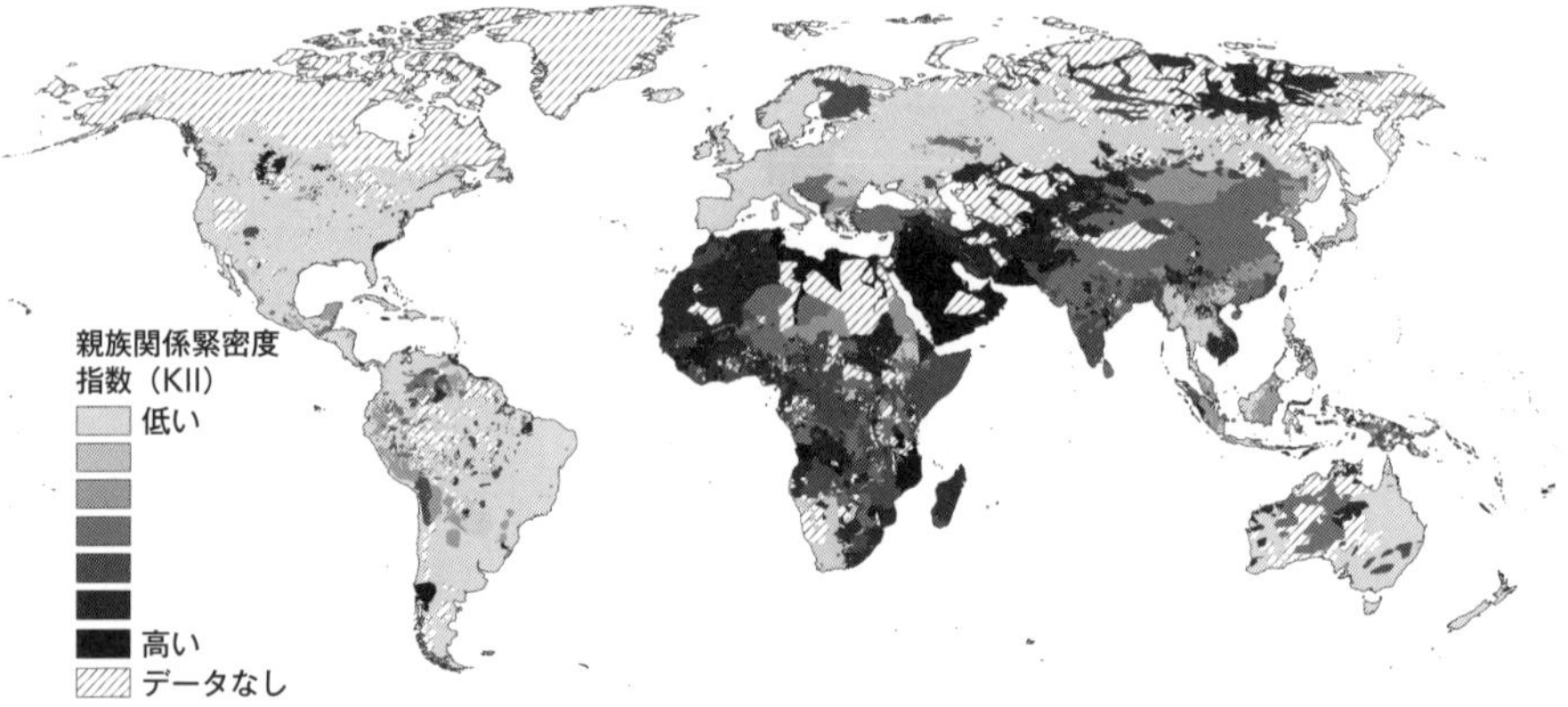

図6.1 世界中の民族言語集団の親族関係緊密度指数（KII）。色が濃いほど、親族ベース制度が緊密であることを示している。斜線部はデータがない地域[2]。

選好（娘より息子）、そして儀式を発展させてきたが、その後、氏族組織は国家によって法的に禁止され、正式に廃止に追い込まれたとする（中国では一九五〇年代にそのようなことが起きた）。この場合、氏族組織が消滅した後もなお、氏族心理のほうは、文化伝達により何世代にもわたって永続する可能性がある。実際問題として、最近導入された親族関係の慣行には、人々の心理がまだ適応していない可能性があるので、今現在の家族制度よりもむしろ、伝統的な親族ベース制度のほうが、心理的差異をうまく説明できるかもしれない[1]。

図6・1は、世界中の七〇〇〇を超える民族言語集団の親族関係緊密度指数を地図上に示したもので、色が濃いほど、親族ベース制度が緊密であることを表している。表示方法の一例を挙げると、現在、アメリカ大陸に住んでいる大多数の人々の親族ベース制度は、歴史的に見てヨーロッパの共同体に由来している。したがって、アメリカ大陸の大部分には、ヨーロッパ起源のＫＩＩ値が割り当ててある。南ア

メリカ大陸に点在する色の濃い部分は概して、現代の先住民集団が暮らしている地域だ。[3]

この指数には、大きな欠点が二つある。まず第一に、指数の基礎となるアトラスのデータは、その地域の社会規範に関する人類学の研究報告から得ている。したがって、ＫＩＩは必ずしも、人々が現地で実際にやっていること――その行動――を捉えているわけではない。アトラスの民族誌データが本当に、永続的な行動様式を表しているのかどうかを確認するために、私たちは、数百の集団から採取したＤＮＡサンプルをもとに、これらの集団の血縁度（遺伝子共有率）を求め、この血縁度とＫＩＩとの関連性を調べてみた。その結果、集団のＫＩＩ値が高いほど、血縁度が高いことが明らかになった（血縁度に影響すると思われる他の要因を統計的に統制しても、その傾向に変わりはなかった）。もし、報告された社会規範が本当に、何百年にもわたって人々の行動に影響を与えていたのであれば、まさに私たちが予測していたとおり――文化はゲノムに足跡を残すのである。[4]

第二の欠点は、指数としてのＫＩＩには、親族ベース制度の異なる側面がいくつか含まれているので、緊密な親族関係の特徴のうちのどれが、心理的作用をもたらしているのかがわからないという点である。イトコ婚の禁止なのか、それとも一夫多妻婚の禁止なのか？　もちろん、私は、指数に含まれている要素すべてが、何らかの役割を果たしているのではないかと思っている（だからこそ含めている）のだが、できることなら、個々の慣習の影響も知りたい。そこで、イトコやその他の近縁親族との結婚が、実際にどれくらいの割合で行なわれているかを示すデータも使用する。国同士を比較する場合には、またいとこ、またはそれより近縁の血族間での結婚の割合（図５・２に表示）を用いることにする。この尺度を「イトコ婚率」、または単にイトコ婚と呼ぶことにする。これらの割合は二〇世紀のデータに基づくものなので、たいてい、心理的差異を測定した時期よりも、少なくとも数十年前の状況を反映している。

イトコ婚はとりわけ重要で、抜き出して調べるだけの価値がある。なぜならば、イトコ婚は、西方教会と正教会の婚姻政策を特徴づける重要な違いの一つだからである。中世初期から盛期にかけての数百年間、西方教会が異常なまでの執念を燃やして、遠縁の親族との結婚まで根絶しようとしたのに対し、正教会は、ある程度の制限を緩やかに課すだけで、それを守らせようと躍起になる気配もなかった。

このような親族関係の緊密度を心理的差異と関連づけるために、三種類の心理学研究の結果について検討する。まず第一に、利用可能なものがある場合には必ず、実験室内実験、または綿密に作成された心理尺度を分析する。これらは心理的差異を測定するのには最適なのだが、利用できる国は限られているのが実情だ。

そこで、それを補うために、同じような心理的側面を読み取ることのできる、世界的調査の質問項目を検討する。このような調査は、多数の国々の、たいてい数十万人に及ぶ人々からの大量のデータを提供してくれるので、気候、地形、宗教、有病率のような、親族関係の緊密度以外に人々の心理に影響しうる、重要な要因の影響を統計的に統制することが可能だ。場合によっては、同一の国で生活している移民の心理を、それぞれの出身国や民族言語集団の親族関係強度を用いて比較することもできるだろう。

最後に、利用可能なものがある場合には必ず、実験や調査で捉えられた心理的属性と関連する、現実世界の行動様式について検討する。それが重要なのは、私たちが注目している心理的差異が、実生活に大きな影響を及ぼしていることを明らかにするものだからである。

個人主義的傾向、同調性、罪感情

親族ベース制度の性質いかんによって、自分自身、他者との関係、自分の動機や感情についての考え方が変わってくる。強い親族規範は、個人を先祖伝来の、相互に依存し合う、緊密な社会的ネットワークに埋め込むことによって、人々の行動を知らぬ間にしっかりと統制している。こうした親族規範があると、個人は、自分や自集団の成員に目を向け、列を崩す者が一人も出ないように監視しようという気持ちを刺激される。また、多くの場合、こうした規範によって、年長者には、年下の成員に対する相当な権威が与えられる。この種の社会的環境を巧みに生き抜くには、仲間に同調し、伝統的権威を敬い、恥への感受性を高め、自己よりも集団（たとえば氏族）に意識を向けているほうが有利になる。

それに対して、親族の紐帯が少なく、その力も弱い場合には、個人は互恵的な関係を、たいてい見ず知らずの相手と築いていくことが必要になる。そのためには、他者とは異なる独自の属性や特性を養い、業績を挙げることによって、自分をその他大勢から際立たせなければならない。このような個人中心の世界で成功するためには、独立心旺盛で、権威に従わず、罪感情が強くて、個人の業績に関心を向けているほうが有利になる。

この説明はもっともらしく聞こえるが、実際のところ、緊密な親族ベース制度のある社会のほうが、本当に規範が厳しいのだろうか？　心理学者のミシェル・ゲルファンド率いる研究チームは、社会の規範の「厳しさ」を評価するための心理尺度を作成した。規範の「厳しい《タイト》」社会は（「緩い《ルーズ》」社会に比べて）、状況ごとに適用される規範の数が多く、しかもその規範が厳密に執行される。そこで、研究チームの質問紙では、「この国には、国民が従うべき多数の社会規範がある」

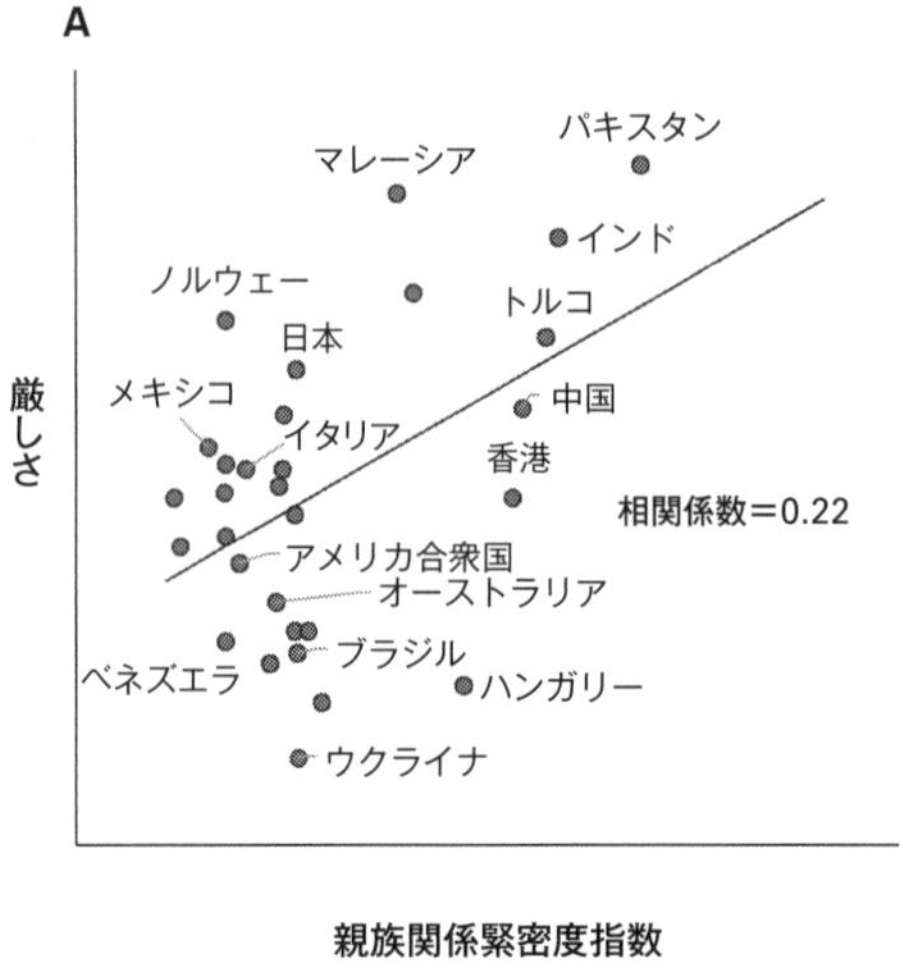

図6.2 心理的に感じる社会規範の「厳しさ」と（A）親族関係緊密度指数（KII、30か国）および（B）イトコ婚率（またいとこ、またはそれよりも近縁の親族との結婚の割合、23か国）との関係。イトコ婚率は対数スケールで表示してある[5]。

「この国では、誰かが不適切な行動をとると、他者が強く咎める」といった文を参加者に提示し、どのくらいその通りだと思うかを答えてもらう。数千人の参加者から得たデータをもとに作成した図6・2を見ると、KII値が高いほど（A）、また、イトコ婚率が高いほど（B）、社会を「厳しい」と感じていることがわかる。これらの図には、ベネズエラのような規範の「緩い」地域から、パキスタンのような「厳しい」地域まで幅広くプロットされている。

　このような一対の図がこのあと何度も出てくるので、それを読み解くための指針をいくつか挙げておこう。第一に、この親族関係緊密度のセクション全体を通して、一対の図の縦軸はどれも左右で同じで、KIIとイトコ婚の心理効果を左右で比較しやすくしてある。

　第二に、KII値のように、その値に、他の値と比較して多数の意味が含まれる場合には、煩雑になるのを避けるため、軸上には数値を表示しな

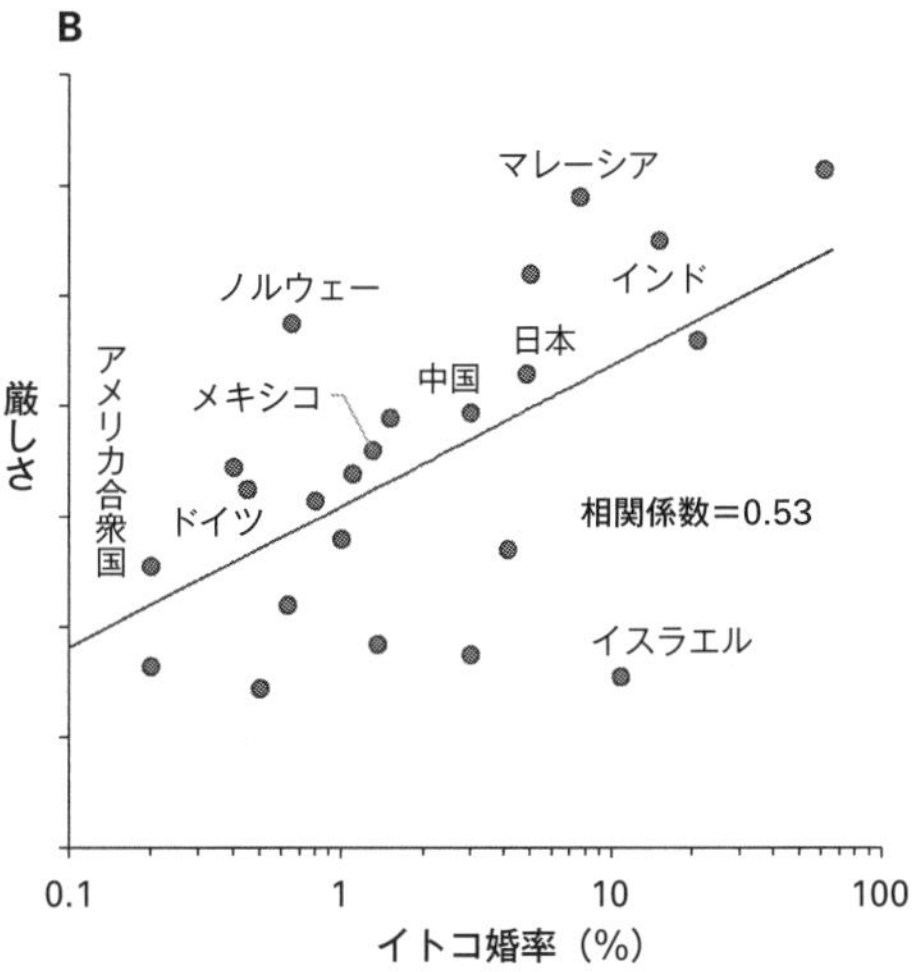

かった。この場合に重要なのは、それぞれの集団の、図上における相対的な位置である。しかし、その値が理解しやすい場合や、それで具体性が増す場合には必ず、数値を表示した。たとえば、イトコ婚率の場合は、近縁親族と結婚した実際の割合を用いているので、すべての図に数値を表示してある。

第三に、イトコ婚によって共同体がどんどん結びつけられていくので、対数スケールで表示したほうが、その効果がよくわかる。対数スケールについて詳しくなくても心配は無用だ。横軸に実際の割合が示してあるので、それを読めばいい。対数スケールとは何かを簡単に理解するには、次の点を押さえておけばいい。つまり、イトコ婚率がゼロから一〇％まで増加することによって生じる（社会的世界と人々の心理の両方への）効果は、四〇％から五〇％まで、同じく一〇ポイント増加することによって生じる効果よりも、はるかに大きいということだ。わずかなイトコ婚が、極めて

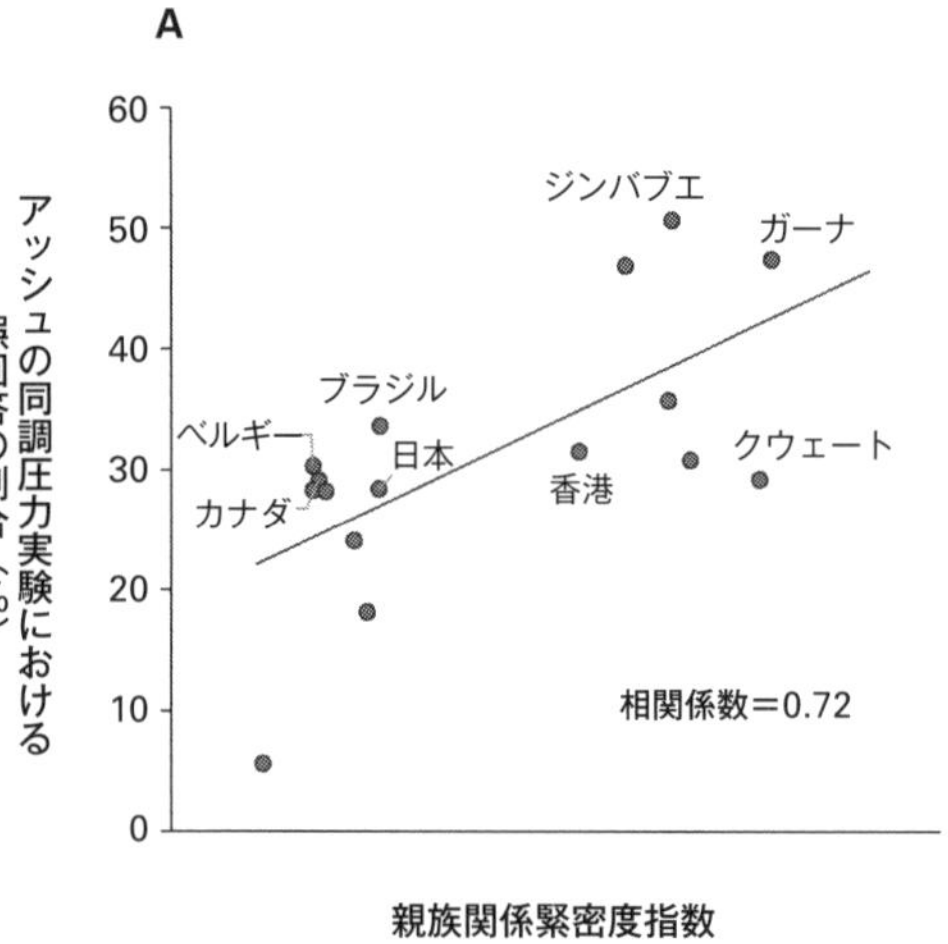

図6.3　アッシュの同調圧力と(A) 親族関係緊密度指数（16か国）および(B) イトコ婚率（11か国）との関係。アッシュの同調圧力は、ここでは、仲間の回答に合わせて、間違った答えを表明した参加者の割合を用いて測定している。イトコ婚率は対数スケールで表示してある[7]。

大きな効果を生み出すのである。対数スケールを用いることで、それをもっと簡単に可視化できるようになる[6]。

親族ベース制度は――それが生み出す規範の厳しさを通して――他者への同調傾向に影響を及ぼすのだろうか？　同調傾向を評価した研究としては、たとえばアッシュの同調圧力実験（図1・3）がある。アッシュの線分判定テストでは、さまざまな国々の大学生が、提示された線分の長さについて、自らの判断に基づいて客観的に正しい答えを表明するか、それとも、その直前に回答した人々の誤回答に同調するかの決断を迫られた。この誤った回答をした人々は、実は、参加者のふりをして実験に協力するサクラたちなのだった。

図6・3に、親族関係の緊密度を示す二つの尺度と、仲間だと思い込んだ人物に同調して、間違った答えを表明した参加者の割合の関係を示してある。このデータから、親族ベース制度が弱い社会の学生ほど、仲間に逆らって、正しい答えを表

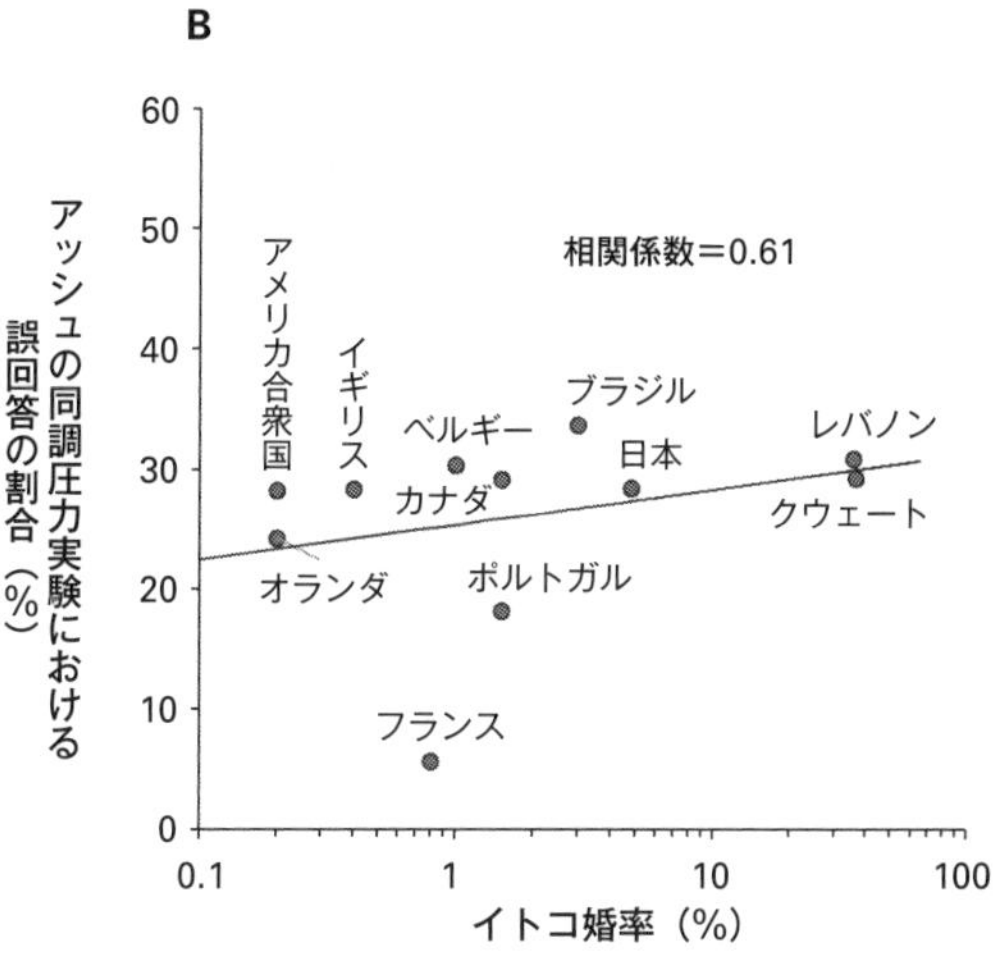

明することをいとわない――すなわち、同調傾向が低い――ことが明らかだ。誤った回答に同調する傾向は、親族ベース制度が弱い社会ではおよそ二〇％であるのに対し、親族関係が最も強い社会では四〇～五〇％にまで上る。注意すべき点として、イトコ婚については一一か国のデータしかなく（図6・3B）、図6・3Aで同調傾向が最も強い集団のデータが欠けている。しかし、サンプルが限られているにもかかわらず、やはり強い関連性が見られる。

アッシュの同調圧力や「厳しさ」のデータの難点は、少数の国々からのデータだということである。もっと広範な人々について捉えるために、国際的調査である「世界価値観調査」で尋ねた二つの項目――伝統の厳守、および従順の重要性――について検討しよう。一つ目の質問では、次のように描かれている人物と自分がどのくらい似ているかを、一から七までの七段階尺度で評価してもらう。「彼女／彼にとって伝統は重要なものです。

宗教や家族によって代々伝えられてきた慣習には従おうと努めます」。二つ目の項目では、子どもたちに「従順」たれと教えることを重要だと考える人が、それぞれの国にどのくらいの割合でいるかがわかる。

データから明らかなように、KII値が高い国ほど、またはイトコ婚率が高い国ほど、伝統の遵守についての平均点が高く、子どもたちに従順たれと教えることを重要視している。相関係数は〇・二三から〇・五二である（補遺図B・1）。その影響は小さくない。たとえば、イトコ婚率が四〇％のヨルダンでは、調査対象者の過半数（五五％）が、子どもに「従順」を教えることは極めて重要だと答えたのに対し、イトコ婚率がゼロに近いアメリカ合衆国では、そう答えた調査対象者は三分の一に満たない（三一％）[8]。

体制に順応したり、権威に服従したり、伝統を厳守したりする行動の土台には、恥感情や罪感情が関わっている可能性が高い。たとえば、アッシュの同調圧力実験では、人前で仲間と食い違う答えを表明するのは恥ずかしいと感じるのかもしれないし、逆に、仲間の圧力に屈して間違った答えを表明することに罪の意識をもつのかもしれない。第1章で見たとおり、個人主義的傾向の強い国の人々は、個人主義的傾向の弱い国の人々よりも、罪悪感のような感情を報告することが多い。

ベンヤミン・エンケは、データを再分析し、参加者一人一人について、罪悪感のような感情を報告した回数から、羞恥心のような感情を報告した回数を差し引いた。その結果、親族ベース制度が強い国の人々ほど、罪感情に比べて、恥感情を報告する回数が多いことが明らかになった。一方、親族関係が弱い社会の人々は、罪感情を多く報告したが、恥感情の報告はないに等しかった。緊密な親族関係のない社会では、罪の意識こそが、感情制御の要になっているようだ[9]。

恥感情と罪感情に関するデータは、大学生の自己報告に基づいているので、その集団の大多数の人々が実際に体験している(口には出さない)感情を捉えられていない可能性がある。ベンヤミンはこうした問題に対処するために、「恥」や「罪」というワードをグーグル検索にかけて分析した。グーグル検索を用いた研究は、広範囲の人々からデータを集めることができる。どれほどの範囲かは正確にはわからないが、他の方法よりも広いことは確かだ。また、インターネットの使用履歴はすべて記録されているとはいえ、オンラインという環境に特有の何かが、他者に監視されているのではという不安を取り除くようだ。事前の研究で明らかなように、人々はグーグルに、「ぬいぐるみとのセックス」についての疑問から、ペニスの形やヴァギナのにおいに関する不安まで、どんなことでも尋ねている。

こうしたことを踏まえて、ベンヤミンは、九種類の言語の「guilt(罪)」と「shame(恥)」の訳語を用いて、過去五年間に、五六か国において、これらの言葉がグーグル検索にかけられた頻度を調べた。同じ言語で検索している人々だけを、国別に比較したベンヤミンの分析から、親族ベース制度が強い国に暮らす人々は、親族ベース制度が弱い国に暮らす人々に比べて、「罪」よりも「恥」という言葉を頻繁に検索していることが明らかになっている(補遺図B・2)。逆に、一族の絆が弱い社会では、自責の念に駆られやすいが、恥を感じることはほとんどないようだ[10]。

個人主義コンプレックスのいくつかの要素をまとめた、ホフステードの有名な個人主義評定尺度(図1・2の地図に示してある)を検討して、このセクションを終えるとしよう。この個人主義の多項目評定尺度は、個人の発達、達成の機会、独立心、家族の絆に関する質問をもとにしていることを思い出してほしい。図6・4は、親族ベース制度が弱い国ほど、個人主義的傾向が強いことを

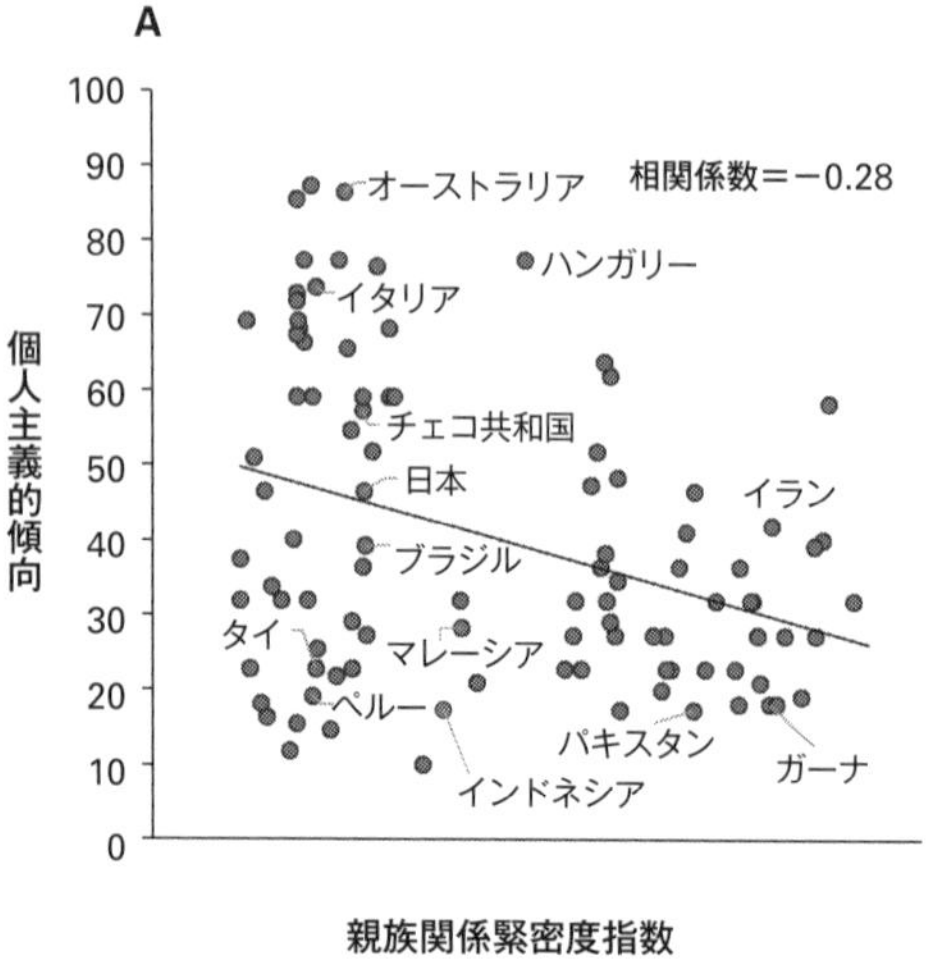

図6.4 個人主義的傾向と(A)親族関係緊密度指数(98か国)および(B)イトコ婚率(57か国)との関係。この個人主義の多項目評定尺度は、世界中のIBM従業員などを対象に行なった調査から得られたもの。イトコ婚率は対数スケールで表示してある。

示している。イトコ婚率が四〇%からゼロ%にまで下がると、個人主義的傾向が四〇点も上がる(たとえば、インドの水準から、アメリカ合衆国の水準になる)ことを考えると、親族関係の力の強さがわかる。

図6・4Aにおいて、KII値の高い国々はみな個人主義の得点が低いが、KII値の低い国々は、個人主義の得点が広範囲に分散している点に注目してほしい。KII値が低く、なおかつ個人主義の得点も低い国の多くは、ラテンアメリアの国々である。こうした事実からするとどうやら、緊密な親族関係の崩壊によって、個人主義コンプレックスが十分に発達する余地が生まれるものの、実際に個人主義が発達するためには、何か別の制度——追加の要因——が必要となるらしい。このような追加要因については第9章以降で取り上げる[11]。

人々の心理と親族関係の緊密度についてこれまでに示してきた関連性は、本書で展開している考

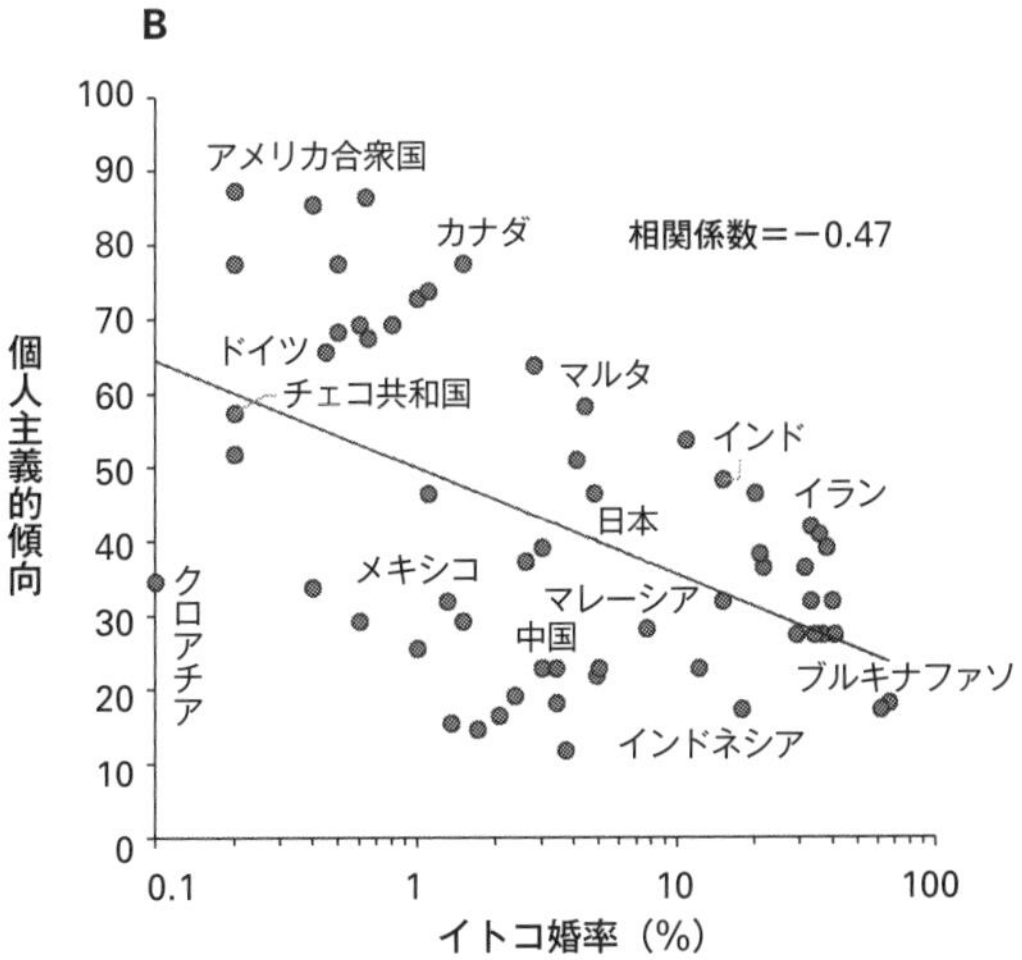

え方からすれば、まさに予想されて然るべきものである。しかし、そのような国別データの単純な相関関係を示されても、疑念をぬぐえないはずだ。それは見かけ上の相関ではないのか、という疑念を晴らすために、私たちのチームは、個人主義的傾向、伝統厳守、従順さ重視などの調査データが得られる、もっと大きなサンプルを利用した。潜在する交絡因子を統計的に統制しようとしたのだ——交絡因子とは、たとえば、人々の同調傾向を高めると同時に、親族関係を強めることによって、見かけ上の相関を生じさせる可能性のある変数のことである。

以前の研究をもとにして、十数を超えるさまざまな要因の影響を調査した。地理的環境や生態環境、さらには農業生産性の違いに対処するために、地形の険しさ、航行可能水域までの距離、灌漑普及率、有病率、緯度、農耕開始からの経過時間といったものを検討した。また、宗教こそが真の要因である可能性を排除するために、たとえば、カトリックの国はカトリックの国々だけと比較するというぐあいに、宗派を一定にして、その中の主要な分派同士を比較した。もちろん、これから明らかにするように、教会は確かに親族関係の緊密度に大きな影響を及ぼしてきたが、このような分析を行なうと、同じような宗派の国々だけを比較した場合でもやはり、親族関係の緊密度の影響が見てとれる。これについては後ほどさらに詳しく述べるが、全体的に見て、本章でこれから示す相関関係のほとんどは、このような制御変数を統計的に一定に保った場合でも維持される。次章において、ヨーロッパ域内、中国国内、インド国内のばらつきを分析すると、こうした関連性の本質がさらに把握しやすくなるだろう。

非人格的な向社会性

紀元後第一千年紀の初頭には、旧世界のあちこちに普遍宗教が出現していた。これらの宗教には、程度の差はあるにせよ、すでに、倫理規定、来世志向、自由意志の概念、そして、ある程度の道徳的普遍主義が備わっていた。しかし、人々の行動への影響力は抑えられていた。なぜなら、一般大衆もエリートも、緊密な親族ベース制度にすっかり埋め込まれ、それに依存して生きていたからである。こうした緊密な親族ネットワークに対して人々が抱く帰属意識や忠誠心の強さは、ほとんどの場合、普遍宗教への信仰心を凌ぐものだった。

私がなるほどと感銘を受けたのは、パキスタンのパシュトゥン人の政治家、ワリ・カーンが、個人としての優先順位について語った言葉だ。一九七二年、国内の騒乱期に、カーンはインタビューの中で、個人としてのアイデンティティと「優先すべき忠誠の対象」について尋ねられた。すると彼は、「私は六〇〇〇年前からパシュトゥン人、一三〇〇年前からイスラム教徒、二五年前からパ

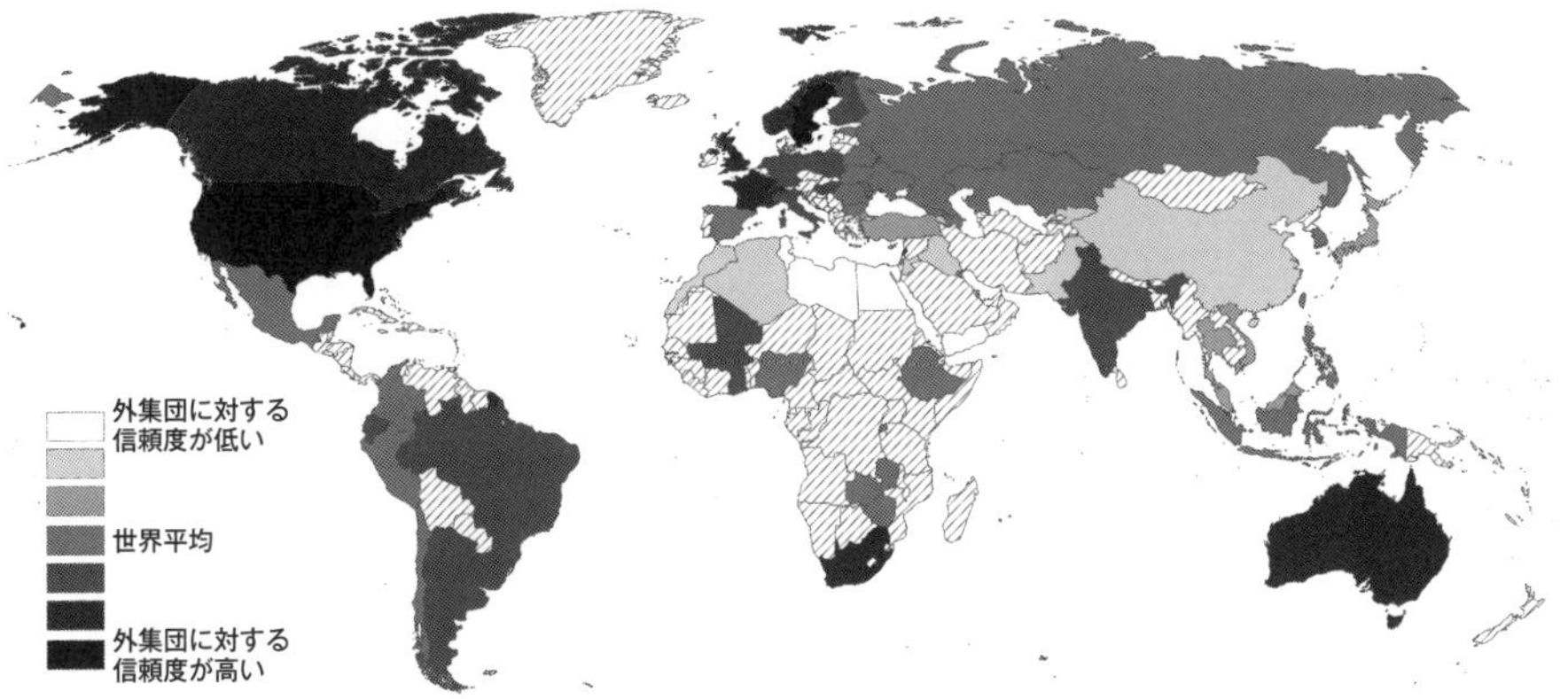

図6.5　75か国に及ぶ世界価値観調査の6項目の質問に基づく「外集団・内集団信頼差」マップ。色が濃いほど、初対面の相手、外国人、異なる宗教の信者に対する不信感が、家族、隣人、知人に比べてあまり強くないことを示している。斜線部はデータがない地域。

キスタン人です」と答えたのだった。[12]

　パシュトゥンは分節リネージ制の社会であり、カーンが述べているのは、自分のリネージは、イスラム教よりも、パキスタンよりも遥か昔から続いている、ということだ。実際、歳月の長さからすれば、自分のリネージは、信仰している普遍宗教、イスラム教の四〜五倍、祖国であるパキスタンの二四〇倍重要だということだろう。また、「六〇〇〇年前からパシュトゥン人……」という詩的な表現も注目に値する。このインタビューを受けたとき、カーンはまだ五〇歳代だったわけで、彼はどうやら、六〇〇〇年にわたって脈々と受け継がれてきた一族の系譜に自分を重ね合わせているようだ。

　カーンの発言には、私が第3章で述べたことが、際立って表現されている。氏族などの緊密な親族集団には、内集団の団結力を養い、結束した仲間内での協力体制を強め、世代を越えて義務が引き継がれていくのを促すような規範や信念が備わっている。親族ベース制度のもつ多くの特徴が、人間関係のネ

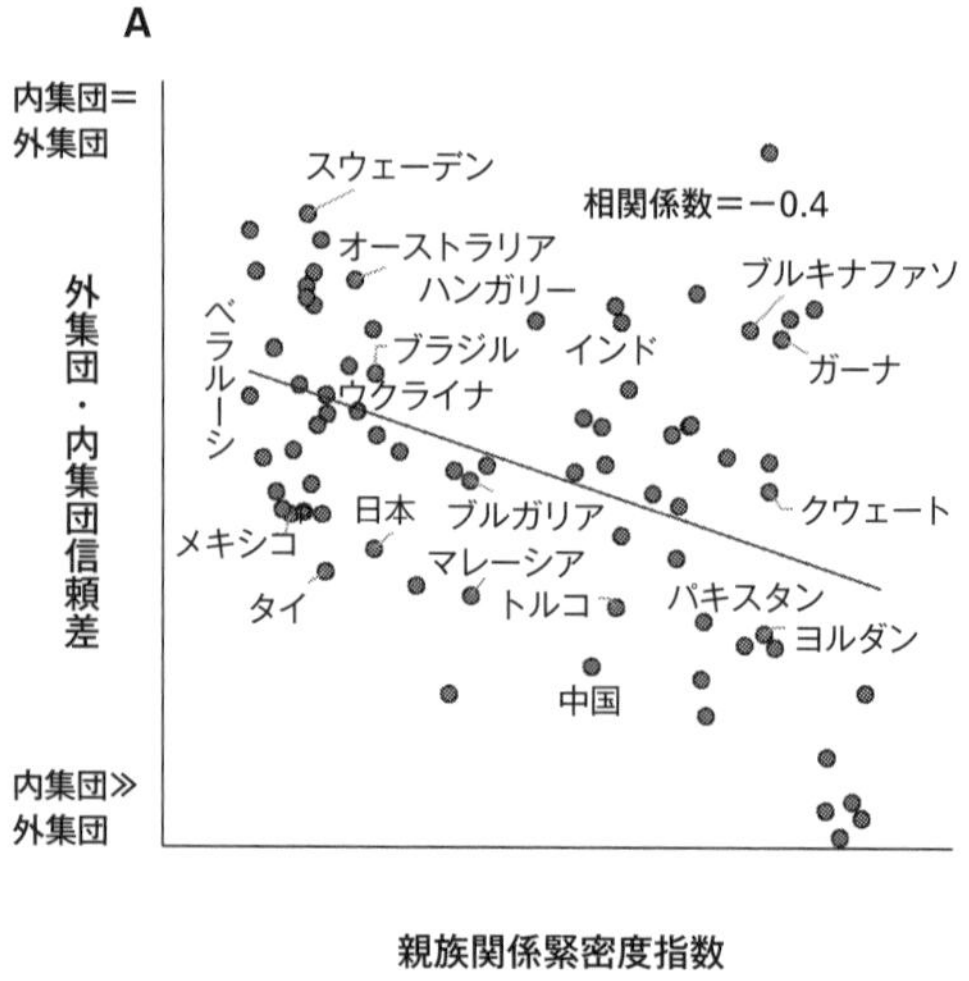

図6.6　外集団・内集団信頼差（非人格的信頼）と（A）親族関係緊密度指数（75か国）および（B）イトコ婚率（44か国）との関係。KIIやイトコ婚率が高い国では、外集団成員（初対面の相手、外国人、異なる宗教の信者）に対する信頼度が、内集団成員（家族、隣人、知人）に対する信頼度よりも相当低いことがわかる。イトコ婚率は対数スケールで表示してある(14)。

ットワークを通した相互連絡性への信頼感を強めるとともに、内集団への忠誠心を高めている。人々は、自分とつながりのある者に大きく依存する一方で、つながりのない者を恐れるようになる。それゆえ、緊密な親族関係があると、内集団と外集団をはっきりと区別するようになると同時に、よそ者をあまり信用しなくなるのだ(13)。

このような制度による違いがあるとすれば、当然、親族関係の緊密な共同体の人々ほど、内集団成員とそれ以外の人々をはっきりと区別し、その結果、見ず知らずの者や親族ネットワークの外部の者をあまり信頼しなくなることが予想される。予想の正否を確かめるために、世界的調査の六項目の質問を統合する経済学の手法を利用した。その六項目とは、①家族、②隣人、③知人、④初対面の相手、⑤外国人、⑥異なる宗教の信者をどのくらい信頼するかを尋ねる質問である。これらのデータを利用し、最初の三項目の質問、すなわち家族、隣人、知人に対する人々の反応の平均をと

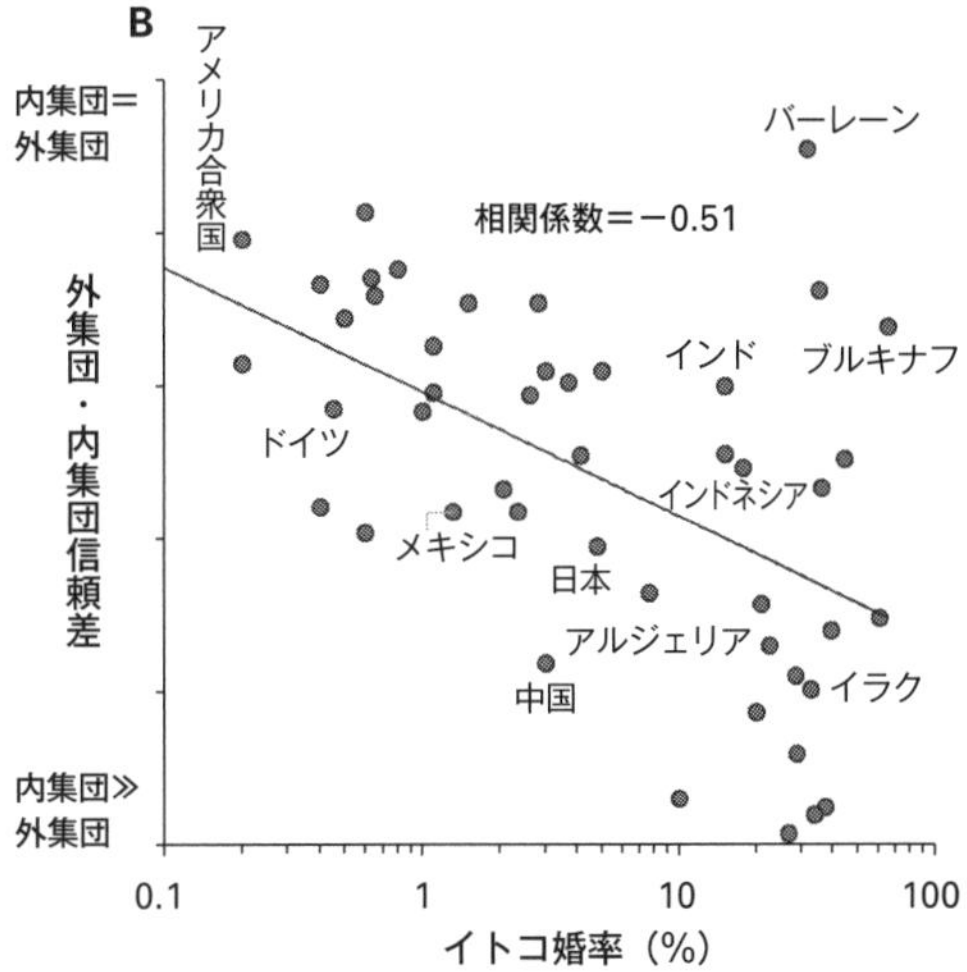

ることで、内集団信頼尺度を作成した。さらに、次の三項目の質問、すなわち初対面の相手、外国人、異なる宗教の信者に対する反応の平均をとることで、外集団信頼尺度を作成した。この外集団信頼尺度の値から、内集団信頼尺度の値を差し引くことによって、「外集団・内集団信頼差」と呼ぶものを導き出した。図6・5に示した「外集団・内集団信頼差」は、調査から得られる非人格的信頼の尺度として最もすぐれている。

ちなみに、「外集団・内集団信頼差」の値を求めると、ほとんどの場合、負の数値になる。つまり、誰もが、初対面の相手や外国人などよりも、家族や隣人や知人のほうを信頼しているということだ。しかし、初対面の相手を家族や友人とあまり区別せずに扱うところもあり、その度合いは地域によって異なる。残念ながら、この点についても、アフリカのほぼ全域や中東の大半はデータがないため、世界全体の傾向はなかなか把握することができない。

KII値やイトコ婚率が高い国ほど、見ず知らずの人、初対面の相手、異なる宗教の信者に対する信頼度が低い（図6・6）。特に関連性が強いのがイトコ婚率である。アメリカ合衆国はイトコ婚率が最も低くて、非人格的信頼の水準が高く、一方、クウェートやイラクはイトコ婚率が最も高くて、非人格的信頼の水準が低い。このような関連性もやはり、前述の個人主義評定尺度の場合と同様に、宗教や国富に関連する要因や、さまざまな生態学的、気候的、地理的要因の影響を統計的に一定に保った場合でも維持される。

これにもう少し手を加えることによって、現在は同じ国に住んでいても、出身国が異なる人々が表明した「外集団・内集団信頼差」を比較することができる。ベンヤミン・エンケはまず、世界的調査の参加者から、二万一七三四人の移民第一世代を抜き出した。次に、民族についての情報を利用して、移民一人一人に、民族誌アトラスにあるその民族言語集団のKIIを当てはめた。すると、図6・6に示されているのと同じ結果が得られた。つまり、同じ国に暮らしている移民であっても、親族関係が弱い国の出身者のほうが、初対面の相手、外国人、異なる宗教の信者に対する信頼度が、家族、隣人、知人にあまり劣らないのである。このような関連性が、移民間の経済的または人口学的差異に起因している可能性は低い。なぜなら、所得や教育水準の影響を統計的に一定に保った場合でも、関連性が維持されるからである。[15]

普遍主義 vs. 内集団への忠誠

緊密な親族ベース制度の中で醸成される、道徳的動機づけや他者評価の基準は、内集団への忠誠心に深く根ざしており、公平の原則には則っていない。そのことを確認するために、まず、同乗者

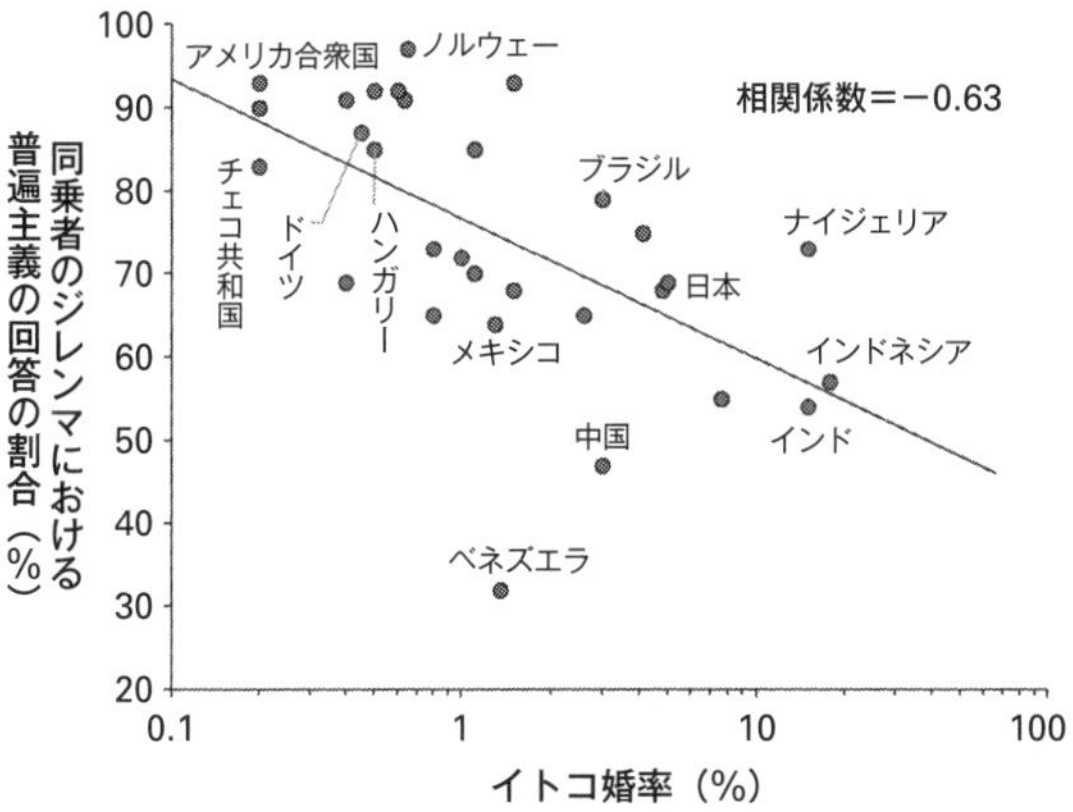

図 6.7 同乗者のジレンマの問いに対して普遍主義の回答をした割合と、イトコ婚率との関係。イトコ婚率は対数スケールで表示してある (16)。

のジレンマ（図1・6）から見ていこう。この研究では、世界中の会社経営者たちに対し、友人が無謀運転で投獄されずにすむように、法廷でいとわず偽証するかどうかを尋ねている。偽証することをよしとせず、友人が偽証を要求するのは間違いだと考えるのは、普遍主義者の回答であり、親族非重視の道徳を示している。それに対し、友人のためには偽証するし、友人がそれを求めてくるのは当然だと考えるのは、排他主義すなわち親族重視の回答であり、内集団への忠誠心の現れでもある。

　図6・7は、イトコ婚率が高い国ほど、経営者たちが法廷でいとわずに偽証することを示している。イトコ婚率が一〇％からゼロ％近くにまで下がると、友人に救いの手を差し伸べることを拒む会社経営者の割合がぐんと上がる。六〇％を下回っていたのが、九〇％程度にまで上がるのだ。ちなみに、ここでは、一対の図のうちのＫＩＩのほうを除外してある。このようにサンプル数が少な

い場合には、ＫＩＩにはほとんど差が見られず、したがって注目すべき点があまりないからである。
こうした分析結果を補完するように、世界経済フォーラムのデータが、親族ベース制度が強い国の経営幹部ほど、上級管理職に親族を多数雇うことを明らかにしている。ＷＥＩＲＤな人々はこれを「身内びいき」と呼ぶが、これを「一族への忠誠」と呼んで、信頼できる従業員を雇う賢明な方法だと考えている人々もいる。[17]

経営者や経営幹部といったエリート層以外にも目を向けるために、道徳基盤アンケート（ＭＦＱ）を用いて、ウェブサイト（YourMorals.Org）で収集したデータについても検討しよう。ＭＦＱは、心理学者のジョナサン・ハイトとジェシー・グラハムが道徳性の違いを研究するために開発した質問紙だ。ジョナサンとジェシーは、ＭＦＱを用いて、人間の道徳性のほとんどは五つの主要次元で捉えられることを示し、それを「基盤」と呼んだ。五つの基盤とは、①公正（正義、公平）、②他者配慮（他者に危害を与えない）、③内集団への忠誠（自集団に尽くす）、④権威の尊重、⑤神聖・清浄（儀式、潔癖、タブーなどの遵守）についての関心である。

オンラインで二〇〇六か国、二八万五七九二名の回答者から収集したＭＦＱのデータを利用して、ベンヤミン・エンケは三種類の分析を行なった。第一に、「内集団への忠誠」を抜き出した。この基盤は、「家族が悪いことをした場合でも、家族には忠実であるべきだ」といった主張について、どのくらいそう思うかを尋ねて得た回答に基づいている。その結果は、ＫＩＩ値の高い国の人々ほど、内集団への忠誠について道徳的関心が高いことを示している。

第二に、ベンヤミンは、普遍主義的な道徳次元二つ（公正、他者配慮）のスコアを組み合せた尺度を作成し、そこから、部族主義的な道徳次元二つ（内集団への忠誠、権威の尊重）のスコアを差し引いた。ここで予想されるのは、親族ベース制度は、内集団への忠誠や伝統的権威の尊重を強く促す一方で、公正さや他者配慮といった普遍主義の考えを抑制するのではないかということだ。分析の結果、親族関係が緊密な国の人々ほど、普遍的道徳はあまり気に掛けず、内集団への忠誠や権威の尊重を重視することが明らかになった。[18]

最後に、ベンヤミンは、オンラインでＭＦＱに回答した人々の中から、二〇〇近い国々からの移民二万六六五七名を抜き出した。そして、移民一人一人にその出身国のＫＩＩを当てはめ、現在、同じ国で――つまり同じ政府、警察制度、セーフティネットのもとで――暮らしている人々同士を比較した。この分析結果は、前述の国別比較を裏付けるものだ。同じ国に暮らしていても、親族関係の緊密な地域出身の人々は依然として、内集団への忠誠に大きな関心を払い、非親族に対する道徳はあまり気に掛けなかった。[19]

全体的に見て、このような道徳基盤アンケートから得られた知見は、私たちが同乗者のジレンマや縁故採用について検討した結果とも一致するものだ。以上の結果から、ある構図が浮かび上がってくる。しかしそれは、人々が口先だけで語っている道徳かもしれない。こうした調査で認められた心理的差異らしきものが、金銭、血液、その他、大切なものが賭かっている場合でもやはり認められるかどうかを確かめる必要がある。

金銭、血液、駐車場

経済学実験室に入るとすぐ、あなたは愛想のいい学生アシスタントの出迎えを受け、小さな個室に案内される。個室内のパソコン端末を介して、あなたは二〇ドルを与えられ、さらに、面識のない三人とグループを組まされる。その上で、四人全員に、自分の資金のいくらか――ゼロから二〇ドル全額まで――を「グループプロジェクト」に寄付する機会が与えられる。全員に寄付の機会が与えられた後、グループプロジェクトへの寄付金がすべて合計され、その五割増しの金額が、グループの四人全員に均等分配される。グループプロジェクトに寄付しなかった分はすべて自分のものになるので、プロジェクトに一切寄付しなければ、そのプレーヤーは必ず最大額を獲得できる。しかし、プロジェクトに寄付された分は増える（二〇ドル寄付すれば三〇ドルになる）ので、各プレーヤーが寄付に回す金額が増えるほど、グループ全体としてより多くの金額を稼ぐことができる。グループでこのようなやり取りを一〇ラウンド繰り返し、最後に、稼いだ分を全額、現金で受け取る。各ラウンドごとに、他者がどれだけ寄付したかが匿名で示され、自分の合計収入も表示される。あなたがこのゲームのプレーヤーだったら、この面識のないグループとの第一ラウンドで、どれだけの額を寄付するだろうか？

これは公共財ゲーム（ＰＧＧ）である。共同体の利益を考えて行動すると個人の利益が犠牲になるという、経済的トレードオフの状況を作り出し、そのときに人間がどのように行動するかを見るための実験だ。より多くの人々が投票、献血、軍への入隊、犯罪通報、交通法規遵守、納税を行なうほど、社会に利益がもたらされる。しかし、個々人はむしろ、投票せずに棄権し、納税せずに脱税し、入隊せずに徴兵猶予を求め、速度制限を無視するほうを選ぶかもしれない。そのようなわけで、個々人の利益と社会全体の利益との間には、両立しえない関係性がある。[20]

研究者たちが初めて、ＷＥＩＲＤな大学生を対象にＰＧＧを実施したところ、プレーヤーたちは、誰もがみな合理的で利己的な個人だと想定した場合よりも、はるかに多くの金額を寄付した。言い換えると、ゲーム理論から導き出される期待値（これを「ホモ・エコノミクス（合理的経済人）の予想」と呼ぼう）は、人々の協力傾向をかなり過小評価していたことになる。これは重要な知見ではあったが、研究者たちが早まって、大学生での研究結果を人類全体に一般化したがために――つまり、ホモ・エコノミクス改め、ホモ・レシプロカンス（互恵人）なる造語を用いるようになったことで――問題が持ち上がった。[21]

ご推察のとおり、もっと広い視野から見ると、WEIRDな大学生の行動は極めて特異であることが判明したのである。二〇〇八年に、ベネディクト・ヘルマン、クリスチャン・トエニ、およびシモン・ゲヒターは、PGGを世界的規模に広げ、世界一六都市の大学生にこの実験を行なった。どの都市でも、参加者は、同一のパソコン画面と向き合い（指示内容は母国語に翻訳されている）、同額の資金（国ごとの「購買力」に見合った金額に調整されている）について匿名で決断を下した。場の状況や金銭的インセンティブは、どの都市でも本質的に違いがないようにしてあったが、それでもやはり、参加者たちが面識のない匿名の相手に進んで協力するかどうかは、都市によってかなりの差があった。

このようなPGGデータを用いて作成した図6・8から、親族ベース制度が緊密な社会ほど、第一ラウンドでのグループプロジェクトへの平均寄付額が少ないことがわかる。私は初回の寄付額に興味がある。なぜなら、初回は、他のプレーヤーがどうするかを見ずに、決定を下すことになるからである。縦軸には、それぞれの国の平均寄付額がどれくらいだったかを、各自に与えられた資金に対するパーセンテージで示してある（全額寄付すれば一〇〇％となる）。KIIで見ても、イトコ婚率で見ても、親族関係の緊密度が最低値から最高値にまで上がると、初回の寄付の割合が、五

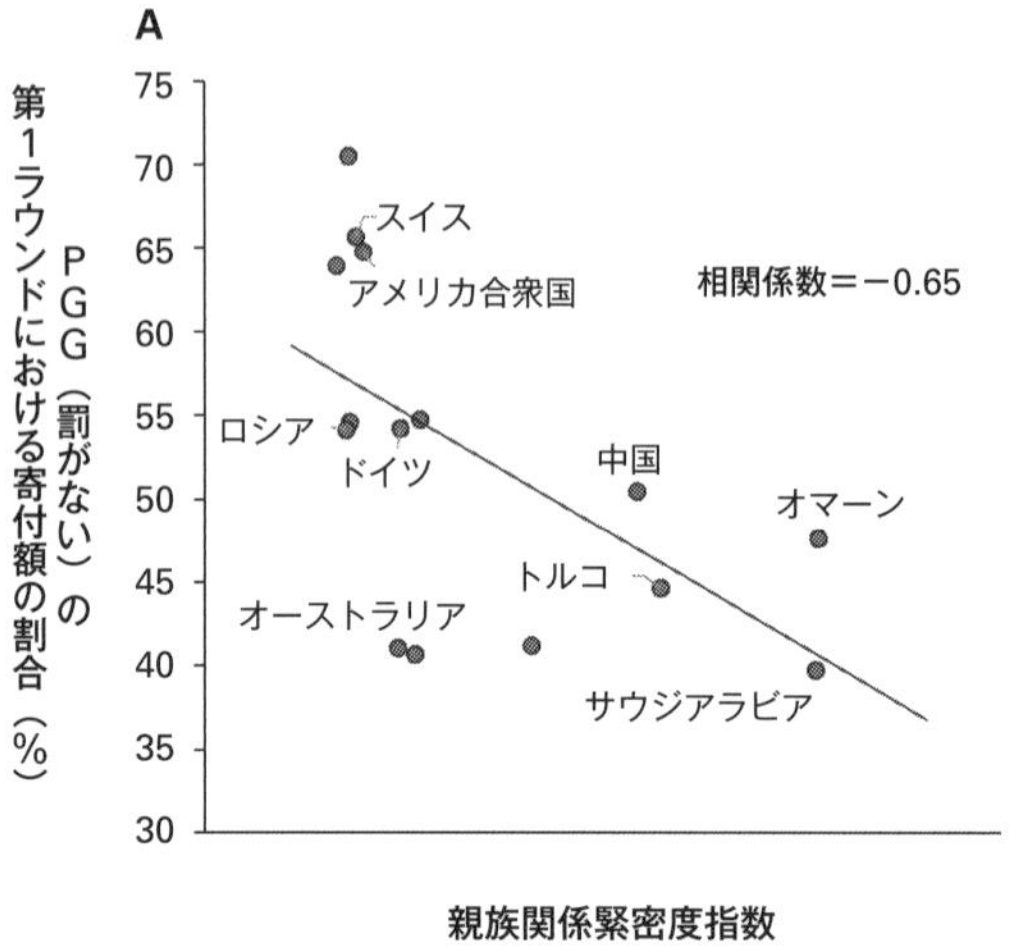

図6.8　公共財ゲームの第1ラウンドにおける平均寄付額（割合）と（A）親族関係緊密度指数、および（B）イトコ婚率との関係。親族関係が緊密な国ほど、第1ラウンドの寄付額が少ない。イトコ婚率は対数スケールで表示してある。

七％程度から四〇％近くにまで下がる。それほど大きな差には思われないかもしれないが、何度かやり取りを重ねるうちに、はるかに大きな差が出てくることが予想される。特に、プレーヤー間で相互に罰を与えることができるようにすると差が広がるが、それについては後述する。[22]

　では、入念に制御された実験室での経済ゲームから、実生活の場での公共への貢献である、献血に目を移すとしよう。献血は、典型的な公共への貢献である。なぜなら、自発的行為であって、痛みを伴い、名を知られることなく、見ず知らずの人の役に立つからだ。私たちはいつ何時、急に輸血が必要になるかわからないので、血液が十分に貯蔵されていれば、誰もがそこから恩恵を受けられる。しかし、献血には時間や労力を要し、痛みも伴うので、献血せずに済ませてしまえば楽ができる。が、その場合には、自分や家族がけがや病気で輸血が必要になったときに、他人の献血にただ乗りすることになる。

　献血状況について調べるために、私たちのチーム

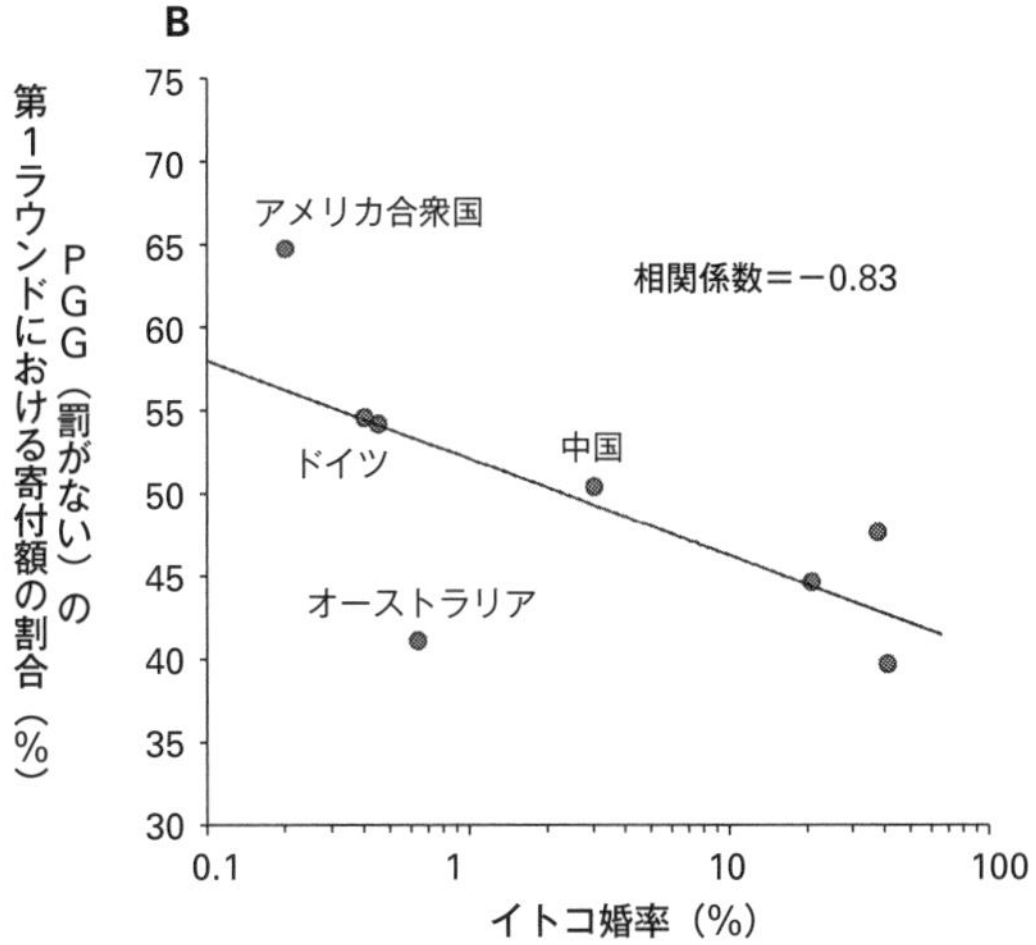

は、二〇一一〜二〇一三年の任意での無償献血に関する世界保健機関（WHO）のデータを引き出した。そのデータから、一四一か国について、人口一〇〇〇人当たりの年間の献血件数を算出した[23]。

図6・9から、親族関係が緊密な国の人々は、匿名で自発的に献血することが稀であることがわかる。実際、一族の絆が弱い国々の献血件数は、人口一〇〇〇人当たり（年間）二五件ほどであるのに対し、KII値が高い国々では、見知らぬ人々への献血はほとんどなされていない。同様に、イトコ婚率が低い国々の献血件数は、人口一〇〇〇人当たりおよそ四〇件ほどであるのに対し、イトコ婚率が高い国々ではほとんど献血がなされていない。ちなみに、このような結果は、前述の地理的、生態学的、宗教的な要因とは関係がない[24]。

図6・9Aからは、個人主義的傾向について示した図6・4と似たようなパターンが見てとれる。親族関係の緊密度と献血率の低さとの間には強い関連性が見られるが、一族の絆が弱いからといって必ず

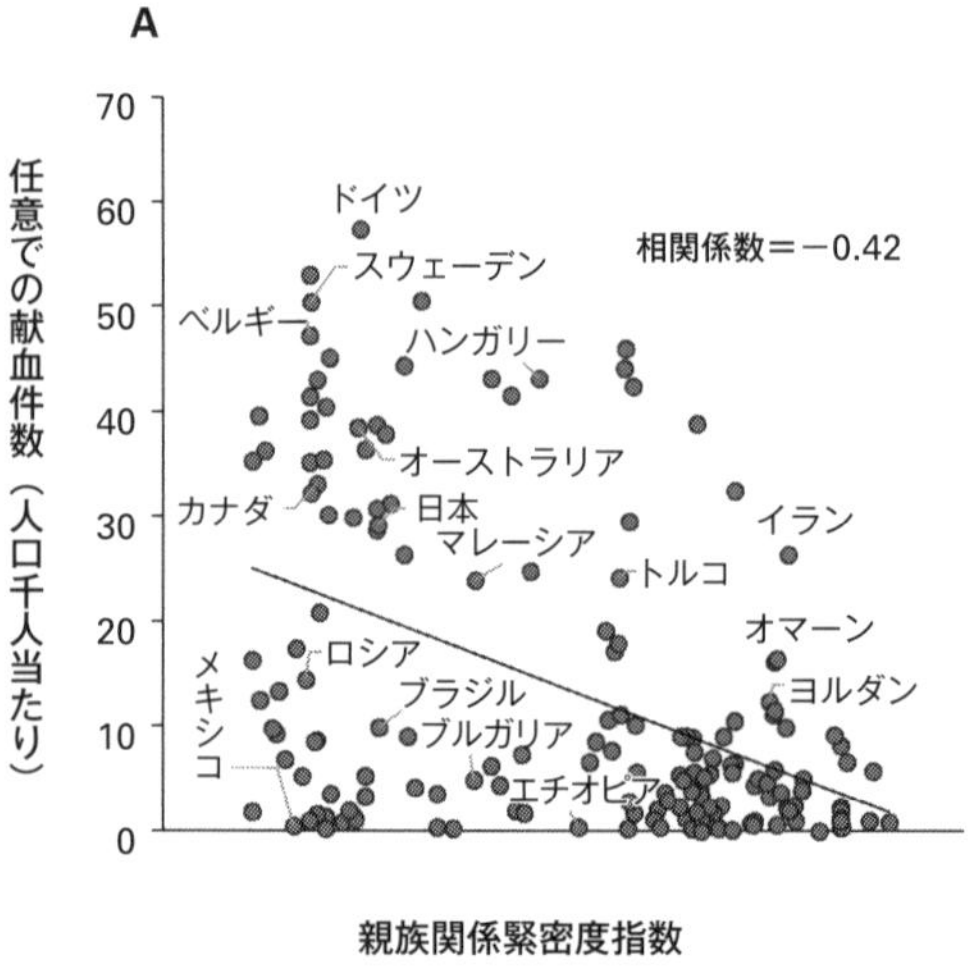

図6.9　人口1000人当たりの任意の献血件数（2011〜2013年の年間平均）と(A)親族関係緊密度指数、および(B)イトコ婚率との関係。イトコ婚率は対数スケールで表示してある。

しも献血率が高いわけではない。つまり、緊密な親族関係のない社会では、献血率に大きなばらつきが見られるのだ。以上の結果から、親族関係が弱まることによって、普遍的道徳に根ざした非人格的な規範（このケースでは献血）への扉が開かれはするものの、親族関係が弱まっただけでは、その扉を通り抜けることはできない、ということがわかる。

　ブルキナファソや中国のような地域で、人々があまり献血をしない理由として、経済的要因など、心理とは無関係の要因をいろいろと考え出すのはたやすい。しかし、はっきりしているのは、献血率のパターンが、非心理的要因ではほとんど説明のつかないPGGの寄付のパターンと一致しているということだ。PGGの場合は、参加者全員が十分な教育を受けている人々で、場の状況をよく理解し、同じ金銭的インセンティブを与えられており、しかも寄付の機会を妨げるものは何もなかった。にもかかわらず、実験室内において、面識

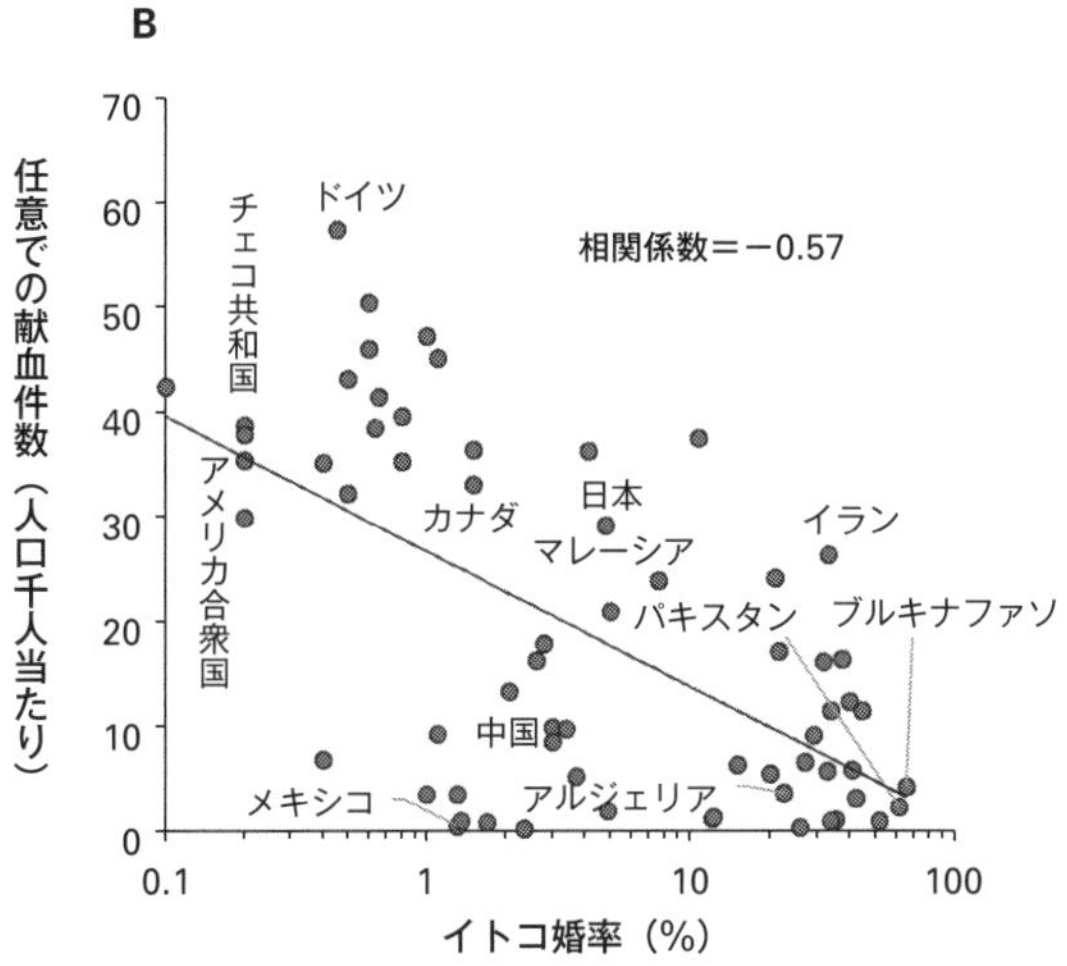

のない相手と行なうゲームで公共財に寄付する傾向は、親族関係の緊密度と強い負の相関を示した。つまり、実世界における匿名での献血に見られるのと同じパターンを示したのである。

公共財をめぐる状況の多くは「真の協力」のようには感じられない。なぜなら、貢献しなかったからといって、誰かが直接的な影響を被るわけではないからだ。たとえば、雇い主のコピー室から印刷用紙をくすねても、薬局に駆け込むときに消火栓の前に駐車しても、税金逃れをしても、あるいは個人の買い物の領収書で経費を請求しても、事業活動や公共の安全が全体として損なわれるだけであって、明らかな危害を被る者は一人もいないように思われる。

こうした状況を実験室内で作り出す「非人格的正直さゲーム」（第1章）についてもう一度見てみよう。参加者がサイコロを振り、自分で報告した目の数に従って現金が支払われるというゲームである。目の数が一ならば最低の金額が、五なら

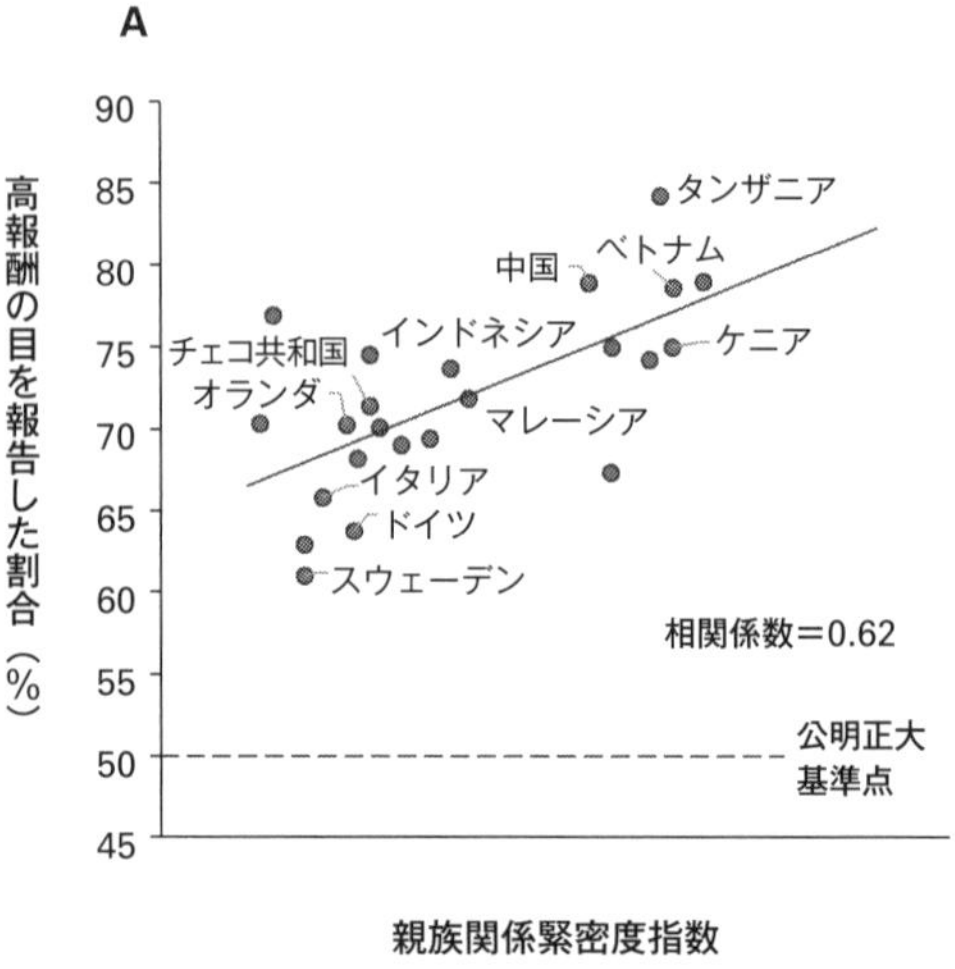

図 6.10　非人格的正直さゲームで、高報酬の目（3, 4, 5）を報告した割合と（A）親族関係緊密度指数、および（B）イトコ婚率との関係。下部に引かれた水平の破線は、公明正大基準点を示す。全員が毎回、出た目を正直に報告していれば、高報酬の目の割合はこの位置にくる。イトコ婚率は対数スケールで表示してある。

ば最高の金額がもらえる。六の場合には何ももらえない。このデータを分析した図6・10から、親族ベース制度が緊密な国の大学生ほど、高報酬の目を多数回、報告したことがわかる。傾向線から見てとれるように、緊密な親族関係のない集団では、高報酬の目が報告された割合は六五％程度だが、緊密な親族関係のある地域では、その割合が平均で八〇％近くになる。

非人格的正直さゲームは、公平なルールに従うこともできれば、直接的な個人利得を求めてルールを破ることもできるという、現実の状況を反映するものだ。第1章では、実世界でのこうした状況を捉えた、ある自然実験について取り上げた。それは、世界中の国々の外交官をニューヨーク市の国連本部に連れてきて、駐車違反をしても罰金を払わなくてよいという外交特権を与えることによって生まれた実験である。駐車禁止の場所に車を停め、狭い通りや、建物までの私道、消火栓周辺をふさぐことにより、本人は時間的・金銭的利

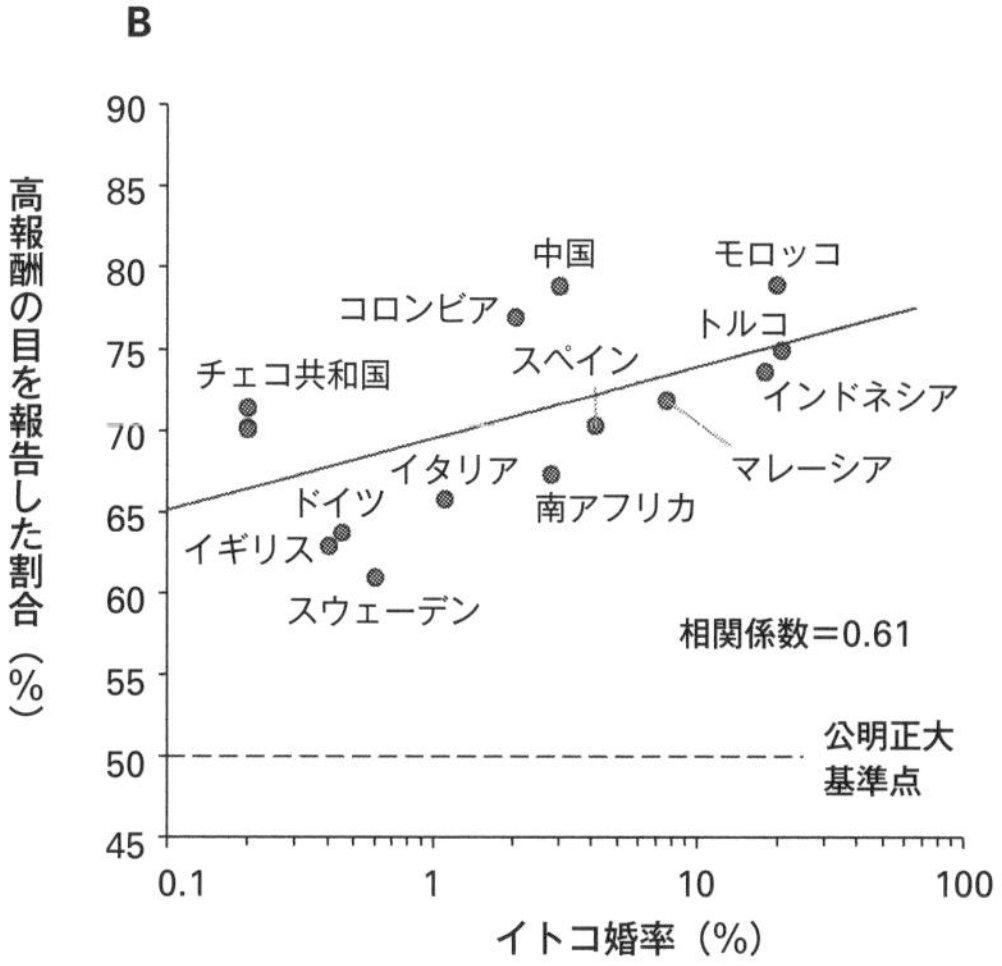

得を得るが、その一方で、（面識のない）周辺住民に迷惑をかけてしまい、場合によっては住民を危険にさらすこともある。外交官の駐車行動は、その母国の親族関係の緊密度で説明することができるのだろうか？

案の定、親族ベース制度が強い国々の外交官は、親族ベース制度が弱い国々の外交官よりもはるかに多く、未払いの駐車違反切符をためていた（図6・11）。実際に、KIIやイトコ婚率を用いて比較したところ、一族の絆が弱い国々は、外交使節団の職員一人当たり、平均でおよそ二・五回、切符を切られていたのに対し、親族ベース制度が強い国々は、職員一人当たり、一〇〜二〇回切られていた。つまり、未払いの駐車違反切符が五〜一〇倍多かったのである。[25]

非人格的な処罰と復讐

知られている限りすべての社会は、何らかの形の制裁に依存して、社会規範を維持している。親

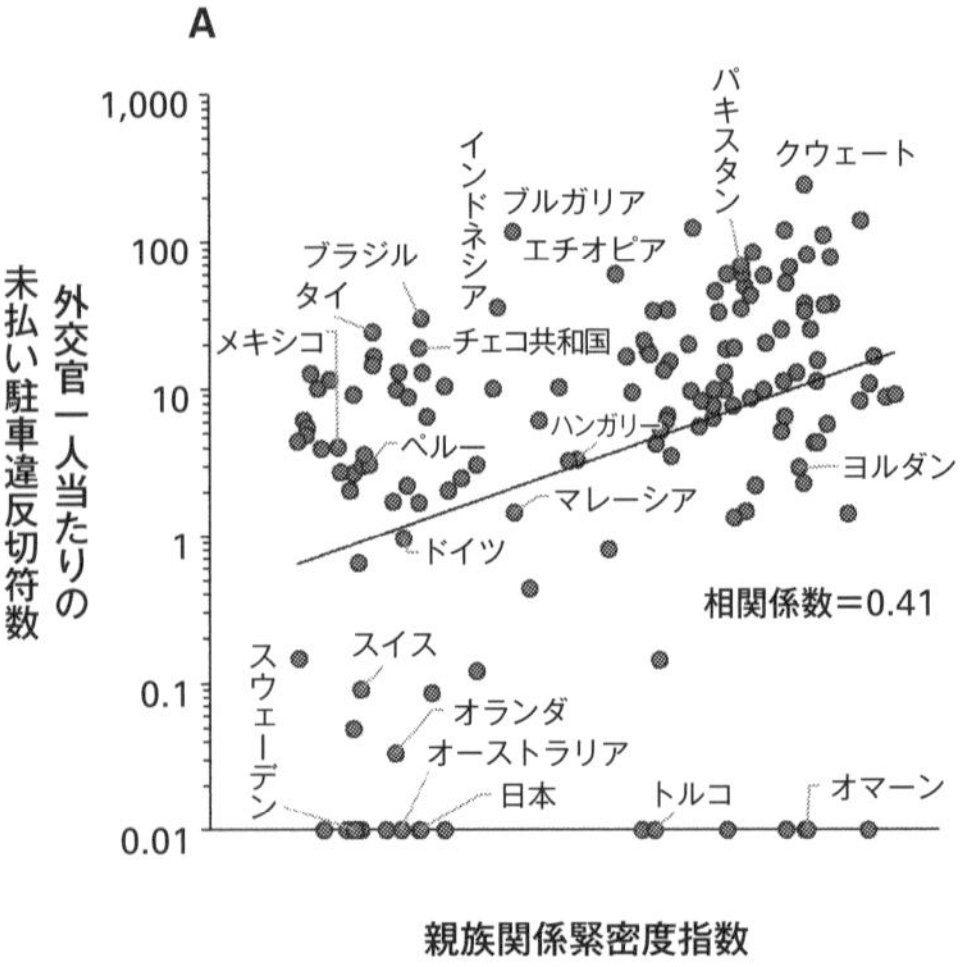

図6.11　各国の外交使節団の職員一人当たりの未払い駐車違反切符数と、その国々の（A）親族関係緊密度指数、および（B）イトコ婚率との関係。縦軸とイトコ婚率は対数スケールで表示してある。

族ベースの制度のもとでは、規範を犯した者はたいてい、自分の家族か、さもなければ、氏族の長老のような伝統的権威によって処罰される。たとえば、多くの氏族共同体では、若い男性が別の村から何かを盗んできたり、若い女性がたびたび不適切な服装をしたりすると、罰として、父親の兄から叩かれたりする。氏族はたいてい、あるまじき行ないをした成員を罰することによって、氏族全体としての評判を守ろうとする——したがって、兄やおじたちは、道から逸れた者を単に叩くだけでなく、何か目に見える印を残すことによって、他の氏族にも、悪行は罰せられたということがよくわかるようにする。

しかし、別の氏族の誰かが、盗みを働いた者やおかしな服装をしている者に罵声を浴びせようものなら、ただそれだけで暴力沙汰にまで発展してしまうかもしれない。氏族成員の一人が、外部から攻撃を受けた場合には、あるいは批判されただけでも、氏族の全成員に対する侮辱だとみなされ

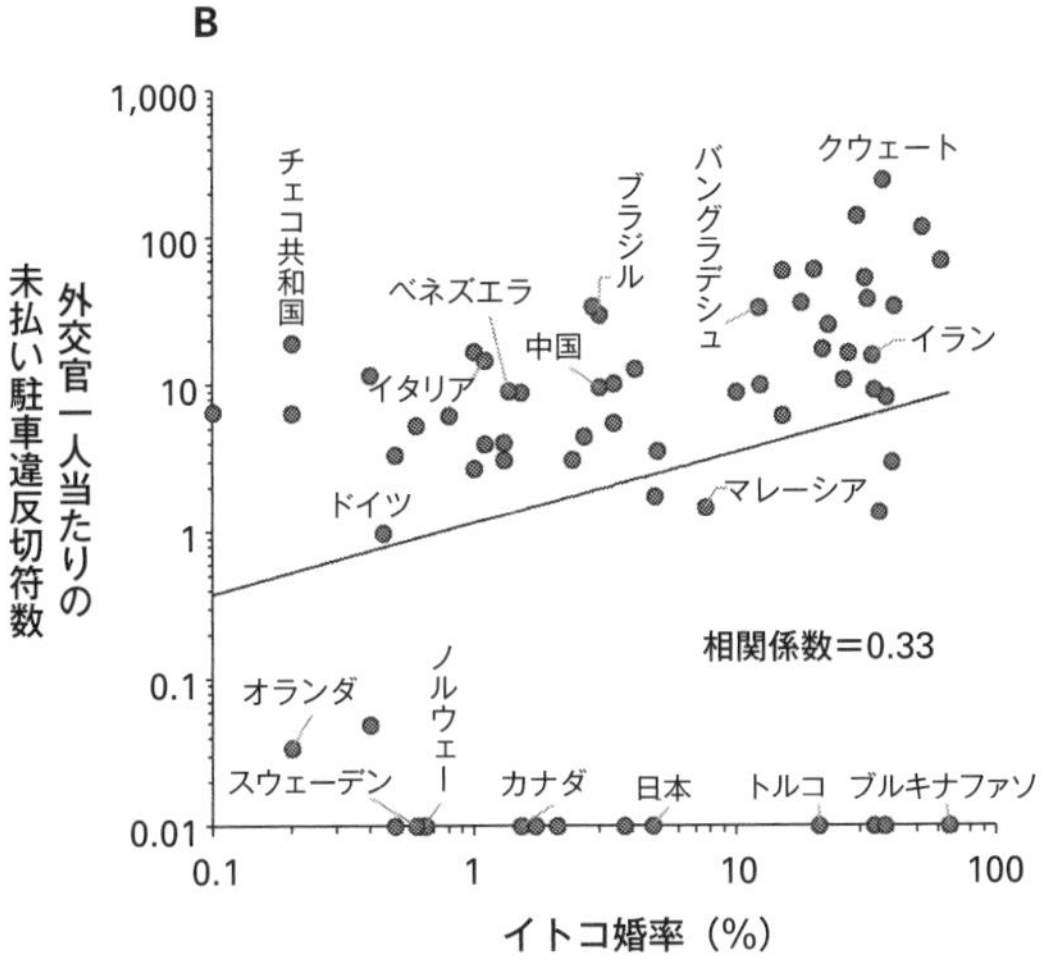

る可能性があるのだ。

それに対し、親族関係の弱い社会では、見知らぬ者同士が、個人として非難し合ったり、違反を指摘したり、必要とあらば警察を呼んだりすることができ、そうしたからと言って、規範違反者の拡大家族全体から、名誉をかけた報復を受けるおそれはない。要するに、緊密な親族関係のない社会に暮らす個人は、暴力に訴えることは通常許されない一方で、規範を犯した者を、それが面識のない相手であっても、容易に諌めることができるのだ。これを、**第三者による規範執行**と呼ぼう。

この二種類の処罰の違いに注目してほしい。親族関係の緊密な社会では、自集団の評判を守るために、自集団の成員を処罰することができ、また、自集団に悪事を働いたかどで、相手集団への復讐を求めることもできる。しかし、見ず知らずの人々のやり取りには一切関わろうとしないし、逆に、見ず知らずの誰かが横から口を出してきたら、余計なお世話だと思うだろう。たとえば、見知らぬ誰かが、別の見知らぬ誰かから物を盗むのを目撃しても、決して介入しないだろう。ことによるとそれは、過去に相手の一族から侮辱を受けた仕返しかもしれないからだ。

それに対し、一族の絆が弱い社会で、復讐などしようとすれば、顰蹙《ひんしゅく》を買うばかりで、名誉にもならないし評価されることもない。その一方で、警官から逃げていくひったくりを躓《つまず》かせたり、妻を殴打している見知らぬ男性を制止したりすれば、それは適切な行為、あるいは称賛に値する行為とさえ見なされる。見ず知らずの人々や外集団の成員を処罰するという、「第三者による規範執行」は、**復讐心からの行為**と区別する必要がある。しかし、どちらも、それぞれの文化的環境の中では道徳にかなった名誉ある行為なのだ。

ヘルマン、トエニ、およびゲヒターは、前述の公共財ゲームを行なっていて、処罰の動機にこのような違いがあることに気づいた。そこで三人は、前述の実験に加えて、各プレーヤーにグループ内の他者を罰する機会を与えた別バージョンの実験も行なった。このバージョンでは、参加者全員が各ラウンドでのグループへの寄付を終えたら、そのたびに全員が他者の寄付額を（匿名で）見ることができ、また、自腹を切って、他のプレーヤーから金を没収できるルールになっていた。具体的には、参加者が自分のところから一ドル支払うと、実験者が、標的にされたプレーヤーから三ドル取り上げるという仕組みだった。

この実験をＷＥＩＲＤな人々で行なうと、こうした処罰の機会が協力行動に大きな影響を及ぼす。つまり、誰かがフリーライダー（ただ乗りする者）に罰を与えると、寄付額が低かった者は、寄付額を増やしてこれに対応する。ラウンドを重ねるうちに、参加者たちがいとわず罰を与えることによって、寄付額が引き上げられ、それとともにグループとしての利益総額も増していく。結局のと

ころ、仲間同士で罰を与え合う機会が、こうしたグループ全体の利益の引き上げにつながっていくのである。(26)

ところが、中東や東欧の大学で同じ実験を行なうと、これとは違ったことが起きる。実際、これらの地域の参加者の中にも、寄付額の低い者に罰を与える者がいた。しかし、罰を受けた低額寄付者は、たいてい、その後のラウンドで報復に出た。自分を罰したのではないかと睨んだ高額寄付者に反撃を加えて、仕返しをしようとしているのが明らかだった。当然ながら、そういうことがしにくいように、罰を与えたのは誰なのかがわからない実験設定になっていた。しかしそれでも、これらの地域の低額寄付者は、怒りにまかせて高額寄付者にやたらと矛先を向け、その後のラウンドでも罰を与え続けた。

実は、これこそが、世界中でごく一般的に見られる現象なのだが、WEIRDな学生たちの間ではごく稀なので、当初は、人間行動につきものの不規則性にすぎないと見なされていた。しかしそれは不規則性どころではなく、場合によっては、こうした報復反応の影響が非常に強いため、処罰の機会を設けても、仲間同士で監視し合って制裁を加え合うという協力誘発効果が完全に妨げられてしまうこともある。(27)

この二種類の処罰の与え方のうち、どちらの傾向が強いかは、親族関係の緊密度と強い関連性がある。このパターンを分析する最も簡単な方法は、それぞれの集団について、まず、自分よりも低い金額を寄付した者を罰した「第三者による規範執行」の総額を求め、次にそれを、自分よりも高い金額を寄付した者を罰した「復讐心からの処罰」の総額から差し引くことである。予想されるとおり、親族関係の緊密な国ほど、第三者による規範執行の総額に比較して、復讐心からの処罰の総

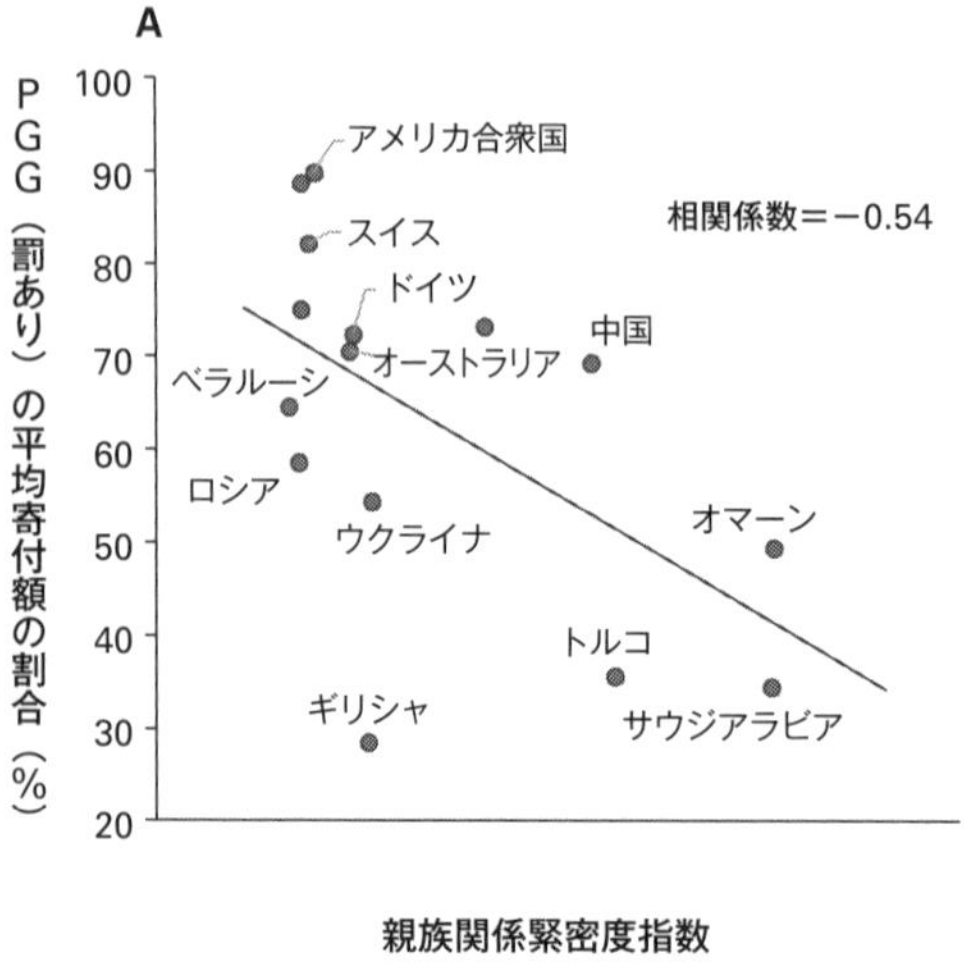

図 6.12 罰あり条件の公共財ゲームを10ラウンド繰り返したときの平均寄付率と（A）親族関係緊密度指数、および（B）イトコ婚率との関係。イトコ婚率は対数スケールで表示してある。

額が高かった。[28]

やり取りを繰り返すうちに、こうした人を罰する動機の違いによって、寄付率（寄付に向ける金額の割合）にますます大きな開きが出てくる。公共財ゲームを一〇ラウンド繰り返すと、ＫＩＩ値やイトコ婚率が高い国ほど、平均寄付率が低い結果となる（図6・12）。サウジアラビアやオマーンのような親族関係の最も緊密な地域では、平均寄付率がおよそ四〇％であるのに対し、アメリカ合衆国やスイスのような、一族の絆が最も弱い地域では、それが七〇〜九〇％にまで及ぶ。[29]

以上のような研究結果からは、深い教訓が読み取れる。経済学者たちは、ＰＧＧにグループメンバーを罰するという条件を加えることによって、ヒトにおいて高度な協力行動が生み出される仕組みを理解したと思い込んだ。しかし、この「政策修正」が功を奏したのはＷＥＩＲＤな集団だけだった。うまくいったのはそれが、心理的学的に言って、彼らの動機、期待、世界観にぴったり合致

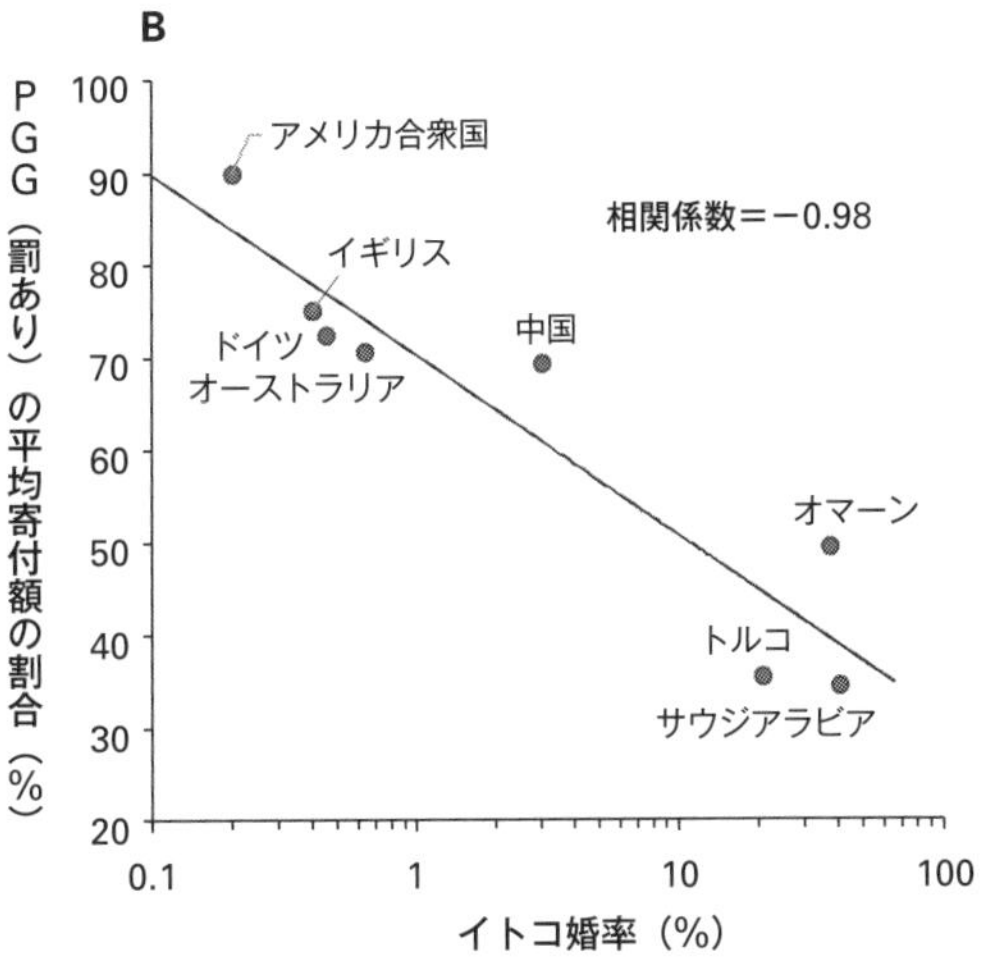

しているからにすぎない。

一方、他の集団では、ＰＧＧにグループメンバーを罰するという条件を加えると、悲惨な状況に陥った。実験室の中でさえ、復讐の連鎖を引き起こしたのである。そのような集団には、この「政策修正」を加えないほうがうまくいった。教訓は実に単純明快である。政策の処方箋や公式な制度は、その集団の文化心理にぴったり合っていなければ意味がない、ということだ。

道徳的判断における意図性

緊密な親族ベース制度は、個人を、集団アイデンティティ、共同所有、集団的恥辱感、そして連帯責任の網に絡めとることによって、共同体を一つに束ねていく。そのような世界では、ある人間の意図その他の心的状態を詮索しても、あまり意味がないし、むしろ逆効果かもしれない。たとえば、人々の行動を予測するにしても、その行動は、社会規範や他者の監視の目によって制約されている部分が多いので、個人の信念や意図がわかったとしても、あまり役には立たないだろう。むしろ、その人がどんな社会関係を結び、どんな同盟関係を築き、どんな恩義を受け、どんな義務を負っているかを知るほうが役立つ。

同様に、道徳的判断や、罪に問うべきか否かの判断を下す場合も、意図性をどれだけ重視するかは、当事者同士の関係によって決まってくる。極端なことを言えば、ある氏族の誰かが、別の氏族の誰かを殺害した場合、どんな罰を科すべきかを判断する上で、意図性は問題とされない可能性がある。あなたが別の氏族の誰かを殺したら、あなたと同じ氏族の仲間が犠牲者の氏族に、血の代償を支払う責任を負うが、その額は、過失による殺人なのか――シカを狙って放った矢が逸れたのか、それとも、入念に計画された殺人なのかによって変わることはない。また、同じ氏族の仲間が規定の代償を支払わなければ、犠牲者の氏族は、全成員に咎があると見なして、意図のいかんにかかわらず、あなたの氏族の誰かを殺して復讐しようとするだろう。

それに対し、親族ネットワークの紐帯から切り離されている場合には、個々の行為者の意図、目的、信念のほうが遥かに重要になってくる。緊密な親族関係によって課される制約がないのであれば、人々の意図その他の心的状態を知ってこそ、なぜそんなことをしたのか、今後どんなことをしそうかについて遥かに多くのことがわかる。それゆえ、心的状態の重要性が増し、もっと細かく詮索する価値のあるものとなる。(30)

第1章では、人類学者のチームが世界中の伝統的共同体に暮らす人々に、さまざまなシナリオを提示して、うっかりまたは故意に、市場で他人のバッグを取った人（「窃盗」）、村の井戸に毒を投じた人（「殺人未遂」）、他人を殴った人（「暴行」）、あるいは食のタブーを犯した人について、道徳的判断を下してもらった研究について紹介した。「窃盗」について判断する際の意図性重視の度合いは、それを最大限考慮するロサンゼルスやウクライナから、全く考慮しないニューアイルランド島スルスルンガ地方（パプアニューギニア）やヤサワ島（フィジー）まで、大きな開きがあった。こうした判断は、行為の悪質性や、加害者の評判をどれだけ損なうべきか、加害者をどれだけ罰するべきか、についての評価値を合わせたものだ。私たちは、その行為が意図的であった場合の、加害者についての人々の判断の値から、それが過失であった場合の判断の値を差し引いた[31]。

私たちはもう、他者に判断を下す際の意図性重視度の違いのほとんどを説明することができる。調査当時、親族ベース制度の強かった社会の人々ほど、提示されたシナリオに道徳的判断を下すとき、意図性にはあまり注意を払わなかった。図6・13は、市場の雑踏で何かを奪った者（「窃盗犯」）に道徳的判断を下す際の意図性重視度と、現代版の親族関係緊密度指数との関係を示している。現代版の指数とは、われわれのチームの人類学者たちから提供されたデータを用いて、ＫＩＩにできるだけ合わせて私が作成したものだ。この指数は、バッグを奪った者（「窃盗犯」）に道徳的判断を下す際の意図性重視度の、社会による違いのおよそ九〇％を捉えている。他の領域、特に暴行や殺人未遂についても、同じような関連性が認められる。こうしたパターンは、正規教育の程度や地域の環境の不安定さを考慮しても維持される。

こうした共同体の多くでは人々が、前述の多数の研究の対象となった実業家、オンライン調査参加者、大学生とは違って、今もなお、完全に機能する親族ベース制度に埋め込まれていることを考えると、こうした関連性がここまで顕著でも、それほど意外には思えなくなる。たとえば、フィジーのヤサワ島の人々は、今でも、父系氏族社会で生活し、年長者には服従し、イトコと結婚し、共

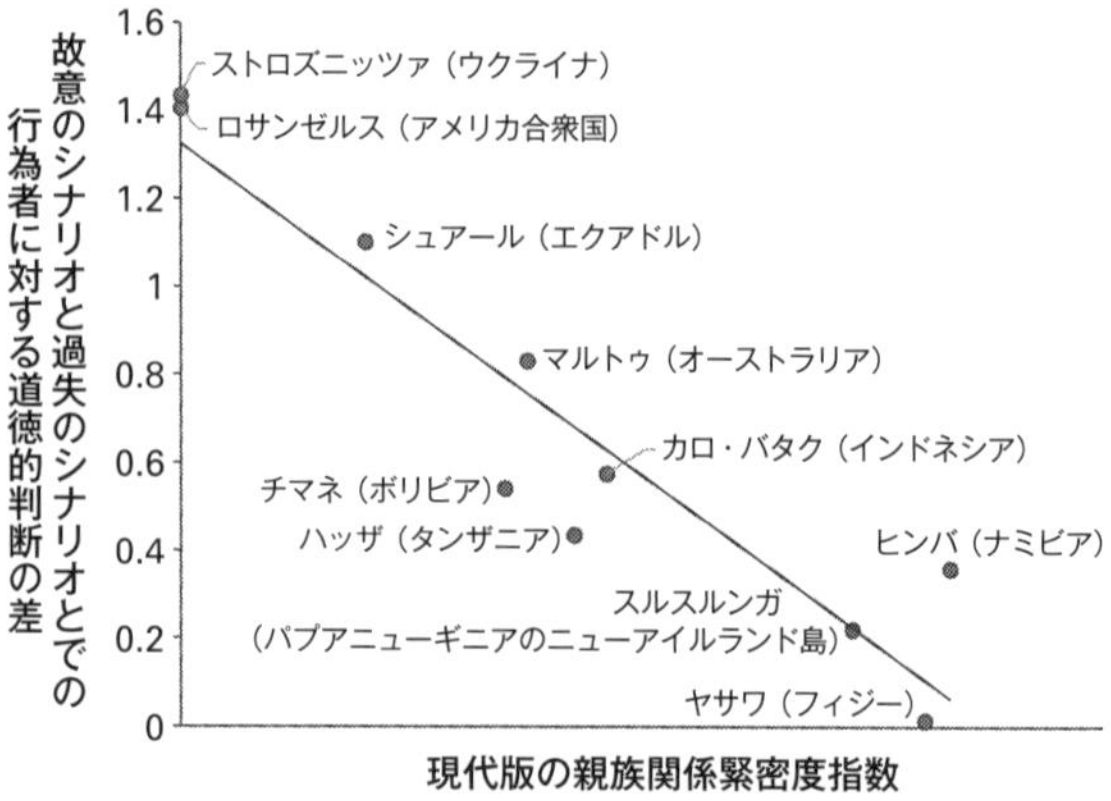

図6.13　「窃盗」に道徳的判断を下す際の意図性重視度と、筆者が作成した現代版の親族関係緊密度指数との関係。この指数は、KIIに合わせて作成してある。KIIと同様に、この指数は主として民族誌的観察に基づいている。KIIとは違い、歴史上の習慣ではなく、現代の習慣を捉えている。

同で土地を支配している[32]。

キリスト教が広まる以前のヨーロッパは、親族関係が緊密だったことを考えるならば、そこに暮らしていた人々もやはり、罪感情ではなく恥感情によって統制される世界に暮らし、道徳的判断を下す際には意図性をあまり重視しなかった可能性が高い。スカンジナビアのサガや、異教徒部族の最初期の法典のような古い文書を読むと、個人の意図や罪悪感のような、内面の心的状態を示す記述がほとんど見られないのに対し、社会統制の中心をなす感情として、恥や「面子《めんつ》」が強調されている。中世の教会が、ヨーロッパ諸部族の親族ベース制度を崩壊させたことによって、人々が他者に対して道徳的判断や法的判断を下す際に、心的状態を重視する傾向が強まっていったのだろう。のちほど、このような心理的変化が、中世盛期に始まる西欧法の発展にどのように影響を与えたかについて考える[33]。

分析的思考

心理学者たちの主張によると、結束力の強い社会環境をうまく生き抜くための学習が、社会とは無関係な事柄についての考え方や分類の仕方に影響を与えるという。親族ベース制度に埋め込まれて育った人々は、人間同士の結びつきや関係性に関心を向けるようになる。それに対し、親族の絆が希薄な社会しか経験していない人々は、自分の個人としての能力、資質、特性を拠り所に、他者との互恵関係を築こうとするようになる。

つまり、緊密な親族関係の中で暮らしていると、人々は包括的にものを考えるようになり、より広い文脈に、そして、人や動物や物体の相互関係を含めた、物事の関連性に焦点を当てるようになる。それに対し、親族関係の弱い社会で暮らしていると、人々は分析的にものを考えるようになり、人物や物体に、特性、属性、人格を割り当てることによって、世界を理解するようになる。たいていの場合、人物や物体を、その根本にあると思われる本質、属性、傾向性に基づいて、別個のカテゴリーに分類することによって世界を理解するのだ。

第1章では、分析的思考か、包括的思考かを識別するのに利用されている、三つ組テストを取り上げた。このテストでは、手と手袋と毛帽子など、三つで一組になった画像が参加者に提示される。そして、それぞれの三つ組について、ターゲット画像（たとえば手袋）は手と毛帽子のどちらと組になるかを答えてもらう。分析的思考をする人々は、規則に従って明確に区別されたカテゴリーを好むので、冬の装備品同士ということで、手袋と毛帽子を組にする傾向がある。それに対し、包括的思考をする人々は、まず関係性に目が向くので、手と手袋を組にする傾向が強い[34]。

イトコ婚率が高い国の人々ほど、包括的な考え方をすることがわかる（図6・14）。親族との結

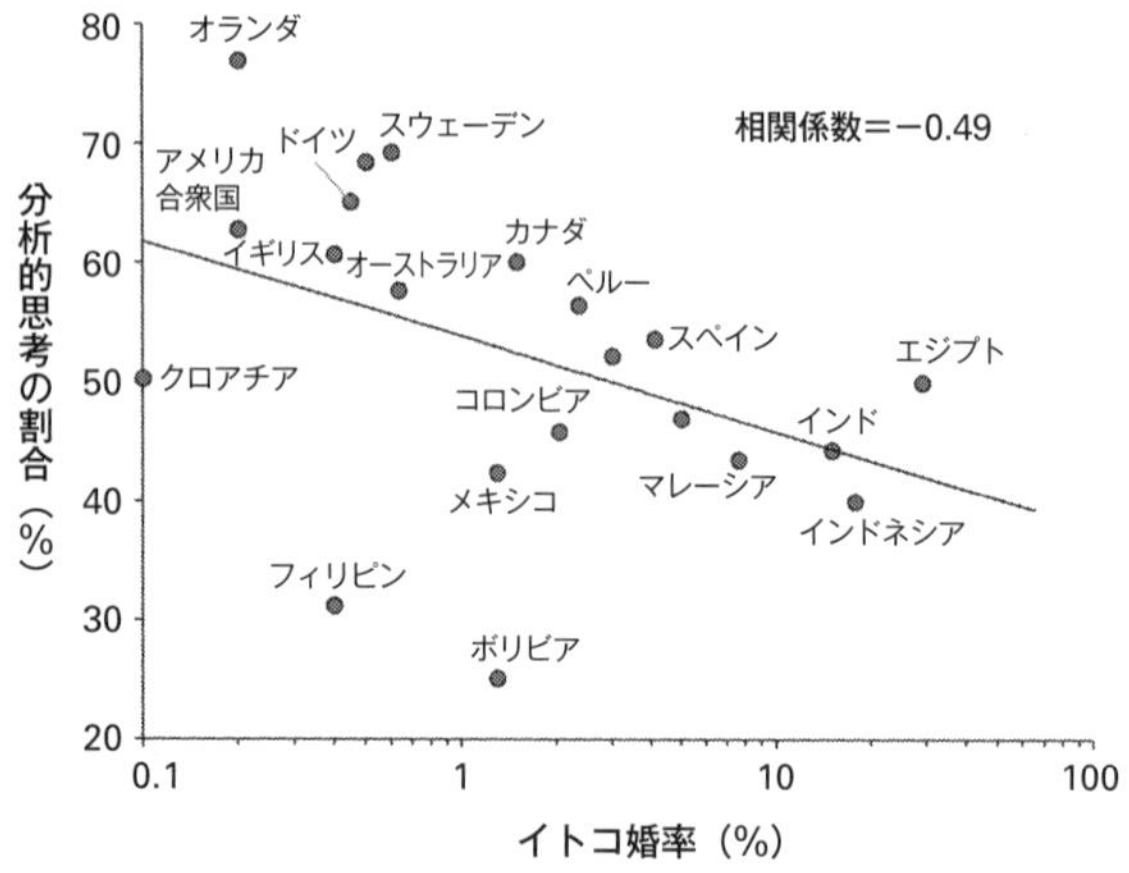

図 6.14　三つ組テストに基づく分析的思考とイトコ婚率の関係。イトコ婚率は対数スケールで表示してある。

婚がおよそ三〇%を占める集団では、包括的思考が優勢（六〇%）であるのに対し、イトコ婚がほとんど行なわれていない集団では、分析的思考のほうが優勢（六二%）になる。ちなみに、ここではＫＩＩを用いた図は省略してある。なぜなら、三つ組テストのデータがあるのは工業化された三〇か国なのだが、その国々はＫＩＩにほとんど差が見られず、注目すべき点があまりないからである[35]。

親族ベース制度と分析的思考との関連性は、以前から認められていた文化による知覚パターンの違いに光を投じてくれるかもしれない。それは「場独立」「場依存」と呼ばれるものだ。場独立的であるとは、空間内の物体の大きさや位置を、背景や文脈とは無関係に（つまり独立させて）正確に評価するのが上手いということだ。この概念は、序章において読み書き能力との関連で取り上げた、分析的な視覚情報処理と密接に関連している。

たとえば、知覚パターンの違いを調べるテストの一つ、ロッドフレームテスト（棒－枠組み検査）を、さまざまな社会の人々に実施した研究がある。このテストではまず、参加者に、正方形のフレーム（枠組み）に囲まれた一本のロッド（棒）の前に座ってもらう。次に、実験者がゆっくりとノブを回して、時計の針のように、ロッドを回転させていく。参加者は、ロッドが垂直位置（一二時の位置）に来たと思ったところで、それを実験者に告げる。

最初にフレームを回転させて地面に対して傾けておくと、正しく判断するのが難しくなる。「場依存」性の高い人々は、フレームを傾けると、ロッドを垂直位置で捉えることがなかなかできなくなり、どうしてもフレームの方向にずれが生じてしまう。場独立性の高い人々は、フレームに影響されることなく、ロッドを垂直に揃えるのがうまい。この実験から、ロッドが垂直位置からどれだけずれたかという客観的スコアが得られる。

一九六〇年代から一九七〇年代にかけて、心理学者たちは、伝統的な農耕集団は場依存性が極めて高いが、その一方で、世界には場独立性が特に高い、全く異なる集団が二つあることを発見した。その一つはＷＥＩＲＤな人々だった。もう一つはどのような集団か、おわかりだろうか？

広域型の（緊密型ではない）親族ベース制度をもっている移動型狩猟採集民が、場独立性が高いのである。この結果とも一致するが、人類学者たちは以前から、狩猟採集民は、緊密な親族ベース制度をもつ農耕民や牧畜民に比べて、自助努力で独立して手柄を立てることを重んじ、他者に服従したり、同調したり、権威に敬意を払ったりすることをよしとしないと述べている。それを物語るかのように、教会の進出後に、英語、ドイツ語、フランス語、スペイン語のようなヨーロッパ言語で使われるようになった親族語彙は、多くの移動型狩猟採集民の間で使われている語彙と同じなのである[36]。

全体的に見ると、これまで示してきた証拠は、地球規模で見た心理的差異は、緊密な親族関係と共変関係にあること、そしてその変化の方向は、ヒトの心が、こうした関係によって生み出される社会的世界に適応して修正されてきたと考えた場合に、予測されるとおりであることをほのめかしている。今のところは、世界中の人々の間にはこれほどの心理的差異があること、そしてそれが予想されるとおりのパターンを示すことを理解してもらえれば十分だ。次章では、このような関連性についてさらに詳しく検討した上で、総合的に見ると、親族ベース制度の変化こそが、重要な心理的差異を生む駆動力になってきた、という考え方を裏付けるさまざまな証拠について考察する。しかし、そこに行く前にまず、グローバルな視点から、教会、親族関係の緊密さ、心理的差異の関連性について考えてみよう。

教会が親族関係を変え、人々の心理を変えた

緊密な親族関係と心理的差異との関連性は、ある重要な問いを投げかける。そもそもなぜ、親族関係の緊密さは、世界中でこれほど違うのだろうか?

その答えの一端は、すでに第3章で見てきた。ある生態学的な状況が、牧畜や灌漑農業といった、それぞれ異なる形態の食料生産の発展と普及に有利に作用したのだった。人口が増加し、食料生産のための領地を支配する必要に駆られて、社会間の競争が激化していくと、その競争が今度は、集団を利するような規範――つまり、共同体の規模を拡大し、協力行動を促進し、生産量を増大させ、

指揮統制機能を向上させるような規範——に有利に作用したのである。そしてついに、文化進化は複雑な首長制社会や国家を生み出していくことになるが、この幾多のスケールアップのプロセスを通して、実にさまざまな方法で親族関係が強化されていった。いくつかの地域にプレ近代的国家が出現したが、それらは必ず、緊密な親族関係の土台の上に築かれていた。したがって、親族ベース制度の緊密度の違いは、さまざまな歴史的経路をさかのぼると結局、生物地理や、気候、有病率（マラリアなど）、土壌肥沃度、航行可能水域、そして栽培植物や飼育動物の利用可能性の違いに行き着く。もちろん、プレ近代的国家をめぐる歴史上の細かな事情も見落とせない。なぜなら、親族ベース制度を巧みに利用する国家もあれば、そうした制度を「撥ね除け」ようとする国家もあったからだ。以上のような要因が、その他の要因とも相俟って、世界中の親族ベース制度の違いを生み出すもとになっている。[37]

しかし本書ではここで、教会は、親族ベース制度のグローバルな差異形成に寄与したのか、したとすればどの程度なのかという点に関心を向け、それを知る方法として、親族関係の緊密度と、教会の影響を受けた期間の関連性を吟味する。その上で、心理的差異が、中世の教会曝露（中世に教会から受けた影響）に直接由来するのかどうかを問うことにする。

それぞれの集団が、教会の婚姻・家族プログラム（ＭＦＰ）の影響をどれだけ受けたかを把握するために、ＭＦＰが強化され始めた西暦五〇〇年頃から一五〇〇年までの、ヨーロッパ各地への教会の勢力拡大の様子を地図上に示した。このデータベースを作成するにあたっては、主として教区が設立された年を利用した。教区設立は、さまざまな王や部族長がキリスト教に改宗した時期と関連している場合が多いからだ。このデータを用いて、西方教会に曝露した期間と、正教会に曝露した期間の両方を計算した。なぜ両方かというと、正教会は、西方教会のように極端には走らず、西方教会がたびたび行なったような過剰なまでの強硬策を打ち出すことはなかったものの、MFPライト（緩やかなMFP）とでも呼べるような独自の計画をもっていたからである（表5・3）。一五〇〇から、MFPが開始された年を引くことによって、二つの「教会投与量」の尺度（一つは西方教会の、もう一つは正教会の）が得られる。[38]

このヨーロッパへのMFP投与量をもとに、世界のその他の地域へのMFP投与量を算出することができる。これを算出するには、西暦一五〇〇年から二〇〇〇年までの、国から国への人の流れの総数を推定する「移住マトリックス」を利用した。[39] 世界中のそれぞれの国について、①現代の人口構成を調査し、②下位集団ごとに、その祖先が一五〇〇年時点でどの地域に住んでいたかをたどり、③その下位集団に、一五〇〇年時点のその地域のMFP量を割り当て、④これらの下位集団すべてを再び一つにまとめて、現代のそれぞれの国の総MFP量を求める。荒っぽいやり方に見えるが、確かに荒っぽい。しかし幸いなことに、MFPの効果が極めて大きいので、このようなぞんざいなやり方でもその効果が浮かび上がってくる。[40]

まず、教会と、親族関係の緊密度との関連性を見ていこう。データから明らかなのは、ある国の国民が教会に曝露した期間が長いほど、その国の親族ベース制度が弱いということだ。西方教会と正教会の投与量を合わせると、国によるKII値の差のおよそ四〇%と、イトコ婚率の差の六二%を説明できる。比較のために言うと、農耕開始からの経過時間は、国によるKII値の差の一八%、そして、イトコ婚率の差の一〇%を説明するにとどまる。実際、親族関係の緊密度のグローバルな差異の原因を突きとめようとして調べた、農耕、生態、気候、地理、歴史に関する要因すべての中で、唯一ではないにせよ最大の要因が、教会に曝露した期間だった[41]。

ＫＩＩ値を低下させる効果について見ると、西方教会の影響力は概して正教会よりも強いものの、わずかに強いだけにとどまる。しかし、予想されるとおり、正教会はイトコ婚率には全く影響を与えておらず、したがって、イトコ婚率の変化の原因は、すべて西方教会に帰することができる。西方教会に一〇〇年間曝露するごとに、イトコ婚率が六〇％近く低下する。この分析結果は、歴史記録ともよく一致する。西方教会のＭＦＰと正教会のＭＦＰライトの違いの核心は、一夫多妻婚や双系制相続にではなく、イトコ婚にあるからだ[42]。

では、教会曝露と人々の心理との関連性を直接見ていこう。図６・15は、ＭＦＰ投与量が増加すると、これまで吟味してきた心理尺度にどのような影響が及ぶかを示している。西方教会の影響下に置かれていた期間が長い国民ほど、（Ａ）規範にあまり縛られない、（Ｂ）同調傾向が低い、（Ｃ）伝統にあまりこだわらない、（Ｄ）個人主義的傾向が強い、（Ｅ）見ず知らずの者に対する不信感が弱い、（Ｆ）普遍的道徳に従おうとする、（Ｇ）面識のない者同士で作られたグループへの協力傾向が強い、（Ｈ）第三者罰に好反応を示す（罰あり条件のＰＧＧで寄付額を増やす）、（Ｉ）任意で献血する傾向が強い、（Ｊ）非人格的な（顔の見えない制度に対する）正直さの度合いが高い、（Ｋ）外交特権があっても違法駐車切符をあまり切られない、（Ｌ）分析的にものを考える傾向が強い。

これらの効果は大きい。たとえば、ＭＦＰに一〇〇〇年間曝露することによって、アッシュの同調実験で、グループの他者に合わせて誤回答をする人々の割合が二〇ポイント近く下がり（図６・15Ｂ）、また、友人を助けるために法廷で虚偽の証言をする（つまり、普遍主義よりも党派主義に則って行動する）人々の割合が三〇ポイント下がる（図６・15Ｆ）。同様に、ＭＦＰに一〇〇〇年間曝露することによって、国民の個人主義的傾向が、現代のケニアで見られる強さからベルギーのレベルにまで上がり（図6・15D）、任意で献血する人々の割合が五倍に増え（図6・15I）、偽って高報酬のサイコロの目を報告する人々の割合が一〇ポイント減り（図6・15J）、未払いの駐車違反切符の枚数が、外交使節団の職員一人につき七枚近くあったのが、一〇人につき一枚にまで減少する（図6・15K）。同様に、MFPに一〇〇〇年間曝露するごとに、人々が分析的にものを考える傾向が三%強ずつ高まり、一〇〇〇年経つうちには、およそ四〇%から七四%にまで上がる（図6・15L）。私たちの分析からは、西方教会のMFP投与量の多い集団ほど、子どもたちに服従を教えることへの関心が薄く、また、一族の者をあまり上級管理職に採用しない（一族への忠誠心が弱い）ことも明らかになっている[43]。

正教会に曝露した期間についても、同じようなパターンが見られるが、西方教会への曝露期間に比べると、その影響は概して弱い。いくつかの項目は、正教会に曝露した国々のデータが全くなかったので、図6・15に西方教会のデータ点しか表示することができず、回帰直線を一本しか引くことができていない。また、「厳しさ」および「分析的思考」については、少数のデータ点を表示したが、これはごくわずかなデータに基づくものなので、回帰直線はあまり信用できない。最もデータが揃っているのは、図6・15I（献血）と図6・15K（未払い違法駐車切符）である。この二つの項目では、正教会への曝露が、西

図6.15　西方教会および正教会に曝露した期間と、次の心理尺度との関係。（A）社会の規範の「厳しさ」のスコア、（B）アッシュの同調圧力実験での誤回答の割合、（C）伝統の遵守、（D）個人主義的傾向、（E）非人格的信頼（外集団・内集団信頼差）、（F）同乗者のジレンマでの普遍主義の回答の割合、（G）罰なし条件のPGGでの初回の平均寄付額の割合、（H）罰あり条件のPGGでの10ラウンドを通した平均寄付額の割合、（I）人口1000人当たりの（年間の）任意での献血件数、（J）非人格的な正直さゲームで高額を請求する割合、（K）国連外交官への未払い駐車違反切符数、（L）三つ組テストでの分析的思考の割合。

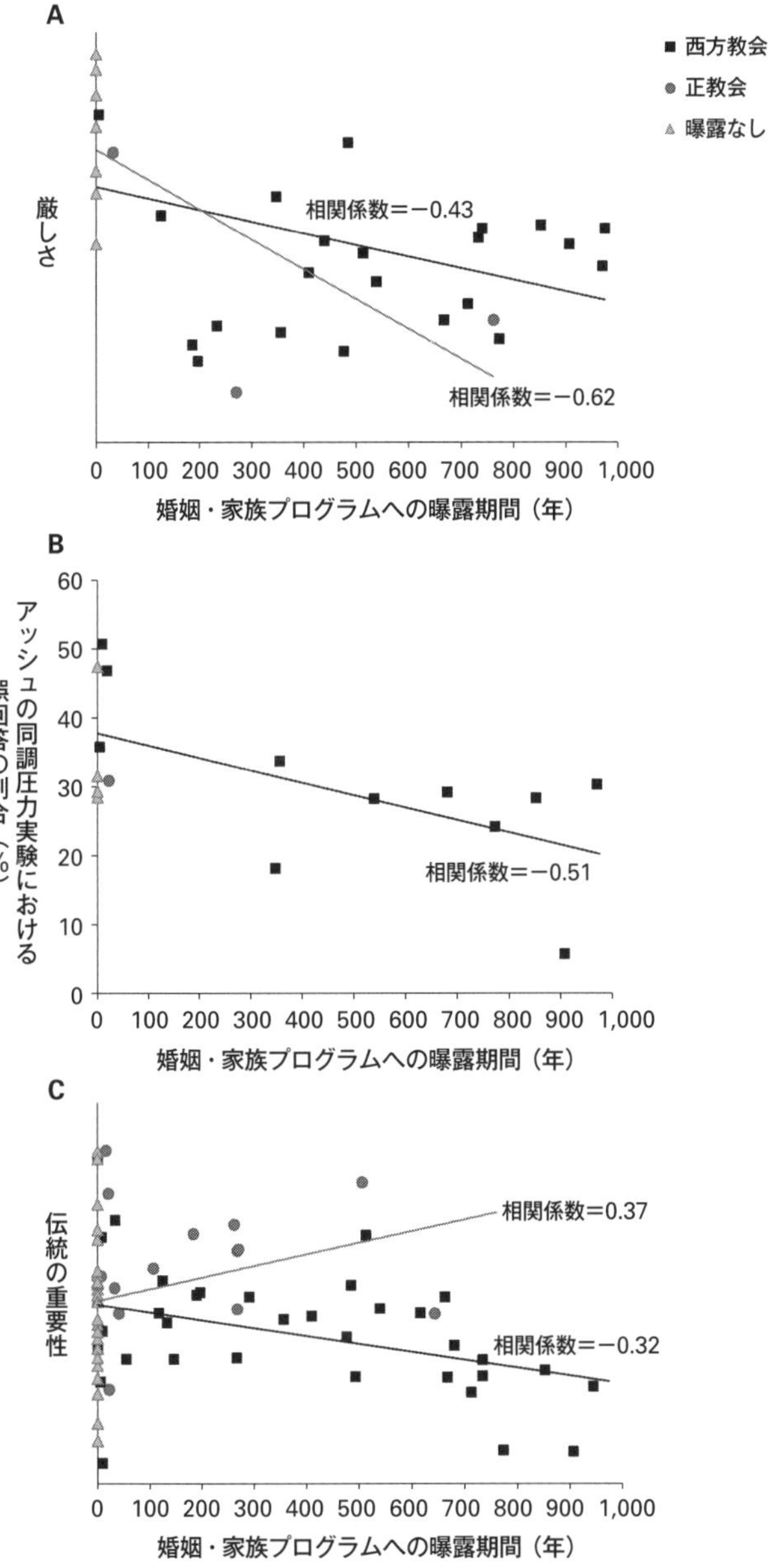
A
西方教会
正教会
曝露なし
厳しさ
相関係数＝−0.43
相関係数＝−0.62
0
100
200
300
400
500
600
700
800
900
1,000
婚姻・家族プログラムへの曝露期間（年）
B
アッシュの同調圧力実験における誤回答の割合（%）
60
50
40
30
20
10
0
相関係数＝−0.51
0
100
200
300
400
500
600
700
800
900
1,000
婚姻・家族プログラムへの曝露期間（年）
C
伝統の重要性
相関係数=0.37
相関係数＝−0.32
0
100
200
300
400
500
600
700
800
900
1,000
婚姻・家族プログラムへの曝露期間（年）

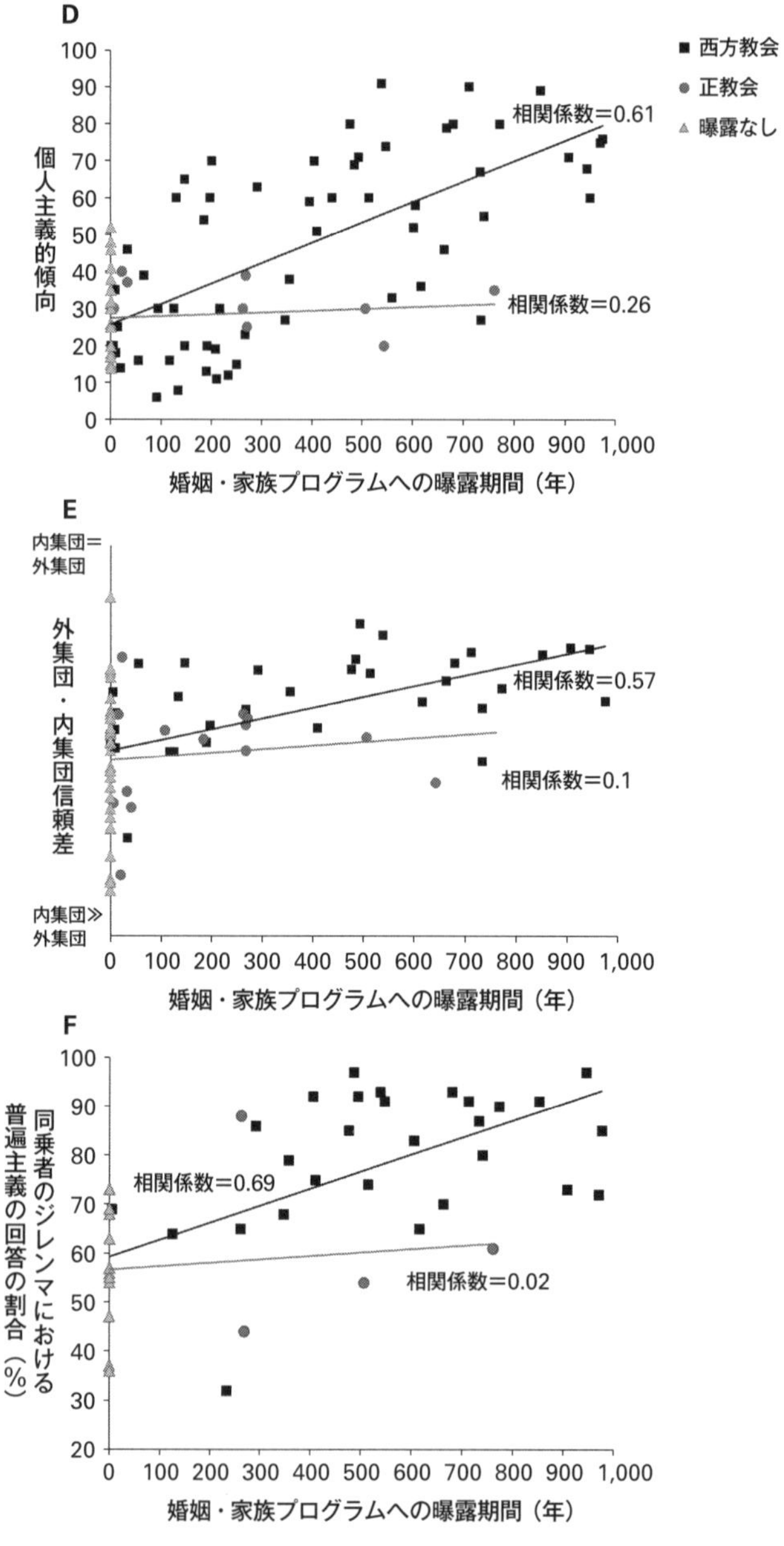
D
西方教会
正教会
曝露なし
個人主義的傾向
相関係数＝0.61
相関係数＝0.26
100
90
80
70
60
50
40
30
20
10
0
0 100 200 300 400 500 600 700 800 900 1,000
婚姻・家族プログラムへの曝露期間（年）
E
内集団＝外集団
外集団・内集団信頼差
相関係数＝0.57
相関係数＝0.1
内集団≫外集団
0 100 200 300 400 500 600 700 800 900 1,000
婚姻・家族プログラムへの曝露期間（年）
F
同乗者のジレンマにおける普遍主義の回答の割合（%）
相関係数＝0.69
相関係数＝0.02
100
90
80
70
60
50
40
30
20
0 100 200 300 400 500 600 700 800 900 1,000
婚姻・家族プログラムへの曝露期間（年）

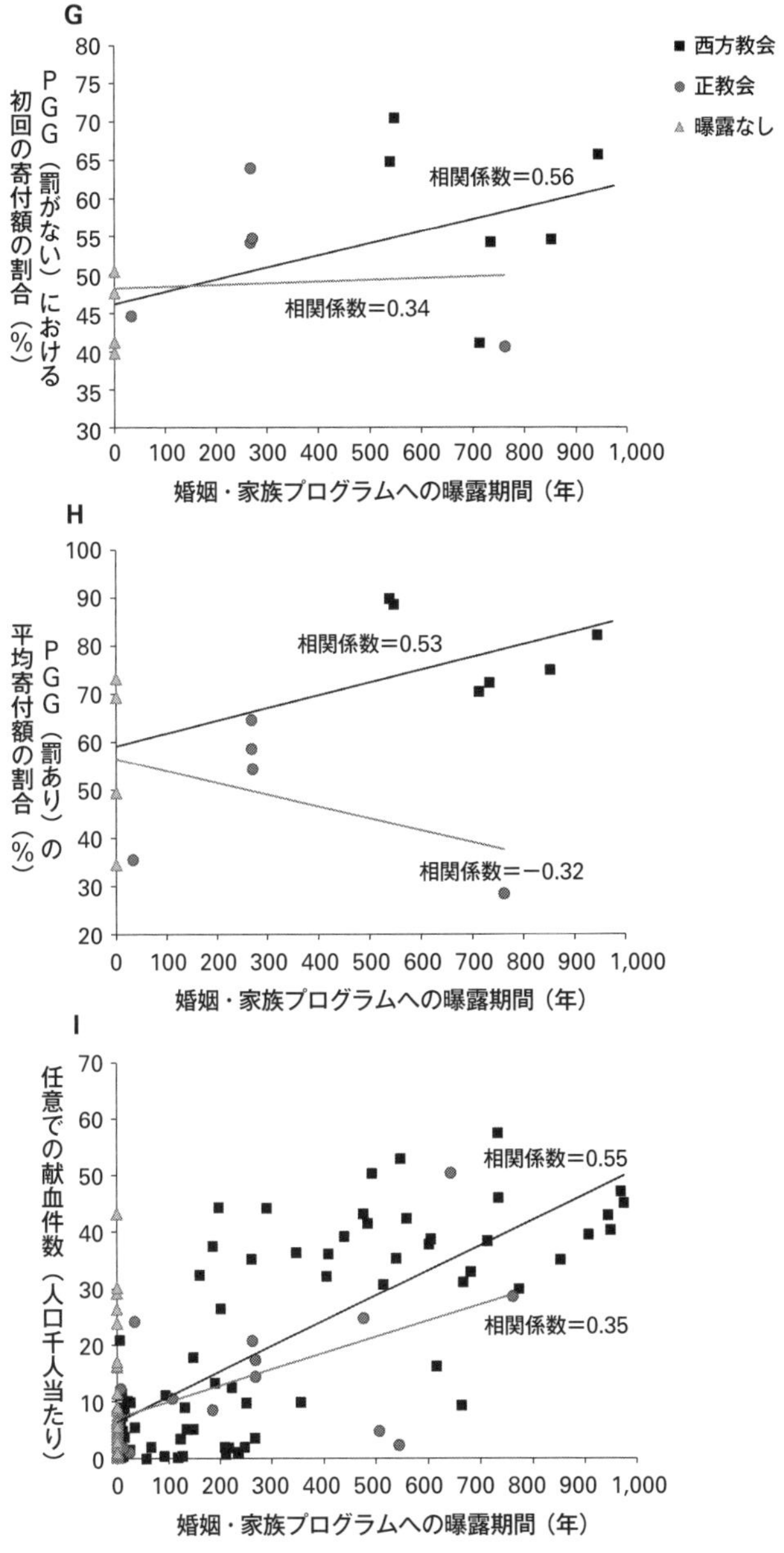
G
西方教会
正教会
曝露なし
PGG（罰がない）における初回の寄付額の割合（%）
80
75
70
65
60
55
50
45
40
35
30
相関係数＝0.56
相関係数＝0.34
0
100
200
300
400
500
600
700
800
900
1,000
婚姻・家族プログラムへの曝露期間（年）
H
PGG（罰あり）の平均寄付額の割合（%）
100
90
80
70
60
50
40
30
20
相関係数＝0.53
相関係数＝−0.32
0
100
200
300
400
500
600
700
800
900
1,000
婚姻・家族プログラムへの曝露期間（年）
I
任意での献血件数（人口千人当たり）
70
60
50
40
30
20
10
0
相関係数＝0.55
相関係数＝0.35
0
100
200
300
400
500
600
700
800
900
1,000
婚姻・家族プログラムへの曝露期間（年）

J

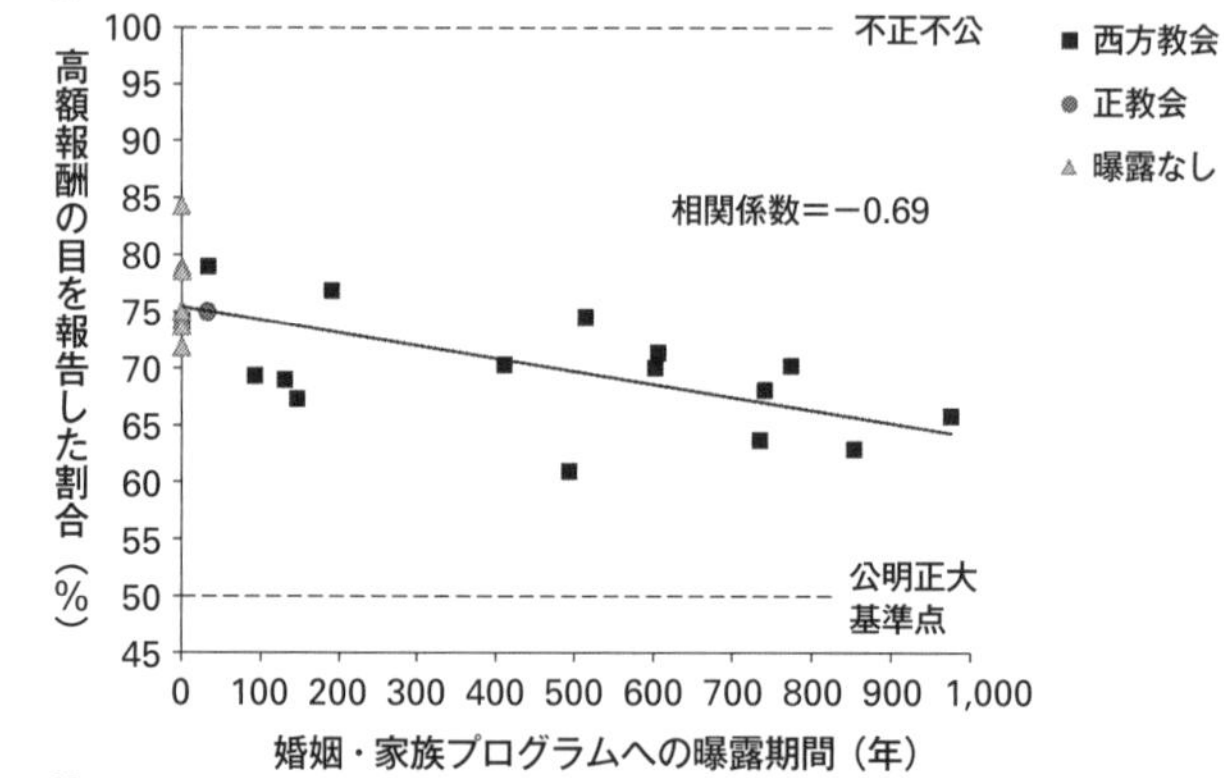

不正不公
西方教会
正教会
曝露なし
相関係数＝－0.69
公明正大
基準点
高額報酬の目を報告した割合（%）
婚姻・家族プログラムへの曝露期間（年）

K

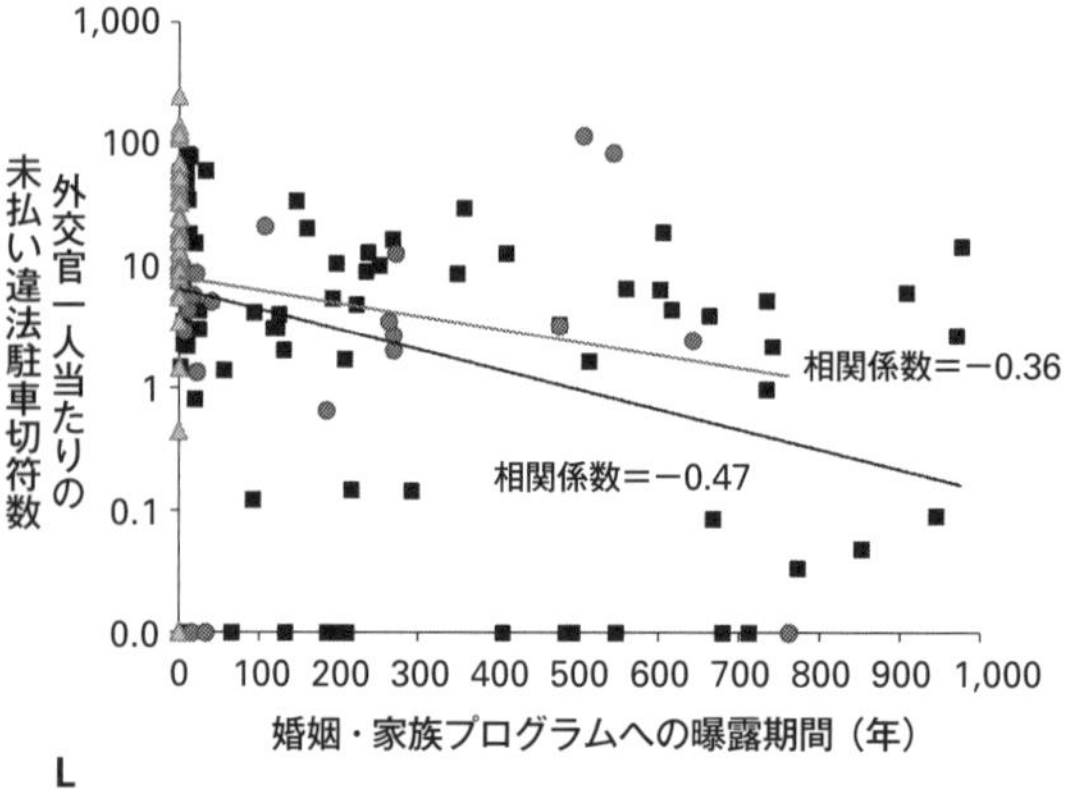

外交官一人当たりの
未払い違法駐車切符数
相関係数＝－0.36
相関係数＝－0.47
婚姻・家族プログラムへの曝露期間（年）

L

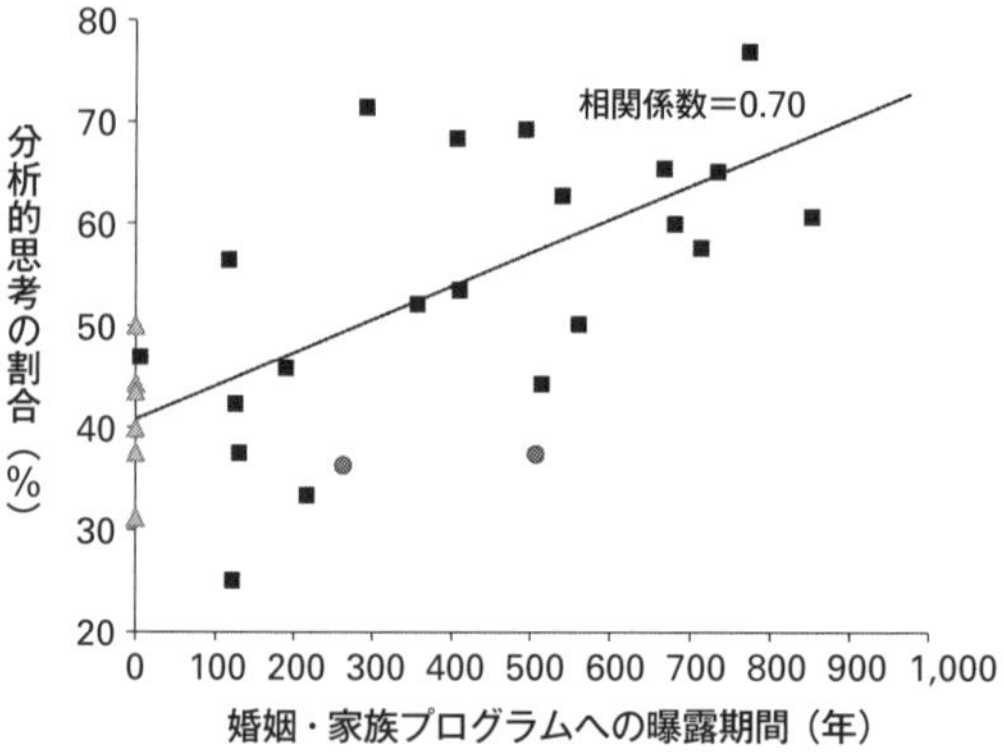

相関係数＝0.70
分析的思考の割合（%）
婚姻・家族プログラムへの曝露期間（年）

方教会への曝露と同じような効果をもっており、その効果が弱いだけにすぎない。

正教会と西方教会の間に見られる違いは重要な意味をもっている。なぜなら、人々の心理的な差異やその後に生じてくる経済的・政治的な差異が、ローマの制度やキリスト教そのものへの曝露に起因するわけではないことを示すものだからだ。正教会は、西暦一四五三年まで（東）ローマ帝国の国教であり、西方教会のものと極めてよく似た超自然的な信仰や儀式を奨励していた。以上のような知見は、西方教会と正教会との間に長期的に見て重要な違いが生じた原因は、婚姻慣行や家族慣行、特に近親婚禁止に関する政策およびその執行にある、という考えを裏付けるものである。

水門を開く

グローバルな心理的差異の大まかなパターンは、次のような因果経路と辻褄が合う、と納得してもらうのが本章の狙いである。

教会のMFP

↓

親族関係の緊密度の低下

↓

心理パターンのWEIRDな方向への変化

大雑把なデータを用いて分析したことを考えると、非常に多くの心理的側面と、親族関係緊密度およびMFP投与量との関連性の強さには目を見張るものがある。もちろん、これまで見てきたグローバルな心理的差異は、何か別の隠れた要因によって生じていて、それがたまたまここで取り上げた経路と並行していたにすぎない、という可能性もある。次章で、それに対する十分な反証を挙げていくつもりだ。

しかし、強調すべきこととして、ベンヤミンも私たちのチームも、これまで取り上げた心理の諸側面の一つ一つについて、十分なデータがある場合は必ず、数十に及ぶ補足分析を行なって、本章で確認したような関連性を生み出しうる、膨大な範囲の他要因の影響を統計的に説明しようとした。全体として、土壌肥沃度、地形の険しさ、信仰心の強さ、赤道からの距離、航行可能水域、寄生虫感染、マラリア罹患率、灌漑開発の可能性、そしてヨーロッパ諸国による植民地化の影響について調べた。また、同じ大陸内にある国々の間での心理的差異だけを捉えたり、主要な宗教宗派の同じ国々だけで比較したり、ということも行なった。このような厳しい分析を加えても、これまでに示してきた関連性は、やや弱まることが多いものの、ほとんど保たれる。稀に、関連性が認められなくなることもあるが、そこに一貫したパターンは見られない。つまり、信仰心の強さや土壌肥沃度が一貫して、親族関係緊密度やMFP投与量よりも大きな影響力をもっているわけではないのだ。総合的に考えると、これまでの研究成果をくつがえして、グローバルな心理的差異を説明するもっと別の経路を照らし出すような、決定的要因は存在しないことを、私たちの分析は強く示唆している。

問題は、国同士の比較は、グローバルな差異の大まかなパターンを照らし出す便利な手段ではあるものの、「何が何を引き起こすか」を掘り起こすための優れた手段ではないということだ。なぜなら、あまりにも多くの要因が隠されたままだからだ。次章では、もっと深く掘り下げて、その経路に隠されたものさらにあばいていく。

しかし、鋤を手に取る前に、ちょっと立ち止まって考えてみよう。これまで示してきた分析結果をそのとおりに受け取るならば、中世盛期（西暦一〇〇〇～一二五〇年）には、教会がすでに、ヨーロッパ諸地域の人々の心理を変化させていたのではないかと思われる。第二千年紀の初めには、ヨーロッパの一部の共同体は、ＭＦＰを五〇〇年近く経験していた。近代世界の幕開けとされる西暦一五〇〇年には、一部の地域はＭＦＰを一〇〇〇年近く経験していたことになる。家族や社会的ネットワークの構造の変化によって、人々の心理にどんな変化が起きていたかを考えると、新たに形成される制度や組織が、なぜ、ある一定のやり方で発展していったのかを理解しやすくなる。

新たに生まれた修道会、ギルド、都市、大学は、個人に主眼を置くやり方で、法規、原則、規範、ルールをどんどん築き上げていった。たいていそれは、各成員に、抽象的な権利、特権、責任、そして組織に対する義務を与えるものだった。このような任意団体が繁栄するためには、自由に動ける個人を惹きつけた上で、成員間で同意した原則やルールを遵守しようとする心情を育み、できればそれを内面化してもらう必要があった。親族関係の締めつけの中にあって、中世ヨーロッパの人々が共通して信奉していたのは、キリスト教という、普遍的道徳や自己責任を唱え、自由意志を強調する宗教だった。この奇妙な土壌の中から、一連の非人格的社会規範が芽生え、徐々に広がっていったのである。

第7章　ヨーロッパとアジア

ヨーロッパは複雑な歴史をたどってきたので、地域によっては、教会の婚姻・家族プログラム（ＭＦＰ）の影響が比較的小さかったところもある。たとえば、第5章（図5・3）で見てきたように、アイルランド、ブルターニュ〔フランス北西部の半島地域〕、南イタリアは、早い時期にキリスト教化されていたが、ローマ教皇の傘下に入るのは――そしてＭＦＰの影響をもろに受けるのは――もっと後になってからであり、イングランドよりも、また、北イタリアやフランスの大半やドイツ西部など、カロリング帝国内の諸地域よりも遅かった。ということは、もし私の示した考えが正しいとすれば、ヨーロッパ地域内での、そして一五〇〇年時点のキリスト教世界内部での、心理的差異を説明できるはずである。

ぜひともこれは検討する必要がある。なぜなら、前章で示した国別の比較は、量的にも十分で説得力に富むものが多かったが、もしかしたらその他にも、国によって異なるさまざまな要因が隠されている可能性があるからだ。それには、宗教、歴史、植民地政策、祖先の系統、言語、その他、さまざまな事柄に関連する要因が含まれる。もちろん、私たちはそのすべてを、何らかの方法で統計的に統制しようとしたが、それでも完全には納得してもらえないだろう。

そこで、ヨーロッパに照準を合わせることによって、中世ヨーロッパを闊歩した西方教会の足跡が、今でも見つかることを示そうと思う。その足跡は、現代のヨーロッパの人々の心理にも、また、ヨーロッパの親族ベース制度の最後のかけらにも見つかるのだ。もし、ヨーロッパの国々の中の小地域を比較することによって、前章の国別比較で認められたものと類似するパターンが見つかれば、それ以外のさまざまな解釈を排除することができる。

問うべきポイントは、次の点である。教会やＭＦＰに曝露した期間の長かったヨーロッパ地域の人々は、現在、その期間の短かった地域の人々よりも、個人主義的傾向や独立志向が強くて、服従傾向や同調傾向が低く、非人格的な信頼や公正さを重視しようとするのだろうか？

教会の足跡

このセクション全体を通して、欧州社会調査（三六か国のデータが含まれる）から得られた四つの心理尺度を利用する。最初の二つの尺度を作成するには、参加者に、文中に描かれている人物が自分にどれくらい似ているかを、「全く似ていない」から「とてもよく似ている」までの六段階スケールで答えてもらった。文中の性別に従う代名詞は、回答者の性別に合わせた。最初の二つの尺度は次のとおり。

①**同調傾向と服従傾向**　この指標は、「彼女にとっては、常に正しく行動することが重要だ。他人から間違っていると言われるようなことはしたくない」「彼女は、言われたとおりのこ

とをすべきだと信じている。誰も見ていなくても常にルールに従うべきだと思っている」など、四つの記述に対する参加者の回答の平均を表している。

②**個人主義的傾向と独立志向**　この指標は、次の二つの記述に対する回答の平均。「彼女にとっては、自分がすることについては自分で決めることが重要だ。彼女は、自由で、他者に依存しないことを好む」「新しいアイデアを考え出し、クリエイティブであることが、彼女にとっては重要だ。物事を独自のオリジナルな方法でやることを彼女は好む」

非人格的な向社会性を評価するためには、次の質問に一一段階スケール（〇点から一〇点まで）で答えてもらった。[1]

①**非人格的な公正さ**　「たいていの人は、チャンスがあればあなたを利用しようとすると思いますか、それとも公正であろうとすると思いますか？」。このスケールは、〇点（「たいていの人は私を利用しようとする」）から一〇点（「たいていの人は公正であろうとする」）まで。

②**非人格的な信頼**　「一般的に言って、たいていの人は信頼できると思いますか、それとも、取引するときは用心したほうがいいと思いますか？」。このスケールは、〇点（「用心したほうがいい」）から一〇点（「たいていの人は信頼できる」）まで。

ヨーロッパの人々の心理に、今でもMFPの影響が認められるかどうかを調べるために、私たちのチームは、八九六の教区がヨーロッパ各地に広がっていった足跡をたどるデータベースを作成した。これらのデータを利用して、ヨーロッパの四四二の地域の平均的な教会曝露期間を算出した。その結果が図7・1に示してある。地域ごとのMFP投与量を評価するにあたっては、ローマ教皇管轄下の教区があるかどうかに注目した。どういうことかというと、スペインやイタリアの南部は、初期にいくつかの教区が設立されたが、のちに、その地域がローマ司教と敵対する勢力に征服されると、西方教会からは「切り離された」状態になった。たとえば、スペインの大半やイタリアの一部は、数百年間にわたってイスラムの支配下に置かれていた。その後、こうした地域が制圧されて、西方教会の管轄下に戻ってきた場合、その教区は、私たちの用量尺度で再び「有効」とされた。同様に、アイルランドは早期にキリスト教化されたが、ケルト教会はMFPを強制しなかったので、これらの地域が初めてローマ教皇管轄下に——そしてMFP管理下に——入ったのは、西暦一一〇〇年頃のことだった。

この分析結果から歴然としているのは、MFPの影響を受けた期間が長い地域に暮らしている人々ほど、同調傾向や服従傾向が弱く、個人主義的傾向や独立志向が強く、非人格的な公正さや信頼の水準が高いということである。国内の異なる地域を比較しているだけなので、現代のヨーロッパの国家間に見られる国富、政治体制、社会的セーフティネットの違いが、このようなパターンの原因であるはずがない。以上のような分析結果は、人々の所得、教育水準、宗教宗派、信仰心の強さの影響を統計的に排除した後でも保たれる。宗教宗派（カトリック、プロテスタント、イスラムなど）や信仰心の強さを統計的に考慮してもなお、地域ごとのMFP量の効果が強く認められるという事実は重要だ。なぜなら、教区の効果は、人々の超自然的信仰や儀式参加への影響を通じて作用しているのでは、という懸念を払拭するものだからである。

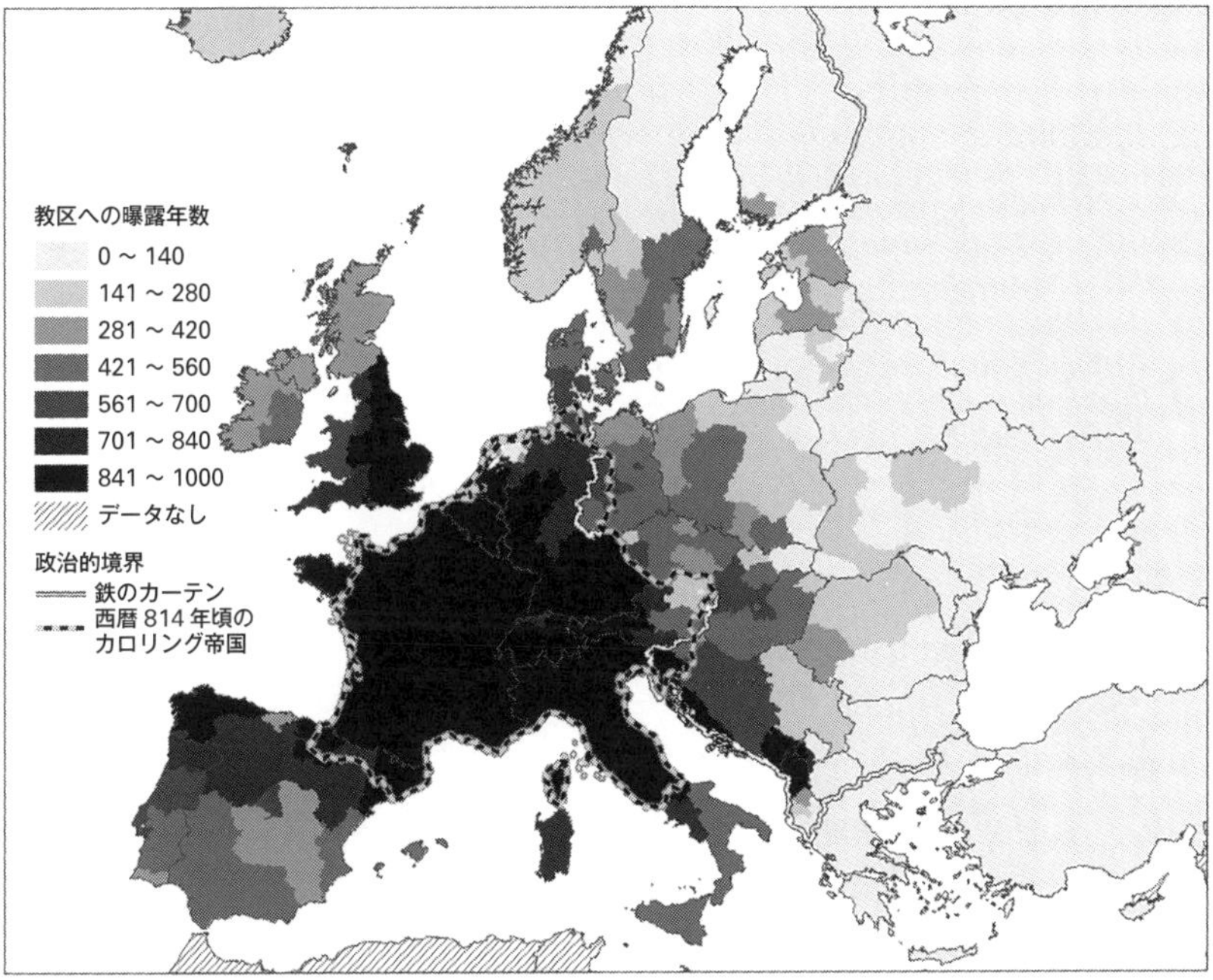

図 7.1　500年から1500年までの間に、ヨーロッパ各地に教皇管轄下の教区が普及していった過程に基づいて算出した、婚姻・家族プログラムの地域ごとの投与量。投与量の測定単位は、西方教会への曝露年数とし、範囲は0年から1000年まで。色が濃いほど、MFP投与量が多い。これは、中世初期に教会と提携してMFPを強制していったカロリング帝国（第5章）との関わりが強いので、814年（シャルルマーニュの没年）時点のカロリング帝国の国境線を示してある。参考までに、20世紀ヨーロッパの社会主義陣営との境界線を示すため、「鉄のカーテン」（チャーチルが1946年の演説で用いた言葉）も表示した。

当然ながら、さまざまな地域での教区の創設は、何らかの隠れた力の影響を受けているかもしれず、実際には、その力が人々の心理を変化させているという可能性もないとは言えない。そこで私たちは、土壌肥沃度、降水量、灌漑、気温、地形の険しさなどを含めた、多くのさまざまな地理的、生態的、気候的要因の影響も統計学的手法を用いて一定に保った。それ以外にも、さまざまな歴史的要因の影響を排除するために、ローマ街道、修道院、中世大学の有無や、五〇〇年当時のその地域の人口密度についても統計的に統制した。こうすれば、MFP開始時点での経済発展度やローマ帝国の影響の差は解消されるはずである。しかし、以上のような処置をすべて行なってもなお、四つの心理尺度すべてと、教会のMFP投与量との間には、信頼度の高い関連性が認められる。一言で言うと、MFPの影響下で過ごす期間の長かったヨーロッパ地域の共同体ほど、今日、心理的にWEIRDな傾向が強いのである。

教会の政策と現代の人々の心理はこのようにつながっている。しかし、私がたどっている因果経路が正しいとすれば、教会への曝露が少なかったヨーロッパの地域ほど、親族ベース制度が強いことも予想される。

緊密な親族関係の最後のかけら

ある地域の教会への曝露度合いと、緊密な親族関係の有無との関連性を調べるのは難しい。なぜなら、ヨーロッパの親族関係に関する詳細なデータはなかなか手に入らないし、民族誌アトラスのヨーロッパ部分はあまりにも貧弱だからである（人類学者たちはWEIRDすぎるヨーロッパを調べたがらないのだ）。わがチームが見つけた最も優れた資料は、皮肉にも、いとこ（従兄弟姉妹）

と結婚する許可を与えたローマ教皇の特免状だった。前述のとおり、中世の後半に入ると、教会は、特別な許可を申請すればいとことの結婚を認めるようになった。わがチームは、さまざまな史料を突き合わせ、特免状が出された記録に基づいて、二〇世紀のフランス、スペイン、およびイタリアの五七の地域のいとこ婚率を推定した。

ＭＦＰの効果がよくわかるよう、トルコの諸地域のデータも加えた。トルコは、一部がヨーロッパにまたがっているので欧州社会調査の対象に含まれており、また、別の調査からもトルコのいとこ婚のデータを見つけることができたからだ。トルコの諸地域を加えると、この知見が、ラテン・キリスト教世界の外側にまで拡大されることがわかる。予測されるとおり、ＭＦＰの影響を全く受けていないトルコの諸地域は、スペイン、イタリア、フランスの諸地域に比べて、高いいとこ婚率が維持されている。

分析の結果、中世にＭＦＰ曝露量が少なかった地域ほど、二〇世紀に入ってからも、いとこと結婚するために、人々が許可を申請する傾向がはるかに強かったことが明らかになった。実際、地域ごとのＭＦＰ曝露量がわかれば、イタリア、フランス、トルコ、およびスペインにおける、いとこ婚率の地域差の七五％近くを説明できる。トルコを除いて分析しても、ＭＦＰ曝露量によって、いとこ婚率の地域差の四〇％近くを説明できる。言い方を変えるならば、ＭＦＰに一〇〇年間曝露するごとに、その地域のいとこ婚率が四分の一近く下がるのである。

第５章で展開した歴史物語をさらに裏付けるように、私たちの分析でも、中世初期にカロリング帝国内にあった地域であれば、その地域の二〇世紀のいとこ婚率は極めて低く、おそらくはゼロであることが明らかになっている。カロリング帝国外にあった地域であれば、南イタリア、南スペイン、ブルターニュのように、いとこ婚率はもっと高い。シチリア島では二〇世紀に、イトコと結婚するための特免状の申請があまりに多かったので、ローマ教皇は、教皇庁の許可なしに、またいとこ同士の結婚を認める特別権限をシチリアの司教に与えた。通常、特免状はローマ教皇の特権だったが（今でもそうだが）、申請のあまりの多さに例外措置を設けざるをえなかったのだ。[2]

以上のような構図を完成させるために、いとこ婚率（これを緊密な親族関係の代替尺度とする）と、欧州社会調査から得られた四つの心理特性との関連性を調べてみよう。四か国の六八の地域に暮らす一万八〇〇〇人を超える人々からの回答に基づいて分析すると、二〇世紀のいとこ婚率が高い地域の人々ほど、同調傾向や服従傾向が強く、個人主義的傾向や独立志向が弱く、また、非人格的な公正さや信頼の水準が低いことがわかる。図7・2に示すように、その効果は大きい。いとこ婚率がわかれば、四つの心理特性の地域差のうちの、同調・服従傾向については三六％まで、非人格的公正さについては七〇％までを説明できる（その中には、国際色豊かなフランスから、トルコ南東部の片田舎までが含まれる）。ヨーロッパ諸国内でのいとこ婚率の差は、世界全体に比べればはるかに小さいが、大まかな傾向はほとんど保たれることを、この図は示しており、統計分析によってもそれが確認された。このような結果が、個人所得、教育水準、信仰心の強さ、宗教宗派の違いでは説明できないことも、私たちの統計分析によって確認された。[3]

図7・2に示した分析結果は、特有の歴史的理由によりＭＦＰ曝露量が少なかったヨーロッパ諸地域から得られた乏しいデータに基づくものだが、それでもなお、ＭＦＰに端を発し、緊密な親族関係の解体の歴史を経て、現代のヨーロッパ人の心理へとつながる経路の一部を照らし出している。

では、さらに焦点を絞って、社会科学の永遠の謎に迫ろう。イタリアをめぐる謎である。北イタ

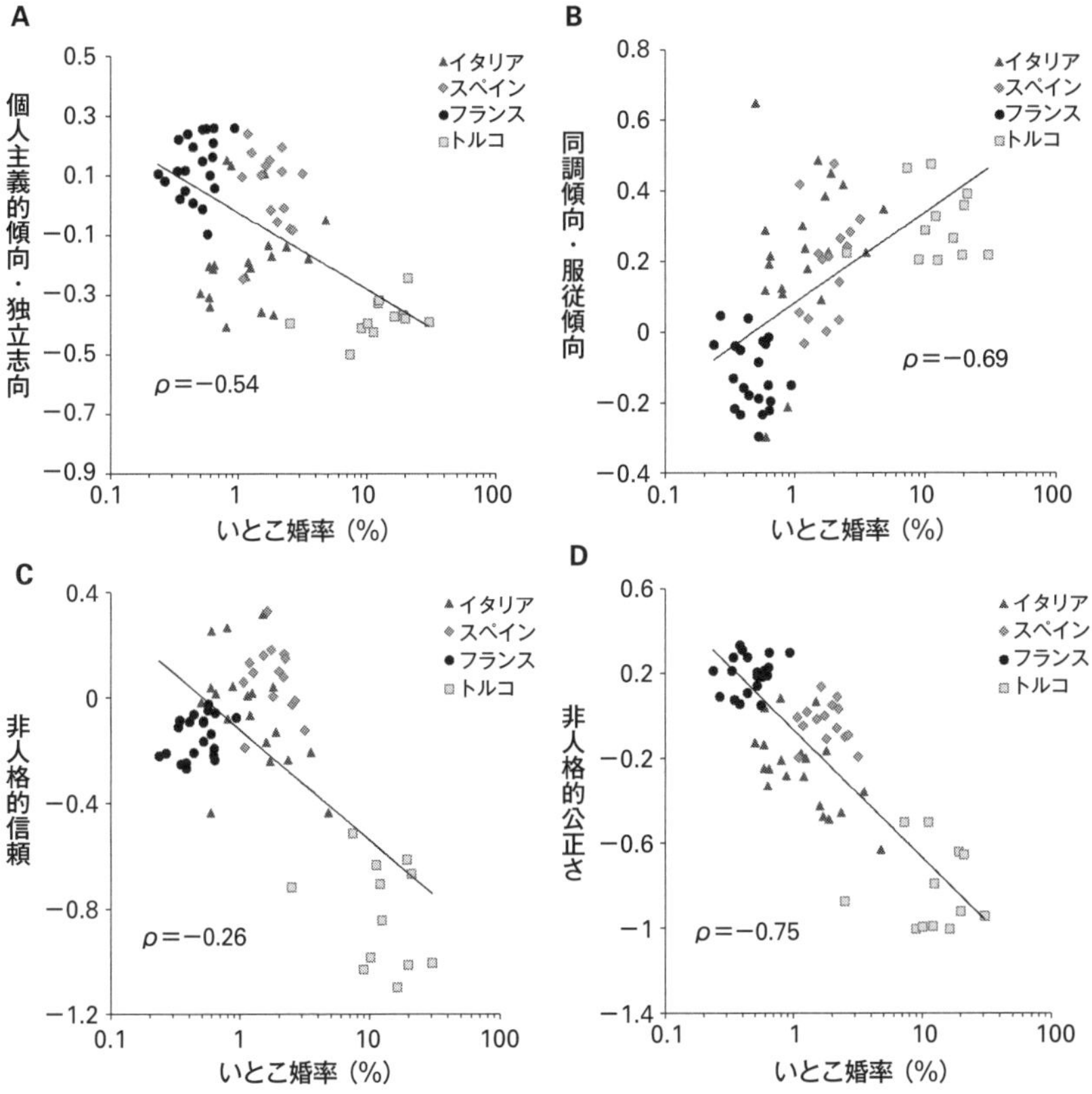

図7.2　スペイン、イタリア、フランス、およびトルコの諸地域のいとこ婚率と、四つの心理特性（A）個人主義的傾向・独立志向、（B）同調傾向・服従傾向、（C）非人格的信頼、（D）非人格的公正さとの関係。

リアと中部イタリアは、中世に有力な銀行業の中心として台頭し、ルネサンスの舞台の中央に立ち、さらに、一九世紀の産業革命期には、北ヨーロッパの多くの地域と並んで繁栄したのに対し、南イタリアは経済的に後塵を拝し、むしろ組織犯罪や汚職の中心になってしまっている。なぜなのだろうか?

この謎を解く手がかりの一つが、すでに図5・3に示されている。その地図を見ると、南イタリアは、カロリング朝に征服されたことが一度もなく、ほぼずっと神聖ローマ帝国領外であったことがわかる。実際、南イタリアは、一一世紀から一二世紀にかけてノルマン人に征服されるまで、ローマ教皇の位階制に完全に組み込まれたことはなかった。それまで、シチリア島はおよそ二五〇年にわたってイスラム勢力の統治下に置かれており、また、半島南部のほとんどの地域は、東ローマ帝国と正教会の支配下にあった。

このような歴史の痕跡は、やはり教会の特免状から推定される、二〇世紀のイタリアにおける県ごとのいとこ婚率の違いに認められる(図7・3A)。MFPが開始されて以降、ほぼずっと西方教会の影響下にあった北イタリアでは、いとこ婚率が〇・四%を下回っており、中にはゼロという地域もある。そこから南へと向かうにつれて、いとこ婚率が上がっていき、イタリアの地図のブーツ先端部やシチリア島の大部分では四%を超えている。いとこ婚は、それ自体が緊密な親族関係の重要な要素であると同時に、諸々の社会規範の代替指標となることに留意して、図7・3Bを見てみよう。これは、一九九五年に調査した、イタリアの九三の県ごとの任意(無償)献血率を地図上に示したものだ。思い出してほしいのだが、自発的に匿名で行なう献血は、重要な公共財を提供するものであり、見ず知らずの人々を助ける手段になる。図7・3のAとBを見比べて、何か気づく

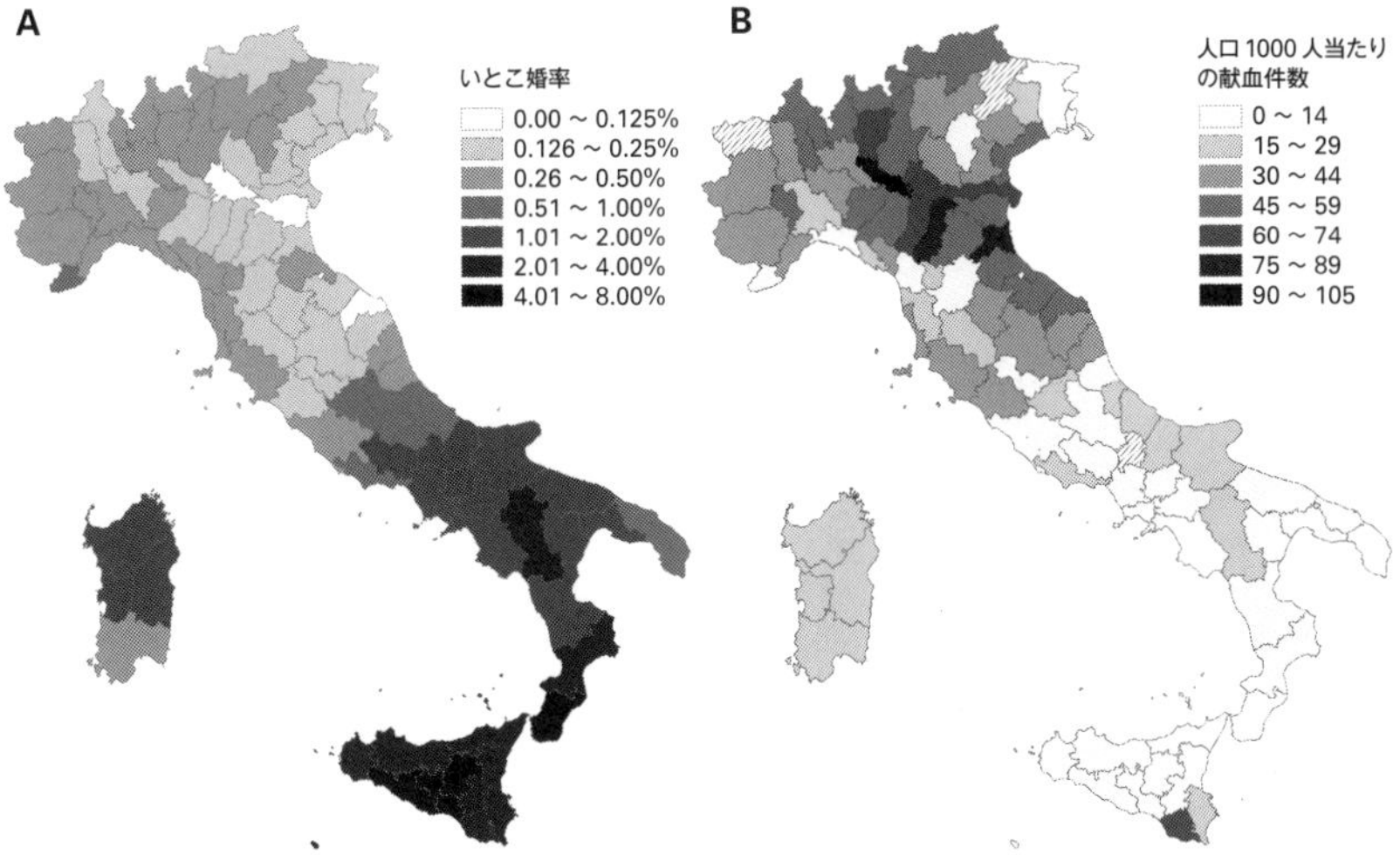

図7.3　Aは、イタリアの93県ごとのいとこ婚率を示している。色が濃いほど、いとこ婚率が高い。Bは、各県の人口1000人当たりの献血件数を示している。いとこ婚率が低い県ほど、1995年の任意献血率が高い。

ことはないだろうか？

明らかに、いとこ婚率が低い県ほど、見ず知らずの人々への任意の献血率が高い。南イタリアでは、シチリア島のほぼ全域を含めて、献血率はゼロに近い。一方、北イタリアの県の中には、年間の献血件数が人口一〇〇〇人当たり一〇五袋（一袋四五〇ミリリットル）に達するところもある。いとこ婚率だけで、イタリアの県ごとの献血率の差のおよそ三分の一を説明できる。言い換えるならば、いとこ婚率が二倍になり、たとえば一％から二％に増すと、人口一〇〇〇人当たりの献血量が八袋分減るのである。県ごとの献血量の平均が、人口一〇〇〇人当たりわずか二八袋であることを考えると、その影響は大きい[4]。

非人格的な組織や見ず知らずの人に対する信頼度を示す現実世界の尺度を用いても、同様のパターンが浮かび上がる。イトコ婚率が高い県のイタリア人ほど、①小切手をあまり使わず、現金のほうを好み、②財産は、株券や銀行預金などよりも、現金で保有し、③借金するときは、銀行からよりも、家族や友人から借りる。その影響は著しい。イトコ婚率が低いイタリアの県では、小切手を利用する人の割合が六〇％を超えるのに対し、イトコ婚率が比較的高い県では、その割合が二〇％強にまで落ちる（図7・4A）。同様に、イトコ婚率がゼロに近い県では、現金で保有されている世帯財産の割合がおよそ一〇％であるのに対し、イトコ婚率が高い県では、その割合が四〇％を超える（図7・4B）。個人に関する詳細なデータを用いて、所得、財産、正規教育、世帯規模の影響を統計的に統制してもなお、このような関連性は保たれる。[5]

汚職行為やマフィアの活動も、献血や非人格的信頼について見られるのと同じパターンを示している。イトコ婚率が高い県ほど、汚職度が高く、マフィアが活発に活動している。マフィア組織はしばしば「ファミリー」や「クラン」などと呼ばれ、その首領は「ゴッドファーザー」と呼ばれたりするが、それにはわけがある。親族関係の緊密な社会に見られる、内集団への忠誠心や身内びいきの強さこそがまさに、汚職を助長し組織犯罪を煽るような、人々の心理や社会関係を生み出しているのである。イタリアにも、他の西欧諸国と同じような、公的な統治機関や教育機関が存在するにもかかわらず、このようなパターンが出来上がっている。[6]

移民の子どもたち

毎年、世界中の人々が、ヨーロッパのさまざまな国に移住してくる。やがて、こうした移民第一世代の多くに子どもが生まれる。子どもたちは、生まれたときからずっとヨーロッパで育ち、その

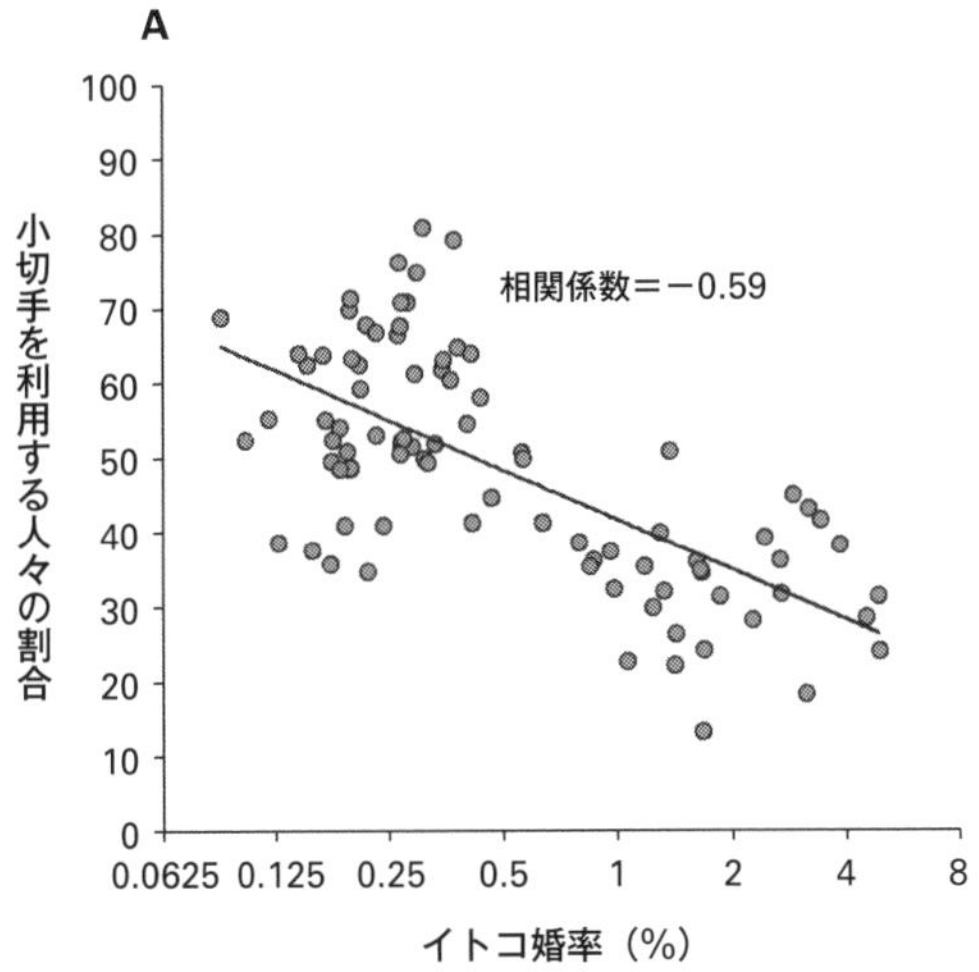

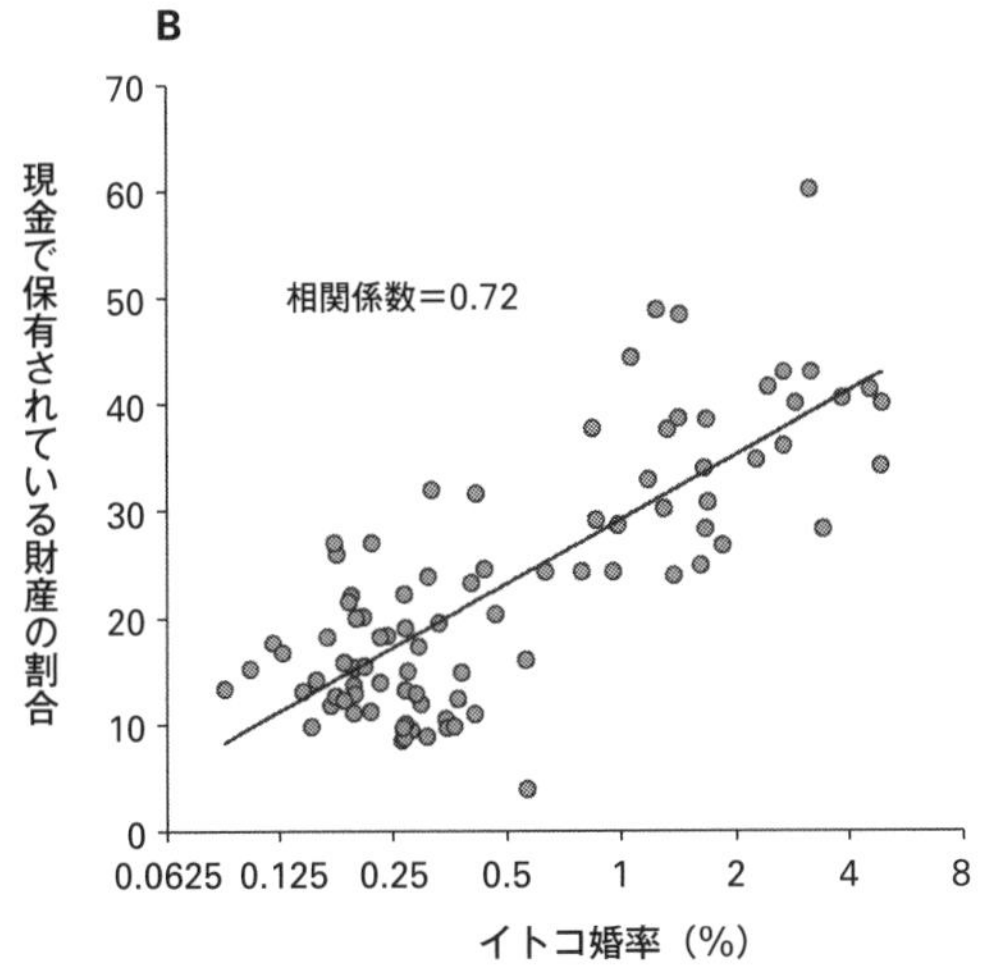

図7.4　イタリアの県ごとのイトコ婚率と（A）小切手を利用する人々の割合、および（B）銀行預金や株券などではなく現金で保有されている世帯財産の割合との関係。これらはいずれも、非人格的信頼を示す現実世界の尺度。

国の言葉を完璧に話し、その土地の学校に通う。このような移民第二世代を比較することによって、いろいろなことがわかってくる。

三六か国にわたる、およそ一万四〇〇〇人の移民第二世代から得られた欧州社会調査のデータを利用することによって、生まれ育ったのはヨーロッパの同じ国だが、両親の出身国はいろいろと異なる人々の、心理調査の結果を比較することができる。まず、一人一人に、その両親の出身国、または家庭で話されている言語別に、親族関係緊密度指数（ＫＩＩ）およびイトコ婚率の値を割り当てた。次に、先ほど検討したのと同じ、四つの心理特性について分析した。

その結果から、さまざまなことが明らかになる。ＫＩＩやイトコ婚率の高い国々から来た両親をもつ人々ほど、同調傾向や服従傾向が強く、個人主義的傾向や独立志向が弱く、見ず知らずの人々をあまり信頼せず、また、見知らぬ人からの公正な扱いをあまり期待しなかった。このような関連性は、所得、教育水準、宗教宗派、信仰心の強さ、さらには自分自身が差別された体験の差を統計的に考慮した後でもしっかりと保たれる。また、先ほどＭＦＰ曝露量の差の影響を検討する（図7・1）のに利用したように、同じ小さな地域内に暮らす人々だけを比較した場合でも、そうした関連性は保たれる[7]。

代々の親族関係の緊密度が、移民第二世代の心理に着実に影響を及ぼし続けるという事実からわかるのは、このような心理効果の重要な要素は、ある世代から次の世代へと伝達されていくものであって、単に移住した国の劣悪な統治や、社会的セーフティネット、特殊な気候、風土病、あるいは地元民による抑圧にさらされて生じるわけではないということだ。このような心理的差異が、成人した移民の子孫でも持続するのは、むしろ、移民は得てして、祖国で経験してきた緊密な親族べース制度（たとえばイトコとの見合い婚）を再現するからであり、また、親やきょうだい、そして新たに形成された社会的ネットワーク内の人々から特定の考え方や感じ方を学び取るからである。そして、文化として受け継がれた心理の諸側面は、一夫多妻婚、イトコ婚、あるいは氏族制にまつわる実際の親族慣行が廃れた後も、長く持続する可能性がある。(8)

移民第二世代を、その両親の祖国が経験した教会曝露量と結びつけて分析した場合でも、同様のパターンが現れた。つまり、両親の祖国が、西方教会の影響下に置かれていた期間が長かった人々ほど、個人主義的傾向や独立心が強くて、服従傾向や同調傾向が低く、非人格的な信頼や公正さを重視したのだ。

そこで考えられるのは、中世の教会が、ヨーロッパの親族ベース制度の解体を通して、現代の人々の心理を形成したということだ。しかし、すでに述べたとおり、緊密な親族関係は、生態環境や気候など、それ以外の要因によっても形成されてきた。私が展開している説の真偽を判断する有力な方法の一つは、いったんヨーロッパから離れ、教会が存在しない地域で、生態的要因によって親族ベース制度が強化された場合に、それによって類似の心理パターンが現れるかどうかを検討することである。

中国およびインド国内での心理的差異

中国の、そしてアジアのおそらく多数の国々の親族関係の緊密さは、稲作や灌漑をめぐる、諸々の生態的・技術的要因と関連がある。どういうことかと言うと、産業革命以前の世界において、コメは、コムギ、トウモロコシ、雑穀類〔キビ・アワ・ヒエなど〕などに比べ、単位面積当たりの収穫量という点で、信じられないほど生産性を高めることが可能だった。しかし、水稲農耕の生産性を高いレベルで維持するためには、かなり大きな集団で協力し合う必要があった。農家一軒では、用水路、畦道、水田を造成して維持管理することも、また、除草、施肥、田植えに必要な労働力を賄うこともできなかったからだ。もうおわかりのように、氏族ベースの組織こそが、そのような協同事業に不可欠な、結束力の強いトップダウンの体制を作り出すのである。[9]

歴史的に見ると、一〇世紀以降、新たな早生品種が東南アジアから伝来したのをきっかけに、中国での水稲栽培の相対的重要性がかなり高まった。さらに、気候変動の影響やら、モンゴル牧畜民による襲撃の多発やらで、北部の農耕民が南東部に移住してきたことによって、ますますこの傾向が強まった。その結果、それからおよそ八〇〇年間にわたって、中国のさまざまな地域で——特に水稲栽培に最も適した地域で——父系氏族制が徐々に広まるとともに強化されていった。二〇世紀初めにはすでに、広東省の耕地のおよそ三分の一、そして珠江デルタのおよそ四四%が、氏族による共同所有の土地になっていた。[10]

今日、中国において、水稲栽培に充てられている農耕地の面積は、省によってまるで異なる（図7・5）。南部から北部へと向かうにつれて、その地域の人々の水稲栽培への依存度はしだいに低下し、コムギやトウモロコシといった他の作物のほうが主力になっていく。図7・5で、色が濃い地域ほど、水稲栽培に充てられている農耕地の割合が高い。

このような状況は、親族関係の緊密度の差を生み出すことによって、自然実験を提供してくれる。緊密度の差とは、具体的には氏族制の重要度の差であり、それはそもそも環境要因に、つまり、そ

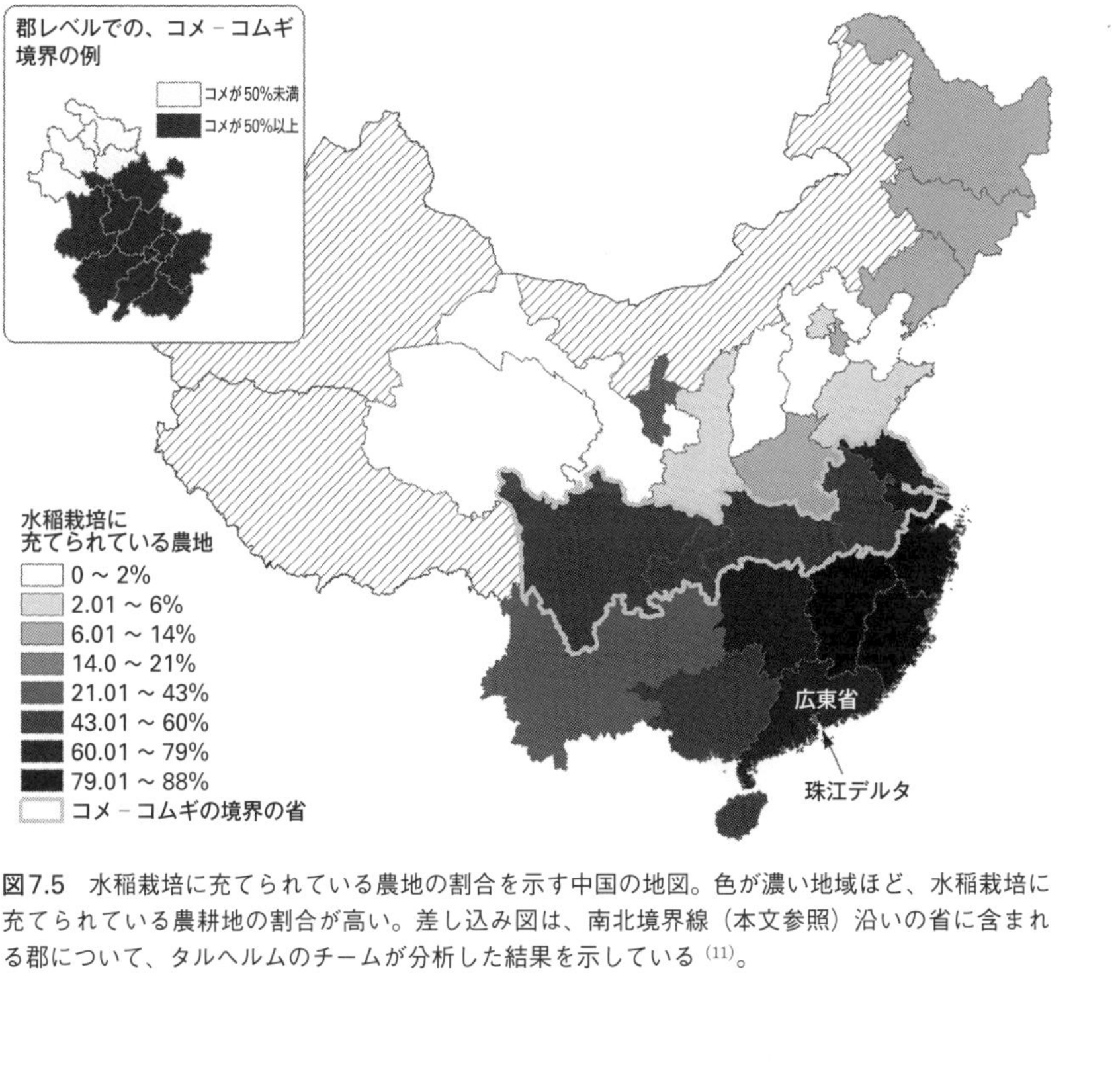

図7.5　水稲栽培に充てられている農地の割合を示す中国の地図。色が濃い地域ほど、水稲栽培に充てられている農耕地の割合が高い。差し込み図は、南北境界線（本文参照）沿いの省に含まれる郡について、タルヘルムのチームが分析した結果を示している[11]。

の地域が生態的に水稲栽培に適しているかどうかに由来している。このような生態的差異を、中国の地域による心理的差異と結びつけて分析することが可能なのだ。[12]

これまでのところ私は、中国国内のイトコ婚、一夫多妻婚、結婚後の居住地などに関する詳細な統計データを入手も分析もしていないので、中国については、前章で利用したような、歴史的な親族関係緊密度指数を作成することができない。しかし、氏族の歴史的重要性を示す省ごとのデータから、水稲栽培に充てられている農耕地の割合が高い省ほど、父系氏族制が普及し、重要性を帯びていたことが確認されている。[13]

農業慣行の違いと心理的差異を直接結びつけるために――つまり、栽培する作物の違いが、心理的な特性の差をもたらしているのかどうかを調べるために――心理学者のトマス・タルヘルム率いる研究チームは、六つの大学で、二七の省出身の一〇〇〇人を超える漢族の学生に対して、三種類の実験を行なった。その三種類のテストは、次のとおりである。[14]

①内集団びいき　参加者に、⑴友人、または⑵面識のない相手と、共同で事業を始める場面を想像してもらった。そして、それぞれの場合について、友人や面識のない相手が⒜誠実に行動したとき、または⒝不正を働いたときに、報酬や処罰を与えようとするかどうかを答えてもらった。伝統的に労働集約型の水稲栽培に携わってきた地域の人々は、緊密な親族関係がその社会生活に深く浸透している可能性が高く、したがって、より積極的に友人や家族の肩を持とうとするはずだ。それに対し、親族の絆が弱い地域の人々は、臆せずに新たな人間関係を築いたり、古い関係を見直したりするはずである。古い絆は断ち切る必要があるかもし

れず、逆に、今日初めて出会った人が、明日は大切な友人になるかもしれないからだ。

②自己注目　参加者に、自分と友人たちの人間関係を表すソシオグラムを描いて、それぞれの円にラベルをつけてもらった。自分自身を示す円のサイズが、友人たちの円のサイズの平均よりもどれだけ大きいかを測定することによって、参加者の自己注目の度合いを評価した。自己注目の度合いが高い人ほど、他者の円よりも自分の円を大きく描く傾向がある。参加者は、なぜソシオグラムを描くのか、その理由を知らされていないので、自分が何をテストされているのかも、研究者たちが何を求めているのかもわからない。したがって、参加者が、特定の描き方で自分をアピールしたり、実験者の意向を忖度したりといった問題は回避される。このテストでは、歴史的に水稲栽培への依存度が低く、したがって氏族の絆が弱いと思われる共同体の人々は、友人を示す円に比べて、自分自身の円を大きく描くはずである。

③分析的思考　参加者に、これまでの章でも取り上げた、三つ組テストに答えてもらった。水稲栽培への依存度が低く、したがって氏族制の重要度も低い共同体の人々は、このテストでより分析的な選択をするはずである。

タルヘルム率いるチームの実験結果からは、ほぼ一致した結論が導かれた。内集団びいきテスト（「ビジネスパートナー」に関する質問）では、水稲栽培に充てられている農耕地の割合の高い省出身の漢族学生は、それ以外の省出身の学生に比べて、誠実に行動した友人に与える報酬が多く、不正を働いた友人に与える処罰が少ないという傾向が認められた。つまり、労働集約型の水稲栽培を行なっている地域の人々ほど、友人に対する忠誠心（つまり仲間びいき）が強いことが明らかにな

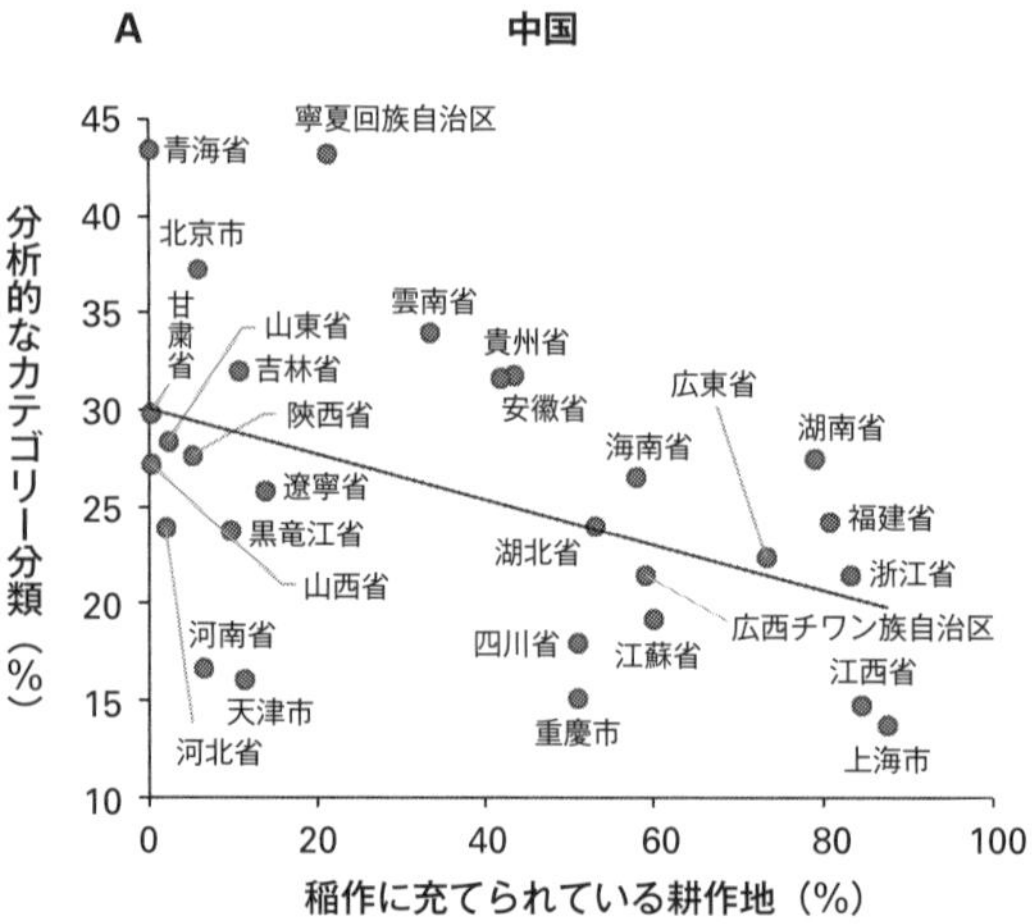

図7.6　三つ組テストを用いて測定した分析的思考（対包括的思考）の割合と、(A) 中国および (B) インドにおける稲作地の割合との関係。縦軸は、それぞれの省（中国）または州（インド）の人々が分析的な回答をした割合の平均。中国では、参加者全員が漢族の大学生。インドでは、オンラインで参加者を募ったので、年齢や民族的背景は多岐にわたる(15)。

ったのだ。水稲栽培への依存度が低い地域出身の学生は、面識のない相手と友人の扱いに、あまり差が見られなかった。

　自己注目テストでは、水稲栽培があまり行なわれていない省出身の学生は、自分の円を友人たちの円よりも大きく描く傾向が見られた。データを二つのグループに分けて比較すると、次のような違いが明らかになる。水稲栽培が農耕地の半分に満たない省出身の学生は、自分の円を友人たちの円よりも（平均で）一・五ミリメートル大きく描いたのに対し、農耕地の半分以上が水稲栽培に充てられている省出身の学生は、自分の円を友人たちの円とほぼ同じサイズに描いた（差はほぼ〇ミリメートル）。水稲栽培への依存度が低いほど、自己注目の度合いが強い。もちろん、WEIRDな基準からすれば、自分の円が一・五ミリメートル大きいというのは、「大した」ことではない。アメリカ人は自分の円を六・二ミリメートル、ドイツ人は四・五ミリメートル、イギリス人は三ミリメートル大きく描く。日本もやはり水田が多い国だが、日本人は、自

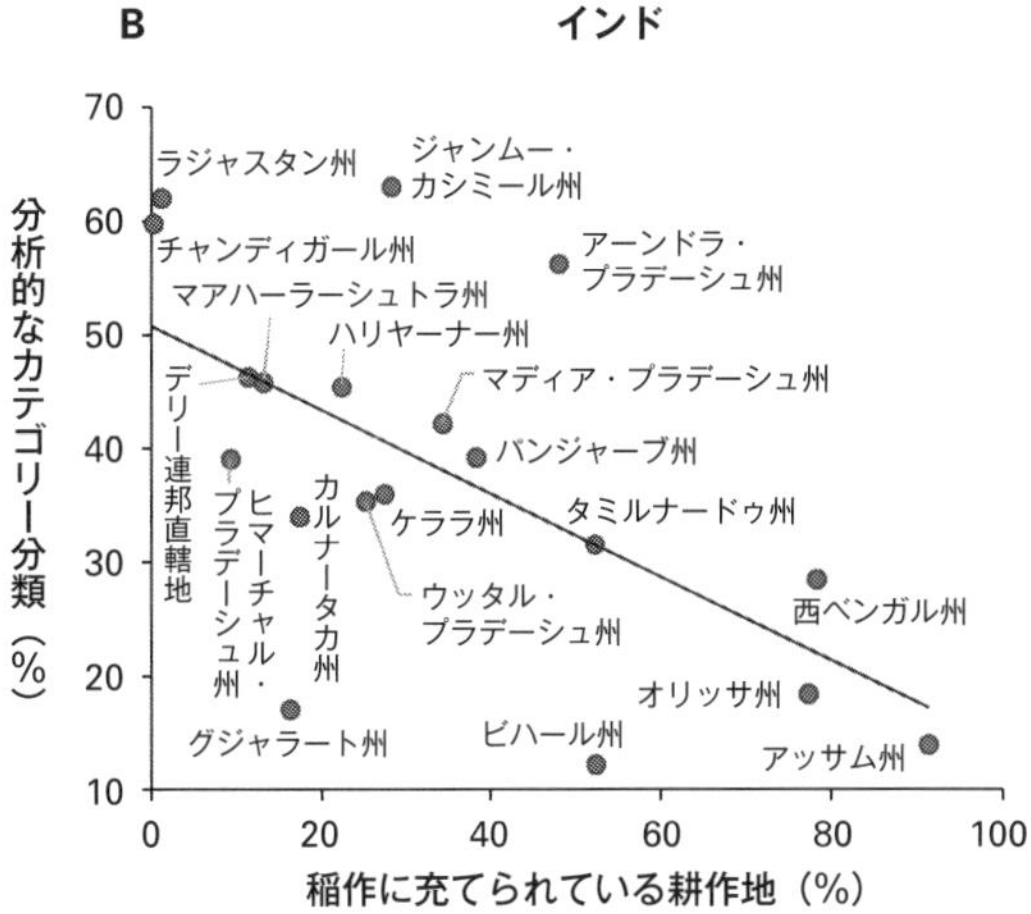

分を友人たちよりもやや小さく描く（マイナス〇・五ミリメートル）[16]。

三つ組テストでは、水稲栽培への依存度が低い省出身の学生ほど、分析的思考をする傾向が強かった（図7・6A）。その効果はかなり大きい。江西省や上海のような「水稲栽培の省」出身の学生が分析的な組み合わせを選んだ割合の平均は、一〇％から二〇％にすぎなかった——つまり包括的思考をする傾向が強かった。一方、青海省や寧夏回族自治区のような、水稲栽培への依存度が低い省出身の学生は、四〇％を超える割合で分析的な組み合わせを選んだ。つまり、主にコムギ、トウモロコシ、雑穀（「コメ以外」の穀物）を栽培している省では、分析的な組み合わせの割合が、包括的な組み合わせの割合とほぼ拮抗しているのである。したがって、これらの非水稲栽培集団は、WEIRDな大学生の典型的範囲に入るが、yourmorals.org（図1・9）ではWEIRDな成人の下にくる。全体として見ると、水稲栽培に充てられている土地の割合で、分析的か包括的かという、中国の省による思考傾

向の違いのおよそ半分を説明できる。(17)

これら三種類の実験の参加者全員が、六つの大学のいずれかに在籍する漢族の（農民ではなく）大学生だったことを考えると、テストで捉えられたこのような心理的差異の大きさは極めて印象的だ。参加者の年齢、教育水準、国籍、民族がこれほどまで均質であるにもかかわらず、タルヘルム率いるチームは、かなり大きな心理的特性の差を明らかにしたのである。

以上のように、人々の心理と水稲栽培との間に相関関係が認められても、どちらが原因でどちらが結果なのかはわからない。もしかしたら、心理のある側面のせいで、コメを退けたり、水稲栽培に欠かすことのできない協力行動を避けたりするようになるのかもしれない。あるいは、水稲栽培の割合は南から北へと徐々に変化していくので、やはり南から北に向かうにつれて変化する何か他の経済的、または地理的要因が、人々の分析的思考傾向を強め、なおかつ、稲作への依存度を低下させているのかもしれない。タルヘルムらのチームは、三つ組テストを用いて収集したより大きなサンプルを利用して、これらの懸念に二通りの方法で取り組んだ。

まず第一に、水稲農耕の実際の普及度——つまり人々の行動——を用いるのではなく、降雨量のような生態学的変数だけに基づく、地域ごとの「水稲栽培適合性」尺度を用いて分析を行なった。稲作という人々の行動とは違って、こうした稲作適合性の違いが、省ごとの心理的差異によって引き起こされるということはあり得ない。この稲作適合性の尺度に、統計的にちょっとした手を加えることで、生態学的条件から、農業慣行を経て、分析的思考へと至る因果関係をたどることができた。包括的思考傾向が強くても、おそらく雨を降らせることはできないはずである。このアプローチはそれほど簡単ではないが、水稲栽培を原因、分析的思考を結果とする因果関係を確立するためのすぐれた手段になる。[18]

第二に、中国の南北差の背後に存在するかもしれない隠れた要因の影響を排除するために、タルヘルムのチームは、南北の境界線上に位置する中央部の五省だけに的を絞って分析を行なった（図7・5）。つまり、各省内のすべての郡について、水稲栽培に関するデータを入手することによって、南北差はないが、水稲栽培への依存度が異なる郡同士を比較することが可能になったのだ。同一省内の隣接する郡や近くの郡を比較するのであれば、南北間の気候、経済、政治面での差や、その他の文化的、歴史的な差が大きな働きをしているのでは、という懸念を最小限にとどめることができる。このような分析から、中央部の南北境界線上に位置する郡の人々が、国レベルで見たときに省ごとに認められたのと同じ心理的差異のパターンを示すことが明らかになっている。つまり、水稲栽培に充てられる耕地が多い郡の人々は、水田が少ない郡の人々に比べて、分析的思考傾向が弱いのである。以上の結果から、私たちが南北差の背後にあるものを見ているわけではないことが裏づけられる。[19]

中国で認められたこのようなパターンは、別の二つの証拠とも一致する。まず第一に、中国での調査結果を確認する意味で、タルヘルムは、インドのさまざまな州からオンラインで五〇〇人ほどの参加者を集め、三つ組テストと内集団びいき（「ビジネスパートナー」）テストを実施した。極めて重要なのは、インドの水稲の生態学的勾配が、インド亜大陸を南北にではなく東西に走っている点を除けば、中国とよく似ているという点だった。中国での心理的差異について導かれた結論が正しいのであれば、インドでも同じような心理学的差異が認められるはずである。

案の定、中国での場合と同様に、水稲栽培があまり行なわれていない地域出身のインド人ほど、三つ組テストで分析的思考傾向が強く、ビジネスパートナーテストで縁者びいき（友人の肩を持つ）の傾向が弱かった。図7・6Bは、インド各州の農耕地に占める水田の割合と、三つ組テストで分析的な選択をした割合の関係を示している。インドで認められたこの関連性は、参加者の年齢、性別、所得、教育水準とは無関係に保たれる。私としては、インドで行なわれたこの一度きりのオンライン調査をあまり重視したくはないのだが、南北ではなく東西に走っている点を除いて、中国で見られたのと同じパターンが確認されたという事実から、中国独特の歴史的・地理的条件に基づく別の説明が成り立つ可能性はどうやら低そうに思われる。

第二の確証的証拠を与えてくれるのは、歴史的に灌漑に依存してきたかどうかが――水田用か否かにかかわらず――その集団の個人主義的傾向、規範の厳しさ、服従傾向の心理的尺度と関連することを明らかにした世界的調査の結果である。過去において灌漑農業への依存度が高かった人々の子孫ほど、現在、個人主義的傾向が弱く、社会規範を遵守しようとし、また、わが子に従順たれとを教える傾向が強い[20]。

総合的に考えると、中国とインドから得られたこうした証拠は、大きな国の内部にも重要な心理的差異が存在することを裏づけるものであり、また、より緊密な親族関係は予測可能なあるパターンを生み出す、という考えを支持するものである。これらの地域では、親族関係の緊密度や人々の心理に差異をもたらしたのは、教会ではなかった。ある生態環境によって、労働集約型農業の可能性が生まれ、それが今度は、極めて協力的な、トップダウン型の、緊密な親族ベース制度の文化的進化を促進したのである。とはいえ、こうした生態的差異によって生まれた親族関係の緊密度の違いは、婚姻・家族プログラム（ＭＦＰ）の影響に比べればかなり小さい。教会は、ヨーロッパの氏族、キンドレッド、イトコ婚、一夫多妻婚、そして相続規範をほとんど全滅に追い込んだのだから。

それはともかく、こうした事実は、ヨーロッパについて考える場合、生態環境が強力な親族ベース制度に味方しなかった一部地域では、親族の絆を弱めてWEIRDな心理を形成するまでの道程が、もっと短かった可能性をほのめかしている。つまり、北ヨーロッパでコムギを天水栽培している地域では、北欧諸部族の緩い親族ベース制度を解体しようとした教会のMFPが、それほど強い抵抗には遭わなかった可能性がある。もちろん、私たちは、心理的差異に寄与する、知られている限りすべての生態的・経済的要因（灌漑や有病率など）を統計的に統制したので、すでに見てきた関連性は、これらの要因とは無関係に保たれる[21]。

中国について、特に一九七九年の改革開放以降の高度経済成長を検討するにあたり、後ほど刈り入れることになる種子を播いておこう。中国では、二〇世紀半ばまで、さまざまな親族慣行が強く根付いていた。しかし、一九五〇年に、「近代的」な（ヨーロッパ式の）婚姻形態を導入し強制する三〇年に及ぶ運動の集大成として、新たな共産党政権が中華人民共和国婚姻法を制定した。法的な観点から言うと、この婚姻法の第一、二、三条によって、一夫多妻婚、取り決めによる結婚、内妻、児童婚、寡婦の強制結婚（レビレート婚）、婚資（持参金など）が廃止された。嬰児殺しも禁じられ、妻たちは、財産を所有する権利、および、夫の財産を相続する権利を獲得した。親族同士の婚姻に関しては、一九五〇年におじと姪の結婚だけが禁止されたが（第二度近親者）、一九八〇年にこれが拡大されて、いとこ同士の結婚も禁止となった（第三度近親者）。

こうした婚姻・家族プログラムは、たぶん聞き覚えがあるはずだ。中国という強力な国家は、中世のヨーロッパにおいて教会が何百年もかけて成し遂げたことを、この七〇年の間にやってきたのである。[22]

豊かな土壌

本章の主要なポイント三つをまとめておこう。

①ヨーロッパについて見てきたパターンは、前章でグローバルな視点から見たパターンと一致する。西方教会に曝露した期間が長い集団ほど、現在、一族の絆が弱く、また、心理面ではWEIRDな傾向が強い。ヨーロッパの国々同士で比較しているので、もっと別の理由を考える余地はない。つまり、植民地政策、「ヨーロッパ人の遺伝子」、民主主義制度、経済的繁栄、あるいは所得、財産、教育水準、宗教宗派、信仰心の個人差によって、このようなパターンを説明することはできない。

②親族ベース制度が人々の心理に及ぼす影響は、文化として受け継がれて持続する。ヨーロッパで生まれ育った移民の子どもたちが成人してもやはり、その両親の祖国や民族言語集団の親族ベース制度に由来する心理的調整がなされる。

③同じような心理的差異のパターンが、中国やインドなど、もっと広い別の地域でも認められる。このような心理的差異は、親族関係緊密度の地域差に由来するものと思われるが、そもそもその地域差を生み出したのは、教会ではなく、歴史の歩みの中で灌漑農業や水稲栽培の生産性を高めてきた生態的・気候的要因である。

ヨーロッパでは、西暦一〇〇〇年の時点ですでに、MFPを五〇〇年間経験している地域がいくつかあった。これらの地域（教区の普及状況（図7・1）を用いて特定できる）では、西方教会が図らずして、一連の社会的、心理的変化を引き起こしていた。どういうことかと言うと、緊密な親族ベース制度は、生産活動を組織化し、成員の安全を守り、生き甲斐やアイデンティティを与えてくれるが、そのような制度を失った人々は、他所に引っ越し、同志を見つけ、任意団体を結成し、見知らぬ人々と関わり合うことを、社会的に余儀なくされ、また個人的にも動機づけられていったのだ。

そのような人々の心理的変化は、その場に応じて現れたり、発達の途上で培われたり、文化的に受け継がれたりと、複数の道筋をとって出現したに違いない。人間関係や居住地の流動性の影響を調べた研究からするとどうやら、新たな環境に合わせた迅速な心理的修正と、子ども時代の体験の永続的な刻印の両方が、何らかの役割を果たしているようだ。一例を挙げると、ある街にずっと住み続けるイメージと、ある街を一時的に訪ねるイメージを与えると、たちまち異なる選好が喚起されることを心理学者たちは明らかにしている。つまり、定住をイメージさせると、忠実な友人を重んじるようになるのに対し、一時的訪問をイメージさせると、平等主義に根ざした動機が喚起されるようになるのだ。一方で、子どもの発達に影響を及ぼすことを明らかにした研究もある。つまり、子ども時代に引っ越しを繰り返した若者は、友人と初対面の相手をあまり分け隔てしなくなるという。全体的に見て、住居地の流動性が高まって、人間関係の自由度が増すと（つまり、新たな人間関係を自由に選択できるようになると）、人々はより大きな社会的ネットワークを形成し、新たな体験を重んじ、目新しいものを好み、そしておそらく、より創造的な考え方をするようになる[23]（補遺C参照）。

このような心理効果は、住居地の流動性や人間関係の自由度が増すだけで引き起こされ得るわけで、したがって、一〇世紀から一一世紀にかけて成長し始めた町、都市、宗教団体に移ってきた人々の間では、こうした心理効果がとりわけ強く認められたはずである。そして、こうした新たな団体や組織をつくる際に、（氏族ではなく）個人に特権や義務を与える公平なルールを生み出す上でも、また、信頼性を担保する非人格的な仕組み（会計帳簿、商法、契約書など）を整えていく上でも、萌芽が見え始めたプロトＷＥＩＲＤ心理が――分析的思考、個人主義、非親族重視といった心理が――有利に作用したに違いない。

言うまでもなく、人間は、うまく機能する公式制度を新たに初めから設計するのがひどく下手だ。しかし、北イタリアからイングランドに至るまで、ヨーロッパの多くの異なる町や都市で、この同じプロセスが進行していたがゆえに、文化進化が本領を発揮し得たのだった。どういうことかと言うと、新たな公式制度、規範、信念をうまく組み合わせようと、失敗しながらも歩み始めた共同体や組織は、繁栄を享受し、その結果として、新たな成員を引き寄せて拡大していった。そのような勢力拡大を目の当たりにした他の組織や共同体が、その習慣や規範をまねるようになり、結局、その習慣や規範が、成文法、組織方針、都市憲章といった形で広く普及していった。制度を構成する最も有用な要素が、何百年にもわたり、さまざまな形で模倣され組み換えられていくうちに、その時代に芽生えつつあったプロトＷＥＩＲＤ心理にぴったりなじむ効果的な公式制度の諸形態が、（一族やキンドレッドなどではなく）個々人を統べ括るために出現し始めた。こうして新たに生まれた公式制度がしだいに、面識のないキリスト教徒の間での協力行動や互恵的交流を促していったのである。

さらに時を進めて、非人格的市場の出現と、それが人々の心理に与えた影響について考察する前に、ここでいったん立ち止まって、教会のＭＦＰの一要素を顕微鏡下に置き、それがなぜ、どのように機能するのかを見てみたい。一夫一婦婚が、社会に対し、また人々の心理やホルモン分泌に対して及ぼす影響を詳しく調べ、それがＷＥＩＲＤな心理や包括的な民主主義制度の出現にどのような役割を果たしたのかを考えよう。

補遺A　婚姻・家族プログラムにおける主要な出来事

表5.2　婚姻・家族プログラムにおける主要な出来事の拡大版（西暦300年～2000年）

	教会および世俗的支配者からの「近親婚」に関する禁止や布告
305～306年	エルビラ教会会議（スペイン、グラナダ）において、妻の死後、その姉妹を新たな妻とした（ソロレート婚）男性は、5年間、聖餐にあずかってはならないと定める。義理の娘と結婚した男性は、ほぼ終生、聖餐にあずかることを禁じられる。
315年	ネオカエサレア教会会議（トルコ）において、夫の死後、寡婦が夫の兄弟と再婚すること（レビレート婚）を禁じる。おそらくソロレート婚も禁止。
325年	ニカイア公会議（トルコ）において、死亡した妻の姉妹との結婚だけでなく、ユダヤ人、異教徒、異端者との結婚も禁じる。
339年	ローマ帝国皇帝コンスタンティウス2世が、キリスト教徒の宗教心に従って、おじと姪の結婚を禁じ、違反者には死罪を科す。
355年	ローマ帝国皇帝コンスタンティウス2世がレビレート婚を禁じる。
374年	カエサレアのバシレイオスが、タルソスのディオドロスに宛てた書簡で、ソロレート婚に反対する。
384年／387年	キリスト教徒である、ローマ帝国のテオドシウス帝が、ソロレート婚とレビレート婚の禁止を再確認し、いとことの結婚を禁止する。409年に、西ローマ帝国のホノリウス帝が、特免状を出すことによってこの法的規制を緩和した。西ローマ帝国ではそれが続いたのか、いつまで続いたのかは定かでない。崩壊しつつある西ローマ帝国で、継続的に施行された可能性は低い。
396年	東ローマ帝国のアルカディウス帝（キリスト教徒）が再び、いとことの結婚を禁じるが、厳罰は科さず。400年または404年に彼は考えを変え、東ローマ帝国ではイトコ婚を合法化する。
400年頃	ローマ教皇がガリアの司教に宛てた書簡の中で、キリスト教徒のソロレート婚を禁じると唱え、そのような婚姻の処罰と無効宣告を求める。
402年	ローマ教皇インノケンティウス1世のもとで開かれたローマ教会会議において、男性が、死亡した妻の姉妹と結婚することを禁じる。

表 5.2　婚姻・家族プログラムにおける主要な出来事の拡大版（つづき）

	教会および世俗的支配者からの「近親婚」に関する禁止や布告
506 年	アグド教会会議（フランス、西ゴート王国）において、いとこ婚、およびまたいとこ婚を禁じるとともに、兄弟の寡婦、妻の姉妹、継母、おじの寡婦、おじの娘、その他あらゆる親族女性との結婚を禁じる。これらは近親婚であるとされる。
517 年	エパオ教会会議（フランス、スイスにまたがるブルグント王国）において、いとこ婚、およびまたいとこ婚は近親婚であるため、以後は禁じるが、すでに結婚している夫婦の婚姻は解消しないことを定める。この教会会議において、継母、兄弟の寡婦、義理の姉妹、義理のおばとの結婚も禁じられる。やがてカロリング帝国となるこの地域で、その後に開催された多数の教会会議が、このエパオ会議での近親婚規制を参照している。
530 年	東ローマ（ビザンツ）帝国皇帝ユスティニアヌスが、代父と代子の結婚、および男性とその養子の結婚を禁じる。
527 年／531 年	第 2 回トレド教会会議（スペイン）において、近親婚のタブーを犯した者は全員、破門に処すると規定する。破門の期間は、近親婚を続けた年数と同じにする。535 年、692 年、743 年の教会会議において、この規定が確認された。
533 年	オルレアン教会会議（フランス）において、継母との結婚を禁じる。
535 年	クレルモン教会会議（フランス）において、エパオおよびアグド教会会議で制定された内容を反復する。
535 年	ビザンツ帝国皇帝ユスティニアヌスが、レビレート婚とソロレート婚の処罰を強化して、財産の没収、管理的地位の維持の禁止、および国外追放とし、下層民については鞭打ちとする。
538 年	フランク王国の国王とローマ教皇との間で初めて交わされた公文書は、近親婚（死亡した兄の寡婦との結婚）に関するものだった。ローマ教皇はこれを認めなかったが、贖罪に関する決定は司教たちに委ねられた。
538 年	第 3 回オルレアン教会会議（フランス）において、継母、継娘、兄弟の寡婦、妻の姉妹、いとこやまたいとこ、おじの寡婦との結婚を禁じる。
541 年	第 4 回オルレアン教会会議（フランス）において、第 3 回オルレアン教会会議の規範を更新する。
546 年	レリダ教会会議（スペイン）において、トレド教会会議の指示を強化するが、処罰は軽減する。

表5.2　婚姻・家族プログラムにおける主要な出来事の拡大版（つづき）

	教会および世俗的支配者からの「近親婚」に関する禁止や布告
567年	第2回トゥール教会会議（フランス）において、姪、イトコ、妻の姉妹との結婚を禁じ、オルレアン、エパオ、およびオーベルニュ教会会議の規範を確認する。
567年／573年	パリ教会会議（フランス）において、兄弟の寡婦、継母、おじの寡婦、妻の姉妹、義理の娘、おば、継娘、および継娘の娘との結婚を禁じる。
583年	第3回リヨン教会会議（フランス）において、近親婚に対する規範を更新する。
585年	第2回マコン教会会議（フランス）において、近親婚に対する規範を更新し、それ以前の教会会議よりも激しくこれを糾弾する。
585年／592年	オセール教会会議（フランス）において、継母、継娘、兄弟の寡婦、妻の姉妹、イトコ、おじの寡婦との結婚を禁じる。
589年	西ゴート王国（スペイン）の国王レカレドが、近親婚を解消することを命じる。違反者は国外追放に処し、財産を子どもたちに譲渡させる。
596年	フランク王国の国王、キルデベルト2世が、継母との結婚は死罪に処すると定めるが、その他の近親婚禁止規定に違反した罰については司教たちに委ねる。有罪と裁定された者が教会の処罰に従わなかった場合には、本人の財産を差し押さえて、親族に分配することとする。
600年	ローマ教皇グレゴリウス1世が、アングロ＝サクソン諸国への布教団（本文参照）に宛てた書簡で、レビレート婚だけでなく、（アングロ＝サクソンの）いとこ、およびそれより近縁の親族との結婚（おじ－姪婚など）も禁じる。ここに来て、近親婚の定義に、近縁の姻族や霊的親族（自分の代父母の子どもたち）との関係も含まれるようになった。
615年	第5回パリ教会会議（フランス）において、オルレアン、エパオ、オーベルニュ、およびオセール教会会議の規範を更新する。
627年	クリシー教会会議において、596年にキルデベルト2世が定めたとおりの処罰および執行手続きを履行する。この頃、近親婚禁止規定が体系的にまとめられ、ガリア地方の最古の規範集、『コレクティオ・ヴェトゥス・ガリカ』の主要部分となる。
643年	ランゴバルド王ロタリの法典が、自分の継母、継娘、義理の姉妹との結婚を禁じる
673年	ハートフォード教会会議（イングランド）において、近親婚を禁じ（範囲は特定せず）、一人の男性が結婚できるのは女性一人のみであり、また、男性は不貞以外の理由で妻と別れてはならないと定める。妻と別れた男性は、再婚することができない。

表5.2　婚姻・家族プログラムにおける主要な出来事の拡大版（つづき）

	教会および世俗的支配者からの「近親婚」に関する禁止や布告
690年	カンタベリー（イングランド）の司教セオドアが、ソロレート婚、レビレート婚、および姻族を含めたいとこ婚を禁じる懺悔規定書を広く配布したが、イトコ婚を解消することは命じなかった。
692年	トゥルッロ教会会議（トルコ）において、東方教会はついに、いとことの結婚を禁じるとともに、これに準ずる次のような二人が姻戚関係を結ぶことも禁じる。すなわち、父と息子の関係にある者が、姉妹の各々と結婚すること、父と息子の関係にある者が、母と娘の関係にある者と結婚すること、兄弟の各々が、母と娘の関係にある者と結婚すること、兄弟の各々が、姉妹の各々と結婚することも禁止となる。
716年	ローマ教皇グレゴリウス2世が、バイエルンへの使節派遣の中で、いとこまでとの結婚を禁じる。処罰は破門。
721年	ローマ教会会議（イタリア）において、自分の兄弟の妻、姪、孫、継母、継娘、イトコ、および、血縁者と婚姻関係を結んだことのある親族すべてとの結婚を禁じる。自分の代母との結婚も禁止。726年、ローマ教皇グレゴリウス2世が、布教のためには、近親婚禁止の範囲はいとこまでとするが、それ以外の場合には、知られる限りのすべての親族にまで禁止範囲を広げると定める。その後任のグレゴリウス3世は、この禁止事項を明確化し、みいとこ同士の結婚は認めるが、禁じられている範囲内の姻族すべてとの結婚を禁止とする。これらの決定が広く普及する。
723年／724年	ランゴバルド王リュートプランド（イタリア）が、継母、継娘、義理の姉妹、およびイトコの寡婦との結婚を禁じる。
725年	ローマ教会会議が、自分の代母と結婚した者にはアナテマ（本文参照）を言い渡すと脅す。
741年	ローマ教皇ザカリアスが、代父とその代子の結婚、代父とその代子の母親との結婚を禁じる。
741年	ビザンツ帝国の皇帝レオン3世のもとで、東方教会の禁止事項は増え、またいとことの結婚も、さらにその少し後、またいとこの子との結婚も禁止となる。イトコ婚に対する処罰は鞭打ち刑。
743年	ローマ教皇ザカリアスのもとで行なわれたローマ教会会議が、キリスト教徒に対し、イトコ、姪、その他の親族との結婚を控えるように命じる。そのような近親婚は破門に値する罪であり、場合によっては、アナテマ（本文参照）が言い渡された。
744年	ソワソン教会会議（フランス）において、親族との結婚を禁じる。

表5.2　婚姻・家族プログラムにおける主要な出来事の拡大版（つづき）

	教会および世俗的支配者からの「近親婚」に関する禁止や布告
753年	メス教会会議（フランス）において、継母、継娘、妻の姉妹、姪、孫娘、イトコ、おばとの結婚を禁じる。違反者には罰金が科せられる。罰金が払えない違反者は、自由の身であれば監獄に送られ、そうでなければ殴打されることになる。この教会会議では、①父親とその子の代母との結婚、②子どもとその代母との結婚、③堅信を受けた者と、その堅信礼（カトリックの通過儀礼）に付き添った者との結婚も禁じる。
755年	フランク王国の国王、ピピン3世のもとで召集されたヴェルヌイユ教会会議（フランス）が、婚礼は人前で公然と執り行なうように命じる。
756年	ヴェルビエ教会会議（フランス）が、みいとこ、およびそれより近縁の親族との結婚を禁じ、またいとこ同士の既存の婚姻関係の解消を命じる。みいとこと結婚している者は、贖罪を果たせばよいとする。
756年／757年	アシュハイム教会会議（ドイツ）において、近親婚を禁じる。
757年	コンピエーニュ教会会議（フランス）において、またいとこ、またはそれより近縁の親族との既存の婚姻は無効にすべし、との裁定が下される。フランク王国の国王、ピピン3世は、異議を唱える者には世俗的処罰を与えると脅す。
786年	イングランドの教皇特使が、親族や親類との近親婚を禁じる（範囲は特定せず）。
796年	フリウーリ教会会議（イタリア）が、近親婚の可能性を調べる婚前調査を行なうよう注意を喚起し、秘密裡の結婚を禁じる。また、結婚前に待機期間を設け、その間に、隣人や長老たちが、結婚を妨げる血縁関係がないかどうか調査できるようにすることを命じる。妻の不貞は正当な離婚理由になるが、配偶者が存命のうちは再婚できないことも教令で定める。802年に、シャルルマーニュ（カール大帝）が、自らの世俗的権威をもってこれらの裁定を後押しする。
802年	シャルルマーニュが法令によって、司教や司祭が長老たちとともに、夫婦になる二人の血縁関係を調査し終えるまで、何人も結婚を企ててはならないと強調する。
813年	アルル教会会議（フランス）が、過去の教会会議の禁止事項を再確認する。
813年	マインツ教会会議（ドイツ）が、みいとこ、またはそれより近縁の者との結婚、および、自分の代子、代子の母親、または堅信礼に付き添った子の母親との結婚を禁じる。後者の制限は、860年にローマ教皇ニコラウス1世がブルガリア人に宛てた回答の中でも確認されている。

表 5.2　婚姻・家族プログラムにおける主要な出来事の拡大版（つづき）

	教会および世俗的支配者からの「近親婚」に関する禁止や布告
874年	ドゥーシー教会会議（フランス）が臣民に、みいとことの結婚を控えるように促す。この決定を強化するために、教会会議は、近親婚で生まれた子どもから、財産を相続する権利を剝奪する。
909年	トロスル教会会議（フランス）が、ドゥーシー教会会議の決定事項を明確化して確認し、近親婚で生まれた子どもには、財産相続や爵位継承の資格はないものとする。
922年	コブレンツ教会会議（ドイツ）が、813年のマインツ教会会議の規定を再度是認する。
927年	トリーア教会会議（ドイツ）が、姻族および血族間の結婚に対し、9年間の贖罪行為を命じる。
948年	インゲルハイム教会会議（ドイツ）が、記憶をさかのぼれる限りの、すべての親族との結婚を禁じる。
997年	コンスタンティノープル総主教、シシニオスのトモスが、①兄弟の各々が、いとこ同士の女性と結婚すること、②いとこ同士の男性が、姉妹の各々と結婚すること、③おじと甥の関係にある者が、姉妹の各々と結婚すること、④兄弟の各々が、おばと姪の関係にある女性と結婚することを禁じた。
1003年	ディーデンホーフェン教会会議（ドイツ）において、神聖ローマ皇帝ハインリヒ2世が、近親婚禁止の範囲を大幅に広げて、むいとこまでとし、7代前の先祖128人のうちの誰か一人を共有する者同士の結婚を禁じる。
1014年頃	イングランドにおいて、ヨーク大司教ウルフスタンが、世俗的支配者のクヌートとエゼルレッドのために、よいとこまでの近親婚禁止を含む法典を起草する。近親婚に対する処罰は、奴隷にすること。
1023年	ゼーリゲンシュタット教会会議（ドイツ）も同様に、むいとこまでとのイトコ婚を禁じる。ヴォルムス司教、ブルヒャルトの教令集も、近親婚の定義を拡大して、むいとこまでを含めている。
1032年	ブールジュ教会会議（フランス）がイトコ婚を禁じるが、正確な範囲は不明。
1046年	ペトルス・ダミアニという、影響力のあるベネディクト会修道士で、のちに枢機卿となる人物が、むいとこまでとの結婚の禁止に賛意を表明する。
1047年	トゥルジャ教会会議（フランス）がイトコ婚を禁じる。
1049年	ランス教会会議（フランス）がイトコ婚を禁じる。

表 5.2　婚姻・家族プログラムにおける主要な出来事の拡大版（つづき）

	教会および世俗的支配者からの「近親婚」に関する禁止や布告
1059 年	ローマ教会会議において、ローマ教皇ニコラウス 2 世が、むいとこまでとの結婚、もしくは、たどれる限りの親族との結婚を禁じる。その後任のローマ教皇アレクサンデル 2 世も同様に、むいとこ、またはそれより近縁の親族との結婚を禁じると定める。ダルマチア王国は、一時的に特免状を受けて、近親婚禁止の範囲は、よいとこまでとされる。
1060 年	トゥール教会会議（フランス）が、1059 年のローマ教会会議の規定を再度確認する。
1063 年	ローマ教会会議が、むいとこまでとの結婚を禁じる。
1072 年	ルーアン教会会議（フランス）が、非キリスト教徒との結婚を禁じ、結婚を予定している者全員に対し、司祭が取り調べを行なうように命じる。
1075 年	ロンドン教会会議（イングランド）が、姻戚も含めて、むいとこまでとの結婚を禁じる。
1094 年	シャルトルの聖イヴォの『教令集』で、むいとこまでとの結婚は禁止とされる。
1101 年	アイルランドにおいて、カシェル教会会議が、カトリック教会の近親婚禁止規定を導入する。
1102 年	ロンドン教会会議が、むいとこ（およびそれより近縁の親族）同士の既存の婚姻を無効とし、さらに、親族同士の結婚を知っていた第三者は、近親婚罪に関与していると定める。
1123 年	第 1 回ラテラノ公会議（イタリア）が、血縁者同士の結婚を咎め（血縁度は明記されず）、近親婚を行なった者からは相続権を剥奪すると定める。
1125 年	ロンドン教会会議が、1075 年のロンドン教会会議の規定を繰り返し、近親婚禁止の範囲をむいとこまで拡大する。
1139 年	第 2 回ラテラノ公会議（イタリア）が、血縁者同士の結婚を非難する（その範囲は特定せず）。
1140 年	グラティアヌスの『教令集』に、むいとこまでとの結婚は禁じると定められる。
1142 年	ペトルス・ロンバルドゥスの『命題集』の中で、むいとこまでとの結婚は禁じられる。
1166 年	コンスタンティノープル教会会議（トルコ）が、それ以前の東方教会の、イトコ婚（またいとこの子、およびそれより近縁の親族との結婚）に対する禁止令を強化し、厳しく施行する。

表5.2　婚姻・家族プログラムにおける主要な出来事の拡大版（つづき）

	教会および世俗的支配者からの「近親婚」に関する禁止や布告
1174年	ロンドン教会会議が、おそらく近親婚の取り締りを促進するために、秘密裡の結婚を禁じる。
1176年	パリ司教オドが、「結婚予告」の導入に尽力する。結婚予告とは、近く予定されている結婚を、日曜礼拝のときに公示することである〔異議の申し立てがなければ挙式が可能となる〕。
1200年	ロンドン教会会議が、「結婚予告」の公示を義務づけ、婚礼は人前で公然と執り行なうことを命じる。親族同士の結婚は禁じられているが、親族関係の親疎の度合いについては明記されていない。
1215年	第4回ラテラノ公会議（イタリア）が、近親婚の禁止範囲を狭め、みいとこ、およびそれより近縁の血族と姻族すべてとする。それ以前の裁定もすべて正式に承認されて、教会法令集に統合される。これによって、婚前調査と結婚予告が正式な法令・法規の枠組みに入る。
1917年	ローマ教皇ベネディクト15世が、制限をさらに緩和して、近親婚禁止の範囲を、またいとこ、およびそれより近縁の血族と姻族すべてとする。
1983年	ローマ教皇ヨハネ・パウロ2世が、近親婚の制限をさらに緩和して、またいとこ、およびそれより遠縁の親族との結婚を認める。

この表は主として、Ubl（2008）およびDictionary of Christian Antiquities（Smith and Cheetham, 1875［vol. I]）に基づいている。その他の情報源として、Goody（1983; 1990; 2000）、Gavin（2004）、Sheehan（1996）、Addis（2015）、Brundage（1987）、Ekelund et al.（1996）、およびSmith（1972）が含まれる。

補遺B　追加の図

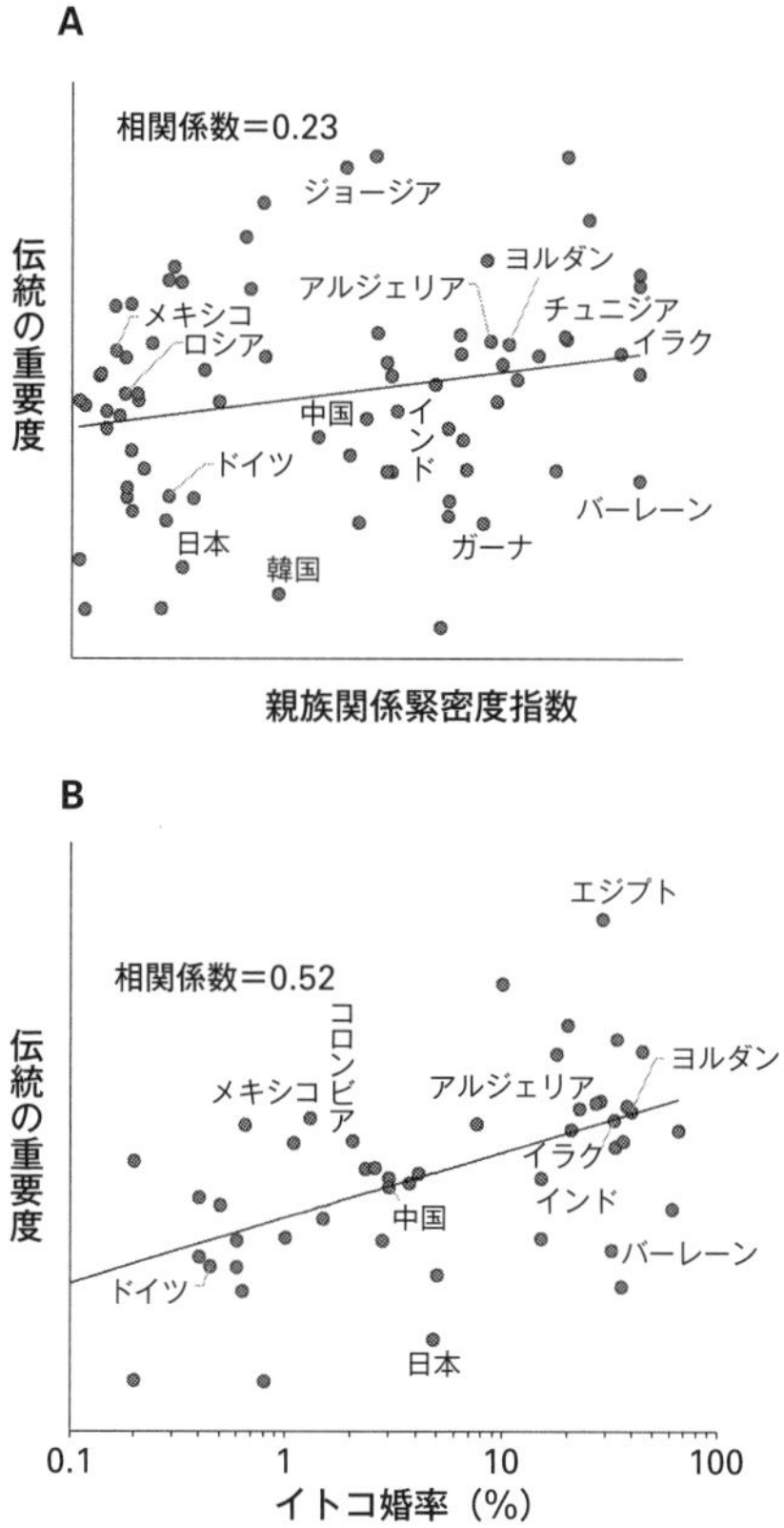

図B.1　伝統の重要度と（A）親族関係緊密度指数（96か国）および（B）イトコ婚率（56か国）との関係。伝統については、次のように描かれている人物と自分がどのくらい似ているかを答えてもらった結果の、国ごとの平均。「彼女／彼にとって伝統は重要なものです。宗教や家族によって代々伝えられてきた慣習には従おうと努めます」（1から7までの7段階尺度で評価）。イトコ婚率は対数スケールで表示してある。

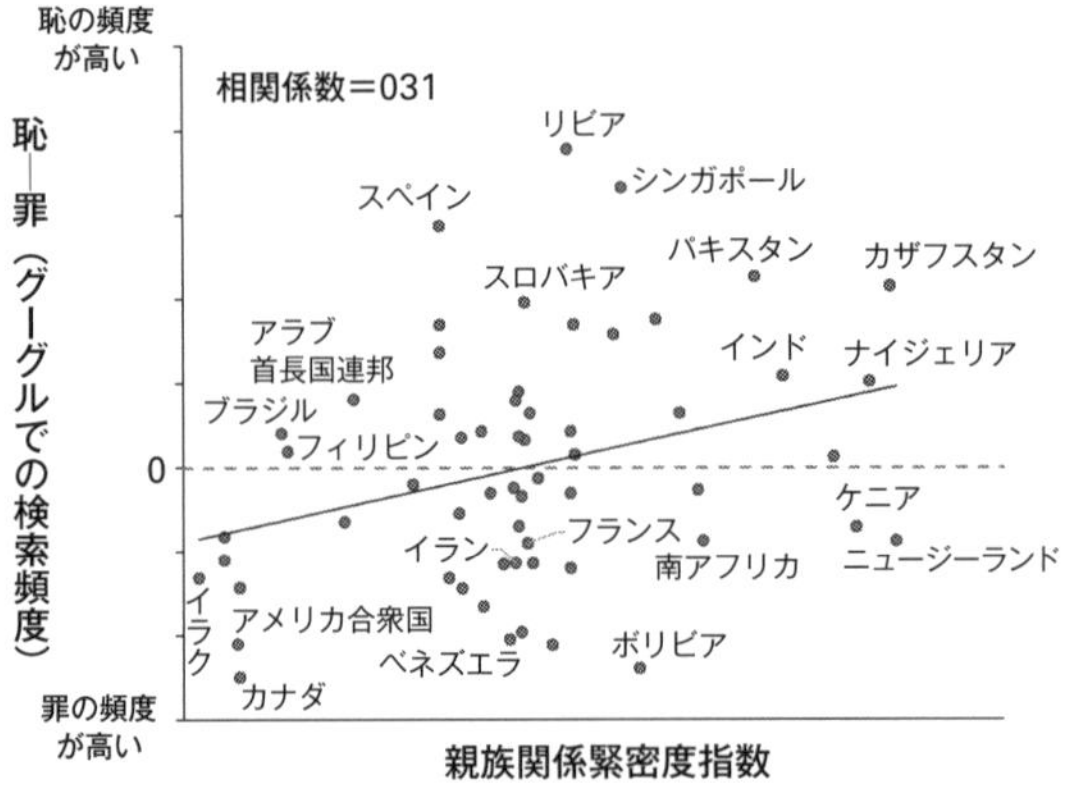

図B.2　グーグルでの「shame（恥）」と「guilt（罪）」の検索頻度と、親族関係緊密度指数（KII）との関係。破線は基準線を表している。つまり、破線よりも上の国々は、「罪」よりも「恥」という言葉を検索する頻度が高かった。破線よりも下の国々は、「恥」よりも「罪」という言葉を検索する頻度が高かった。図は、使用された9種類の言語間のばらつきを統計的に補正して、56か国を比較できるようにしてある。エンケは、分析にイトコ婚は用いていない点に注意。これは、エンケ（Enke, 2017, 2019）の恥と罪に関するデータを用いて作られた偏回帰プロット。

補遺C　関係流動性および住居地流動性の心理的影響

　あなたが心理学実験室に入っていくと、出迎えた実験者に小部屋へと案内される。そして実験者から「新たな質問紙調査の手伝いをしていただきたいのですが、あなたは『レビュアー』に選ばれました」と説明を受ける。あなたの役目は、すぐそばの試験室にいる、二人の別の参加者が記入した質問紙をチェックすることだ。その質問紙に基づいて、二人のうちの一人を、セッションの後半で行なわれる共同作業でのパートナーに選ぶ必要がある。その二人の参加者たちは、質問紙の中で、一連のシナリオに回答している。どのシナリオでも、主人公は、時間を分割して友人と見ず知らずの人の両方を平等に助けるか、それとも、すべての時間を投入して友人だけを助けるか、というジレンマに直面する。質問紙では次に、回答者たちに、友人と見ず知らずの人に時間を分割する平等主義者と、友人だけを助ける忠実な友人とでは、どちらのほうが好きかを尋ねる。パートナー候補の一人は、常に、平等に助ける人物を好む。もう一人は、常に、忠実な友人を好む。さあ、問題は、あなた自身がどちらの回答者と一緒に仕事をしたいか、である。

　子ども時代にあなたの一家は転居を経験したことがあるだろうか？

　ＷＥＩＲＤな大学生の中で、一度も転居したことがない大学生は、九〇％の確率で、平等に助ける人よりも忠実な友人を常に選ぶ人物を好んだ。一度転居したことがある場合には、その割合が七五％に下がった。成長期に二〜三回転居したことがある場合、「忠実な友人」を常に選ぶ人物者を好む割合はさらに下がって、六二％になった。子ども時代に転居したことがある者は、平等主義者と、平等主義者を常に選ぶ人物の両方が「好きだ」とも述べている（Lun, Oishi, and Tenney, 2012; Oishi, Kesebir, Miao,

Talhelm, Endo, Uchida, Shibanai, and Norasakkunkit, 2013; Oishi, Schug, Yuki, and Axt, 2015a; Oishi and Talhelm, 2012)。

このような実験から、転居にまつわる体験が、人々の平等主義への選好を強化するとともに、見ず知らずの人への対応を向上させることがうかがわれる。こうした体験がもたらす何かが、内集団と外集団の区別をなくし、永続する社会的ネットワークへの過多の依存状態を改めさせるようだ。

このような心理的効果の一部はおそらく発達期に生じるもので、子どもが転居後に新たな人間関係を形成する必要に迫られたときに起きてくるのだろう。しかし、こうした効果をいくらか、一時的に作り出すこともできる。ある実験(Oishi et al., 2012)では、参加者をランダムに二つに分けて、それぞれ、一時的に訪れた場所にいる自分と、ずっと住み続ける場所にいる自分を想像してもらった。このイメージ体験の後で、参加者たちにその心情を記してもらった。すると、こうした異なる状況を想像することで作られたマインドセットによって、選好が微妙に変化したのである。居住地の安定性のイメージを植え付けられると、平等主義的な人よりも忠実な友人のほうをやや好むようになったのに対し、居住地の流動性——一時的訪問——のイメージを植え付けられると、それが逆転して、忠実な友人よりも平等主義者をやや好むようになった。こうしたイメージ(プライム刺激)は、社会的ネットワークを広げよう、新たな人間関係を築いて育もう、という動機づけをも高める。全体として、この研究は、居住地の流動性が増すと、人々が新たな人間関係を求め、平等主義者を好むようになることを示唆している。プライミング研究の結果には、常に不安要素がつきまとう。なぜなら結果が再現されない場合が多いからである。しかし、居住地の流動性の変化は、発達期に影響を及ぼすだけでなく、一時的な効果も生み出す可能性があることを示すために、この研究をここで紹介しておく。

物理的な居住地の移動は、明らかに、新たな人間関係を築く必要性を生み出す。つまり、そこから、心理学者が「**関係流動性**」と呼ぶものの素地が生まれてくるのだ。それには、新たな人間関係の形成、または古い人間関係の解消を、抑制または促進するあらゆる要因が含まれる。たとえば、父系氏族に束縛された生活は、共同体で所有する祖先の土地に縛ることによって、人々の地理的流動性を低下させるのみならず、氏族の仲間に対する拘束力ある義務や責任によって、人々の関係流動性をも阻害する(Oishi, Schug, Yuki, and Axt, 2015b; Yuki, Sato, Takemura, and Oishi, 2013)。

居住地流動性や関係流動性が高まると、人々は社会的にも心理的にも、内集団と外集団をあまり区別しなくなるだけでなく、より大きな社会的ネットワークを形成して、新たな経験を積み、新奇さを好んで、より創造的にものを考えるようになることが、研究から示唆される(Hango, 2006; Li et al., 2016; Mann, 1972; Oishi, 2010; Oishi et al., 2015; Oishi and Talhelm, 2012; Parkand Peterson, 2010)。

さらに、日本のように関係流動性の低い社会と、アメリカ合衆国のように関係流動性の高い社会を比較する研究は、流動性が人々の社会的ネットワークにどのように影響するかを明らかにしてくれる。アメリカ人も日本人もともに、経歴、目標、価値観、興味が自分と似ている人々と付き合うことを好む。しかし、積極的にそれを行動に移して友人関係を結ぶのは、アメリカ人のほうのようだ。こうした傾向が現れるのは、ほとんどの日本人とは違ってアメリカ人は、あまり制限されずに新たな人間関係を求め、形成しようとするからなのだ。それに対し、日本のように人間関係が流動的ではない社会では、個々人が、興味、目標、その他の特徴を共有する同志たちと自由に任意団体を結成するのが制限されてしまう。

日本人とアメリカ人の両方について行なわれたこの研究は、個人の地理的流動性や関係流動性を高める要因は何であれ、個人の心理を特定の方向に傾ける可能性があることを示唆している。中世の教会は、ヨーロッパの親族ベース制度や部族制度を破壊することによって、居住地流動性と関係流動性の両方を高めたと思われる。社会的に、親族ベース組織を統べる規範が不在のところでは、大家族の義務や責任、そして共有財産による縛りをあまり受けなくなるので、個々人や核家族が、新たな非親族ベースの人間関係を発展させたり、独立して移住したりする自由度が増したであろう。その結果として、関係流動性が高まったはずだ。また、親族ベースの社会的セーフティネットが失われた上、非親族の結婚相手を見つける必要に迫られたことで、個人の転居に向けたインセンティブが高まって、その土地に留まろうという気持ちは弱まり、その結果、居住地流動性が高まったであろう。確かに、現代世界でも、家族の絆をあまり重視しない人々ほど、引っ越すことをいとわない。実際、家族の絆が強い国々から来た移民を両親にもつ人々は、家族の絆が弱い国々から来た移民を両親にもつ人々よりも、成人後に転居する確率が低い。中世および近世ヨーロッパでは、親族の絆が弱まったことが、農村部から都市部への移住者の大きな流れに、つまりは都市化の進展に、寄与した可能性が高い（Alesina et al., 2015; Alesina and Giuliano, 2013, 2015; Dincecco and Onorato, 2018; Kleinschmidt, 2000; Winter, 2013）。

概して、親族ベースの制度は、異なるさまざまな方法でヒトの心理を操っているので、最終章で検討したグローバルな心理的多様性への、関係流動性や居住地流動性の寄与度は、それほど大きくないのではないかと思う。しかし、関係流動性の効果は重要である。なぜなら、その場で一過性にも、また発達途上においても、速やかに現れてくるからだ。これは、文化進化によって生まれる価値観、信念、世界観、動機、育児戦略が形をなすまでに、何十年、何百年もかかることがあるのとは対照的である。

流動性がもたらす速やかな心理的効果は、文化進化がまだ非人格的交換のための特殊な社会規範や、個人主義コンプレックスを形成する心理特性フルパッケージを構築してない時期に、中世ヨーロッパの農村部から憲章都市、自由都市、修道院、大学に移ってきた人々がどのように物事に対応したかを考える上で、特に重要な意味をもつ。前述の研究に基づくならば、憲章都市や自由都市に移住した人々は、心理的に、①見ず知らずの人と友人や家族を平等に扱い、②志を同じくする他者と、より広い社会的ネットワークを築く傾向が高まっていたと思われる。

グラムの円は、直径で測定する。

17. アメリカの大学生との比較は、参考文献（Knight and Nisbett, 2007; Varnum et al., 2008)、および、トマス・タルヘルムとの私信（2015年8月31日、Eメールによる）を根拠にしている。タルヘルムは、中国で使用した三つ組テストを、バージニア大学の大学生に実施している。

18. 彼らは操作変数法という手法で、水稲栽培適合性との回帰分析を行なった（Talhelm et al., 2014)。

19. タルヘルムら（Talhelm et al., 2014）は、ある批判（Ruan, Xie, and Zhang, 2015; Zhou, Alysandratos, and Naef, 2017）を受けている。批判自体は興味深いが、本書の大きな文脈の中でこれらの知見を利用することに深刻な問題はない。ここで示した傾向は、リウ、モリス、タルヘルム、ヤング（Liu et al., 2019）によってさらに確認されている。

20. Buggle, 2017.

21. しかし、こうした生態的差異も何らかの役割を果たしたように思うが、思い出してほしいのは、水稲や灌漑に関連する要因以外の、さまざまな社会的、経済的、生態的条件が、緊密な親族制度に有利に作用したということだ。多くの場合、緊密な親族制度を促進する最大の要因は、イラヒタで見たように、共同体間の戦争に由来している。

22. Baker, 1979. 中国はまた、教会のMFPに倣って土地改革に着手し、父系氏族による土地の共同所有を崩壊させ、土地の再分配を行なおうとした（Greif and Tabellini, 2015)。1980年に制定された法律で、女性が結婚できる最低年齢を20歳と定めた（「中華人民共和国の婚姻法［1980］」、1984)。当然ながら、中世の教会と20世紀の中国とには重要な違いがある。たとえば、現代の中国では、双方の合意で離婚が成立し、女性は法の下で平等であり、子どもは、その両親が結婚しているか否かにかかわらず、完全な権利を有する。興味深いことに、明朝ではかつてイトコ婚を禁止しようとしたが、実施には至らなかった（Fêng, 1967)。

23. Hango, 2006; Li, Hamamura, and Adams, 2016; Lun, Oishi, and Tenney, 2012; Mann, 1972; Oishi and Talhelm, 2012, Oishi et al., 2013; Oishi et al., 2015; Park and Peterson, 2010; Sato et al., 2008; Su and Oishi, 2010; Yuki et al., 2013. 住居地の流動性が発達に影響を及ぼすのは、5歳から8歳までのようだ。人間関係の流動性が人々の心理に及ぼす影響について、39か国を比較した研究は、Thomson et al., 2018を参照。

でも保たれる。その場合には、大きな南北差を捉えているのではないかという懸念が軽減される。ちなみに、いとこ婚率が比較的高いところでは、献血率は例外なく低い。ところが、いとこ婚率が低いからといって、必ずしも献血率が高いとは限らず、ばらつきが大きい。緊密な親族関係が解体されると、非人格的向社会性への扉が開かれるが、だからといって、人々がその扉をくぐるとは限らない、という点が強調される。

5. Schulz et al., 2019 は Guiso, Sapienza, and Zingales, 2004 のデータを再解析している。

6. Akbari, Bahrami-Rad, and Kimbrough, 2016; Schulz, 2019; Schulz et al., 2018.

7. Schulz et al., 2019. Enke, 2017, 2019 も参照のこと。

8. Alesina et al., 2015; Alesina and Giuliano, 2010; Enke, 2017; Fernández and Fogli, 2009; Giuliano, 2007. イトコ婚は、少なくとも短期的には、同化に強い抵抗を示す可能性がある。イギリスやベルギーといった WEIRD な社会に移住した人々の場合、第二世代では、近縁の親族との結婚が、母国に比べて意外にも増加するのだ。イギリスでは、第二世代のパキスタン系イギリス人のイトコ婚率は 76％だが、母国パキスタンでのイトコ婚率は 50％を下回ることが、ある調査から明らかになっている。ベルギーでは、モロッコやトルコからの移民第一世代もやはり、母国の同世代に比べて高いイトコ婚率を示したが、移民第二世代になると、その率は母国で見られるよりもわずかに高いだけにとどまった。これは驚くに当たらない。近縁の親族との結婚が規範的で、宗教上認められている場合には、さまざまな経済的、社会的、人口統計学的、生態学的要因が組み合わさって、高頻度が維持されるのである（Reniers, 2001; Shaw, 2001）。

9. Bray, 1984; Greif and Tabellini, 2015; Talhelm et al., 2014.

10. Greif and Tabellini, 2010, 2015; Mitterauer and Chapple, 2010. その後、1949 年に、新たな共産党政府が氏族を解体して、氏族のしきたりを無効とし、その財産を再分配した。1979 年以降、中国では氏族の復活が起きた（第 10 章参照）。

11. データを提供してくれたアヴナー・グライフ（Greif and Tabellini, 2010, 2015）とトマス・タルヘルムに感謝する。

12. 言うまでもなく、これは純然たる環境要因ではない。なぜなら、生態学的な影響は、農民たちが①水稲農耕の技術的ノウハウ、および②栽培に適した米の品種を持っているかどうかで決まってくるからである。幸い、これらの要素は、親族ベース制度に比べて速やかに普及した。

13. Henrich, 2014; Talhelm et al., 2014.

14. Talhelm et al., 2014 を改変。

15. Talhelm, 2015; Talhelm et al., 2014.

16. Kitayama et al., 2009; Talhelm et al., 2014. 日本人参加者のマイナス 0.5 ミリメートルは、通常の信頼度の推定では、ゼロと区別がつかなかった。ちなみに、ソシオ

et al., 2001を参照。こうした親族語彙は「エスキモー型親族名称体系」と呼ばれている（Murdoch 1949)。

37. Diamond, 1997; Enke, 2017; Hibbs and Olsson, 2004.

38. いくつかの理由から、こうした年の割り当てには慎重を要する。最も大きな理由の二つは、現代の国境線が歴史上の出来事を必ずしも反映していないこと、そして、教会に組み入れられた時期（教皇勅書では告げていない）がなかなか正確にわからないことである。たとえば、ドイツの一部は西暦734年にはもう組み入れられていたが、他の地域が入るのはずっと後で、12世紀になってからだった。重要な懸念事項があるが、今のところは保留にしておく。なぜなら、次の章で、ヨーロッパの国々の中の地域ごとに、教区設立の影響を詳しく調べることによって、こうした問題は解消されるからである。

39. Putterman and Weil, 2010; Schulz et al., 2019.

40. 西暦2000年までずっと通しての「教会投与量」を求めなかったのは、次の二つの理由からである。第一に、教会のMFPによる制限は、1215年の第4回ラテラノ公会議の後にやや緩和され、16世紀のプロテスタンティズムでさらに緩和されたので、投与量が実際に最大だったのは、西暦500年頃から1200年頃までだった。第二に、世界のその他の地域の教会投与量を調べるには、1500年以降に起きたヨーロッパからの大量移民や、アフリカの奴隷貿易など、大量の人口移動を考慮しなくてはならなかった。そのためには、プッターマンとウェイルの移民マトリックスを用いる必要があった。

41. Schulz et al., 2019.

42. De Jong, 1998; Enke, 2017; Schulz et al., 2018; Ubl, 2008.

43. Schulz et al., 2019.

第7章　ヨーロッパとアジア

1. Schulz et al., 2019.

2. これらの分析では、いとこ婚率のみを使用している。なぜなら、またいとこ婚は、シチリアの司教に権限が委任されているため、バチカン使徒文書館では見つからないからである。

3. 4か国68地域からのデータしかないので、国家間の違いには目を向けずに国内の地域のみを比較した場合には、四つの心理特性のうちの三つについてしか、こうした傾向は認められない（Schulz et al., 2019)。

4. この関連性は極めて強い。県ごとの教育格差や、農業生産性、気候、海岸までの近さ、降水量、その他の違いを統計的に考慮すると、関連性はますます強まる。こうした関連性は、イタリアの20の州のそれぞれに属する県同士を比較した場合

28. エンケ（Enke, 2017, 2019）は、KII 尺度を用いてこの分析を行なった。経済学者は、これら二つのタイプの罰を、「利他的罰」「反社会的罰」と呼んでいる。これらの用語には価値観が反映されすぎている。社会の制度いかんによっては、いわゆる反社会的罰が社会秩序を維持する力にもなるし、一方、利他的な罰がきっかけで暴力の連鎖が起きてくることもある。どちらもそれぞれ、ある特定の社会構造に適応した心理的調整力を表しているのである（Bhui et al., 2019a; Henrich and Henrich, 2014）。

29. ベンヤミンが「世界的選好調査（GPS）」の質問について分析したときにも、第三者による規範執行と報復との違いが現れた。75 か国の数万人のデータに基づく分析結果から、親族ベース制度が緊密ではない――KII 値が低い――集団の人々ほど、復讐しようとするよりもむしろ、「他者を不公平に扱う人」を罰しようとする傾向が強いことが明らかになっている（Enke, 2017, 2019）。さらに、147 か国に暮らす 2430 人の移民第 1 世代だけに焦点を当てた、GPS の分析結果からは、親族関係が緊密な国々からの移民ほど、第三者規範執行を行なうよりも、復讐しようとする傾向を強く示すことが明らかになっている。この傾向は、現在は同じ国に住んでいる、異なる地域からの移民だけを比較した場合や、年齢、性別、世帯所得、正規教育のような他の諸要因を統計的に考慮した場合でも保たれる（Enke, 2017, 2019）。

30. Barrett et al., 2016; Gluckman, 1972a, 1972b, 2006; Harper, 2013; Moore, 1972.

31. Barrett et al., 2016; Curtin et al., 2019. 現代版の親族関係緊密度指数の作成に必要な、自身のフィールドについての情報を提供してくれたクラーク・バレット、アリッサ・クリッテンデン、アレックス・ボリアナツ、マーティン・カノフスキー、ジェフ・カシュニック、アン・パイザー、ブルック・シェルザに感謝する。

32. Curtin et al., 2019; Gluckman, 1972a, 1972b. ヤサワ島でのわがチームの研究からすると、このような意図性の役割の違いが、他者の心的状態を推測する認知能力の違いに起因していると考えるわけにはいかない。そのようなメンタライジング能力は、文化的学習から会話にいたるまで、ヒトが多くの重要課題をこなす上で要となる能力である。むしろ人々は、特に第三者の道徳や世評についてある種の判断を下す際には、他者の心的状態に注意を払わないようにしているように思われる（McNamara et al., 2019a, 2019b）。

33. Berman, 1983; Drew, 1991, 2010a, 2010b; Gurevich, 1995; Harper, 2013.

34. Varnum et al., 2010.

35. Schulz et al., 2018.

36. Barry, Child, and Bacon, 1959; Berry, 1966; Liebenberg, 1990; Witkin and Berry, 1975; Witkin et al., 1977. 場独立に関するいくつかの異なる実験が、ほとんど同じことを物語っている。埋没図形検査に基づく場独立性の違いについては、Kuhnen

弱い。第1章で述べたとおり、詳細な分析をすると明らかになるのだが、中国のような一部の国々の人々は、一般的信頼の質問（GTQ）に対して「たいていの人は信頼できる」と答えるが、それでいて、外国人、他宗教の信者、初対面の相手は信頼できないとも答える。このことから、GTQは、ヨーロッパやアメリカ合衆国では確かに非人格的信頼を測定しているが、それ以外の地域では必ずしもそれを捉えているわけではないことがわかる。これはWEIRDな質問なのである（Chua et al., 2008, 2009; Enke, 2017; Greif and Tabellini, 2015; Schulz et al., 2019）。Schulz et al., 2019の補足資料やリンクも参照。

16. 同乗者のジレンマのデータは、Schulz et al., 2019; Trompenaars and Hampden-Turner, 1998から得ている。
17. Enke, 2017; Schulz et al., 2018.
18. Enke, 2017; Haidt, 2012, 1st ed.; Haidt and Graham, 2007.
19. Enke, 2017, 2019. 移民について分析する際に気を付ける必要があるのは、たまたま緊密な親族関係と相互関連のある、移民の母国の何らかの条件によって、こうした分析結果がもたらされているのではないか、ということだ。これに対処するために、ベンヤミン・エンケは、移民の祖国の学校教育の水準や一人当たりのGDPといった事柄に加え、気温、赤道からの距離、土壌肥沃度、マラリア罹患率など、さまざまな地理的要因の影響をも統計的に排除した。それでも分析結果は保たれる。さらに、ヨーロッパによる植民地化や移住が結果に影響しているのではと懸念する向きもあるかもしれないが、母国にいるヨーロッパ系の人々の割合の影響を統計的に排除した上、同じヨーロッパの国によって植民地化された国の人々だけを比較した場合でも、分析結果は保たれた。最後に、こうした道徳に関する調査結果は、先ほど述べた信頼の違いだけから生じているのではないか、と懸念されるかもしれない。しかし、ベンヤミンの分析からは、緊密な親族関係は、一般的な信頼に影響する以上に、道徳に影響を及ぼすことがうかがわれる（Enke, 2017, 2019）。ベンヤミンは、Enke, 2019のMFQで基盤とされた諸次元について追加分析も行なっている。
20. Bowles, 2004; Henrich and Henrich, 2007.
21. Bowles and Gintis, 2002; Fehr and Gachter, 2000, 2002; Herrmann et al., 2008.
22. Herrmann et al., 2008; Schulz et al., 2019. ヘルマンらは、グループプロジェクトへの寄付額を、50％ではなく、40％上げた。私は単純化している。
23. Schulz et al., 2019.
24. Schulz et al., 2019.
25. Schulz et al., 2019.
26. Gächter, Renner, and Sefton, 2008.
27. Gächter and Herrmann, 2009; Herrmann et al., 2008.

と推測するかもしれない。確かにそうだが、これらの集団で認められた血縁度（遺伝子共有率）の値はごく小さいので、実際の現実世界での協力傾向をあまり説明することはできない。わずかな遺伝子共有率を、ごくわずかな値と比較することになるからだ。

5. データは Gelfand et al., 2011 から得ている。この分析にイスラエルは含めなかった。KII 値をどのように割り当てるべきかが明確ではなかったからだ。イスラエルの下位集団のいくつかは、使用している言語、ヘブライ語を通じて KII 値と関連づけることが可能だが、ヘブライ語は、19 世紀半ばに復活するまで数千年の間、死語となっていた。
6. 表の相関係数は、スピアマンの相関係数。イトコ婚がなぜ、線形の効果を示さないのかを理解するには、婚姻は家同士の関係を構築することを考えよう。二つの家の間の 1 番目の婚姻が、一つの紐帯を生み出す。2 番目の婚姻は、この紐帯を強化することはできるが、1 番目の結婚ほど重要ではない。こうした理由から、イトコ婚をさらに重ねても、社会の厳しさへの効果は薄れていく。
7. データは、Bond and Smith, 1996; Murray, Trudeau, and Schaller, 2011 から得ている。厳しさと同調傾向の関連性については、Gelfand et al., 2011 を参照。ちなみに、誤回答の割合ではなく、各実験（図 1.3）での同調効果の大きさを用いても、同様に強い関連性が認められる。誤回答の割合のほうが理解しやすいので、こちらを用いた。
8. 民族誌アトラスのうち、よく研究されている部分集団（「標準的通文化サンプル」）のデータには、従順さを教えることに関する情報が含まれているが、それを用いても同じ関連性が認められる（Enke, 2017, 2019）。
9. Elison, 2005; Fessler, 2004; Wallbott and Scherer, 1995.
10. Enke, 2017, 2019; Jaffe et al., 2014; Stephens-Davidowitz, 2018; Wong and Tsai, 2007.
11. Enke, 2017; Schulz et al., 2019. 親族関係緊密度の二つの尺度と、核家族内の家族の絆の主観的価値との間にも、強い関連性がある（Alesina and Giuliano, 2015）。
12. Ahmed, 2013, pp. 21–23; Hilton, 2001.
13. ニューギニアのセピック地方では（第 3 章）、イラヒタの村民たちは見知らぬ人々を「魔術師や泥棒」だと考え、「穴蔵にいる彼らを訪ねようとは思いもしなかった」。こうした状況は、戦争が終わってからも数十年間続いた。イラヒタにやって来た見ず知らずの来訪者が、住まいを提供してくれるように求めると、監視できるように、壁のない屋根付きのテラスをあてがわれた（Tuzin, 1976, pp. 22–23）。
14. Enke, 2017; Schulz et al., 2018. 信頼に関するデータは、世界価値観調査（Inglehart et al., 2014）から得ている。
15. Enke, 2017, 2019. 一般的信頼の質問を用いた、図 1.7 の地図の信頼のばらつきも、親族関係の緊密度で説明できる可能性がある。しかし、こちらの関連性のほうはている。たとえば、北海に臨むフリースラントの湿地帯では、その周囲のフランスやドイツの諸地域からリネージ組織や血族による仇討ちが姿を消した後も、何世紀にもわたってそうした組織や仇討ちが持続した。

65. 今日もなお、フィンランド、ロシア、バルカン半島、バルト海沿岸の田舎のキリスト教の宗教的伝統は、昔の祖先崇拝を反映している。たとえば、バルカン半島西部のセルビアのキリスト教徒は、彼らのキリスト教の暦の上で最も厳粛な祭日の一つとされている、その世帯の守護「聖人」の祭日を祝う。それ以外の祭日とは違い、その祭日は年輩の家父長の家で祝われる。息子は、父親から世帯の守護聖人を受け継いでおり、妻の守護聖人は、夫と同じになる——ただし、世帯の守護聖人が同じである者との結婚は禁じられている（すなわち、族内婚の禁止）。儀式では、先祖代々の名前が読み上げられ、その祖先たちに生贄の動物が捧げられる場合もある（Mitterauer and Chapple, 2010）。これは、キリスト教のベールをまとった祖先崇拝である。

66. Bartlett, 1993; Cantoni and Yuchtman, 2014; Greif, 2006a, 2006b; Herlihy, 1985; Kleinschmidt, 2000; Lilley, 2002; Lopez, 1976; MacFarlane, 1978.

67. Kleinschmidt, 2000, p. 25.; Lynch 2003.

68. Herlihy, 1985; Ross, 1985.

69. Andersen et al., 2012; Bartlett, 1993; Berman, 1983; Ekelund et al., 1996; Kleinschmidt, 2000; Mokyr, 2002; Woods, 2012.

第6章　心理的差異、家族、そして教会

1. Bahrami-Rad et al., 2017.

2. この地図は、民族誌アトラスのデータと、現在の世界の民族言語集団の分布（Schulz et al., 2019）とを組み合わせて作成されている。すべての民族言語集団のKII値を推定するために、まず、アトラス中の1000ほどの集団のKII値を算出した。次に、言語系統論を利用して、他のすべての集団に、アトラス中の最近縁の集団のデータを用いてKII値を割り当てた。国別分析を行なう場合には、この値を国レベルまでまとめ、また、個人レベル分析を行なう場合には、この値を世界的調査の個々人に直接関連づけた。言語地図は、www.worldgeodatasets.com より。

3. ベンヤミン・エンケも私のチームも、親族関係緊密度指数のいくつかのバージョンを作成した（Enke, 2017, 2019; Schulz et al., 2019）。これらの指数は結局、かなり類似していて、同じような結果が出るので、本文中では、その作成法の小さな違いは無視して、まとめて扱うことにする。二つの異なる指数から導き出される結果が収斂するという事実により、ますますその確かさが示される。

4. 進化生物学に詳しい読者は、血縁度の高い集団は協力傾向が強いのではないか、

55. この地図は、複数の出典（Hajnal, 1965; Macucal, 2013; Shepherd, 1926; Speake, 1987; the Editors of the Encyclopaedia Britannica, 2018）からの情報を組み合わせている。ケルト教会については、シュルツら（Schulz et al., 2018）の教区の普及状況を利用した。イタリアについては、Ramseyer, 2006; Schulz, 2017; Wickham, 1981を参照。カロリング帝国や、キリスト教以前のドイツおよびそれ以東については、Menke, 1880, 3rd ed.; Schulz et al., 2018; Shepherd, 1926を参照。

56. Hajnal, 1982; Herlihy, 1985; Mitterauer and Chapple, 2010; Toubert, 1996.

57. Berman, 1983; Ember, 1967; Greif and Tabellini, 2010; Mitterauer and Chapple, 2010; Silverman and Maxwell, 1978.

58. Higham, 1997; Mitterauer and Chapple, 2010. アングロ゠サクソン人やその他のゲルマン諸部族が有していた、極めて緊密な親族ベース制度にはすでに、双方的出自や個人所有といった、MFPの親族規範がある程度含まれていたとも考えられる（Lancaster, 2015; MacFarlane, 1978）。そうなると、教会がなすべき仕事は少なかったはずだ。

59. Brundage, 1987; Charles-Edwards, 1972; Clark, 2007a; Goody, 1983; Greif, 2006; Greif and Tabellini, 2010; Herlihy, 1985; Laslett, 1984; Laslett and Wall, 1972; MacFarlane, 1978; Mitterauer and Chapple, 2010; Toubert, 1996. 生態学的に荘園の農業に適さない地域は、早いうちから強いMFPにさらされずに済んだ。

60. Baker, 1979; Goody, 1990; Lynch 2003. ヨーロッパにおいて最も成功している世帯は、新たに独立した所帯を構えた核家族世帯だった。中国では、父方居住の、互いに依存し合う拡大家族世帯だった。

61. 当然ながら、結婚年齢はさまざまな理由で変動する。それでもやはり、北西ヨーロッパがだんだんと、歴史的にも、通文化的にも独特の傾向を示すようになったという事実に変わりはない（Van Zanden and De Moor, 2010）。

62. Lee and Feng, 2009; Van Zanden and De Moor, 2010.

63. MacFarlane, 1978; Silverman and Maxwell, 1978; Lynch 2003. こうした慣習と関連しているのが、次の二つの要素である。①遺言による相続。財産はもはや、慣習的規範に従って、自動的に世代間で受け継がれるものではなくなった（誰が何を相続するかを、しだいに個人が決めるようになっていき、重要な点として、デフォルトでは、きょうだいやおじよりも配偶者や子どものほうが優先されるようになった）。②引退。まだ生きているうちに、指導的役割を離れ、経済活動の主力ではなくなるライフステージが登場する。これは、認知機能が損なわれない限り、年長者が経済的・社会的な中心にとどまり続ける、ほとんどの社会とは対照的だった。

64. Mitterauer and Chapple, 2010. 概して教会やヨーロッパの婚姻パターンが支配的な地域内にさえ、一部の遠隔地には、いまだ伝統的な親族ベース制度が根強く残っ

41. Mitterauer, 2011, 2015. この計算は、すべての夫婦が子どもを2人ずつもうけ、そのうちの半分が男児で、半分が女児である安定した集団を前提としている。また、人々は必ず非親族と結婚することも前提にしている。イトコの人数は、2^{2n}（nはイトコのタイプ）となる。むいとこは、$2^{2\times6}$で、4096人となる。これらの半数が、反対の性別の人々である。2730という数字は、いとこから、いついとこまでに、この数字を加えたものだ。これらのイトコには、同数の親（系譜上の距離がさまざまのおばやおじ）がいるので、それを加えると、総数は2倍になる。

42. Goody, 1969, 1983.

43. Goody, 1983; MacFarlane, 1978. たとえば、西ゴート族の初期の法典では、養子縁組は禁じられていた。里子制度の法規定は確かにあったが、それにはほとんど意味がなかった。なぜなら、親族の紐帯、個人のアイデンティティ、儀式の義務、相続権はそのままで、里子は依然として、遺伝上の親の親族集団と結びつけられていたからである。

44. Ausenda, 1999; Ekelund et al., 1996; Goody, 1983; Heather, 1999; Herlihy, 1985; Mitterauer and Chapple, 2010; Ross, 1985.

45. Goody, 1983; Smith, 1972.

46. Ekelund et al., 1996.

47. Brown, 2012.

48. Brown, 2012.

49. Ausenda, 1999; Ekelund et al., 1996, p. Locs 137, 258; Goody, 1983, pp. 105,124. 西ゴート王国の国王ワンバも、皇帝シャルルマーニュも、何が起きつつあるかに気づき、それを制限するための対策を講じたのだった。

50. Berman, 1983; Goody, 1983; Greif, 2006a, 2006b, 2006c; Heather, 1999; Mitterauer and Chapple, 2010. フランク人については、Goody, 1983, p. 118を参照。教会はこの戦略をローマ皇帝からまねたのかもしれない。彼らは、友人や支援者から膨大な財産を遺贈されていた（Shaw and Saller, 1984）。

51. Ekelund et al., 1996; Goody, 1983, pp. 127, 131; Heldring, Robinson, and Vollmer, 2018.

52. この推論の土台となっているのは、部族集団を生成・維持するものは何かという人類学的見解（ヘンリック『文化がヒトを進化させた』; McElreath, Boyd, and Richerson, 2003）であり、また、中世初期に存在していた諸部族が中世盛期にはヨーロッパの多くの地域から消えていたという事実である。

53. D'Avray, 2012; Ekelund et al., 1996; Mitterauer and Chapple, 2010; Smith and Cheetham, 1880; Ubl, 2008.

54. Ekelund et al., 1996; Heather, 1999; Mitterauer and Chapple, 2010. シュルツら（Schulz et al., 2018）の補足資料が、これに関する研究を要約している。

（Ambrose, 1881, pp. 351–54）。

親族間の結婚による現代の健康影響については、Bittles and Black, 2010を参照。一夫多妻婚の社会面や健康面のコストについての研究は、Henrich, Boyd, and Richerson, 2012; Barbieri et al., 2016; Kong et al., 2012を参照。

もちろん、キリスト教が堅固な家族の紐帯に逆らった、揺るぎない根拠となる記述が、聖書の中に存在する。たとえば、マタイによる福音書12章47～50節（新国際版聖書）で、イエスは次のように語っている。「ある人がイエスに言った。『あなたの母上と兄弟たちが、あなたに話しかけようとして外に立っておられます』。イエスは知らせてくれた者に答えて言われた。『わたしの母とは誰ですか、わたしの兄弟とは誰ですか』。そして弟子たちの方を指して言われた。『ここに私の母、私の兄弟たちがいます。天におられる私の父のみこころを行なう者は誰でも、わたしの兄弟、姉妹、母なのです』」。また、マタイによる福音書10章35～36節によると、イエスは次のように語っている。「わたしがやって来たのは、息子を父親と、娘を母親と、嫁を姑と敵対させるためです——自身の家の者が自らの敵になるのです」。しかし、注目すべき点として、こうした聖書の文言どおりに、コプト正教会やネストリウス派やシリア正教会が、MFPのような政策を導入することはなかった。

40. こうした観点からすると、教会指導者たちの動機がどのようなものだったかは、それほど重要ではない。教会指導者たちは、イシス崇拝やネストリウス派キリスト教の指導者たちと同様に、深い宗教的信念に基づいて、禁止や指示命令を行なったのかもしれないし、あるいは、私腹を肥やすために政治的計略を練っている者もいたかもしれない。それはどうでもいい。重要なのは、このような信念や規範が、長期的に見た場合に、他の宗教や制度との競争においてどれほどの利益をもたらしたのか、ということだ。当然ながら、信徒数を増やし、財源を増やし、教会領を広げるのに寄与した政策もあれば、MFPの推進に役立たなかった政策もある。そのような戦術的思考も確かに一定の役割を果たしたが、しかし、MFPがもたらす長期的な結果を予測していた者、あるいは予測できた者がいたと考える理由はどこにもない。MFPが発展・普及したのは、それが結果として「うまくいった」からなのだ。この点で、私はジャック・グッディー（Jack Goody, 1983）と袂を分かつ。グッディーは、教会の諸政策は結果的に教会を裕福にしたのだから、そうなることを目指して意図的に構築されたものに違いないと言っているようだ。しかし、文化進化に関する多数の研究から、その制度がなぜ、どうして機能するのかを誰も理解していなくても、複雑な制度が生まれ得ること、そしてしばしば実際に生まれていることが明らかになっている（ヘンリック『文化がヒトを進化させた』）。重要なのは、一歩下がって、教会というものを、それぞれ異なる宗教パッケージを「試みた」多数の宗教団体の一つとして見ることである。

女に種付けをすることだった。また、新約聖書では、サドカイ人が、イエスの来世の概念を貶めようとして、モーセがレビレート婚を推奨している事実を利用した。つまり、復活のときに、ある女性の夫となるのは、彼女の最初の夫なのか、それとも、彼が死んだ後に次々と結婚した、彼の兄弟のうちの1人なのか（その物語では、最初の夫には6人の兄弟がいた）、とイエスに問うたのである。イエスは、レビレート婚に基づく前提条件に異議を唱えることもできたし、一妻多夫制を提案することもできた（私ならそうしただろう）。しかし、イエスはレビレート婚を受け入れ、その代わりに、復活に結婚はない——天国では天使のようになるのだ——と主張する。中世のエジプトでは、ユダヤ教徒もコプト教会のキリスト教徒も、大々的にイトコ婚を行なっていた（Goody, 1983, p. 82）。

37. Mitterauer, 2011, 2015.
38. 厳密に言うと、正教会の禁止範囲は、ローマ方式によって第7度近親者まで広げられ、女性がみいとこの父と結婚することは禁止だが、みいとこと結婚することは禁じられなかった（Ubl, 2008）。
39. 古代末期の教会の重要人物たちが、近縁の親族との結婚が社会や健康に及ぼす影響についてコメントしている。聖アウグスティヌスは次のように記している。「昔の父祖たちのもとでは、世代がつぎつぎとつづいていくうちに親戚関係が分岐し拡散して徐々に分解してついにその関係がまったく消散してしまうことがないよう、まだそれほど距たりが出るまえにふたたび結婚の絆によって結び付きを復原し、ある意味で逃げ去る者を呼び戻すということは、宗教的な配慮に属することであった。……しかしながら、いまの時代においても従兄妹間の結婚が禁じられていることがいっそうすぐれたことであるということをだれか疑う者があろうか。そしてそれは、わたしたちが指摘したところのこと、すなわち親近関係が増すために一人の人間が二重の親戚関係をもつことのないようにする——二人の人間がそれをもつときには親戚関係の数は増大されうるのであるから——という理由によるだけではない」〔アウグスティヌス『神の国（四）』服部英次郎・藤本雄三訳、岩波文庫〕（Augustine, 1998, pp. 665–66）。聖アウグスティヌスの師である聖アンブロシウスは、近縁の親族の子どもたちの間に見られる、健康上の有害な影響についてコメントしている（Ambrose, 1881）。しかしこれは、彼が推進した政策の後付けの理屈のように思われる。なぜなら、彼の主張では、遠縁の姻族、継母、代父母にまで近親婚禁止を広げることの正当性を示せないからである。レビレート婚や、継母との結婚（父親の死亡後の）の場合には、失われた絆が自動的に置き換わるだけにすぎない。それより何より、現に実施されている教会の政策を正当化する上で、このコメントを取り上げた者は誰もいなかった。息子と異母妹の娘との結婚を考えている、ある家長を思いとどまらせるために、聖アンブロシウス自身は——生まれてくる子の健康ではなく——神の法を引き合いに出しているるとともに、親族との違法な結婚件数が増加した結果でもある（Kuper, 2010）。特に、18世紀から19世紀にかけて、伝統的エリートの間でも、実業家やインテリなど拡大する企業家階級の間でも、死亡した妻の姉妹との結婚が増加した（e.g. Mathew Bolton）。

27. Goody, 1983; Mitterauer, 2015; Schulz et al., 2019; Smith and Cheetham, 1880; Ubl, 2008. 姻戚関係は、婚姻によってだけでなく、セックスによっても生じる。したがって厳密に言えば、自分の父親、兄弟、または姉妹がセックスした相手とは結婚できない。

28. これを免れたのはキリスト教徒のローマ皇帝たちであり、近親婚のかどで死刑に処そうとしたが、果たせずに終わった。

29. Ekelund et al., 1996; Smith, 1972.

30. Ausenda, 1999; Heather, 1999; Miller, 2009. ランゴバルド人の申し立ては、その1世紀前に教皇グレゴリウスがアングロ＝サクソン人について示した親族の範囲に基づくものだった。しかし、新たなローマ教皇は断固として拒んだ。彼は、これは最近キリスト教徒になったばかりの「粗野な種族」に関わる特殊な状況であると主張した。教会は彼らをキリスト教徒の生活に馴染ませるようとしているのだ、と。イタリアに暮らすランゴバルド人は、何百年も前からキリスト教を信仰していたが、アリウス派からカトリックへの改宗を余儀なくされた。相変わらず旧来の婚姻慣行が続いていることに苦情を述べる書簡から、また別の証拠が得られている。たとえば、ローマ教皇ヨハネス7世は、マーシア（イングランドにあった王国）の王に手紙を書いて、親族と結婚する男性について苦情を述べている（Goody, 1983, p. 162）。

31. Ekelund et al., 1996; Miller, 2009. アイスランドでは、第4回ラテラノ公会議においてイトコ婚に対する制約が緩和されてから、財産の10分の1を払えば、イトコ同士の結婚が可能になった。

32. Anderson, 1956; Mitterauer and Chapple, 2010; Schulz, 2017.

33. Anderson, 1959, p. 29.

34. Mitterauer, 2011, 2015.

35. Harper, 2013; Mitterauer, 2011, 2015; Smith and Cheetham, 1880.

36. Mitterauer, 2011, 2015; Smith and Cheetham, 1880; Korotayev, 2004; www.iranicaonline.org/articles/marriage-next-of-kin. 旧約聖書には、この件について、次のような明快な記述がある。「兄弟が一緒に住んでいて、そのうちの一方が死亡し、息子がいない場合には、死んだ男の妻は、家を出て他人と結婚してはならない。夫の兄弟が彼女のところに入り、娶って妻とし、夫の兄弟としての義務を果たさなければならない」（申命記25章5節）。兄弟としての「義務」とは、彼女の死亡した夫の名を絶やさないようにするために——血統を維持するために——彼のイトコ婚率は低かったことを示す証拠を提供している。有力な一族にとっては、新たに帝国の版図に組み込まれた裕福な一族と関係を築いたほうが有益だったのかもしれない、と彼らはほのめかしている。私は、下層階級の人々のイトコ婚に関する定量データを見つけることができずにいる。

16. 標準プロトコルとなったものに従って、修道士たちは、新たに改宗した国王に対して、自らを神が定めた保護者と見なして成文法典を編纂するように勧めた。修道士たちは、編纂された法典に影響を与えようとした可能性が高い。

17. Berman, 1983; Brundage, 1987; Goody, 1983; Higham, 1997; Ross, 1985. グレゴリウスの書簡（「回答の書」）の真贋については論争がある。これについて最も深く掘り下げているのはカール・ウブルの研究だが、それはこの書簡が本物であることを裏づけている（D'Avray, 2012; Ubl, 2008）。この巻末註を読んでいる方は、セックスの夢を見たあと聖餐にあずかれるか、というアウグスティヌスの問いに対し、グレゴリウスがどう答えたかに興味を持たれるかもしれない。私が読んだところによると、グレゴリウスは「夢を見た者が浄化されて、誘惑の火が消されるまでは、聖餐にはあずかれない」と答えている。www.gutenberg.org/files/38326/38326-h/38326-h.html#toc71 を見れば、聖ベーダのイギリス教会史（第27章）に記されているグレゴリウスの回答の英訳版を自分で読むことができる。

18. Brundage, 1987; Goody, 1983; Ross, 1985.

19. Brundage, 1987; Harper, 2013. ラテン語の「娼婦」については Brundage, 1987, p. 25 を参照。

20. Lynch, 1986.

21. Goody, 1969; Silk, 1987. キリスト教以前のヨーロッパ諸部族の養子縁組については Lynch, 1986, p. 180 を参照。

22. Chapais, 2009; Fox, 1967; Goody, 1996; Korotayev, 2000, 2004.

23. こうした近親婚禁止の研究が、中世史学者デイヴィッド・ハーリヒイに、「これほどまで極端な厳格さをもって近親婚禁止を適用した社会は他に知られていない」と書かせた（Herlihy, 1990, p. 1）。

24. 情報源については補遺 A を参照。

25. 形の上では、これは「破門」だったが、ここでの影響は、後の中世教会における破門とはかなり異なっていた（Smith and Cheetham, 1880）。

26. このような姻族との結婚の禁止は、1000年以上にわたって続いた。たとえば、イギリスにおいて、議会がようやく教会法を無効としたのは20世紀初頭になってからで、1907年には死亡した妻の姉妹に関する婚姻法が、1921年には死亡した兄弟の妻に関する婚姻法が制定された。今日、少なくともイギリスでは、妻の姉妹や夫の兄弟との結婚は可能だが、それは配偶者が死亡した場合に限られ、やはり一夫多妻婚は認められていない。こうした法律の制定は、長い政治運動の成果であ

denominations_by_number_of_members#Catholic_Church_%E2%80%93_1.285_billion）による。

9. Mitterauer and Chapple, 2010. ネストリウス派や東方教会の宣教師たちは、インド、中国、ペルシャにおいては、他の普遍宗教や、洗練された哲学、そして救済を謳うカルト教団と競争する必要があった。この時代に見られるこうした違いは、現代のキリスト教布教団が、すでにイスラム教が植え付けられているアフリカ人を改宗させるのに比べて、伝統的な信念体系をもつアフリカ人を改宗させる場合のほうがうまくいくのと相通じるところがあるかもしれない（Kudo, 2014）。

10. Goody, 1983; Mitterauer and Chapple, 2010; Ubl, 2008. 私は、ジャック・グッディーのような人類学者、アヴナー・グライフのような経済学者、ミヒャエル・ミッテラウアーやカール・ウブルのような歴史学者に従っている。

11. Amorim et al., 2018; Anderson, 1956; Ausenda, 1999; Berman, 1983; Burguiere et al., 1996; Charles-Edwards, 1972; Goody, 1983; Greif, 2006a, 2006c; Greif and Tabellini, 2010; Heather, 1999; Herlihy, 1985; Karras, 1990; Loyn, 1974, 1991; Mitterauer and Chapple, 2010; Ross, 1985; Tabellini, 2010.

12. Anderson, 1956.

13. 特に有用な情報源となるのが初期のヨーロッパの法典である。なぜなら、それらは通常、親族集団間の関係を規定しており、ある親族集団が別の親族集団に対して殺人、傷害、財産損壊の罪を犯したら、何シリング支払う必要があるかを詳細に明記している場合が多いからである。たいてい、故意か過失かにかかわらず、罰金は同額だった。意図せぬ殺害も含めて、殺人事件を起こした場合には、その親族集団の成員は相手集団に対し、自分自身は関与していなくても、贖罪金と呼ばれる血の代償を支払わなくてはならなかった。仇討ちも含めて、明らかに、親族ベースで責任を負う形だった。スペインでは、殺された親族の仇を討つことは、復讐者と犠牲者の曾祖父母が同じ（つまり、みいとこ、またはそれより近縁）であれば、合法とされていた。こうした賠償について定めた法律は珍しいものではなく、20世紀には、ニューギニアからアフリカまで、さまざまな社会で見られた（Berman, 1983; Diamond, 2012b; Glick, 1979; Gluckman, 1972a, 1972b; Goody, 1983; Greif, 2006a, 2006c; Grierson, 1903; Kroeber, 1925; Curtin et al., 2019）。

14. Anderson, 1956; Berman, 1983; Charles-Edwards, 1972; Goody, 1983; Greif, 2006a, 2006c; Heather, 1999; Herlihy, 1985; Karras, 1990; Mitterauer and Chapple, 2010; Ross, 1985. 文献では、第二夫人はたいてい「concubines」と呼ばれている。「concubines」という言葉は違った使われ方をするので、私は「第二夫人（secondary wife）」という言葉を用いる。

15. Brundage, 1987; Burguiere et al., 1996; Goody, 1990; Shaw and Saller, 1984. ショーとサラーは、帝政初期にはローマ帝国内のほとんどの地域において、貴族の間で

3. 図5.1は、WEIRDな親族関係がどれほど珍しいかを、いくつかの理由から過小評価していると思われる。第一に、ここでは、氏族の存在や独特の親族語彙など、いくつかの重要な特質が挙げられていないが、それを含めれば、WEIRDな集団の珍しさがさらに際立ってくるだろう。第二に、双方的出自のような慣行が、他集団で見られるものと一見類似しているように「見える」場合には、非WEIRDな共同体がどれほど親族ベース制度に埋め込まれたままであるかをうっかり見落としてしまう。身の安全も、経済的繁栄も、結婚の見込みも、社会的アイデンティティも、親族ベース制度があってこそなのだ。たとえば、WEIRDな人々も、ジュホアンシ族の狩猟採集民も、母系・父系の両方で血縁関係がたどれる。しかし、ジュホアンシ族は、WEIRDな人々と違い、自らの世界を親族関係の観点から捉えており、よそ者を親族ネットワークに組み入れる方法を備えている。というのは、新来者を親族ネットワーク内に配置しない限り、そのような人間に対してどう振る舞うべきかがわからなくなってしまうのだ。第三に、1500年以降、カトリックの布教活動が世界中に広がるや、見つけた人々すべてにカトリック式の婚姻を強要しようとし始めた。つまり、一夫多妻婚やイトコ婚のような慣習を止めさせようとしたのだ。人類学者たちがやって来て、民族誌を書き記す前にすでに、宣教師たちが家族構造を変えてしまっていた場合もある。たとえば、アメリカ合衆国南西部に暮らすテワ・プエブロ族は、17世紀に伝道活動が始まる以前には、父系氏族ベースの組織をもっていた可能性がある（Murdock, 1949）。1900年頃に研究者たちがこの集団の親族組織を詳しく記録し始めた時には、テワ族自身は昔ながらの宗教的信念の多くをもち続けていたにもかかわらず、テワ族の親族関係はすでにWEIRDなパターンに合わせて作りかえられていた。第四に、このように親族関係の特質をコード化したものは、どうしても大雑把になってしまう。たとえば、古代エジプトは、「一夫一婦制」としてコード化されている。確かに古代エジプトの下層階級には一夫一婦婚が課せられていたが、しかし、エリート男性たちは一夫多妻制を続けていた（Scheidel, 2009a, 2009b）。
4. これらのデータは、アラン・ビットルズらがまとめたデータ（Bittles, 1998; Bittles and Black, 2010）を補って、ジョナサン・シュルツがまとめたもの。
5. Bittles, 1998, 2001; Bittles and Black, 2010. 中国の親族関係については、Baker, 1979を参照。
6. Ember, 1967; Hoff and Sen, 2016; Shenk, Towner, Voss, and Alam, 2016.
7. Berman, 1983; Fukuyama, 2011; Gluckman, 2006; Greif, 2006a, 2006c; Greif and Tabellini, 2010; Marshall, 1959.
8. キリスト教徒の85〜90％の文化的系譜をたどると西方教会に行き着くという推定は、ピュー研究所の調査（www.pewforum.org/2011/12/19/global-christianity-exec） およびウィキペディア（en.wikipedia.org/wiki/List_of_Christian_

められることがうかがわれる（Dohmen et al., 2015; Falk et al., 2018）。

52. Aubet, 2013; Ekelund et al., 1996; Ginges, Hansen, and Norenzayan, 2009; Guiso, Sapienza, and Zingales, 2009; Hawk, 2015; Jha, 2013; Johnson and Koyama, 2017; Lewer and Van den Berg, 2007; Rauh, 1993; Watson-Jones and Legare, 2016; Wen et al., 2015.

53. 2010年の世界人口の75%以上が、キリスト教（31.5%）、イスラム教（23.2%）、ヒンズー教（15%）、または仏教（7.1%）を信仰していると報告した。世界宗教以外を信仰している人は、世界人口の5.9%にすぎない。世界宗教の最大の競争相手となるのは、伝統的宗教ではなく、「無宗教」に分類されるものだ。残念ながら、こうしたカテゴリーに分けてもあまり意味がない。なぜなら、中国（「宗教」は政治的にデリケートな問題とされて久しい）に暮らす人々の多くが無宗教であり、また、ヨーロッパや北アメリカの真の無神論者もやはり無宗教に含まれるからである。ちなみに、中国では現在、世界の主要宗教のいくつかが急速に広まりつつあるようだ。www.pewforum.org/2012/12/18/global-religious-landscape-exec.

第5章　WEIRDな家族

1. 私はここでアメリカの親族関係（Schneider and Homans, 1955）を取り上げているが、基本的なパターンはWEIRDな集団全般にかなり広く当てはまる。イギリスの親族関係についての議論は、Strathern, 1992を参照。親族関係と国家についての議論は、Fukuyama, 2011; Murdock, 1949を参照。

2. 私がここで利用しているのは、D-PLACE.orgにある「Database of Places, Language, Culture, and Environment」という民族誌アトラスの拡大版である（Kirby et al., 2016）。主流派の文化人類学者たちは昔からアトラスを批判してきた。こうした懸念に対処するため、うちの研究室では、アトラスのデータと、それに対応する21世紀の調査データの関連性について検討した。一部の人類学者が主張するように（Leach, 1964, p. 299）、アトラスが「無意味な図表集」であるならば、それぞれの情報源のデータ間に何の関連性も認められないはずである。しかし、経済学者のアンケ・ベッカーが先頭に立って行なった分析から、文化的習慣は驚くほどに時を超えて永続していくことが明らかとなり、アトラスのデータから、同じ民族集団の100年後の成員の調査回答を予測することができた（Bahrami-Rad, Becker, and Henrich, 2017）。もちろん、だからといって、アトラスに関する重要な批判はないと言っているのではないし、より優れたものを作る必要がないと言っているわけでもない。しかし、文化人類学や周辺分野に見られるような、アトラスを安易に却下する態度には、科学教育の不足や、数量化に対する嫌悪、そして統計リテラシーの欠如が反映されている。

他の関連する分析については、Baier and Wright, 2001; Kerley et al., 2011; Stark and Hirschi, 1969 を参照。

45. Alquist, Ainsworth, and Baumeister, 2013; Baumeister, Masicampo, and Dewall, 2009; Genschow, Rigoni, and Brass, 2017; Martin, Rigoni, and Vohs, 2017; Protzko, Ouimette, and Schooler, 2016; Rigoni et al., 2012; Shariff et al., 2014. Srinivasan et al., 2016; Stillman and Baumeister, 2010; Vohs and Schooler, 2008. これは興味をそそる研究ではあるが、さらなる検討が必要だ。結果の再現に失敗している研究もある（Giner-Sorolla, Embley, and Johnson, 2017; Post and Zwaan, 2014）。また、子どもたちを対象に、自制心と自由意志の関連性を調べる研究を行なうと、アメリカ人の間ではこうしたパターンが広く確認されるが、シンガポール、中国、ペルーの子どもたちに同様のパターンは現れない（Chernyak et al., 2013; Kushnir, 2018; Wente et al., 2016; Wente et al., 2019）。多くの非 WEIRD な集団においては、自由意志は、自分の欲望に打ち克って（個人的基準ではなく）社会規範に従う心や、内集団を重んじる心を養うのかもしれない。

46. Inglehart and Baker, 2000; Rai and Holyoak, 2013; Young and Durwin, 2013. これは「道徳的普遍主義」ではなく、「道徳的実在論」と呼ばれることが多い。呼び方を変えたのは、余計な哲学的概念が入り込むのを避けるためである。私の関心は、人々が実際に何を信じているか、それが人々の行動にどう影響するか、に向けられている。

47. Atkinson and Whitehouse, 2011; Norenzayan et al., 2016a; Whitehouse, 2000, 2004. ホワイトハウス（Whitehouse, 1995）は初めて「写象的」儀式と「教義的」儀式を区別した。ノレンザヤンら（Norenzayan et al., 2016a）はこの見方を組み入れて、宗教に対してさらに広範な文化進化論的アプローチを行なった。表記体系の進化は、聖典の誕生を通して、ここで重要な役割を果たしている。

48. Henrich, 2009, 2016; Kraft-Todd et al., 2018; Lanman and Buhrmester, 2017; Tenney et al., 2011; Wildman and Sosis, 2011; Willard, Henrich, and Norenzayan, 2016; Xygalatas et al., 2013; Singh and Henrich, 2019b.

49. 聖堂、寺院、霊廟のような宗教建築物もまた、ヒトの CRED への依存を利用しているのかもしれない。なぜなら、本当に信じているのでないなら、共同体が自らの財産のそれほど多くを費やしてまで、道路や橋や運河や製粉所や貯水池ではなく、巨大な聖堂を造ろうとする理由を考えるのは難しいからである。

50. Lanman, 2012; Willard and Cingl, 2017.

51. Baumeister, Bauer, and Lloyd, 2010; Carter et al., 2011; McCullough and Willoughby, 2009; Wood, 2017. 多くの心理学的研究と同様に、これらの結果も、主に WEIRD な人々を対象としたものだ。しかし、忍耐力のグローバルな評価を宗教のデータと組み合わせると、このような効果は、WEIRD な集団だけに限らず、一般的に認れる神の化身である（イエス・キリスト、ゴータマ・ブッダなど）。学者たちは長年、ブッダが神であるという考えに異を唱えてきた。しかし、最近の研究は、実際に地上に生きる人々のブッダについての考え方や語り方が、彼は神であることを示している、という点に注目している（Purzycki and Holland, 2019）。私の目的にとって重要なのはこの点だ。

41. Gier and Kjellberg, 2004; Harper, 2013; McCleary, 2007; McNeill, 1991. 道徳的普遍主義への二つのアプローチを比べると興味深い。なぜなら、ある場合には、神は道徳の源泉であり、また別の場合には、神は宇宙の道徳律の支配下に置かれているからである。

42. Barro and McCleary, 2003; McCleary and Barro, 2006. この著者らは、死後生についての信念が経済成長に及ぼす効果を推測するのに、操作変数法も用いている。データを提供してくれたロバート・バローとレイチェル・マックリアリーに感謝する。Tu, Bulte, and Tan, 2011 も参照。

43. ある特定の宗教的信念と習慣のパッケージが、その集団の経済生産性に及ぼす、正味の効果を評価するのはなかなか難しい。不確定な死後生についての信念は、懸命に働いて社会的ネットワークを広げようという意欲を高めることで、経済成長を刺激すると思われるが、その一方で、儀式への参加が生産性向上を阻む可能性がある。信心深い人々ほど、多くの時間と金銭を非経済的な活動に投じるからである。しかし、後述するように、信仰を浸透させるには儀式が不可欠だと思われる。つまり、儀式なくしては、不確定な死後生についての信念の普及も維持もなし得ないということだ（Willard and Cingl, 2017）。以上のことから、集団間競争は、「費用対効果」が最大の儀式に――つまり、儀式や祈禱に投入される時間が最も短くて、最も効果的に信者や門弟子を生み出すことのできる儀式パッケージに――有利に作用する傾向があることが示唆される。以上のことからはまた、時間当たりの労働生産性が高い地域では、儀式や祈禱に投入される時間が短くなる傾向があることも示唆される。

44. Shariff and Rhemtulla, 2012. この研究結果をさらに裏づけるのが、世界的調査の分析結果であり、それによると、神や天国と地獄を強く信じている人々ほど、税金逃れ、公共交通機関の無賃乗車、盗品の販売、およびその他 11 種類の公共財に関わる不正を、弁明の余地なしと考えることが示されている（Atkinson and Bourrat, 2011）。天国の概念のほうが、地獄の概念よりも人々の心を強く惹きつけるのは、言うまでもないことのように思う。したがって、集団間競争が弱まると、地獄についての信念は自然と薄れていくが、天国の概念が薄れることはない。集団間競争が激しくなると、地獄の概念が広まっていく。なぜなら、地獄の概念は、天国についての信念と組み合わさって、集団間競争での勝利を後押しするからである。ビッグ・ゴッドには、大きなムチが必要なのだ。犯罪と宗教を結びつけるすれば、彼らの主要な主張は成り立たない（Beheim et al., 2019)。統計学の教科書がこうしたデータをどう扱うかについては、McElreath, 2020を参照。ホワイトハウスら（Slingerland et al., 2020）が用いたデータの質についてもやはり、重大な懸念がある。〔Whitehouse et al., 2019は撤回されている〕

28. Diamond, 1997; Goldman, 1958; Watts et al., 2015. 40％という数字はワッツらから得ているが、これは単位時間当たりの評価ではない。オーストロネシア語族の系統樹が40％の確率で枝分かれしているということだ。オーストロネシア祖語の集団とオーストロネシア諸語の集団との間の平均的な分岐数は15.9である。5000年かけて拡大したとすると、分岐する期間の平均はおよそ315年となる。

29. Hogbin, 1934, p. 263; Turner, 1859; Williamson, 1937, p. 251; Wright, 2009, p. 57.

30. Goldman, 1955, 1970; Kelekna, 1998; Kirch, 1984, 2010; Wright, 2009. トンガの首長は、自らの子を犠牲にしなければならなかったが、犠牲になったのはたいてい第二夫人の子どもたちだった。

31. Williamson, 1937; Wright, 2009, pp. 55–56.

32. Handy, 1927, p. 78.

33. Wright, 2009; Leick, 1991; Collins, 1994; Aubet, 2013. ポリネシアには、姦淫や窃盗の神もいた（Williamson, 1937, p. 19)。

34. 古代メソポタミアの神々については、oracc.museum.upenn.edu/amgg/listofdeitiesを参照。バビロンでは、シャマシュへのある賛歌に、商人は重量や寸法をごまかしてはならないと謳われている。この考えは、後の旧約聖書、箴言11章1節「偽りのはかりは主に憎まれ、正しいふんどうは彼に喜ばれる」にそのまま反映されている（Aubet, 2013)。

35. Aubet, 2013; Rauh, 1993; Leichk, 1991.

36. Mikalson, 2010. 神は、価値の薄い人々の犠牲や祈りよりも、高貴な人々の犠牲や祈りのほうを重く受け止めるとも考えられていた（Rives, 2006)。

37. Mikalson, 2010; Norenzayan et al., 2016a, 2016b. モリス・シルバーは『*Economic Structures of Antiquity*（古代の経済構造)』の冒頭で、経済交流における神の中心的役割について述べている（1995, p. 5)。「神の経済的な役割が大いに発揮されたのは、誠実なビジネス慣行の保護者としてであった」。神は、誓いを破った本人を罰しただけでなく、ずる賢い裏取引や詐欺まがいの商売を報告しなかった人々をも罰した。これが「2次的フリーライダー問題」と呼ばれるものを解決するのに役立つ。

38. Rives, 2006, pp. 50–52, 105–131.

39. Rauh, 1993. パウサニアスの引用句は、Kemezis and Maher, 2015, p. 317より。

40. McNeill, 1991; O'Grady, 2013; Rives, 2006. いくつかの普遍宗教は、「人神」という概念を生み出した。向上心旺盛な人々にとっての強力なロールモデルとなってくいのか、判断がつかないからだ（Lang et al., 2019）。

23. 本章の冒頭で述べたようなプライミング実験に基づく研究によって、超自然罰の重要性が明らかになっている。二つの実験（Yilmaz and Bahçekapili, 2016）において、トルコのイスラム教徒を三つのグループに割り当て、①超自然罰、②懲罰のない宗教、③ニュートラルな（非宗教的）刺激、という3通りのプライム刺激を与えた。第一の実験では、アジムとアラが開発した文の組み立て課題を改変したものを用い、第二の実験では、コーランの一節を用いた。この課題を終えてから、参加者たちに、慈善募金や献血などをしようと思うかどうかを答えてもらう。ニュートラルなプライム刺激を与えられた者に比べ、懲罰を与える神を思い出したイスラム教徒は、向社会的傾向が60％から100％高まった。ニュートラルな刺激、または慈愛深い宗教の刺激を与えられた参加者は、向社会的傾向20％から50％しか高まらなかった。

24. Atran, 2002; Diamond, 1997; Munson et al., 2014; Rubin, 2017; Smith, 1917; Wright, 2009. スミスが、アクバルの宗教の著名な信者は18人だったとしている。

25. Norenzayan et al., 2016a, 2016b. 宗教が害悪を引き起こす可能性を示す単純な実験は、Bushman, 2007を参照。

26. Handy, 1941; Hogbin, 1934; Lindstrom, 1990; Williamson, 1937. この点について吟味するために、心理学者のリタ・マクナマラと私は、フィジーのヤサワ島の村民たちを調査した。ヤサワ島民は、キリスト教の神と伝統的な祖先神の両方を混合させた宗教的信念をもっている。ランダム配分ゲームを行なうときに、参加者たちに何気なく①イエス、②祖先神、③花を、それぞれプライム刺激として与えた。祖先神のプライム刺激を与えられた人々は、遠方の見知らぬ人々よりも、地元共同体の成員のほうに余計に配分するようになった。つまり、仲間の氏族メンバーに対するひいきの度合いが増したのである。これは全く理に適ったことだ。なぜなら、この集団の祖先神は、ローカルな共同体にしか関心がないからである（McNamara and Henrich, 2018）。Hadnes and Schumacher, 2012も参照。

27. ホワイトハウスら（Whitehouse et al., 2019）は、道徳を説く神への信仰には、規模拡大後の複雑な社会の崩壊を阻止する力があることを示すことによって、ここで提示した見解を部分的に支持している。しかしこの著者らは、得られたデータは、道徳を説く神が規模拡大のプロセスを促進するという見方を支持しないことを——つまり、道徳を説く神は複雑な社会を安定させるにとどまることを——主張しようとしている。残念ながら、彼らの分析には重大な誤りがある。たとえば、著者らは、さまざまな社会や世紀のデータが大量に見当たらない（データの60％が欠けている）ことを、道徳を説く神が不在であることの証拠にしている。つまり、証拠の不在をもって、不在（道徳を説く神がいないこと）の証拠にするという、典型的な誤りを犯しているのである。この欠落しているデータを適切に処理

18. Lang et al., 2019; Purzycki et al., 2016; Purzycki et al., 2017.
19. データは、Purzycki et al., 2016より。
20. 私たちは、信心深い者に報酬を与えようとする神の意志に関する人々の信念を評価し、その信念が、よそ者を不当に扱う偏りに全く影響を与えないことも発見した。現代版のキリスト教での、神の慈愛へのこだわりを考えると、これを不思議に思う向きもあるかもしれない。しかし、これが理に適っている理由は、容易に理解できる。第一に、懲罰によって人々を制御できれば、神は多くを為す必要がない――人々は懲罰を恐れて、振る舞いを正すようになるからである。報酬となると、話は違ってくる。報酬を与えることで人々の品行を維持するには、人々にアメを与え続けなくてはならない。そのためには神からの働きがさらに必要となるが、神が実際には存在しない場合、それはなかなか難しい。第二に、心理学的研究から、人間は報酬への期待よりも、喪失や喪失の脅威に――つまりアメよりもムチに――強く反応することが示されている。カンニングについての別の研究からも、同様の傾向が明らかにされている。慈愛深い神を信じていると報告したキリスト教徒は、懲罰を与える神を信じていると報告した者よりも、数学のテストでカンニングする割合が高かった。だからといって、神の報酬に何の役割もないと言っているわけではない。文化進化がもっぱらに懲罰に焦点を当て、報酬のほうは、稀に現れる人物の非凡な行動にだけ与えられる理由を説明しているにすぎない（Norenzayan et al., 2016a, 2016b; Shariff and Norenzayan, 2011）。
21. Lang et al., 2019. 前述のプライミング研究とは違い、ここでは、監視・懲罰の指標と、二つの実験での配分額の相関係数を明らかにしたにすぎない。こうした相関関係が明らかになっても、人々の超自然的信念がその経済的意思決定に影響することがはっきりと実証されるわけではない。たとえば、公正さを志向する人々ほど、懲罰を与える神を信じる傾向が強い、という可能性もある。しかし、この調査結果の背後にある詳細な分析からすると、人々を向社会的に行動するよう仕向ける超自然的信念以外の何かによって、このような関連性を説明するのは難しい。この結果は、調査した共同体間の差異や、教育または経済的要因によるものではあり得ないことが、分析によって明らかにされている。
22. 私たちの通文化的研究ではプライミング効果の実験も行なった。人々がほとんど正規教育を受けておらず、実験方法の理解に注意を集中しなければならないような僻地のフィールドでは、こうした実験はなかなか難しい。注意の集中が必要だと、プライム刺激の効果が薄れてしまう可能性があるからだ。にもかかわらず、ビッグ・ゴッドとローカル・ゴッドの影響力の違いを示すようなプライミング効果が認められた。しかし、プライム刺激の効果が全く認められない場合もあった。それゆえ、明確な結論は出ていない。このような刺激は人々に影響を与えないのか、それとも、何らかの実験状況が邪魔してプライム刺激がそもそも届いていな

7. Edelman, 2009; Malhotra, 2010. 技術的に、このデータからは、人々がオンラインポルノをいつ購入したかしかわからない。当然ながら、そのあとすぐに見ていると思う。

8. Henrich, 2009; Sperber et al., 2010.

9. Gervais, 2011; Gervais and Henrich, 2010; McNamara, Willard, and Henrich, 2019a; Norenzayan, Gervais, and Trzesniewski, 2012; Willard, Cingl, and Norenzayan, 2019; Willard and Norenzayan, 2013.

10. Chudek et al., 2017; Willard et al., 2019. 古代中国には、あるいはもっと広く「東洋」には　心身二元論はなかったと一般には言われている。しかし、この見解は誤りであることが、質的・量的両方の歴史的証拠によって示されている（Goldin, 2015; Slingerland and Chudek, 2011; Slingerland et al., 2018）。

11. Atran and Norenzayan, 2004; Boyer, 2001, 2003. 私たちが――理論上――抱きうる超自然的信念の多くは、いかなる社会でも生まれることはない。たとえば、冬期には心だけ、夏期には身体だけをもつ神といったものは、どんな地域にも見られないようだ。

12. 同じような論理が儀式にも当てはまる（Legare and Souza, 2012, 2014）。

13. Barnes, 2010; Boehm, 2008; Murdock, 1934, p. 185; Radcliffe-Brown, 1964, p. 152; Willard and Norenzayan, 2013; Wright, 2009.

14. Murdock, 1934, p. 253; Radcliffe-Brown, 1964, p. 168; Wright, 2009. 来世での処遇が、偶然によって決まる場合もあった。アンダマン諸島民は、誰かが溺死すると、その人は海の精として水中で生きることになるか、さもなければ、死者の幽霊として森をさまようことになると述べた。生存中に有意義な行動をしたかどうかで、死後の生の質が決まるといった関連性は、そこには全く見られなかった。

15. Lee, 2003; Marshall, 1962. 人間によく似ている最小規模の社会の神々が、道徳面に関心を向けることもあるが、その関心はたいてい、氏族内での分配といった、ローカルな分野に向けられる（Singh and Henrich, 2019; Purzycki et al., 2019）。

16. Blume, 2009; Norenzayan et al., 2016a, 2016b; Strassmann et al., 2012. 神は、非生産的な性行為（オーラルセックス、コンドーム使用、同性愛など）を禁じる一方で、信者たちの迅速な生殖活動を促すように進化したはずだ、と考える理由も存在する。よそ者の扱いや姦通の回避とは違い、集団間競争によって、本能的に容易な行動についての神の関心が広がったとは思えない。たとえば、母親に対して赤ん坊を愛するようにと、あるいは、男性に対してもっと頻繁にセックスのことを考えるようにと、神が命ずる必要はない。

17. マーク・コラードもときおり、こうした初期のミーティングに参加した。その後、人類学者のベンジャミン・プルヅィキと宗教学者のマーティン・ラングが、私たちの通文化的研究を進める上で中心的な役割を果たした。

ると、社会がスケールアップして首長制社会になると、親族ベース制度が強まる。しかし、国家に移行すると、その強さは損なわれていくのが普通だ。ちなみに、18世紀のハワイにおける「国家」のあり方を検討するにあたり、ここではKirch, 2010に従っている。ハワイの政治は、19世紀まで、極めて複雑な首長制社会だったと主張する者もいる（たとえば、Johnson and Earle, 2000）。しかし、すでに述べたとおり、「首長制社会」と「国家」の境目は曖昧ではっきりしない。なぜなら、それは、親族ベースの血縁組織に抵抗する、全社会的制度の構築度合いに基づいて、任意の線をどこに引くかで決まってくるからである。

67. Berman, 1983.

68. Carneiro, 1970, 1988; Johnson and Earle, 2000; Richerson et al., 2016.

69. Diamond, 2005; Diamond, 1997; Flannery and Marcus, 2012; Morris, 2014; Turchin, 2005, 2010, 2015; Turchin et al., 2013.

第4章　神様が見ておられる、正しい行ないをなさい！

1. Shariff and Norenzayan, 2007. 文を組み立てる課題は、実際にはもう少し複雑で、うまく合わない単語も含まれており、それを除外して文を組み立てる必要があった。ここでは単純化して説明している。

2. これはスタディ2の結果である（Shariff and Norenzayan, 2007）。スタディ1で認められた効果は、さらに大きい。参加者が、文の組み立て課題の中の神プライムに気づいて、研究者を喜ばせようとしたのではないかと懸念する人もいるだろう。しかし二つの理由によって、その可能性は低い。第一に、この課題の実施方法ゆえに、参加者は、自分の与えた金額は実験者にはわからないと信じていた。第二に、文の組み立て課題の単語について、何か変わった点に気づいたかと尋ねられたとき、宗教や神に言及した者はほとんどいなかった。しかし、参加者たちの行動は別のことを語っていた。つまり、無意識の認知プロセスが、課題中のあるものに気づき、それに応じた反応を示したのである。

3. Shariff et al., 2016.

4. この図のデータを提供してくれたアジム・シャリフに感謝する（Shariff and Norenzayan, 2007）。ちなみに、基礎をなすサンプルのサイズは小さいので、必ずしも予測の確実性は高くない。しかし、大まかなパターンは、他の研究（Everett, Haque, and Rand, 2016; Rand, Dreber et al., 2014）と一致している。

5. Duhaime, 2015.

6. 礼拝への呼びかけがイスラム教徒に及ぼす影響は、実験室でも確認されており、呼びかけを聞かされると、数学のテストでカンニングする割合が47%から32%に減少した（Aveyard, 2014）。

執り行なう任務を負っていた。これらの役職の機能は儀式分野に限られていたものの、シムバックは、殺害目的に使用できる強力な魔術をもっていると信じられており、彼らにはローカルなアバティップ族の魔術は効かなかった。彼らはまた、他のシムバックの家族とのみ婚姻関係を結ぶ傾向があった。いずれシムバックが首長となり、やがてエリート階級を形成していくことが容易に想像される。

57. これらを「ランク社会」と呼ぶことを好む者もいる（Flannery and Marcus, 2012）。

58. 首長なしでも首長制社会は存在しうるが、ランク付けされた親族ベースの分節がなければ首長制社会は存在しえない。

59. Diamond, 1997; Earle, 1997; Flannery and Marcus, 2012; Johnson and Earle, 2000; Marcus and Flannery, 2004. 最上位氏族の中で複数のエリート家系が競い合っているため、ほとんどの首長制社会は本来、不安定性を抱えているが、戦争の脅威によってそれが軽減されている（Chacon et al., 2015）。最終的に、首長のもとには、娘たちのみ、または双子の息子、または、愛され敬われる次男と対比される無能な長男が残る。

60. Carneiro, 1967; Fukuyama, 2011; Goldman, 1970; Kirch, 1984, 2010. このプロセスを通して、たいてい労働の専門分化が進み、それぞれ異なる氏族や村が、異なる活動に特化するようになる。高位の氏族は聖職者を輩出し、それ以外の氏族は戦士を提供する。河川や海洋の近くに暮らしている氏族は、エリート氏族にカヌーや魚を献上するかもしれない。カーストに発展しうる、このような世襲の職業は、経済的専門化のメリットをある程度もたらすとともに、首長制社会の内部に相互依存の感覚を生み出す（Goldman, 1970; Henrich and Boyd, 2008）。第12章参照。

61. 階層は、さまざまな方法で出現する可能性があるが、単純明快な方法の一つは、アバティップ族のような内部で婚姻関係を結ぶ集団が、婚姻関係のない周囲の民族集団を征服して配下に置くというやり方だ。これによって、アバティップ族の共同体全体が、降伏した者から貢ぎ物を取り立てる上層階級となる。

62. Marcus, 2008; Redmond and Spencer, 2012; Spencer, 2010; Turchin, 2015; Turchin et al., 2017.

63. Earle, 1997; Flannery and Marcus, 2012; Flannery, 2009; Marcus, 2008; Redmond and Spencer, 2012; Spencer and Redmond, 2001.

64. Bondarenko, 2014; Bondarenko and Korotayev, 2003; Fried, 1970. これこそ、私が「ある程度の能力主義」と言っているものだ。西周（中国）では、すべての官僚機構の半分までが、親族関係とは切り離されていた。インカ帝国では、帝国が勢力を拡大した後、国家機関で働く職員に限って、12のエリート氏族の成員の範囲を越えていた（Chacon et al., 2015）。

65. Eisenstadt, 2016; Flannery, 2009; Gluckman, 1940.

66. Bondarenko, 2014; Bondarenko and Korotayev, 2003; Kirch, 1984, 2010. 統計的に見

で強まり、分裂によって生まれたより小さな共同体の、血縁による結束はますます強化される（Walker and Hill, 2014）。

46. Moscona, Nunn, and Robinson, 2017を改変。

47. Fortes, 1953; Kelly, 1985; Murdock, 1949; Sahlins, 1961; Strassmann and Kurapati, 2016. このような同盟の規定を補うものとして、系譜上の距離に応じて、どの程度の暴力を行使できるかも規範によって定めることで、平和を求めようとする氏族の意志の調整が図られている。たとえば、ある地域では、近縁の氏族との抗争の際に男性が使えるのは、拳だけに限定されている。しかし、系譜上の距離が遠くなるにつれて、武器として棍棒やさらには矢まで使えるようになる。最終的に、他部族と対戦するときには、武器の選択肢の中に、毒矢も含まれるようになる。

48. Kelly, 1985; Sahlins, 1961; Vansina, 1990.

49. Moscona et al., 2017. ここでの信頼に関する分析の問題点は、完全な分節リネージ制をもつことの効果のうち、何らかの氏族制をもつことに起因する効果が、どれくらいを占めているかが明らかにされていないことだ。

50. Ahmed, 2013; Grosjean, 2011; Nisbett and Cohen, 1996. 犯罪発生率を説明する通常の要因をすべて統計的に統制してもなお、こうした傾向が認められる。

51. Bernardi, 1952, 1985; Berntsen, 1976; Eisenstadt, 2016; Lienard, 2016; Ritter, 1980. 旅をするとき、通過儀礼を済ませた成員は、年齢組の仲間の家で常に厚遇される。

52. Bernardi, 1985; Berntsen, 1976; de Wolf, 1980; Fosbrooke, 1956.

53. 多くの平等主義の社会には、人類学者が「ビッグマン」と呼ぶ、リーダー役の人物が存在する（Henrich, Chudek, and Boyd, 2015; Sahlins, 1963）。このような成功者たちは、名声に弱いヒトの心理（Cheng, Tracy, and Henrich, 2010; Cheng et al., 2013）に乗じて、大勢の信奉者や支持者を集め、そうした人々を通して共同体の意思決定に相当な影響力を揮う。その政治的影響力を利用して、霊魂の家を建てたり、戦闘部隊を組織したり、壮大な饗宴を催したりと、協力行動の偉業を成し遂げることも多い。ビッグマンたちの問題は、その蓄積した影響力や権威を次世代に引き継げない点にある。ビッグマンが死去すると、たいてい激しい政治権力の奪い合いが起こり、これといったリーダーが現れないまま長い年月が経過することもある（Godelier, 1986; Heizer, 1978; Johnson, 2003; Lee, 1979; Paine, 1971; Sturtevant, 1978）。

54. Earle, 1997; Flannery and Marcus, 2012; Johnson and Earle, 2000; Kirch, 1984; Toren, 1990.

55. Flannery and Marcus, 2012; Harrison, 1987; Harrison, 1990; Roscoe, 1989.

56. アバティップ族の最大氏族はまた、シムバックと呼ばれる、世襲制の儀式職四つのうちの一つを支配しており、それは息子や弟たちに引き継がれた。その役職者は、首狩りからヤムイモ栽培まで、すべての事柄に関連する、ある一定の儀式を十分に記録されている。気候変動に対する合理的な反応として農耕が始まったとするモデルは、貯蔵や農耕につきまとう集団行動の問題や、集団間での略奪の脅威を完全に見過ごしている（Matranga, 2017)。襲われたり盗まれたりするのを承知で、貯蔵や栽培はしない。

34. Godelier, 1986; Hill et al., 2011. 古代ギリシャ人は、母親の子どもに対する遺伝的貢献度について、同様の見方をしていた可能性がある（Zimmer, 2018)。

35. こうした同盟関係や軋轢は、現実離れしているように思うかもしれないが、そんなことはない。アマゾン川流域の部族であれ、ヴァイキングのサガであれ、ヨーロッパや中国やイスラム世界の王室であれ、親族関係の近い者同士が組んで、親族関係の遠い者と対立する傾向が見られる。歴史を通してずっと、兄弟は共謀して異母兄弟を殺害してきたし、継母は継子を虐待して、わが子を可愛がってきた（Alvard, 2009; Daly and Wilson, 1998; Dunbar, Clark, and Hurst, 1995; Fukuyama, 2011; Miller, 2009; Palmstierna et al., 2017)。

36. Murdock, 1949. 人々は系譜を知る必要はない。自分の両親や祖父母がお互いを呼ぶのに、どんな親族語彙を使っていたかがわかればいいのだ。

37. Alvard, 2003; Alvard, 2011; Chapais, 2008; Ember et al., 1974; Murdock, 1949; Walker and Bailey, 2014; Walker et al., 2013.

38. 氏族の成員資格は、父親から子に受け継がれるのが普通だが、たいていはそれ以外にも、儀式や養子縁組を行なうなど、父系氏族に加わる方法がある（Murdock, 1949)。

39. Gluckman, 1972a, 1972b. イラヒタでの自らの体験に基づいてトゥジンは、1975年にパプアニューギニアに強制されたユーロ・オーストラリア法廷制度の最大の影響は、責任概念を氏族ベースから個人中心に変えたことにある、と述べている（Tuzin, 2001, pp. 49–50)。

40. Fox, 1967; Walker, 2014; Walker and Hill, 2014; Walker and Bailey, 2014.

41. Abrahams, 1973; Chapais, 2009; Fox, 1967. ソロレート婚の規範は、妻が死亡した場合、生き残った夫は死んだ妻の未婚の姉妹かイトコ姉妹の一人と結婚するよう規定している。

42. Toren, 1990.

43. Baker, 1979; Lindstrom, 1990; Toren, 1990; Weiner, 2013.

44. Jones, 2011; Murphy, 1957; Walker, 2014.

45. 緊密な親族ベース制度は、共同体の分解のしかたに影響を及ぼす。広域型の親族システムをもつ、狩猟採集民の共同体が分裂するときには、どちらの下位集団についていくかについて、各個人や核家族がそれぞれ独自に決断を下す。それに対し、氏族ベースの共同体が分裂するときには、たいてい、セピック地方の場合のように、系譜関係に沿って分裂する、すると、新たな各集団の親族の絆は極限ま

21. Acemoglu and Robinson, 2012; Diamond, 1997, 2005. この文化進化的アプローチに、単系進化論的、段階主義的、あるいは進歩主義的なところは全くない。
22. Baksh, 1984; Davis, 2002 (1); Johnson, 2003, 1978. Johnson, 2003 に引用されている Rosengren and Shepard も参照。
23. Johnson, 2003.
24. Johnson, 2003; Snell, 1964.
25. Camino, 1977.
26. Baksh, 1984; Johnson, 2003, 1978. ちなみに、マチゲンガ族が人々の行動を説明する仕方には、WEIRD な人々に見られるのとよく似たところがあるが、WEIRD な人々の場合ほど原因を詮索したり、説明を求めたりはしない。
27. Ferrero, 1967; Johnson, 2003, pp. 34, 135. 民族誌学者たちは、マチゲンガ族が頑固な規範違反者に人前で恥をかかせるために、「ビール宴会」の席で攻撃的な冗談を用いる様子を観察している。攻撃の標的にされた者は、赤くなったり、縮こまったり、後ずさりしたり、怒ってやり返したりすることなく、ただ冷静にそれを受け止める。ジョンソンは、マチゲンガ族の間では、WEIRD な人々の場合と同様に、罪感情が重要な役割を果たしていると述べている。しかし、WEIRD な人々と比較した場合、マチゲンガ族の罪感情はそれほど強くなく、本人が不安に駆られることはあまりないとも述べている（Johnson, 2003, p. 132）。
28. Johnson, 2003, p. 168 に「マチゲンガ族には、小村より大きな集団に属するという感覚がない」とある。
29. Gardner, 2013; Henrich and Henrich, 2007; Johnson, 2003; Johnson and Earle, 2000.
30. Richerson, Boyd, and Bettinger, 2001.
31. Bowles, 2011; Bowles and Choi, 2013; Matranga, 2017.
32. 第2章で述べたとおり、集団間競争は旧石器時代の社会の複雑度や競争力も高めた、と推測するだけの理由は十分にある。しかし、文化進化に大きな影響を与えたのは農耕の出現だった。農耕には、より大規模で密度の高い集団を維持する力があるからだ。とはいえ、食料生産の開始以前にも、現地の住人が大きな動物の群れや豊かな海産物にアクセスできる、例外的な地域が常に存在していた。そのような地域に限っては、人口規模や社会の複雑度が増していた可能性がある。食料の生産が、それとは違って別格だったのは、技術的・生態学的ノウハウを、少なくとも緯度線や生態学的な輪郭線に沿って移植し、それによって、もともとは狩猟採集民がまばらに分布しているだけだった広大な領土を、耕地に変えてしまう可能性をもたらしたからである。それによって、村、町、そして都市間のネットワークが形成されるに至った（Ashraf and Michalopoulos, 2015; Diamond, 1997）。
33. Bowles, 2011; Diamond, 1997; Matranga, 2017. それまで狩猟採集民が占拠していた領地へと、農耕民が拡大していったことは、アジア、アフリカ、南北アメリカで、た（そして、決まって報復を招く結果となった）。イラヒタの氏族は、超自然罰を恐れるがゆえに、一方的な行動をためらうようになったことをトゥジンは示唆している。

12. Tuzin, 2001, p. 83.
13. Grossmann et al., 2008; Tuzin, 1976, 2001.
14. このアプローチの概要は、Henrich, 2004, 2016〔『文化がヒトを進化させた』〕; Richerson et al., 2016 を参照。
15. Bowles, 2006; Choi and Bowles, 2007; Keeley, 1997; Mathew and Boyd, 2011; Richerson et al., 2016; Soltis, Boyd, and Richerson, 1995; Turchin, 2015; Wrangham and Glowacki, 2012.
16. 移住者数の格差は、小規模な部族集団の境界での集団切り換え率（Knauft, 1985; Tuzin, 1976, 2001）においても、また、現代世界の国家間での移動パターン（Connor, Cohn, and Gonzalez-Barrera, 2013）においても、認められている。理論的モデルは Boyd and Richerson, 2009 を参照。
17. Boyd, 2001; Boyd and Richerson, 2002, p. 79; Harrison, 1987; Roscoe, 1989; Tuzin, 1976, p. 79; Wiessner and Tumu, 1998.
18. Smaldino, Schank, and McElreath, 2013. 集団同士が実際に遭遇することは稀でしかないので、集団間競争はあまり重要ではないという主張が、しばしば混乱を招いている。集団は、実際に対峙することがなくても、生存をかけて競い合う可能性がある。
19. Richerson and Boyd, 2005 を参照。宗教と繁殖力に関する研究のレビューは、Blume, 2009; Norenzayan, 2013 を参照。
20. 次に何が現れるかは常に、その前に何があったかで決まり、変化幅は小さくて、徐々に変化していくのが普通だ。たとえば、セピック地方の場合、トゥジンが復元したシナリオによると、タンバランに見られる二分割方式の儀式グループ制度は、もともと存在した婚姻グループ制度から、婚姻的要素が徐々に失われて、儀式的要素に置き換わっていった結果として生まれたもののようだ。また、こうした方式がよく見られるオーストラリアでの研究に基づくと、それぞれ4層システムをもつ共同体同士が出会って、婚姻関係を結ぶために交渉するようになって、複雑な8層システムが生まれたものと思われる。同様に、それぞれ独自の2層システムをもつ集団同士が出会ったとき、4層システムが生まれたものと思われる。養子縁組に関しては、（太平洋地域の多くの共同体と同様に）イラヒタの子どもの5人に1人は養子であることが、儀式グループの間での健全な競争が維持されるのを助け、それによって、出自や同居の影響力を弱めることになった（Tuzin, 1976, 2001）。母系社会については、Ember, Ember, and Pasternack, 1974; Jones, 2011 を参照。

38. これによって、心理学で「フュージョン」と呼ばれるものが進化する基礎が築かれる（Bowles, Choi, and Hopfensitz, 2004; Swann and Buhrmester, 2015; Swann et al., 2012; Van Cleve and Akçay, 2014; Whitehouse et al., 2014）。
39. Baron and Dunham, 2015; Buttelmann et al., 2013; Dunham, Baron, and Banaji, 2008; Henrich, 2016〔『文化がヒトを進化させた』〕; Kinzler and Dautel, 2012; Moya, 2013; Moya et al., 2015; Shutts, Banaji, and Spelke, 2010; Shutts, Kinzler, and DeJesus, 2013; Shutts et al., 2009.
40. Frankenhuis and de Weerth, 2013; McCullough et al., 2013; Mittal et al., 2015; Nettle, Frankenhuis, and Rickard, 2013. 母親は、遺伝子発現の調節を通して、あるいはその他の生物学的メカニズムによって、一定の修正をその子どもたちにエピジェネティックに伝える可能性もある（Wang, Liu, and Sun, 2017）。
41. Alcorta and Sosis, 2005; Henrich and Boyd, 2016.
42. ヘンリック『文化がヒトを進化させた』。

第3章　氏族、国家、そして、ここからそこに到達できないわけ

1. Ferrero, 1967.
2. ここの基本的な論点は、Fukuyama, 2011 で展開されているものに近い。
3. Forge, 1972.
4. Tuzin, 1976, 2001. 襲撃者たちは、人数が少なくても可能な奇襲を行なえば、いずれ、もっと大規模な、したがって命取りになる敵の報復に遭うことを知っていた。
5. イラヒタ本来のメンバーはおよそ1500人だった。2500人という数は、イラヒタの保護下にある小村の人々も加えた人数（Tuzin, 1976, 2001）。
6. 理想とされる縁組みは、姉妹交換婚――別の氏族または下位氏族の男性2人が、互いの姉妹と結婚する形態――だった。
7. デュルケーム（Durkheim, 1933）は以前から、「有機的」結束と「機械的」結束を区別している。
8. 画像はベス・カーティン作（ありがとう！）
9. Buhrmester et al., 2015; Whitehouse, 1995; Whitehouse, 1996; Whitehouse and Lanman, 2014. ホワイトハウス（Whitehouse, 1996）が、「恐怖の儀式」という言葉を新造。
10. Tuzin, 1976, 2001.
11. タンバランの神々は、周囲の共同体との休戦協定を破ったかどでも人々を罰した。休戦協定を破った者を罰することによって、イラヒタにおける防衛と攻撃との厄介な非対称性が緩和されたにちがいない。共同体の防衛は、成員すべての責任だったのに対し、襲撃のほうは、それぞれの氏族の独特の理由で、独自に始められ

and Lanman, 2014. Biesele was quoted in Wade, 2009, endnote 107.

29. Alcorta and Sosis, 2005; Alcorta, Sosis, and Finkel, 2008; ヘンリック『文化がヒトを進化させた』; Lang et al., 2017; Launay, Tarr, and Dunbar, 2016; Mogan, Fischer, and Bulbulia, 2017; Tarr, Launay, and Dunbar, 2014, 2016; Tarr et al., 2015; Watson-Jones and Legare, 2016; Wen, Herrmann, and Legare, 2015.

30. Carpenter, Uebel, and Tomasello, 2011; Chartrand and Bargh, 1999; Henrich and Gil-White, 2001; Over et al., 2013.

31. Bastiaansen, Thioux, and Keysers, 2009; Brass, Ruby, and Spengler, 2009; Heyes, 2013; Laland, 2017; van Baaren et al., 2009. 同期運動は、ヒトのオピオイド系を活性化させ、痛み耐性を高めるエンドルフィン濃度を上昇させる。踊っている時のような、身体運動によって放出されるエンドルフィンが、こうした効果をもたらす。

32. Marshall, 1999, p. 90.

33. Hamann et al,, 2011.

34. 儀式の中には、個人を親族システムに組み込んだり、親族ネットワーク内にさらなる紐帯を作り出したりする方法をもたらすものもある（Lynch, 1986）。儀式は、擬制的親族関係（Hruschka, 2010）とも呼ばれる、「義兄弟」（やときに「義姉妹」）、あるいは儀礼的な親（たとえば「代父母」）を生み出すこともある。パラグアイのアチェ族の狩猟採集民の間では、大人と子どもを結びつける儀式の絆が、生涯にわたって個々人とバンドをつなぐ交流を生み出すことによって、協力行動を育み、保安力を高めるとともに、集団間の新たなアイデアの流れを増大させている（Hill et al., 2014）。

35. Flannery and Marcus, 2012; Henrich, 2016〔『文化がヒトを進化させた』第10章〕.

36. Henrich, 2016〔『文化がヒトを進化させた』〕; Reich, 2018.

37. Henrich, 2016〔『文化がヒトを進化させた』第11章〕。共進化のプロセスの一環として、ヒトは、規範違反に気づき、規範違反者を見つけ出すのがとりわけうまくなるように進化した（Cummins, 1996a, 1996b; Engelmann, Herrmann, and Tomasello, 2012; Engelmann, et al., 2013; Fiddick, Cosmides, and Tooby, 2000; Nunez and Harris, 1998）。ヒトが規範を内面化するように進化した理由について、詳しくはEnsminger and Henrich, 2014; Gavrilets and Richerson, 2017を参照。規範の内面化についての経験的研究は、Rand, 2016; Rand, Peysakhovich, et al., 2014; Yamagishi et al., 2016; 2017）を参照。良い評判を失うといった長期的コストと短期的利益とがトレードオフの関係にある決断を下す場合に、規範の内面化がとりわけ重要になってくる可能性がある。動物はみなそうだが、ヒトもやはり、即時的な報酬を追ってしまい、将来の利益にまで思いが至らないからである。規範の内面化によって、反応的攻撃性が抑えられるようにもなる（Wrangham, 2019）。

and Bailey, 2014. 1964年には、男性の名前は全部で36種類、女性の名前は32種類だった（Lee, 1986; Marshall, 1959）。

22. その他諸々の社会規範が、こうした親族ベースの絆をさらに強化している。たとえば、狩猟採集社会の中には、子どもの命名権はその父親にあり、父親の親または近縁親族の名前をつけることが、規範によって定められているところもある。揺るぎない心理を巧みに利用する、この古くからの命名慣習は、父親の親族に対し、新たに生まれてきた赤ん坊を昔の同名の人物のように扱うことを求める。これによって、赤ん坊が父親側にうまく引き寄せられ、その結果、すべての霊長類に共通して見られる、母子の強力な絆ゆえの非対称性が緩和される（『文化がヒトを進化させた』第9章）。一部の霊長類の種は、父親を見つけ出す能力をわずかに示すが、これは、母親の近縁個体を見つけ出す能力に比べると弱い（Chapais, 2009; ヘンリック『文化がヒトを進化させた』）。

23. Dyble et al., 2018; Hamilton, 1987; ヘンリック『文化がヒトを進化させた』; Wiessner, 2002.

24. Hill et al., 2011.

25. ヘンリック『文化がヒトを進化させた』第9章。

26. Fessler and Navarrete, 2004; Lieberman, 2007; Lieberman, Tooby, and Cosmides, 2003; Lieberman, Fessler, and Smith, 2011. 原則として、これらのタブーはみいとこに適用されるが、ジュホアンシ族の間では、誰がみいとこなのか、はっきりしていないこともあった。特に、まだ若いジュホアンシ族の成人は、イトコとはなかなか結婚できなかった。なぜなら、最初の結婚は、両親によって取り決められていたからである。ジュホアンシ族の間での婚姻規範の変化については、Wiessner, 2009を参照。

27. Lee, 1986; Marshall, 1959, 1976. こうした近親婚禁止規定に加えて、ジュホアンシ族は一定の婚姻選好ももっている。たとえば、既婚男性が死亡した場合、その妻は、彼の兄弟と結婚するのが理想とされる（レビレート婚）。ジュホアンシ族は一夫多妻婚を認めているので、生存している兄弟が既婚者であっても、結婚は可能だ。必ず兄弟と結婚する必要はないが、そうするほうが好ましいとされる。同様に、妻に死なれた男性は、妻の姉妹がまだ未婚であれば、当然、妻の姉妹との結婚を検討する。あるバンドが、息子や娘の一人を別のバンドに送り出した場合、受け入れたバンドが、それからしばらくして、代わりの者を送ることも、やはり好ましいとされている。こうした曖昧な選好が強化されて、強制的に執行される「姉妹交換」規範になっている社会もある。最後に、2度目以降の結婚で、他部族の者や民族・言語の異なる者など、非親族と結婚する場合、ジュホアンシ族はそれを黙認するが、やはりそうした結婚は冷ややかな目で見られる。

28. Durkheim, 1995; ヘンリック『文化がヒトを進化させた』〔第9章〕; Whitehouse

自分や子どもたちが中毒になるリスクを冒すことになった。累積的文化進化の世界では、文化的学習に頼るのをやめたり、細部まで正確に模倣しなかったりすると、大きなコストを背負うはめになるのである（Henrich, 2016〔『文化がヒトを進化させた』第3章、第7章〕; Johns, 1986; Mann, 2012）。

14. ヘンリック『文化がヒトを進化させた』; Horner and Whiten, 2005.

15. ここでは、旧石器時代の人々の生活様式をうかがい知るために、現代のさまざまな狩猟採集社会に関する知見を、考古学、生態学、および遺伝学のデータと組み合わせて用いている。私は、現代の狩猟採集社会が「原始的」「発展がない」と言っているわけでは全くないし、農耕開始前の社会の形を唯一とどめていると言っているわけでもない。文化進化的アプローチは、そのような時代遅れの誤解を寄せつけるものではない。しかしながら、民族誌学上あるいは歴史上知られている狩猟採集民はたいてい、旧石器時代の人々と同じ道具や技術の多くを用いて、彼らと同じ動植物の多くを狩ったり集めたりしていたので、詳細な研究を行なって、それを考古学的、言語学的、遺伝的証拠と組み合わせると、多くの重要な知見を与えてくれる可能性がある（Flannery and Marcus, 2012）。たとえば、大昔のDNAの分析から、旧石器時代の人々が、現代の狩猟採集民とそれほど違わない社会組織をもっていた可能性が高いことがうかがわれる（Sikora et al., 2017）。

16. Bhui, Chudek, and Henrich, 2019a; Henrich and Henrich, 2014.

17. Lewis, 2008; Schapera, 1930.

18. 『文化がヒトを進化させた』は、どうしてそのようなタブーの安定性が維持されるのかについて論じている。狩猟に関するタブーを破るとどうなるかについて、反証がなされる可能性は低い。なぜなら、意図的にせよ偶然にせよ、タブーを破った場合の「検証」結果を報告する意欲を失わせる要素が、規範パッケージに含まれているからである。タブーを破った理由が何であれ、タブーを破れば制裁を受けるはめになる。

19. Gurven, 2004. 食のタブー自体は極めて多様であり、ハンターと特定の関係にある人々（またはハンター自身）に、動物の特定部位を食べることを禁じたり、すべての階級の人々に、特定の部位、もしくはある動物すべてを食べることを禁じたりする。バックリーが暮らした地域では、ある部族の通過儀礼を済ませていない男性たちは、メスの動物やすべてのヤマアラシを食べることを禁じられていた。文化進化が目指しているところは常に同じだったが、そこに到達するために、さまざまな制度上の仕掛けを編み出したようだ（Barnes, 1996; Flannery and Marcus, 2012; Gould, 1967; Hamilton, 1987; ヘンリック『文化がヒトを進化させた』〔第9章〕; Lewis, 2008; Smyth, 1878）。

20. ヘンリック『文化がヒトを進化させた』。

21. Bailey, Hill, and Walker, 2014; Chapais, 2009; Lee, 1979, 1986; Marshall, 1959; Walker

がらも、ライオンのようなトラに類似する動物にまで広げる。このような特殊化された認知システムをもっていることを考えると、どうしてワタウルン族のような小規模社会が、動植物に関する莫大な知識を蓄積・維持できるのか、また、なぜ人々は生物種の可変性をなかなか理解できないのかを説明しやすくなる。ヒトは、動植物について学ぶためのこのような特殊化されたシステム（Atran and Medin, 2008; Atran, Medin, and Ross, 2005; Medin and Atran, 1999; Wertz 2019）のみならず、他のいくつかの重要な領域の学習を促進する心理的能力も備えている（たとえば、Hirschfeld and Gelman, 1994; Moya and Boyd, 2015）。

6. Bauer et al., 2018; Moya, Boyd, and Henrich, 2015; Schaller, Conway, and Tanchuk, 2002.
7. Giuliano and Nunn, 2017; ヘンリック『文化がヒトを進化させた』; Hoppitt and Laland, 2013; Morgan, et al., 2012; Muthukrishna, Morgan, and Hennrich, 2016.
8. Berns et al., 2010; Engelmann et al., 2012; Garvert et al., 2015; ヘンリック『文化がヒトを進化させた』〔第14章〕; Little et al., 2008; Little et al., 2011; Morgan and Laland, 2012; Losin, Dapretto, and Iacoboni, 2010; Zaki, Schirmer, and Mitchell, 2011. 内側前頭前皮質の機能についてはさかんに議論されている。最近のレビューについては、Euston et al., 2012; Grossman et al., 2013 を参照。
9. ヘンリック『文化がヒトを進化させた』。
10. Jones, 2007, 1st ed.
11. 関連する分析的モデルおよびコンピューター・シミュレーションについてのレビューは、Henrich et al., 2015 を参照。文化進化の実験室実験については、Derex and Boyd, 2016; Derex, Godelle, and Raymond, 2014; Derex et al., 2013; Kempe and Mesoudi, 2014; Muthukrishna et al., 2013 を参照。
12. Garfield and Hewlett, 2016; Hewlett and Cavalli-Sforza, 1986; Hewlett et al., 2011; Salaliet al., 2016; Terashima and Hewlett, 2015. 少年たちは一流ハンターをまねるという主張を裏づけるように、有名な民族誌学者、バリー・ヒューレットは、少年たちは偉大な象ハンターに特別な注意を払うと報告している（適切なヒントをくれたバリーに感謝する）。
13. 矢毒のさらに上を行くのが、巧妙な食品加工プロトコルであり、小規模社会の人々が実に多種多様な植物性食品を摂取できるのはそのおかげだ。アンデス高地では、野生のジャガイモが真菌や細菌や哺乳類から自らを守るために進化させた毒を中和するために、料理法の中に特別な種類の泥を採り入れている。カリフォルニアでは、狩猟採集民がドングリのタンニンを抜くさまざまな技術を進化させた結果、ドングリは彼らの主要な食料源になっている。これらをはじめとするさまざまなケースで、手間のかかる工程を省いたり、生来の味覚だけに頼ったりする個人は、すぐにではなくても、数十年かけて徐々に毒が蓄積されていくうちに、

54. Falk et al., 2009; Heine, 2016; Nisbett, 2003.

55. Falk et al., 2018; Henrich, Heine, and Norenzayan, 2010a, 2010b; Nielsen et al., 2017; Rad et al., 2018.

第2章　文化的動物となる

1. Barwick, 1984; Flannery, 2002; Gat, 2015; Morgan, 1852; Smyth, 1878. 私の記述は、モーガンおよびラングホーンによって報告されたバックリーの話をもとにしている。それに加えて、フラナリー、バーウィック、ガット、およびスマイスから得た、この地域や集団についての情報も盛り込んだ。

2. これが「姉妹交換婚」（別々の氏族の男性二人が、互いの姉妹と結婚する）になる場合もあった。また、氏族や部族間の同盟を強固にするために、少女を嫁がせることもあった。バックリーは、賢明にも女性をめぐる競争を避けたが、先住民と共に生活する間に、二人の妻をめとり、娘を一人もうけたようだ。

3. バックリーは複数の箇所で、人肉を儀式的に食べる習慣について記している。少なくともある場合には、敵の力を吸収するという理由で人肉食が正当化されているようだ。

4. Chudek et al., 2013; Chudek and Henrich, 2011; Chudek, Muthukrishna, and Henrich, 2015; Henrich, 2016〔『文化がヒトを進化させた』〕; Henrich and Broesch, 2011; Henrich and Gil-White, 2001; Laland, 2004; Rendell et al., 2011. 誰から学ぶべきかを見極める手がかりを、私たちの間では「モデル選択の指標（キュー）」という。もう一つの適応学習戦略は、同調伝達と呼ばれている。同調伝達の進化に関する理論的予測（Nakahashi, Wakano, and Henrich, 2012; Perreault, Moya, and Boyd, 2012）とも一致することだが、ある習慣や信念を採り入れるかどうかを決めるにあたって、ヒトは、そこに文化的特徴がどのくらいの頻度で見られるかを手がかりにすることを示す証拠が、豊富に存在する（Muthukrishna, Morgan, and Henrich, 2016）。

5. Broesch, Henrich, and Barrett, 2014; Henrich, 2016〔『文化がヒトを進化させた』第4～5章〕; Medin and Atran, 2004; Sperber, 1996. ヒトはまた、暗黙の前提を捉え、構成要素を組み立て、即座の推論を行なうことで、重要な領域での文化的学習を支える、進化した心理的能力をもっている。たとえば、動植物について学ぶときには、どんな社会に暮らす子どもも大人も、階層関係にある不変のカテゴリーに照らして考えるように条件づけられている。夜の湖畔で見かけたトラの話を聞かされた私たちは、「夜間の水辺での狩り」は、単にその1匹のトラの一時的な奇行ではなく、トラという動物に共通する特徴である可能性が高い、と瞬時に推論する。さらに、子どもも大人もすぐに、こうした推論の適用範囲を、確信はないなになったわけではない。共同研究者たちと私は、ヤサワ島において長年にわたり、メンタライジング能力――相手の信念、意図、動機を推し量る能力――に関する多数の実験を行なってきた（McNamara et al., 2019a, 2019b）。ヤサワ島民は、メンタライジングに長けており、心的状態について語るための十分な語彙をもっていることがわかっている。にもかかわらず、彼らは、他者の心的状態を大っぴらに論じることをためらい、また、この実験で示されたように、見知らぬ相手について道徳的判断を下すに際には、通常それを考慮しない。推し量った心的状態ではなく、物事の結果や結論に焦点を当てるのだ。興味深いことに、私たちの毒盛りのシナリオ――うっかりまたは故意に、村の水源に毒物を投入し、それを飲んだ隣人が危うく命を落としかけたというシナリオ――では、ヤサワ島民のほか、ナミビアのヒンバ族の牧畜民や、タンザニアのハッザ族の狩猟採集民もやはり、道徳的判断を下す際に、毒物を投入した本人の意図は全く気に掛けなかった。

47. Hamilton and Sanders, 1992; Robbins, Shepard, and Rochat, 2017. これを補完する知見として、日本人とアメリカ人の子どもたちを比較する、文化神経学の最近の研究結果から、相手の心的状態を推し量るときの脳活動パターンが、これらの集団ではいくらか異なることが明らかになってきている（Kobayashi, Glover, and Temple, 2007）。
48. Curtin et al., 2019; Gluckman, 1972a, 1972b.
49. マプチェ族に関する研究は、Faron, 1968; Henrich and Smith, 2004; Stuchlik, 1976を参照。
50. Miyamoto, Nisbett, and Masuda, 2006; Nisbett, 2003; Nisbett et al., 2001.
51. このyourmorals.orgのデータ（Talhelm, Graham, and Haidt, 1999）を提供してくれたトマス・タルヘルムに感謝する。
52. yourmorals.orgは、興味本位で心理テストを受けるウェブサイトなので、その国のランダムなサンプルや代表的サンプルがテストを受けている可能性は低い。しかし、三つ組テストなどをもとにした他のデータセットをまとめて用いることで、部分的にこうした懸念に対処している。大学生で比較すると、分析的思考の傾向は、中東のアラブ人から、中国や東ヨーロッパの参加者（Varnum et al., 2008）へ、さらにはイギリス人やアメリカ人へと向かうにつれて強まる。中東のアラブ人のデータを提供してくれた、アラ・ノレンザヤンに感謝する。ちなみに、北イタリア人は南イタリア人よりも分析的傾向が強い（Knight and Nisbett, 2007）。
53. Chua, Boland, and Nisbett, 2005; Goh and Park, 2009; Goh et al., 2007; Goh et al., 2010; Masuda and Nisbett, 2001; Masuda et al., 2008; Miyamoto et al., 2006. 文化神経学者たちは、機能的磁気共鳴画像装置の中で、このような三つ組テストを実施することによって、東アジア人と欧米人の脳では、実行制御戦略が異なることを明らかにしている（Gutchesset al., 2010）。

の非人格的向社会性を表すものではない。ビジネススクールに通うアメリカ人と中国人の管理職を対象にした、信頼に関する研究（Chua, Ingram, and Morris, 2008; Chua, Morris, and Ingram, 2009, 2010; Peng, 2004）を見ると、両者にどんな違いがあるのかが理解できる。中国人の管理職は、アメリカ人の管理職とは違い、自らの広範な社会的ネットワークに埋め込まれている人々や、複数の絆を通してつながりのある人々と、職業上の信頼関係を築くことを好んだ。商取引をする上での信頼の基礎となる、こうした重要なビジネス上の人間関係は、極めて個人的な人間関係でもあるのだ。さらに、ビジネス仲間同士の経済的依存は、そこに個人的な人間関係が存在することをほのめかすものであり、その関係は、兄弟同士や父親と息子といった、家族関係によく似た形をとることが多い。こうしたビジネスに関連する個人的関係のネットワークを意味する中国語――「关系（グワンシー）」――すら存在する。当然ながら、中国人の場合は、職業上のネットワークに含まれる親族の人数も多いのが普通だ。それに対し、アメリカ人の管理職が、ある同僚の近親者と関係があるからといって、それがこうした同僚の信頼評価に影響を及ぼすことはない。つまり、ある同僚との社会的つながりが濃厚でも、アメリカ人がその同僚を余計に信頼するわけではない。また、ビジネス仲間への経済的依存は、アメリカ人同士が個人的関係を築く上でマイナスに作用し、中国の場合のように、プラスに作用することはない。WEIRDな交友関係は「純粋」であるべきで、そのような「厄介な」依存からは解き放たれているのが理想なのだ。以上のような研究結果からするとどうやら、中国のビジネスや商業は、表向きはWEIRDな社会をまねているように見えても、やはり依然として、親族関係に統制されたネットワークを土台にして組織されているようだ。こうした点を念頭に置いて、もう一度、世界的調査に戻り、信頼に関する他の問いへの回答を吟味しよう。中国では、「初対面の人を信頼しますか？」という問いに、はい、と答えた人は、わずか11％にとどまる。一方、アメリカ合衆国、イギリス、フランス、ドイツでは、3分の1から半数が、はい、と答えた。同様に、国籍の異なる人を信頼する、と答えた中国人は、わずか9％にとどまる。それに対し、ドイツ人の52％が国籍の異なる人を信頼すると答え、アメリカ合衆国やオーストラリアではそれが65％を超えた（Greif and Tabellini, 2010）。中国において信頼を得るカギは、経済的・社会的な相互依存関係を内々に生み出す、緊密なネットワークの中で、個人的な人間関係を築くことなのである。

43. Thoni, 2017.

44. Alesina and Giuliano, 2010, 2013; Algan and Cahuc, 2010, 2013; Falk et al., 2018; Herrmann et al., 2008; Hruschka and Henrich, 2013b.

45. Barrett et al., 2016.

46. 相手の心的状態や意図性を推し量る能力が欠如しているがために、こうした結果た）者ほど、学年末の成績や学力検査の得点が高かった。実際、忍耐力もIQも重要だが、学業成績を予測する上では、IQよりも忍耐力のほうが重要だった。注目すべきこととして、最近の研究で、その後の学業成績を予測するマシュマロ・テストの有効性が確認された（Watts, Duncan, and Quan, 2018）。しかし、この研究は、広範な制御変数を含めることによって、その結果に疑問を呈しているようだ。これらの変数は、子どもの置かれた社会環境、家庭環境、参加者の親の忍耐力など、文化が人々の忍耐力を形成していく道筋の多くを捉えている。要するに、そもそも忍耐力の差を生み出しているあらゆる要因を統計的に除去することによって、忍耐力の測定値と後の学業成績の関連性を弱めることは容易なのである。

33. Fisman and Miguel, 2007. 興味深いことに、アメリカ合衆国国際開発庁の援助を多く受けている国の外交官ほど、駐車違反件数が少ない傾向があった。この論文で用いられた腐敗認識指数は、世界の主な腐敗認識指数をすべて組み合わせた上で、第一主成分をとっている。すべての指数に高い相関関係がある。

34. 外交使節団全体ではなく、個人の行動を追跡した場合、施行開始前に国連で過ごした期間の長い外交官ほど、駐車違反件数が多くなりやすいことが判明した。罰則の脅威がないと、特に、汚職の少ない国から来ている場合には、自己利益がしだいに、携えてきた文化的基準を浸食していったのである。2002年のニューヨーク市警察の取締り強化は決定的に有効だったが、特に、汚職の少ない国からの外交官に対して効果があった。

35. Gächter and Schulz, 2016. いかなる理由からも、所得の差や賭け金の額がこれらの結果に影響を及ぼすと考えられない。Gächter and Schulz, 2016の別記を参照。ちなみに、国ごとの金額は、それぞれの地域の購買力に合わせて設定されていた。

36. Gächter and Schulz, 2016を改変。

37. Trompenaars and Hampden-Turner, 1998. データを提供してくれたダニエル・フルシュカに感謝する（Hruschka and Henrich, 2013b）。

38. Trompenaars and Hampden-Turner, 1998.

39. この地図は、Algan and Cahuc, 2013のデータと、二つの調査、世界価値観調査（Inglehart et al., 2014）およびアフロバロメーター（www.afrobarometer.org）を組み合わせてある。

40. Algan and Cahuc, 2010, 2013.

41. Johnson and Mislin, 2012. この関連性を証明している、もう一つの大規模調査については、Fehr et al., 2002を参照。協力行動や公正さを測定する実験室内経済実験とGTQを結びつける研究については、Francois, Fujiwara, and van Ypersele, 2011; Herrmann, Thöni, and Gächter, 2008; Peysakhovich and Rand, 2016を参照。

42. 中国の一般的信頼の水準の高さは印象的だが（図1.7参照）、これは、少なくとも部分的には、親族関係に統制された強力な諸制度の現れであって、WEIRDな人々ジーで発展していたら、「同調性」などわかりきったことで、興味の対象にはならなかったのではないかと思う。

24. Bond and Smith, 1996. データを提供してくれたダミアン・マレーに感謝する。

25. Asch, 1956; Bond and Smith, 1996. 図の同調効果の大きさは、処置群と対照群の誤回答数の平均の差が、標準偏差の何倍に当たるかで示している。つまり、効果の大きさが1であるということは、処置群の平均が対照群の平均よりも標準偏差分だけ多いということを意味する。

26. ボンドとスミス（Bond and Smith, 1996）は、完全なデータセットを用いて詳しい分析を行なった（私はWEIRDな国々をすべてまとめて表示したが）。彼らは、ホフステードの個人主義評定尺度が、同調性のみならず、他の二つの個人主義の尺度とも相関関係があることを示している（Schwartz and Bilsky, 1990; Trompenaars and Hampden-Turner, 1998, 2nd ed.）。

27. 同調性が実生活にどんな影響を及ぼすかを見るために、左利きについて考えよう。WEIRDな社会では今日、成人の10～16％が左利きである。アジアやアフリカのWEIRDでない社会では、左利きの頻度はたいてい6％以下であり、稀に1％を下回ることもある。中国では0.23％であり、アフリカの伝統的なズールー族の共同体ではゼロに近い（Coren, 1992; Kushner, 2013; Laland, 2008; Schaller and Murray, 2008）。

28. Dohmen, Enke, Falk, Huffman, and Sunde, 2015からの引用。発表に先立ってこのデータを提供してくれたアンケ・ベッカーに感謝する。

29. Dohmen et al., 2015. こうした国々の忍耐度の値は、本節の初めに私が仮の金額で説明した遅延価値割引の測定値に、今すぐに受け取るのではなく待とうと思うかどうかを尋ねた質問紙調査の結果を組み合わせたものである。この調査パッケージは、現金の選択を伴う、実際の実験室での遅延価値割引値の予測能に基づいて組み合わせ、調整を行なった（Falk et al, 2016）。ちなみに、これらの選択に用いられた金額は、それぞれの国の購買力に合わせて調整されていた。

30. 忍耐力の強い国ほど、短期的には第二次世界大戦以降に、また、長期的に見た場合には、経済成長が加速した1820年以降に、より急速な経済成長を果たしている。このような関連性は、緯度、降水量、気温、ヨーロッパ諸国による植民地化、非人格的信頼など、さまざまな要因の影響を統計的に排除しても保たれる。

31. こうした測定値は、実行機能とも関連している（Casey et al., 2011; A. Diamond, 2012; A. Diamond and Lee, 2011; A. Diamond and Ling, 2016; Duckworth and Kern, 2011; Mischel, Shoda, and Rodriguez, 1989; Mischel et al., 2011; Strömbäck, 2017）。

32. Chabris et al., 2008; Dohmen et al., 2015; Duckworth and Seligman, 2005; Falk et al., 2016; Kirby et al., 2002; Mischel et al., 1989; Moffitt et al., 2011. たとえば、中学2年生を対象にした調査では、学年の初めに忍耐力が強かった（満足を先延ばしにし

al., 2014.

12. Hruschka et al., 2014; Hruschka and Henrich, 2013a, 2013b.

13. 批評家の中にはこれらの点を無視し、私がそれに留意していないかのように言う者もいる。

14. Campbell et al., 1996; Church et al., 2006; English and Chen, 2011; Heine, 2016; Heine and Buchtel, 2009; Kanagawa, Cross, and Markus, 2001. 残念ながら、こうした研究のあまりにも多くが、東アジアとアメリカの大学生に焦点を当てている。

15. Suh, 2002.

16. Campbell et al., 1996; Diener and Diener, 1995; Falk et al., 2009; Heine and Buchtel, 2009; Heine and Lehman, 1999. 証拠に乏しいのは、①心理学者たちがWEIRDな集団ばかりを調査しており、②非WEIRDな人々を研究する場合には、東アジアの大学生ばかりを対象にしてきたからである。通文化的視点からの臨床心理学および精神医学の議論については、Ethan Watters, 2010を参照。

17. Foster, 1967; Heine, 2016; McNeill, 1991; Nisbett, 2003. 私たちの脳には、こうした異なる世界の社会的インセンティブに対し、心理的適応がなされている様子が認められる。たとえば、最近の神経科学の研究によって、自分を独立した主体だと考える人々は、自分を親族ネットワークの相互依存の結節点だと考える人々よりも、眼窩前頭皮質が大きいことが明らかにされている（Kitayama et al., 2017）。

18. Wallbott and Scherer, 1995. この研究結果は、参加者が語った内容に基づいてその体験を分類して得られたものであって、参加者が付与した感情ラベルをそのまま用いたものではない。WEIRDな人々、特にアメリカ人は、「罪感情」と「恥感情」をごっちゃにしている場合があまりにも多い（Fessler, 2004）。

19. Fessler, 2004; Martens, Tracy, and Shariff, 2012; Sznycer et al., 2016, 2018; Tracy and Matsumoto, 2008; Wallbott and Scherer, 1995; Wong and Tsai, 2007.

20. Benedict, 1946; Elison, 2005; Fessler, 2007; Levy, 1973; Scheff, 1988; Tracy and Matsumoto, 2008; Vaish, Carpenter, and Tomasello, 2011; Wong and Tsai, 2007.

21. 厳密な階級区分やカーストがある社会で、恥感情が誘発される状況を、本文中でいくつか挙げているが、それに加えて、社会階層の最底辺に位置する人々は、上層部の人々の前に出ただけで、恥を感じることがある。なぜなら、上層部の人々が社会的地位の低い人々を見下すからである。

22. 同様に、WEIRDな人々は、友人の引っ越しを手伝わなかったり、病院に見舞わなかったりしても自責の念に駆られることがあり、この罪感情に促されて本人にアプローチし、関係を修復し維持しようとする。しかし、緊密なネットワークに厳しく監視されている、義務的な社会規範の力で、こうした行動がとられることはない。

23. Milgram, 1963. 心理学という学問が、どこかよその地域で、たとえば香港やフィようになったスペクトラムを捉えている。興味深い議論がなされているので、ダニエル・フルシュカの記事 evolution-institute.org/article/infections-institutions-and-life-histories-searching-for-the-origins-of-ind を参照。ちなみに、本書では「集産主義（collectivism）」という用語を避けている。特定の意味が染み付いていて混乱を招きがちだからだ。

6. Heine, 2016; Hofstede, 2003; Triandis, 1989, 1994, 1995.
7. 当然ながら、親族関係に統制された社会を作り上げている制度は、こうした社会に暮らしている人々の心理と同様に、千差万別である。たとえば、中国人の多くは高業績を志向する傾向が強いが、このような動機は、内面化された基準からというよりもむしろ、一族の期待に添いたいという欲求から生まれているようだ。それでもやはり、この業績志向は中国という国を、少なくとも外面的には、多くの伝統的共同体とは異なる、むしろ WEIRD 社会に近いものにしている。また、日本の伝統的な親族ベースの共同体は、19 世紀後半の明治維新の後に、そして第二次世界大後にさらに再び、ヨーロッパやアメリカ合衆国から、WEIRD な社会的、政治的、経済的公式制度を採り入れたようである。このような制度統合が、日本という国に、WEIRD な社会とも、また韓国や中国の集団ともはっきり異なるユニークな社会心理をもたらしたのだ。ところが、間違って、心理学的に韓国や中国とひとかたまりにされてしまうことが多い（Hamilton and Sanders, 1992; Herrmann-Pillath, 2010）。
8. 個人主義的な世界で人間関係を探して回るとき、人々は、①自分の個人的属性を高めながら、②社会的状況が変わってもできるだけ一貫性を保とうとする傾向がある。一貫性を保つのは、自分の「独特の」属性が上っ面だけのものではないことを他者に知らせるためである。個人に関して、比較的一定だと思われているのは、その属性であって、人間関係ではない。なぜなら、隣人、雇い主、友人はみな、時とともに変化していくからだ。ここでは、内集団と外集団の区別の仕方が、根本的に違ってくる。なぜなら、それはたいてい、代々受け継がれてきたネットワーク内の人々と、それ以外の全員とを区切るものではないからである。何を内集団と捉えるかは、主義や信念から、選好や興味に至るまで（「リベラル」「カトリック」など）、内在する個人的属性を示すと思われている社会的カテゴリーを根拠にする場合が多い。この世界では、人々は信仰する宗教も、支持政党も、呼び名も、住む国も、住む街も、スポーツチームも、ジェンダーも、配偶者も変えてしまう。
9. Hofstede, 2003.
10. グローバルな心理的多様性には他にも重要な特性がある（Gelfand et al., 2011; Hofstede, 2003; Triandis, 1994）。
11. Acemoglu, Akcigit, and Celik, 2013; Gorodnichenko and Roland, 2011; Talhelm et

理由を説明しやすくなるかもしれない（Clark, 2007; Pinker, 2011）。共感性は訓練によって高められることを示す研究（van Berkhout and Malouff, 2016）もあるので、これは十分に考えられることだ。

第1章　WEIRDな心理

1. Acemoglu and Robinson, 2012; Clark, 2007a; Diamond, 1997; Hibbs and Olsson, 2004; Landes, 1998; Mokyr, 2002; Morris, 2010, 1st ed.
2. Altrocchi and Altrocchi, 1995; Ma and Schoeneman, 1997. 図1.1Aの「個人の属性、能力、目標」は、マーおよびシェーネマンの「個人の属性」や「自尊心」と重なる。図1.1Bの「社会的関係」は、図1.1Aの「役割や親族関係」よりも、いくらか広い範囲の回答をカバーしている。
3. Ma and Schoeneman, 1997.
4. Heine, 2016; Henrich, Heine and Noreznayan, 2010a. こうした自己概念について考えるとき（つまり「私は〜だ」「私は誰か」という問いに対する答えについて考えるとき）によく犯す間違いは、個人の属性、業績、興味に焦点を当てるということは、集団への帰属や社会性とは相容れないと考えてしまうことである（Yuki and Takemura, 2014）。そんなことはない。個人とその帰属集団との関係性に、主な違いがあるにすぎない。マーサイ族、サンブル族、クック諸島民は、先祖代々受け継がれてきた複雑な家族構造の中に埋め込まれている（そして、その構造に絡んだ広範な社会規範が、集団内の一人一人に、他者に対するさまざまな義務、責任、そして特権を付与している）。一方、WEIRDな人々は、自分の個人的な関心や、目標、主義、願望にぴったり合う、面識のない人々の集団を探し出して、自発的に加入する。ある人がこうした集団の一つに所属していることがわかると、それが「カヤックサークル」であれ「共和党」であれ、その人の興味や価値観がわかる。たいていの場合、集団への帰属に伴う特定の人間関係よりも、その集団の主義主張や活動内容のほうに重きが置かれる。帰属集団を自発的に変えるときは、特にそうだ。「私は科学者だ」と答えたからと言って、おそらくあなたは、私や科学者仲間がいつもつるんでいたり、怪我をしたときに助け合ったりするとは思わないだろう。その回答はむしろ（願わくば？）、私が、論理的で証拠の裏づけのある開かれた探究を通して、この世界を理解することに全身全霊をかけている、ということを伝えるものだ。それは集団であるが、実は、私個人について語っているのである。
5. ここで説明しているスケールはしばしば、「個人主義（individualism）」から「集産主義（collectivism）」に及ぶと考えられる（Hofstede, 2003; Tönnies, 2011; Triandis, 1994, 1995）。それは、少なくとも100年前から何らかの形で認識される

24. Becker, Pfaff, and Rubin, 2016.

25. Becker et al., 2016; Young, 2009. ちなみに、都市化を経済成長の尺度として用いているある分析は、次の2点を示唆している。①19世紀まで神聖ローマ帝国内では、プロテスタンティズムのほうがカトリシズムよりも大きな都市化の推進力になったことはない。②プロテスタンティズムの識字率向上効果は、主として都市部以外で起きた（Cantoni, 2015）。しかし、こうした産業革命以前の世界では、大多数の人々が農村部に住んでいたことを思い出してほしい。都市部では、プロテスタンティズムのプラス効果が、対抗宗教改革やイエズス会のような修道会の活動の陰に隠れて見えにくくなっている可能性がある。識字能力や関連する認知能力が1800年以降の経済成長に及ぼした影響については、Cantoni, 2015; Hanushek and Woessmann, 2012を参照。

26. Becker et al., 2016. これらの研究は、プロテスタンティズムとカトリシズムに関するヴェーバー（Weber, 1958）の仮説を取り上げている。大まかに言えば、この10年間の多数の研究は、ヴェーバーの考え方が正しかったことを強く示唆しているのだが、彼は「労働倫理」を強調しすぎる反面、識字能力や社会的ネットワークの重要性については、十分強調できていなかったように思われる。第12章を参照。

27. McGrath, 2007.

28. ヘンリック『文化がヒトを進化させた』。

29. 公務員は、実務上の理由から読み書き能力が必要だったとすれば、識字率が向上したことによって、公共サービスの仕事に就ける民衆の割合が増えたにちがいない。

30. Henrich, Heine, and Norenzayan, 2010a, 2010b.

31. 高度な識字能力と、（印刷機のおかげで）安く手に入るようになった小説とが結びついて、ますます多くの人々が小説を読むようになり、他者の痛みを感じ取れるようになった――共感性が増した――という可能性もある。つまり、人は小説を読むことによって、他者の立場に立ったり、相手の観点から世界を見たりできるようになる、という考え方だ。これとも一致する結果として、西洋社会のいくつかの研究が、小説を多く読む人ほど思いやりがあり、相手の感情を読み取る能力が高いことを明らかにしている（Mar, Oatley, and Peterson, 2009; Mar and Rain, 2015; Mar et al., 2006）。しかし、小説を読むと本当に共感性が増すのかどうかについては疑問が残る（Bal and Veltkamp, 2013; Kidd and Castano, 2013; Panero et al., 2016）。そうではなくて、共感性の高い人ほど、小説をよく読む傾向があるのかもしれない。この因果関係を突きとめることは重要だ。共感性が高まるほど、向社会性が高まって、慈善寄付が盛んになり、暴力行為の発生件数が減るからである。識字率の向上や書物の増加によって人々の共感性が高まったと考えると、16世紀以降にイングランドやヨーロッパで暴力行為の発生件数が劇的に減少した

1940年代に、ナイジェリアやガーナの生徒の97%はミッションスクールに通っていた。ギャレゴとウッドベリーによる分析は、人口密度、法の支配の強さ、および海洋・河川・首都への地理的な近さについて、統計的な統制がなされている。興味深いことに、研究者たちは以前から、アフリカの旧イギリス植民地は、他のヨーロッパ植民地よりも識字率が高いことに気づいていた。しかし、プロテスタントとカトリック間の競争の効果を考慮すると、「イギリスのアドバンテージ」は消失する。ナン（Nunn, 2014）も同様も結論に達しており、やはり、初期の探検家、鉄道、農耕適合性、奴隷貿易の影響を統制している。ナンの分析は、初期の宣教師たちの影響が、民族集団や地域コミュニティ全体に作用していることをほのめかしている。民族集団は、布教活動の影響を教育に差し向ける上で、地域コミュニティの3倍重要である。中国やインドにおける同様の研究については、Bai and Kung, 2015; Chen et al., 2014; Mantovanelli, 2014を参照。

22. ナン（Nunn, 2014）は、プロテスタントの宣教師たちはカトリックの宣教師たちとは違い、教育に関連する宗教的価値観を植え付け、伝えることを通じて、人々に影響を及ぼしていることを示す証拠を提供している。

23. Becker and Woessmann, 2008. この文献は、プロテスタンティズムはカトリシズムに比べて、より多くの女子を就学させたことを示唆している。プロテスタンティズムの影響力を統計的な手法で割り出すと、プロテスタンティズムは就学する女子の割合を3～5%高めたにすぎない。しかしこの文脈では印象的だ。とはいえ、1816年時点ですでに、プロイセン王国の生徒の半分近く（47%）を女子が占めていた事実を踏まえると、この数字のもつ意味は大きい。インドやアフリカでの調査については、Mantovanelli, 2014; Nunn, 2014を参照。こうした効果は、他の方法でも推測される。南アメリカでは、グアラニー族へのイエズス会の布教活動によってすべての人々の識字能力が高まったが、イエズス会は女性の識字能力に特に大きな影響を与えた（Caicedo, 2017）。

読み書きができる母親の赤ん坊への影響については、Bus, Van Ijzendoorn, and Pellegrini, 1995; Kalb and van Ours, 2014; LeVine, LeVine, Schnell-Anzola, Rowe, and Dexter, 2012; Mar, Tackett, and Moore, 2010; Niklas, Cohrssen, and Tayler, 2016; Price, 2010; Smith-Greenaway, 2013を参照。私はこの研究について、二つ懸念を抱いている。第一に、そのほとんどが（すべてではないが）、遺伝子の潜在的役割を無視している。つまり、読解力や言語流暢性などをもたらす遺伝子をもった親が、これらの遺伝子を子どもに受け渡すことによって、その子に影響を及ぼす、という点が考慮されていない。親自身が実際どんな行動をとるかに関係なく、これが成人や子どもの読書量を増やし、特定の認知能力を発達させる可能性がある。第二に、こうした認知面での効果が、成人後にどれだけ持続するのかが明らかにされていない（Harris, 1998; Plomin, Defries, Knopik, and Neiderhiser, 2016）。

16. Becker and Woessmann, 2009.

17. 経済学分野でよく使われるこの複雑な統計的手法は、操作変数法と呼ばれている(Becker and Woessmann, 2009)。プロテスタンティズムが普及していく上でのヴィッテンベルクの中心性についてはCantoni, 2012を、印刷機の重要性とマインツの関連性についてはDittmar and Seabold, 2016を参照。

18. 興味深いことに、産業革命到来後にプロテスタントの多い国々で認められる、所得の上昇や農業への依存度低下は、プロテスタンティズムによって「割増しされた識字能力」によって説明がつく(Becker and Woessmann, 2009)。

19. Boppart, Falkinger, and Grossmann, 2014. スイスの宗教改革の震源地は、チューリッヒとジュネーブで、その指導者はそれぞれ、フルドリッヒ・ツヴィングリとジャン・カルヴァンだった。中国における研究については、Bai and Kung, 2015; Chen, Wang, and Yan, 2014を参照。

20. Becker, Hornung, and Woessmann, 2011; Becker and Woessmann, 2009; Boppart et al., 2014. グーテンベルクの印刷機の発達が、識字能力の普及に一定の役割を果たしたに違いないと考えている人は少なくない。確かに、ヨーロッパにおいて、印刷機は識字能力とプロテスタンティズム両方の普及を促した(Cantoni, 2012; Dittmar and Seabold, 2016; Pettegree, 2015; Rubin, 2014)。しかし、ヨーロッパ以外の地域では、印刷機は強い誘因にはなっていない。ヨーロッパ以外の世界中の都市では、ヨーロッパ式の印刷機が到来しても、識字率は向上しなかった。中国や韓国では、それ以前からすでに独自の印刷術や出版業が発達していたが、それでも識字能力が人々の間に広まることはなかった(Briggs and Burke, 2009)。このような対比から示唆されるのは、まず初めに安価な刷本があっても、誰も読まないということだ。読みたいという意欲に溢れた大勢の人々が、安価な書籍や冊子の未開拓市場をもたらしたのである。需要を生み出すプロテスタンティズムが存在しなければ、印刷機に顧客などつかなかった。グーテンベルクの印刷機で最も大量に印刷されたのは、もちろん、聖書(時代を問わず読み継がれているベストセラー)と、トマス・ア・ケンピスの『キリストに倣いて』(敬虔に生きるための霊的修練の書)の2冊だが、この事実がそれを如実に物語っている。最後に、マルティン・ルターが登場する1500年前のこと、エルサレムの第二神殿が破壊された後にユダヤ人の間に広まった新たな宗教的規定が、男性の識字率向上につながり、ひいては、都市での特有の仕事を選択することにつながった。ここでもやはり、プロテスタントの場合と同様に、男性はみなトーラーを読まねばならないという独特の宗教的信念が識字率の向上を促したのだ。印刷機の影も形もなかった時代にである(Botticini and Eckstein, 2005, 2007, 2012)。

21. Gallego and Woodberry, 2010; Nunn, 2014. アフリカでは20世紀前半に、正規教育の90%以上がキリスト教宣教師によって提供された。脱植民地化を間近に控えたは、Huettig and Mishra, 2014を参照。

こうしたヒトの生得的な欠陥は、文字をもたない言語のために表記法を考案しようとする者にとって、なかなか理解できるものではない。たとえば、1830年代にメソジストの宣教師、ジェームズ・エヴァンズが考案したクリー語の文字表は、鏡像の記号だらけだった。英語の読み書きができるジェームズが、ヒトは生まれつき、鏡像の区別の習得が苦手だ、ということに気づけなかったことは明らかだ(Berry and Bennett, 1995)。この新たな表記法は、クリー語話者の集団に広まったものの、結局、英語の表記がこれを締め出してしまった。

5. サブリミナル・プライミング効果については論争がある(Kouider and Dehaene, 2007)。
6. ヘンリック『文化がヒトを進化させた』(白揚社)、第14章。
7. データは、Buringh and Van Zanden, 2009から。
8. Becker and Woessmann, 2009, 2010; Buringh and Van Zanden, 2009.
9. 正確に聖書に基づくならば、煉獄は時間を超えた世界なので、カトリック教徒がこれで「減刑される」と考えたとは思えない。しかし、たいていの場合、贖宥状によって、魂は煉獄での特定の長さの時間から解放され、しかも、高額の贖宥状を購入するほど、いっそう早く解放された(Dohrn-van Rossum, 1996)。
10. Dittmar and Seabold, 2016; McGrath, 2007. さらに、ヨーロッパ各地で、プロテスタント諸教派や、改革運動に乗り出したカトリック教会の間での、激しい競争が繰り広げられた(Pettegree, 2015)。こうした競争は、自由都市や憲章都市で、とりわけ、印刷機産業が競い合って発展している都市で激しかった。
11. McGrath, 2007. 第12章では、宗教改革前に繰り広げられて、聖書を読む力を向上させた、いくつかの宗教上の改革運動について論じる。特に、オランダにおいて教会内組織として発展した共同生活兄弟会について取り上げる(Akçomak, Webbink, and ter Weel, 2016)。これはつまり、オランダのカトリック教徒は、宗教改革が起こる前からすでに、他の地域の集団よりも識字能力が高かった可能性があるということだ。
12. Becker and Woessmann, 2009.
13. Becker and Woessmann, 2009, 2010; McGrath, 2007.
14. 残念ながら、1816年の国勢調査には識字率に関する情報がないので、この研究結果を確認することはできない(Becker and Woessmann, 2010)。
15. 19世紀のプロイセン王国における、プロテスタンティズムと識字能力の関連性は、国ごとにこうした相関関係を見た場合よりも説得力がある。なぜなら、国家間にはもっと多くの相違があり(歴史、制度、文化、気候など)、それが関連性を生み出す要因になっているかもしれないからである。プロイセン王国の諸州は、比較的同質だった。

註

序章　あなたの脳は改変されている

1. Dehaene et al., 2010; Dehaene et al., 2015; Dehaene, 2009; Szwed et al., 2012; Ventura et al., 2013.「レターボックス」という語は、Dehaene, 2009 から引用。
2. 現代社会では、読み書きのできない人々もやはり、顔認識機能がやや右脳に偏っている可能性がある（Dehaene et al., 2015）。このような偏りは、文字というものが存在しない社会——人類史上のほとんどの社会——で生まれ育った人々にはたぶん見られない。現代社会では、すらすらと文字が読める人でなくてもやはり、文字や文字で表されたものに満ち溢れた世界に順応しているのである。
3. Coltheart, 2014; Dehaene, 2014; Dehaene et al., 2015; Henrich, 2016; Kolinsky et al., 2011; Ventura et al., 2013. レターボックスの位置は、ヒトの神経系の構造に制約されるため、英語、ヘブライ語、中国語、日本語のように表記体系が異なっても、ごくわずかしか変化しない。
4. 文字を読める多くの人々に共通する、もう一つの優れた認知スキルは、「ʃ」と「ʅ」のような、鏡像を区別する能力である。この能力が磨かれるかどうかは、どの表記法を学んだかによって違ってくる。ラテン語ベースの表記法の場合には、dとbやpとqのような、左右が反転した鏡像を区別することが求められる。この表記法に特異的な能力は、文字だけでなく、それ以外の形や物体の判別にまで及ぶ。彼らは、文字ではない記号——たとえば「>」と「<」——をすぐに区別できるが、二つの鏡像が実際は同じ物体を表している場合、それが同じものだと判断を下すのに時間がかかる。奇妙な話ではある。なぜなら、他の霊長類と同じく、ヒトは生得的に、左右が反転した鏡像の違いを無視する傾向があるからだ。したがって、古代世界の表記体系のほとんどは、鏡像の区別を必要としない。（西ヨーロッパの言語すべてで用いられている）ラテン語ベースの表記法は、それを学ぶ者に、ヒトの注意システムの自然な傾向に打ち勝つことを強いているのである（Kolinsky et al., 2011）。識字能力が認知に及ぼす影響についての総合的な議論

ら行

わ行

ま行

や行

な行

は行

た行

さ行

か行

索引

あ行

ジョセフ・ヘンリック（Joseph Henrich）

ハーバード大学人類進化生物学部長。著書に『文化がヒトを進化させた――人類の繁栄と〈文化－遺伝子革命〉』（白揚社）がある。

今西康子（いまにし・やすこ）

神奈川県生まれ。訳書に『ヒトという種の未来について生物界の法則が教えてくれること』『家は生態系』『文化がヒトを進化させた』『蜂と蟻に刺されてみた』『蘇生科学があなたの死に方を変える』（以上、白揚社）、『ミミズの話』『ウイルス・プラネット』（以上、飛鳥新社）、『マインドセット』（草思社）、共訳書に『文化大革命』（人文書院）、『眼の誕生』（草思社）などがある。

The WEIRDest People in the World

by Joseph Henrich

ISBN 978-4-8269-0254-0

WEIRD《ウィアード》「現代人《げんだいじん》」の奇妙《きみょう》な心理《しんり》（上）

経済的繁栄《けいざいてきはんえい》、民主制《みんしゅせい》、個人主義《こじんしゅぎ》の起源《きげん》

二〇二三年十二月二十五日　第一版第一刷発行

二〇二四年　四　月　六　日　第一版第二刷発行

著　者　ジョセフ・ヘンリック

訳　者　今西康子《いまにしやすこ》

発行者　中村幸慈

発行所　株式会社　白揚社　©2023 in Japan by Hakuyosha

〒101-0062　東京都千代田区神田駿河台1-7

電話03-5281-9772　振替00130-1-25400

装　幀　大倉真一郎

印刷・製本　中央精版印刷株式会社